人文社会科学概览

倪胜利　编著

科 学 出 版 社
北 京

内 容 简 介

本书立足于人之为人所必须具备的精神文化素质，选取人文社会科学领域具有代表性、整体性、通用性和关联性的主要学科，对其知识要点进行概括性的阐述。本书重点展现各学科研究的主要内容、对象、性质、方法、发展历史、当代热点话题及未来发展趋势等。本书旨在帮助读者拓展人文社会知识基础、丰富内心世界、开阔认识视野、提升人生境界。

本书作为教材，适用于大学通识教育和人文精神培养。作为知识读物，适用于一般读者丰富人文知识、增益人生的需要。

图书在版编目(CIP)数据

人文社会科学概览/倪胜利编著. —北京：科学出版社，2021.1

ISBN 978-7-03-068067-9

Ⅰ. ①人… Ⅱ. ①倪… Ⅲ. ①人文科学-基本知识-高等学校-教材 ②社会科学-基本知识-高等学校-教材 Ⅳ. ①C

中国版本图书馆 CIP 数据核字（2021）第 027507 号

责任编辑：任俊红 / 责任校对：杨 赛

责任印制：张 伟 / 封面设计：蓝正设计

科学出版社 出版

北京东黄城根北街 16 号

邮政编码：100717

http://www.sciencep.com

北京凌奇印刷有限责任公司印刷

科学出版社发行 各地新华书店经销

*

2021 年 1 月第 一 版 开本：787×1092 1/16

2025 年 7 月第六次印刷 印张：17 1/2

字数：415 000

定价：69.00 元

（如有印装质量问题，我社负责调换）

前　言

“人文社会科学”可以理解为“人文学科”与“社会科学”的合称。这是一个非常广泛的知识领域，包括很多学科，要达到专业程度的全面透彻的了解是比较困难的，但对其有个概括的认识和了解，是可能的，也是必要的。这不仅对于文科学生来说如此，对理科学生来说也同样如此。人文社会科学诸多分支学科本由人类理智同根生出，关于人类世界的知识犹如一棵枝繁叶茂的大树，细枝末节之间既有差异和分殊形貌，又有相通和共同之处。分科的专业学习与通识意义上的整体认识，两者之间不仅不是对立的，还是密切联系、相辅相成的。知识的广度和专业的深度，是辩证统一的，没有知识的广度，也就没有专业的深度，反之亦然。

人们对人文社会科学知识的学习和了解，并不直接为未来的专业化劳作提供技术层面的支撑，但拓宽知识面，无疑对专业发展具有树根立本的意义。《论语》的经典名句“君子不器”“君子务本，本立而道生”，指出做人的根本道理就在于以通达的知识作为安身立命之本，具有“风”的德性周流六虚、遍行八荒而不受捆绑和限制。何以立本？以往人们有句熟语“一招鲜，吃遍天”，有一技之长就可以安身立命，但那个时代已经成为过去。指望靠一种专业性的劳作在当今这个处于巨变中的时代安身立命，这一传统观念随着时代的转型将被彻底颠覆。众所周知，当今时代知识更新速度加快，职业更替日趋频繁。随着新技术的爆发式增长，很多传统的职业将在不久的将来彻底消失。对未来的一切谋划，都不能忽略日益增长的复杂性、多变性和不确定性。安身立命之根本，必须将基底拓展、扩大。只有学会学习，才有未来的适应性生存。而学习什么，如何学习，这是人生首先要思考的问题。毫无疑问，封闭的、缺乏学科间相互联系的专业知识不具有生命的活性，知识面狭窄和单向度的发展也难以适应未来生存。

人文社会科学知识涵盖了从审美情感到思想观念、从语言符号到生活世界、从个体生存到社会发展、从现实生活到精神文化、从历史到未来、从感性到理性、从人文社会到宇宙自然等一切方面，各种知识都是作为天地时空之产物的人需要了解的。知识面的扩展也必然增进认识世界的深度。人文社会科学从本质上说，都是关于人的学问，在一定程度上都是“人学”。认识人是古往今来的哲人们思考的第一命题。人的本质是追求自由，而人的不自由状态归因于各种限制和制约，其中精神的贫困是最大的制约，人的自由度随着对必然性的认识和人的本质的丰富性而提升。人的本质的丰富性，来自对生存世界意义关联的理解。在最大限度上展示出丰富多彩的世界之意义关联的，正是人文社会科学知识。多学科知识在通识意义上的相互关联，必能极大地丰富人的内心世界，增益于人的精神境界的提升，从而使人生命的质量得以提升；通过对人文社会科学知识的学习，人们可以更为全面地认识人类社会，也包括认识人与人、人与社会的关系。不同民族有着各不相同的历史文化背景和自然环境，其各具特色的政治经济、思维方式、生活习惯、宗教信仰、道德情感、语言艺术等，蕴含着人类的共同价值观和珍贵的精神财富。全球化时代构建人类命运共同体，需要充分认识不同文化的价值，丰富的人文社会科学知识正是增进相互了解的思想基础和知识基础；人文社会科学知识是人类的精神瑰宝，是众多人类精英留下的文化遗产，它昭示着人类文明的足迹。然而，只有登上高处，才能在通览之下发现足迹。老子说："执古之道，以御今之有。"看清了足迹，才能走向未来。对于每个有志于追求真理的人来说，沿着巨人开辟的道路继续攀登的阶梯，就是人类进化的经验与智慧凝结的知识体系。"大学之道"务求"博""大"，这样才能为更高层次、更进一步的研究和探索打下牢固基础。丰富而全面的知识对学习者意义尤为重大，知识资源的贫乏与枯竭，必致创新能力的式微；人文精神的丧失已经成为日益觉醒的人们的深深忧患。回归人文的呼声，是人们对工业文明所带来的灾难性后果的反思。几近于脱缰的技术理性需要价值理性来制衡。侧重价值理性的人文社会科学研究突显出它的现实意义，而学习和了解人文社会科学知识，则能把时代精神融入生命之根，将人类终极关怀植入心胸，为精彩人生的展开提供正确的价值引导。

人文精神的要旨，是从整体性、关联性、生命性、生态性出发来认识人与世界的关系，与旨在以割裂、分隔的简单化思维方式解析世界的取向截然不同。在学科之间构筑壁垒的专业发展理念，早已受到人们的诟病，现实也已经有了很大的改观，学科之间的交叉和整合研究已然成为一种时代风气。然而，对各个学科专业的学习者来说，具备宽广深厚的理论基础，构建整体关联的知识体系，远未成为现实。原因固然是多方面的，但缺乏真正的通识课程，无疑是一个重要的原因。时下一些高校动辄列出上百门甚至几百门通识教育课程，其实很多课程基本上都是各专业的基础课，由各个专业的教师主讲。从形式到内容、从讲授到考核，与传统意义的专业课程并无多大区别，只不过是贴上了"通识课程"的标签而已，实质上是一种形式化的退变。将人文社会科学知识统整于一门课程之中，并使各个学科知识之间的融通与贯连得以突出体现，是实施真正的通识课程的有益努力，但其难度可想而知。很多已有的人文社会科学知识读本所采取的编写方式，是由不同学科领域的学者分别来编写与本专业相关的章节。其优点是各学科懂行的专家学者有可资信赖的专业水平，从而能够保证各个学科知识的选编不至于流于疏浅和偏狭的介绍。但是不同学科领域的学者们的学术背景、理论基础、思维方式、立场观点、视角与切入点等会有很大差异，其价值取向自然地渗透于对本学科领域已有知识的选择、提炼、概括、表达的过程中，是否在整合与统一方面做出了有效的努力，能否在实质上对构建整体性知识框架有所裨益，显然还有待于进一步提升。如果处理不好，与通识教育的形式化退变并无实质的不同。

基于上述考虑，本书试图在整体性、统一性和相互关联性方面做出探索性努力，突出历史唯物主义和辩证唯物主义的理论指导作用，关注经典科学方法和科学前沿方法论在人文社会科学研究中的应用。各学科专业知识的基本内容，一般包括本质属性、学科发生与发展的历史、现状、热点问题与未来发展趋势等，对较有影响的学派、理论、观点、冲突、争论等择要介绍，对杰出人物的历史贡献及文化遗产和精神财富予以充分关注，深刻认识其对人类文明进步和社会发展的永恒价值和意义。

本书在体例、结构、内容编排等方面参考了同类教材，具体内容的选编参考了各学科的“概论”，也从有关专著中择要选取了具有时代特色和创新性的观点。参考文献在最后列出，这里对所引参考文献的作者致以崇高的敬意和深深的谢意。作为教材，自然要力避个人主观性与偏见的介入。然而，人文社会科学从本质上来说，是历史科学，对于人类已有知识的择取，不可避免地要受表述者视域的限制。再者，由作者的浅薄带来的疏漏和谬见也在所难免，欢迎读者予以批评指正。

倪胜利

2020年2月8日

目　录

第一章　人文社会科学核心概念解读

人文社会科学涉及广大的知识领域，科学地认识“人文”与“社会”，不仅仅是将自然科学的原理与方法运用于人文社会领域的研究，实质上，科学地认识世界，从根本上也包括对人自身的认识，人学也是科学的一部分。人们一般认为，人文社会科学是人文科学和社会科学的综合，这个目前较为通行的提法并不意味着认识的统一。恰恰相反，基于这个庞大的知识领域的内在矛盾和冲突，人们对“人文社会科学”这个笼统的提法也充满了争议。有学者对“社会科学”提出质疑，也有学者使用“人文学科”而不使用“人文科学”[①]。“人文”与“科学”分裂为“两种文化”，其两歧状态延伸到人类知识的各个领域甚至基础教育领域，且有愈演愈烈的趋势，这是早为知识界所熟知的事实。因此有必要对人类知识的整体状况有个基本了解，“人文”“科学”“社会科学”这几个核心概念，是进入人类整体知识领域的逻辑起点。

人类知识体系总的来说可分为三种类型——自然科学、社会科学、人文科学，这是就分“科”之“学”来说的。这三种知识类型从历史发展的顺序来看，是先有人文科学，之后是自然科学，最后发展起来的是社会科学。

第一节　人　文

“人文”一般用来指人类社会的各种文化现象，凡是与“人”有关的领域都是“人文”关涉的范围，如思想情感、知识信仰、道德精神、价值规范、生命生存、自由权利、社会文化、生产生活等。“人文”体现了作为时空产物的人对人自身和人与世界全部关系的理性思考，人的存在、人的本质、人的历史、人与自然的关系、人与神的关系、人和社会的关系诸问题，是人文的终极关怀。

一、中国传统的人文观

中国传统文化中“人文”与“天文”相对。《易经·贲卦·象》：“刚柔交错，天文也；文明以止，人文也。观乎天文，以察时变；观乎人文，以化成天下。”[②]天文用来指天地系统的理路或脉络，人文则指人类社会的秩序结构。《易经·系辞下传》：“古者包牺氏之王天下也，仰则观象于天，俯则观法于地，观鸟兽之文与地之宜，近取诸身，远取诸物，于是始作八卦，以通神明之德，以类万物之情。”[②]文明伊始，先哲从自身

① [美]伊曼纽尔·沃勒斯坦：《知识的不确定性》，王昺等译，济南：山东大学出版社 2006 年版，第 9 页。
②（清）李光地撰：《周易折中》，北京：九州出版社 2002 年版，第 359、577 页。

与世界的关系出发，参悟天地系统运行的根本法则。天地造物，“在天成象，在地成形”。刘勰《文心雕龙·原道》篇对自然之文有精彩的描述：“傍及万品，动植皆文。龙凤以藻绘呈瑞，虎豹以炳蔚凝姿。云霞雕色，有逾画工之妙；草木贲华，无待锦匠之奇。夫岂外饰，盖自然耳。至于林籁结响，调如竽瑟；泉石激韵，和若球锽。故形立则章成矣，声发则文生矣。夫以无识之物，郁然有彩；有心之器，其无文欤？”人为天地之灵性所钟，自然为五行之秀，因此能够超越一切生命系统，做到“观天文以极变，察人文以成化”，从而有了人文世界的化成，所谓“人文之元，肇自太极”，即是说人文来自天文。

中国传统人文社会的秩序建构，依据的是天地系统运作的根本法则，它集中地体现于“六经之教”。“六经”（《诗》《书》《礼》《易》《乐》《春秋》）的源头可追溯至华夏民族由野蛮向文明过渡的漫漫长夜累积的关于自然和人类自身的知识、智慧和经验。儒家说孔子“熔钧六经，必金声而玉振”，确然，“六经”以六种不同的文本呈现了“天经地义”。孔子对“六经之教”有这样的表述：“入其国，其教可知也。其为人也，温柔敦厚，诗教也。疏通知远，书教也。广博易良，乐教也。絜静精微，易教也。恭俭庄敬，礼教也。属辞比事，春秋教也。故诗之失，愚。书之失，诬。乐之失，奢。易之失，贼。礼之失，烦。春秋之失，乱。其为人也，温柔敦厚而不愚，则深於诗者也。疏通知远而不诬，则深於书者也。广博易良而不奢，则深於乐者也。絜静精微而不贼，则深於易者也。恭俭庄敬而不烦，则深於礼者也。属辞比事而不乱，则深於春秋者也。”[①]“六经”加上后来的“四书”（《大学》《中庸》《论语》《孟子》），构成了中国传统人文教育的主要内容。

有一点值得特别关注的是，中国传统的人文概念蕴含着对自然和人类社会的全部理解，“天人合一”的命题是中华文明对人类思想宝库的一个重大贡献。需要指出的是，“天人合一”并非仅意味着人与“天”的关系，“天”实则指的是天地系统，亦即大自然的时空秩序结构。关于人与自然相统一的思想，集中体现于“三才之道”。《易经·说卦传》：“昔者圣人之作《易》也，将以顺性命之理，是以立天之道曰阴与阳，立地之道曰柔与刚，立人之道曰仁与义。兼三才而两之，故《易》六画而成卦。”这是对天、地、人三才之道的经典表述。人道之“仁”与“义”秉承天地之道的阴阳刚柔而形成，“性”乃是时空赋予人的自然本性，“命”是生命的生发、长消的时间和机遇，“理”是生命发展的规律。“顺性命之理”即生命的生长要适应自然规律。《易经·文言传》曰：“夫‘大人’者，与天地合其德，与日月合其明，与四时合其序，与鬼神合其吉凶。先天而天弗违，后天而奉天时。”人文精神之核心概念“仁”，是从天地万物之一体性出发的，对此王阳明在《大学问》中有精辟的阐释：“大人者，以天地万物为一体者也。其视天下犹一家，中国犹一人焉。若夫间形骸而分尔我者，小人矣。大人之能以天地万物为一体也，非意之也，其心之仁本若是，其与天地万物而为一也……孺子犹同类者也，见鸟兽之哀鸣觳觫，而必有不忍之心，是其仁之与鸟兽而为一体也。鸟兽犹有知觉者也，见草木之摧折而必有悯恤之心焉，是其仁之与草木而为一体也。草木犹有生意者也，见瓦石之毁坏而必有顾惜之心焉，是其仁之与瓦石而为一体也……故夫为大人之学者，亦

① 《礼记·经解》。

惟去其私欲之蔽，以明其明德，复其天地万物一体之本然而已耳。”由此可见，仁者是以天地万物为一体的，天文、人文本出一文，天道、人道本为一道。

古代圣贤观天文以极变，察人文以成化，将天道变化与人的谋划紧密结合，并把这一原理拓展延伸至中华学术的一切领域。中华医学是又一集中体现天人合一理念的领域。《黄帝内经》是一部历史悠久、在中国影响较大的医书。众所周知，中华医学自一开始就关注整体调理，尤其是关注身体与自然、时空的关系。《黄帝内经·素问·天元纪大论》云：“夫五运阴阳者，天地之道也，万物之纲纪，变化之父母，生杀之本始，神明之府也，可不通乎！”《黄帝内经·素问·六微旨大论》道：“黄帝问曰：‘呜呼，远哉！……天之道，可得闻乎？’岐伯稽首再拜对曰：‘明乎哉问！天之道也，此因天之序，盛衰之时也。’”据此，将五行运作的机制与人的五脏相匹配：肝配木主春，心配火主夏，脾配土主长夏，肺配金主秋，肾配水主冬。彼此之间的生克关系依据时空的变换而确定，将养生与治病密切结合。“应则顺，否则逆，逆则变生，变则病。”（《黄帝内经·素问·六微旨大论》）具体情形如：“春三月，此谓发陈，天地俱生，万物以荣。夜卧早起，广步于庭，被发缓形，以使志生，生而勿杀，予而勿夺，赏而勿罚，此春气之应，养生之道也。”（《黄帝内经·素问·四气调神大论》）“发陈”即推陈出新。春回大地，生气涌动，人的饮食起居要与自然协调一致，使蓄养了一冬的精气生发新质。针灸依据“子午流注”学说，将十二经脉的运动状态与每天的十二时辰相匹配，要依据不同时辰穴位的开合状态而刺不同的穴位。中药的炮制、药性、药量及诊治病人等，也都极有讲究，必要究天人之际，因时而变、因人而异、辨症施食、对症下药。

中国传统的人文观为思考当代科学与人文关系的问题，提供了一个独特的视角。这也是中国文化不同于西方文化最突出的特征之一。在人与自然的关系问题上，西方工具理性与价值理性的分裂，导致了人与自然关系的紧张，人类面临的资源枯竭、环境污染等诸多当代危机无不与此有密切的关联。人类创造的一切，必须与自然根本法则保持一致。这就是说，只有依自然之“文”而化成的“人”的世界，才会为自然所存留，才会有文明的延续。人的世界里一切方面的有序化成，都在本质上体现了与自然法则的一致性。回归传统的人文精神，这是解决人与自然关系价值定位的根本途径。坚守人文精神，就不会像“人类中心主义”那样走破坏自然的道路。纵观人类社会近百年来的发展历史，人与自然的关系日趋紧张、恶化，根本原因就是人文精神的丧失。在谋求世界经济共同发展的全球化进程中，中国为世界作出的贡献，不仅是经济上的引领，更重要的是文化上的贡献。人类正处在一个新型文明的前夜，解决生态危机、超越工业文明，需要一种集全部人类智慧之精华的人文精神，一种源于自然又回归自然的文化。当今顶尖的科学家、思想家们再度将眼光转向东方。重返东方寻找生态伦理的思想宝藏成为当代学界涌动的思潮。

二、西方人文精神

西方人文渊薮肇发自古希腊，智者学派、古希腊三杰，以及文艺复兴、宗教改革、启蒙运动是追溯西方人文精神起源与发展的必然路径。智者普罗泰戈拉有句名言：“人是万物的尺度，是存在的事物存在的尺度，也是不存在的事物不存在的尺度。”从对自身与世界的关系的思考开始，探索人合乎理性的行为举止，这与中华文明始祖伏羲“近取诸身，远取诸物，于是始作八卦，以通神明之德，以类万物之情”（《易经·系辞下传》）的思路颇有相通之处。之后的西方哲人们关于“美德”和“善”的主题，与中国古代先哲倡导的“仁义”之道也有殊途同归之感。可以说，古希腊的哲人们从生存的实际出发，以人为本，洞察宇宙，探索人生，为后来西方人文主义思想的发展开了先河。

西方话语中并没有确定的“人文”概念，起初只是以人为本的哲学思考。公元前 1 世纪的罗马执政官马库斯·图留斯·西塞罗（Marcus Tullius Cicero），被认为是最先关注 humanitas（人性、仁慈、博爱）的价值意义的人，并在其《论雄辩家》一书中将其列为辩论者的基本训练项目。这个来自拉丁文的概念被认为是 humanities 和 humanism 的源头。将汉语中古已有之的“人文”用于 humanism 一词的翻译是进入近现代以后的事情。这个词语被译成“人文主义”，也有译作“人本主义”的。而 humanities 依《牛津高阶英汉双解词典（第四版）》解释是“有关文化的学科，特别是文学、语言、历史和哲学”，通常译作“人文学科”。

人文精神的源头，皆以哲人的思考为起始点，东西方似乎差异并不大，然而其后的发展路径、内容、形式和价值取向，却分道扬镳，逐渐呈现出巨大的差异。西方人文精神辉煌的时期有西塞罗时期、文艺复兴时期、启蒙运动时期、狂飙突进运动时期等。

西塞罗时期的人文主义，有着从野蛮向文明转型的时代特征。有着灿烂文明的古希腊被罗马人以武力征服之后，“野蛮无文的民族开始自觉到自己之野蛮，自己之纯为赤裸裸的原始生命之不足，反省到自己之寒伧，而想要过一种有文化的生活……西塞罗的人文主义，正尽了这个责任”[①]。这种人文主义旨在促成有教养、合规范的社会政治生活，从而达到一种秩序化的社会建构之目标。西塞罗执政期间发表过很多著名的演说，并在哲学、法律、政治、雄辩术等方面有内容丰富的论著，被誉为罗马最杰出的演说家、教育家，是古典共和思想最优秀的代表人物之一，是罗马文学黄金时代的天才作家，其典雅的拉丁文体促进了拉丁文学的发展，他的思想在漫长的时期里影响了欧洲的人文教育。然而，西塞罗时期的人文主义，对正义与和谐社会的秩序建构来说，不过是一种外在的和形式化的努力，并非真的以人为本的内在建构。因此，从根本上来说，这种人文主义的主张并没有真正成为社会建构的牢靠根基，是漂浮和虚幻的无根之木、无源之水，其成就不过是昙花一现，最终淹没在中世纪黑暗的夜幕中。

文艺复兴时期的人文主义，对希腊、罗马的古典文化来说，既是回归，更是超越。中世纪是西欧的“黑暗时代”，封建势力借天主教作为统治手段，建立了一系列的等级制度，上帝被视为绝对权威，基督教经典《圣经》的教义统治着哲学、文学、艺术等一切知识领域。教会大力宣扬禁欲主义，人的自由意志受到压抑，人的价值与尊严完全丧失。中世纪后期随着商品经济的发展，资本主义开始萌芽，日益发展的自由意识使资产

① 转引自张晚林：《论人文主义的成立及其内涵（上）——以牟宗三、唐君毅、徐复观为中心的基础性理解》，《重庆社会科学》2005 年第 8 期，第 8 页。

阶级思想逐渐成熟，人文主义应运而生。争取自由和回归人性成为文艺复兴时期的主导思想。文艺复兴兴起于13世纪末的意大利，继而在欧洲大地开始了一场倡导人性的思想解放运动。该时期的人文主义主要特点为：一是强调人的地位、价值和尊严，以人为中心，肯定现实人生和世俗生活，尊重理性，强调个性自由；二是反对禁欲主义，强调现实生活的意义，倡导积极人生，鼓励人们追求现实幸福生活和世俗享乐，这正是新兴资产阶级价值观的体现；三是提倡科学和理性，反对蒙昧无知。文艺复兴时期的人文主义获得了世界意义，因此也具有了深远的历史意义。它使人们挣脱了神权的桎梏，思想摆脱了束缚，个性得以张扬。人的想象力和创造力得到激发，人们探索自然、研究科学、追求真理、创造艺术，在思想、艺术和科学领域涌现出一批巨人，有力地推进了人类文明的进程。然而，文艺复兴使人性张扬，突显了人的自然本性，却冷落了普遍理性和人的社会属性；同时削弱和排斥宗教信仰，为纵欲和道德沦丧埋下伏笔，也为近现代文明的危机种下祸根。正如有学者所说，文艺复兴使得“人之一切自然本能，蛮性的权力意志，向外征服欲，得以尽量表现之机会；而形成近代文化中另一种人之神性与其兽性之纠缠”[①]。

启蒙运动时期是欧洲继文艺复兴时期之后又一次人文精神发扬光大的时期。这是一场发生于17～18世纪的资产阶级和人民大众的反封建、反教会的思想文化运动，其核心是理性的张扬，批判的矛头指向封建专制主义、宗教愚昧及特权主义，倡导自由、民主和平等，为继之而来的资产阶级革命奠定了思想基础并做了舆论准备。启蒙运动覆盖了自然科学、哲学、伦理学、政治学、经济学、历史学、文学、教育学等诸多知识领域，为美国独立战争与法国大革命提供了理论基础和框架，促进了资本主义的兴起。启蒙运动中心在法国，领袖人物是伏尔泰，其思想对18世纪的欧洲产生了巨大影响。启蒙运动倡导者自视文化先锋，肩负引导世界走向理性和光明的使命。他们不再以宗教辅助文学与艺术复兴，而是力图以经验加理性思考使知识系统能独立于宗教的影响，作为建立道德、美学以及思想体系的方式。最为著名的代表人物除了伏尔泰，还有反对君主专制、主张君主立宪制的孟德斯鸠，18世纪法国唯物主义哲学家、美学家、文学家、教育理论家、百科全书派代表人物狄德罗，倡导天赋人权和人民主权的法国著名思想家、哲学家、教育家、文学家及18世纪法国大革命的思想先驱卢梭。在英国和德国，还有霍布斯、洛克和康德，他们也都为启蒙运动作出了巨大贡献。反抗权威、理性、启蒙、乐观通达、回归自然、人权自由等成为那一时期的核心概念和关键词。

狂飙突进运动指18世纪70～80年代由德国兴起的声势浩大的文学运动，其名称来自德国作家克林格的剧本《狂飙突进》。这是德国文学和音乐创作领域的一场变革，参加者多为市民阶层的青年作家。他们受启蒙运动的影响，特别是受卢梭哲学思想的影响，歌颂“天才”，主张“自由”和“个性解放”，提出“返回自然”的口号。文学史上把这个时期称为“天才时期”或“天才时代”。这是文艺形式从古典主义向浪漫主义过渡的阶段，也可以说是幼稚时期的浪漫主义。有些年轻作家并不完全认同启蒙运动过分强调理性的观点，也反对启蒙运动时期的社会关系，其创作表现出欲使德国人的生活与艺术摆脱启蒙运动的理性枷锁的倾向。但总体说来，狂飙突进运动可以视为启蒙运动的继

① 唐君毅：《人文精神之重建》，台北：台湾学生书局1984年版，第141页。

续和发展，启蒙运动的主旨由狂飙突进运动得以提高和加强。狂飙突进运动的代表人物是歌德和席勒。歌德的《少年维特之烦恼》是其代表作品，表达的是人类内心感情的冲突和奋进精神。文艺复兴时期的人文主义，追求个性的张扬使人的能力得以发展，然而却与兽性纠缠不清；歌德基于人格的整全性而倡导人文主义，关注人的全面发展。这是18世纪德国人文主义的最大贡献。狂飙突进运动虽然在政治上没有引起积极的结果，却为德国留下了一笔丰富的精神遗产，对古典文学、浪漫主义、自然主义、表现主义等文学思潮和毕希纳、布莱希特等作家都产生了深刻的影响。

总的来说，西方人文主义传统有悠久的历史，经历了不同的发展阶段，有辉煌的成就，创造了不朽的经典，丰富了人类精神宝库，为世界文明作出了巨大贡献。

三、西方人文教育传统

人文教育关注的核心问题是人之为人需要什么样的品质以及如何培养理想的人。理想的人应具备的品质包括文化教养、道德和善、理性和智慧，而这些品质的获得，离不开传统文化的影响，更与语言的运用密不可分。因此，西方早期的人文学科（humanities）包括语言、文学、艺术、逻辑、历史、哲学等课程。公元 2 世纪罗马作家格利乌斯对 humanities 的含义有段经典的表述：“那些说拉丁语以及正确使用这种语言的人，并没有赋予 humanities 一词以一般以为具有的含义，即希腊人所谓的 philanthropia，一种一视同仁待人的友爱精神和善意。但是，他们赋予 humanitas 以希腊文 paideia 的意思，也就是我们所说的‘eruditionem institu-tionemque in bonas artes’，或者‘美优之艺的教育与训练’（education and training in the liberal arts）。热切地渴望和追求这一切的人们，具有最高的人性。因为在所有动物中，只有人才追求这种知识，接受这种训练，因此，它被称作‘Humanitas’或‘Humanity’（人性）。”[①]在希腊人看来，理想的人是不受羁绊的真正自由的人和通达的人，理性、道德和善，以及艺术，都是通向自由的必由之路，因此西方人文传统始终贯穿着“自由”的理念。“人文教育”（liberal education）和“文科”（liberal art）等词语的构成，明晰地体现了这一脉络。

关于“自由”的学问，在亚里士多德看来，不应以功利、致用为目的，而应该追求德、智、体的完善，这种完善本身就是目的。他重视文雅学科而轻视实用学科，重视文雅教育而轻视职业培训，从而开创了非功利教育目的的先河。古希腊时期被认定的人文教育的必修科目有自苏格拉底以来的雅典教育四大学科——算术、几何、音乐（和声学）、天文，它们均是广义的数学学科。在柏拉图那里，还有作为善的科学的辩证法（不只是辩论术）。罗马时代从公元 4 世纪起将文法、修辞、辩证法、几何、算术、天文、音乐“七艺”视为高等教育的标准课程，七艺中的四艺是数学学科，其中的辩证法则越来越多地指逻辑，所以七艺中的五艺应属科学学科。

中世纪大学以探求真理、完善人格为宗旨，实行人文教育，强调大学应远离喧哗的城市，与时代变迁保持一定的距离，思索与探讨人类几千年来积累下来的文化遗产，以获得心性的纯洁，实现智慧的高扬。亚里士多德的著作于 12 世纪后重新流行起来，对逻

① 转引自吴国盛：《科学与人文》，《中国社会科学》2001 年第 4 期。

辑和推理的崇尚逐渐改变了基督教神学的形态，出现了偏重推理和逻辑的经院哲学，它以科学理性的方式为教义辩护，而不是单纯强调信仰。近代科学的发展可以在这里找到源头，正如怀特海所说："在现代科学理论还没有发展以前人们就相信科学可能成立的信念，是不知不觉地从中世纪神学中导引出来的。"因为经院哲学的逻辑把严格确定的思想习惯深深地种在欧洲人的心里，这种习惯即使在经院哲学被否定以后仍然流传下来。比如伽利略，"他那条理清晰和分析入微的头脑便是从亚里士多德那里学来的"①。

中世纪后期，随着大翻译运动的发展，出现了不少远远超出传统七艺的学科，如神学、罗马法和教会法、医学、天文学与占星术、形而上学和自然哲学等。文艺复兴时期，自然科学得到了前所未有的发展。比如，天文学领域有哥白尼的"日心说"；在物理学领域，伽利略发现了落体、抛物和振摆三大定律。随着古典文化的复兴和科学的进步，学校教育内容随之扩大，学习科目大大增加。学校不再停留在传统的神学、拉丁语、希腊语等古典文科学科的教学上，也不满足于七艺学科教学，而是逐渐将人类科学知识成果纳入学校教育之中。

西方传统人文教育强调自由教育和通才教育，早期人文教育致力于语法、修辞、诗歌、历史和道德哲学的发展，相当于今天我们所称的"文史哲"。其后的发展，人文主义者在对外交流过程中不断吸收外来文化和新知识，促进了传统知识与新兴学问的融合与发展。可以说，西方传统人文教育旨在塑造理想人格，丰富人性，提升人的精神境界，让人得以全面发展，成为自由的人。

四、人文学科与人文科学

人文是不是科学，人们是有争议的。意见分歧的根本原因在于对科学的看法。狭义的科学观将科学与人文对立，同样，一些人文学者也视科学为对立面。然而，从广义来看，科学与人文有着内在的关联性。西方人文精神发展的历程说明，人文与科学并不对立，恰恰相反，科学正是文艺复兴时期以来西方人文主义的诉求，理性和自由内在关联，自由的人必然是遵从理性的人，而科学正是人类理性创造的丰硕成果。从更为深刻的意义上说，科学也是人类文化的组成部分，因为科学说到底是人类活动的一部分，是人根据自身对外部世界的认识并依据自然规律对外部世界进行的改造，无论是字面意思还是实质精神，科学也理所当然地被包含在人文之中。德国哲学家、历史学家、心理学家、社会学家韦尔海姆·狄尔泰（Wilhelm Dilthey）在其《人文科学导论》中把以社会历史真实为宗旨的学科都置于"人文科学"名目之下，"人文科学形成了一个与自然科学并列的独立主体"。他还指出："在很大程度上，人文科学的确涵盖了自然的事实，并建立在关于自然知识的基础上。"② 他是在"精神科学"的意义上使用"人文科学"概念的，要研究的主要对象是"人及人的精神"，要了解人的历史和社会现实存在的各种联系，就需要通过"体验"的方式达到"理解"。皮亚杰在其《人文科学认识论》中指出：

---

① [英]怀特海：《科学与近代世界》，何钦译，北京：商务印书馆 1959 年版，第 12-13 页。

② [德]韦尔海姆·狄尔泰：《人文科学导论》，赵稀方译，北京：华夏出版社 2004 年版，第 5 页。

"在人们通常所称的'社会科学'与'人文科学'之间不可能作出任何本质上的区别，因为显而易见，社会现象取决于人的一切特征，其中包括心理生理过程。反过来说，人文科学在这方面或那方面也都是社会性的。只有当人们能够在人的身上分辨出哪些是属于他生活的特定社会的东西，哪些是构成普遍人性的东西时，这种区分才有意义（这一假设正是这种区分的根源）。"①皮亚杰主要是通过人的认知心理的研究来体现"人文科学"的意义。"人文科学"这一概念得到人们认可，体现了科学与人文两者之间的交织和渗透。科学与人文的分裂是人类知识领域分化的结果。由统一体分化为相对的部分，再由分化走向更高层次的整合与统一，这也是人类知识演进的规律。天地间万事万物聚散离合是恒常定律，没有什么是一成不变的。人类知识领域的演进出现统、分、合也是必然的。

关于人文学科，《不列颠百科全书》（修订版）如此表述：人文学科是那些既非自然科学也非社会科学的学科的总和。一般人认为人文学科构成一种独特的知识，即关于人类价值和精神表现的人文主义的学科。美国人文学科国家基金会界定为：人文学科包括历史、哲学、语言、语言学、文学、考古学、法学、文艺批评与历史、伦理、比较宗教以及以历史和哲学方法为研究进路的社会科学；而最后一类则包括政治理论、国际关系及其他关注问题的"质"及价值多于关注其研究方法的科目。该基金会还进一步指出：人文学科尤指一种思想方法、学术范畴。人文学科之科目从经典著作研究到分析当代问题不等；研究方法包括个别的学科研究及综合科际研究两个方面。②学科划分本属西方话语体系，今天我们所称的"人文学科"从本质上说是一种科学界定，它是未被自然科学和社会科学接纳的学科的笼统称呼。概括地说，人文学科主要由文、史、哲及其所衍生出来的知识领域构成，这些领域包括美学、宗教学、伦理学、文化学等。人文学科知识构成了一个洋溢着真善美的丰富的精神家园，是人的终极关怀所在。文学使人充满了对美好人生的向往；哲学使人沉思人的存在的价值和意义；史学使人将起点与归宿相互关联；艺术给人带来美的体验；宗教伦理使道德和善永留人间。

"学科"按字面意思指的是"按照学术的性质而分成的科学门类"，强调的是分类体系和课程内容方面的规定性，既可用于学科领域的总称，如自然科学、社会科学、人文科学等，也可以指具体的学科如历史学、法学、物理学、化学等。"人文学科"和"人文科学"所涵盖的对象领域实质上没有不同，人们使用不同的表达方式，只是反映了不同的态度和立场而已。如华勒斯坦③使用"人文学科"，是在"科学"与"人文"两种文化的意义上讨论问题，将"社会科学"视为介于"人文"与"科学"之间的研究领域。《不列颠百科全书》（修订版）和《美国百科全书》中只有"人文学科"而没有"人文科学"词条，或许因为在"科学"与"人文"两种文化之间的冲突和战争正愈演愈烈未有穷期，在认识上远未达到统一。

传统的人文学科被赋予"科学"的意义，反映了科学意识的深化。然而对此也须从

---

① [瑞士]皮亚杰：《人文科学认识论》，郑文彬译，北京：中央编译出版社 2002 年版，第 1 页。

② 张灿辉：《人文学科与通识教育》，香港：香港中文大学出版社 1999 年版，第 8 页。

③ 因译法不同，本书正文采用"华勒斯坦"，脚注中以原书译法为准。

两方面看，一方面，“人文科学”这个概念体现了一种努力，要以人的社会存在为研究对象，探索、发现并揭示人类社会的本质和发展规律，试图体现价值理性与工具理性的整合。另一方面，一些学者对“科学”一词的“滥用”提出质疑，他们认为像文、史、哲这样的人文学科，不应称作“人文科学”。学术界对科学的过分崇拜，也会使人文传统受到削弱。人文的方法与科学的方法有不同的特点，也是不容忽视的，以科学的话语霸权统摄一切学科，似乎只有经过科学的论证才能获得合法性，这会威胁到学科的合法性问题，同时也对知识的合法性问题提出了严峻的挑战。不同的观点和看法各有道理，谁对谁错不重要，都不是终结性的话语，争论还将长期继续下去。重要的是了解不同的说法，避免偏执一端的谬误观点。我们认为，科学与人文既有差别和区分，又有整合与统一。就人类认识世界的本质意义来说，不应对世界进行分隔与割裂的理解，需要整体关联的科学理念来统摄。而在对待不同分支学科中具体的研究对象时，又应有所区分，不能将自然科学的研究方法生搬硬套地运用于人文社会领域。

关于“人文科学”的外延，人们意见也不一致，有把人文科学等同于人文学科的，认为它包括哲学、文学、语言学、历史学、艺术学、考古学、文化学、宗教学等，也有将社会科学也包括进人文科学的。例如，狄尔泰在《人文科学导论》中说：“所有以生活历史真实为宗旨的学科，在本书中都被置于‘人文科学’的名目之下……那些在人类历史中发展起来的被当作‘人本的、历史的和社会的科学’的东西，组成了我们不奢求掌握却寻求初步理解的精神事实的范围……人文科学中知识的本性，必须通过对人类发展的全部过程的观察加以说明。这样一种方法与目前得到广泛运用的、被称为实证主义的方法形成对照——后者通过对知识的界定来获取科学概念的涵义，而这种知识来自于当时流行的自然科学。”他认为“社会科学”这个概念像“精神科学”一样“过于狭窄从而不能涵盖其主旨”①。他所说的“人文科学”实质上包含了“社会科学”。根据我国目前学科体制的实际情况，“人文社会科学”的提法应是包括了“人文科学”和“社会科学”两个领域，虽然“人文”与“社会”紧密交织，但还是有区别的。

人文科学在研究方法、研究内容及价值取向上，都与诸如政治学、经济学、法学、社会学、管理学等社会科学领域的研究有着较大的差别。社会科学试图通过科学的方法对各种社会现象进行研究，从中发现普遍规律以确定地预言社会发展。人文科学一般包括哲学、文学、史学、文化学、语言学、艺术学、美学、法学等学科，主要特点体现在以下方面：其一，研究对象以人为核心，包括人的本质、人的存在、人的精神文化及人生存的价值和意义、人与自然和社会的关系等；其二，研究内容主要是人的精神文化领域，特别关注人的本质的丰富性和内心世界的意义建构，认知、道德、情感、价值、意义等都是研究的具体内容；其三，研究方法上，突出个体体验、个别经验、个性特征，具有独特性、不可重复性和极大的不确定性，主要靠观察、体验、领会、顿悟、思辨和解释等方法建立知识体系；其四，从功能和作用来看，注重价值和意义的阐释，以制度规约人的行为，以真善美的追求引领社会。

① [德]韦尔海姆·狄尔泰：《人文科学导论》，赵稀方译，北京：华夏出版社2004年版，第4-6页。

第二节　科　学

人是时空的产物，与生存的世界有着多途径的、全方位的联系。眼、耳、鼻、口、身、意都是人与世界交流的通道。这些感知和与世界交流的器官随着人类从洪荒时代开始了依“文”而“化”的进程，迄今已发展出高级的文明形态，如聆听音乐的耳朵、欣赏美的眼睛、享用佳肴的味觉、灵敏矫健且富有美感和生命力的身体等，而最辉煌的成就是人类用以认识世界的心智的发展。文明始祖“探赜索隐，钩深致远”，探索和思考人与世界的关系以获得适应性生存，引领人类社会从“人不胜虫蛇猛兽”的野蛮时代走向文明时代。随着近现代以来人类认识世界的新工具的出现，人类也上升到地球霸主的巅峰位置。成就人类霸主地位的新工具就是科学。科学作为认识世界和改造世界的一种途径和方法（当然并不是唯一的），是在漫长的历史过程中逐渐发展起来的，人类知识一开始是整体未分的，所有知识都被容纳在人文之中。中国原本没有“科学”一词，人文的知识中有“格物致知”一说，它相当于西方所说的“科学”。西方自古希腊时代起，各种科学以未分化的形态蕴含于哲学的母体，哲学是一切知识的综合。只是到了近代，科学才从人文中分离出来，成为一个独立的知识领域。

一、科学是什么

人人都在使用“科学”这个词语，但科学究竟是什么，尽管很多学者提出了自己的定义，却没有一个公认的完备定义。这一现象背后有很多值得深思的问题。法国当代著名思想家埃德加·莫兰（Edgar Morin）说：“‘什么是科学’这一问题是唯一还没有任何科学答案的问题。”①美国学者戴维·林德伯格（David Lindberg）在《西方科学的起源》一书中指出：即使能够对现代科学下一个人人满意的定义，历史学家仍然面临一个让他们头疼的问题。这是因为科学的内容、形式、方法和作用都在随着历史的发展而不断发生着变化。何况，“人人满意”的科学定义从未有过。几个世纪以来，人们为科学概念争论不休，参加争论的有科学家、哲学家、历史学家以及其他有关的人。科学概念是用语言表述的，许多被使用的词语在具体的语境中有不同的意义，各种意义之间的分歧是难以在不同的群体间达成共识的，这些群体都各有自己的一套常规，要让他们放弃自己所赞成的“科学”一词的用法，不经过一场论战是不可能的，甚而言之，经过激烈的论战也未必能达成共识。因此必须承认，“‘科学’一词具有不同的涵义，每一种都合乎情理”②。但是，也不得不承认，每一种说法都不是终结性的定义。既然科学的定义如此难以给出，我们也不必刻意去追求一个完美的定义，只需尽可能多地了解人们对科学的不同看法，以便我们能够从更为广阔的视角来认识科学。这里列举一些

① [法]埃德加·莫兰：《复杂思想：自觉的科学》，陈一壮译，北京：北京大学出版社 2001 年版，第 8 页。
② [美]戴维·林德伯格：《西方科学的起源》，王珺、刘晓峰、周文峰等译，北京：中国对外翻译出版公司 2001 年版，第 3 页。

有影响的名人和学者的观点以供参考。

林德伯格指出，尽管人们对科学尚未达成一致的意见，但有几点得到了有力的支持：①科学是人类借以获取对外界环境控制的行为模式，由此科学就与工匠传统和技术紧密关联起来；②科学是理论形态的知识体系，技术则是应用理论知识来解决实际问题，两者应严加区分；③流行的做法是依据理论的陈述形式来定义科学，陈述形式应当是一般的、定律式的陈述，数学语言是最好的表达方式；④科学还可以从方法论的角度来定义，这样科学就与具体的一套程序联系在一起，通常是探明自然奥秘和证实或证伪某一有关自然特性理论的实验程序；⑤根据对科学的认识论态度定义科学，据此科学应该是个人获取知识和评判知识的某种独特方法；⑥依据其陈述的内容来定义科学，这样科学就是具体的一套关于自然的信念，多少与现行的物理学、化学、生物学、地质学的学说相仿；⑦“科学”和“科学的”这两个术语经常用来指具有严格、精确或客观等特性的过程或信念；⑧“科学”和“科学的”往往用来表示肯定和赞同某事物。[①]

康德说：“任何一种学说，如果它可以成为一个系统，即成为一个按照原则而整理好的知识整体的话，就叫作科学。”[②]这个表述中有三点值得注意：一是任何学说都有可能成为科学的对象，并没有对象的限制；二是科学是系统的知识，具有整体关联的意义；三是知识是按照一定原则组织起来的，这些原则应该包括一定的方法和程序，要能保证知识的正确性。康德所说的自然科学的形而上学基础，实际上就是人的先天认识能力，自然科学最终归结为人学（人本学、人类学），这就是康德的真正意图和结论。从他看上去枯燥乏味的陈述和咬文嚼字的推敲中，也能感觉到一种亲切和富于人情味的思想。他以“人为自然界立法”的庄严宣告，高扬了人的主体性自由。这是从那个时代一直到今天，仍然激励着自然科学家和人文哲学家们不断探索的主题。[③]

新康德主义弗赖堡学派的主要代表，德国哲学家亨里希·李凯尔特（Heinrich Rickert）说：“毋宁说，历史文化科学的观点绝对地高出于自然科学的观点，因为前一种观点要广泛得多。不仅自然科学是文化人的历史产物，甚至‘自然’本身从逻辑的或者形式的意义而言也不外是理论的文化财富，是一种借助于人的智慧而对现实所作的有效的、即客观的有价值的理解。自然科学恰恰始终必然以附着于其上的价值的绝对有效性为前提。”[④]他还说：“从传统的观点看来，一切科学的概念形成或科学的阐述的实质首先在于，人们力求形成普遍的概念，各种个别的事物都可以作为‘事例’从属于这种概念之下。事物和现象的本质就在于它们与同一概念所包摄的对象具有相同之处，而以前纯粹个别的东西都是‘非本质的’，而达不到科学的地位……认识自然就意味着从普遍因素中形成普遍概念，如果可能的话，形成关于现实的绝对普遍的判断，也就是说，发现自然规律的概念。”[⑤]由此可见，发现自然规律的科学活动，从本质上来说是属于

① [美]戴维·林德伯格：《西方科学的起源》，王珺、刘晓峰、周文峰等译，北京：中国对外翻译出版公司2001年版，第1-3页。

② [德]康德：《自然科学的形而上学基础》，邓晓芒译，北京：生活·读书·新知三联书店1988年版，第2页。

③ [德]康德：《自然科学的形而上学基础》，邓晓芒译，北京：生活·读书·新知三联书店1988年版，第8页。

④ [德]亨里希·李凯尔特：《李凯尔特的历史哲学》，涂纪亮译，北京：北京大学出版社2007年版，第128页。

⑤ [德]H. 李凯尔特：《文化科学和自然科学》，涂纪亮译，北京：商务印书馆1986年版，第37-38页。

文化和认知的活动。

美国当代科学社会学家小摩里斯·N. 李克特（Maurice N. Richter）认为："科学已经被明确为一个文化的、认知的和发展的过程。这个定义中三个特点的每一个都为从一个不同的角度观察科学提供了基础……根据这个概念，科学是一个跃迁的过程，在这个过程中，具有一定特征的文化知识体系要被其他的具有同样特征但又在特定的方面有所不同的知识体系所取代。被取代的体系和替代它们的体系所共同具有的那些特征是'抽象性'和'可检验性'：这些标准是一个体系被获准进入竞技场的标准，在竞技场里，这个体系将与具有同样特点的其他可供选择的体系竞争，以争取被盛行的科学知识实体所接受。在任何特定时刻竞争获胜的体系就这样取代了可能还是盛行的、不论是什么样的其他可供选择的体系。之所以能这样是因为前者在'简单性'和'预言能力'的标准上具有优越性。科学过程得以运行的机制包括基于'简单性'和'预言能力'在各种可供选择的体系中所做的选择，所有可供选择的体系都要具有进入被选择的竞技场所必需的抽象性和可检验性的特点。科学发展的方向类似于个体的认知发展方向。科学发展的起点是传统的文化知识。科学发展的结构一般地类似于进化过程的结构，特别类似于文化进化过程的结构。科学是一个从个体层次向文化层次的认知发展的延伸，是一个在传统的文化知识之上发展的生长物，而且是一个文化进化之特殊化的认知变异体和延伸。"①

英国当代著名科学家齐曼（J. Ziman）认为："在我看来，真科学……的确是哲学的、专门的、竞争性的、探索性的、多元的、信息化的、体制化的、经济的、进步的事业。为了把握'它是什么，它指什么'（what it is and what it means），人们必须调和许多明显的矛盾……我试图表明，科学既是个体性的，也是集体性的；既是自由无约束的，也是科层体制化的；既是权威性的，也是可修正的；既是开拓创新的，也是高度保守的；既是能人统治的，也是寡头政治的。"②

苏联著名哲学家、科学史学家、化学家和心理学家鲍尼法季·米哈伊洛维奇·凯德洛夫（Бонифатий Михайлович Кедров）院士认为：科学是精神文化的最重要因素，是人类知识的最高形式；它是借助相应的认识方法获得的、以精确的概念表现出来的发展着的知识体系，这些概念的真理性由社会实践来验证。科学是关于外部世界和人的精神活动的现象与规律的概念体系，它提供可能性去为社会的利益而预见和改造现实，它是历史地形成的人类活动、"精神生产"的形式，这个形式在其内容和结果上应该具备有目的地搜集的事实、制定好的假设和理论以及作为它们的基础的规律，应该具备研究的方式和方法。科学概念既用于表示科学知识的加工过程，也用于表示由实践检验为客观真理的知识的整个体系，还用于指明科学知识的个别领域，指明个别科学。现代科学是拥有极多分支的各个科学部门的总和。③

① [美]李克特：《科学是一种文化过程》，顾昕、张小天译，北京：生活·读书·新知三联书店 1989 年版，第 85-87 页。

② [英]约翰·齐曼：《真科学：它是什么，它指什么》，曾国屏、匡辉、张成岗译，上海：上海科技教育出版社 2002 年版，中文版序。

③ 转引自李醒民：《科学是什么》，《湖南社会科学》2007 年第 1 期，第 1-7 页。

法国哲学家和科学家让·拉特利尔（Jean Ladriere）应联合国教育、科学及文化组织之约为世界哲学家和科学家专题讨论会而准备的《科学和技术对文化的挑战》一书提出的科学观认为："科学可以看作是当代科学知识的总和，或者看作是一种研究活动，或者看作是获得知识的方法。当代科学最显著的特征是其社会组织的程度越来越高……科学的内容和方法都同样是重要的。通过它的内容，科学提供某种关于实在的知识，通过它的方法，科学试图使这种知识能够有控制地增长，甚至能够不断地改进保证这种增长的手段。也许，科学活动最独特的方面正是这种取得进步从而导致特殊进化形式的能力。"①

苏联莫斯科大学人文系哲学教授、科学学家彼得·阿列克谢耶维奇·拉契科夫提出，科学的概念可以从三个主要方面考察。从理论方面看，可把科学看作是知识体系，作为意识形态的科学，是依赖于实践系统地和不断发展地认识现实的、客观的、本质联系的一种基本形式，这种认识提供预见事件的可能性，并且是人们合理活动的基础；从社会活动和社会体制来看，科学是一种特殊的社会活动，是一个相对独立的社会体系，这个体系把科学家和科学组织联合起来，为认识现实的客观规律和确定实际应用这些规律的形式与途径服务；从科学结论的实际应用和科学的社会作用方面看，科学是社会的一种直接的实践力量，这种力量由于在生产力和社会关系中体现科学的成果而被建立起来，并且通过使人们的活动与科学所揭示的客观规律的性质越来越符合的途径而得到发展。根据其最基本的、最本质的特征可概括为："科学是关于现实本质联系的客观真知的动态体系，这些客观真知是由于特殊的社会活动而获得的和发展起来的，并且由于其应用而转化为社会的直接实践力量。"②

莫兰在其《复杂思想：自觉的科学》一书中谈道："怀特海提出科学比神学更加多变，他说任何学者都不能毫无保留地认同伽利略相信的东西，或牛顿相信的东西，或他们自己在十年前的科学信仰。他指出了一个令人惊异的事情：与通常的见解相反，科学性的特征不是确定性，而是不确定性。卡尔·波普尔的决定性贡献也正是在这个问题上"。莫兰在对科学认识论进行了一番探索和考察之后提出对科学的几点看法：第一个观点就是应该继续把科学看作一种探索和研究的活动。这是对真理、对现实等的探索和研究。第二个观点是必须完全摧毁科学认识是现实的单纯反映的天真观念，实际上它是含有人类活动的所有构成成分的建构活动……科学的客观性不排除人类精神、个别的主体、文化、社会，而是强调它们的作用。第三个结论性的观点是科学不是纯粹的。寻求纯粹科学的清晰明确的界限、澄清何谓科学的事物和何谓非科学的事物的意愿，是一种错误的想法。最后提出，必须解除科学概念的孤岛性。③

英国著名物理学家、科学学奠基人剑桥大学教授 J. D. 贝尔纳（J. D. Birnal）提出应把科学理解为：第一，一种体制，即人们完成一定社会任务的政治；第二，一种方法，即发现自然界和社会中各个新方面和规律的方法的综合；第三，科学传统的积累；第四，

① [法]让·拉特利尔：《科学和技术对文化的挑战》，吕乃基等译，北京：商务印书馆 1997 年版，第 10-11 页。

② [苏]N. A. 拉契科夫：《科学学：问题·结构·基本原理》，韩秉成、陈益升、倪星源等译，北京：科学出版社 1984 年版，第 20-43 页。

③ [法]埃德加·莫兰：《复杂思想：自觉的科学》，陈一壮译，北京：北京大学出版社 2001 年版，第 40-41 页。

生产发展的重要因素；第五，一般思想和世界观原则的源泉。①

五四时期以来的中国学人吸纳了西方的科学观和哲学思想，也提出了自己对科学的看法，对后人产生了很大的影响。梁启超从最广义的层面解释，把“有系统之真知识，叫作科学”。他还说过：根据经验的事实分析综合求出一个近真的公例（定律）以推论同类事物，这种学问叫作“科学”。陈独秀在《敬告青年》一文中写道：“科学者何？吾人对于事物之概念，综合客观之现象，诉之主观之理性而不矛盾之谓也。”著名动物学家、中国科学院院士秉志认为，科学“无非将常识而条理之，俾有系统，更由有系统之常识，造其精深，成为专门之知识而已”。著名学者、科学家、教育家和思想家任鸿隽对科学的定义多有阐述：“科学者，缕析以见理，会归以立例，有角思理可寻，可应用以正德利用厚生者也。”“科学是根据自然现象，以论理（逻辑）方法的研究，发现其关系法则的有统系的智识。”他的一个比较详尽的科学定义是：科学者，知识而有统系者之大名。就广义言之，凡知识之分别部居，以类相从，井然独绎一事物者，皆得谓之科学；自狭义言之，则知识之关于某一现象，其推理重实验，其察物有条贯，而又能分别关联抽举其大例者谓之科学。任鸿隽在这里涉及的是科学的外延。他把科学划分为两大类，即狭义的科学和广义的科学，它们大体上分别与英文的 science 和德文的 wissenchaft 对应。教育家、化学家、哲学家王星拱也采用两分法，将广义的科学定义为：凡由科学方法制造出来的，都是科学的。狭义的科学是指数学、物理学、化学、生物学、地质学等。②

另外，值得一提的是一些工具书对科学概念的意义表述。

《现代汉语词典》（第 7 版）：反映自然、社会、思维等的客观规律的分科的知识体系。

《辞海》（1999 年版）：运用范畴、定理、定律等思维形式反映现实世界各种现象的本质和规律的知识体系。

《苏联大百科全书》：科学——是在社会实践基础上历史地形成的和不断发展着的关于自然界、社会和思维及其客观发展规律的知识体系……从现实的事实出发，科学……揭示着现象的本质联系……③

《不列颠百科全书》（修订版）：科学涉及对物质世界及其各种现象并需要无偏见的观察和系统实验的所有各种智力活动。一般说来，科学涉及一种对知识的追求，包括追求各种普遍真理或各种基本规律的作用。④

关于科学的定义难以尽数罗列，以上观点仅供思考科学概念时作为参考。人们对科学概念的阐释各有不同的视角、立场和价值取向，科学方法、科学理论体系、科学组织系统、科学语言、科学规范、科学精神、科学思维等都是科学概念所涉及的范畴。大凡真知灼见都会有所侧重，各种说法皆有道理，只是随着人类认识的深入和科学的进步，

---

① 转引自[苏]N. A. 拉契科夫：《科学学：问题 · 结构 · 基本原理》，韩秉成、陈益升、倪星源等译，北京：科学出版社 1984 年版，第 42 页。

② 转引自李醒民：《科学是什么》，《湖南社会科学》2007 年第 1 期。

③ 转引自[苏]N. A. 拉契科夫：《科学学：问题 · 结构 · 基本原理》，韩秉成、陈益升、倪星源等译，北京：科学出版社 1984 年版，第 33 页。

④ 国际中文版编辑部编译：《不列颠百科全书》（修订版），北京：中国大百科全书出版社 2007 年版，第 142 页。

对科学概念的阐释还会有进一步的发展和完善。

二、科学与人文的冲突

近现代以来科学逐渐成为人类认识世界和改造世界的有力工具，其工具理性日益突显，从而使其与以价值理性为圭臬的人文领域产生分裂并发生冲突，以致延伸到人类文化的各个领域。在各级各类的学校教育中，分裂在扩大并深化，从而使人类文化从根本上开始发生裂变，这种有增无减的趋势，是学界长久关注并讨论的话题。

（一）大论战

1959 年 5 月英国物理学家和小说家 C. P. 斯诺（C. P. Snow），在剑桥大学作了一场名为“两种文化与科学革命”的演讲。他认为当时西方社会的智力生活已日益分裂为两个极端群体，这种智力生活也包括现实生活。两个极端群体一个是文学知识分子，另一个是科学家，两者之间存在着不可理解的鸿沟。他们都荒谬地歪曲对方形象，看待问题的态度迥异，感情也难以找到共同基础。斯诺称之为“两种文化”。两种文化分裂的现象不仅存在于英国，还遍及整个西方世界。他认为一方面是由于专门化教育，另一方面是由于社会形态定型化倾向，“这也就是说，文化分裂之类的情况一旦形成，所有的社会力量不是力求使之缓和，而是越来越加强”[①]。由于教育的专门化训练和社会系统运作过程的强化作用，两个文化群体在价值、情感、态度、知识结构等方面呈现越来越大的差距，两种文化的分裂与对立的现象被称为“斯诺命题”。

斯诺的观点也曾引起很多争论，但“两种文化”概念的提出，还是有一定道理的。这种冲突在英国好像还是比较温和的，在其他地方，科学文化与人文文化之间的冲突在 20 世纪的百年时间里，不断演化成汹涌的浪潮。在中国现代思想史上，也早已出现过激烈的论战。20 世纪 20 年代在中国上演的有关“科学”与“玄学”的论战，反映的就是科学与人文的冲突。当时中国思想界的著名人物几乎都卷入这场论战中。论战最初起于“采西学”、宣传新思想的梁启超等人。梁启超曾于 1919 年率张君劢、丁文江等赴欧洲，目睹了第一次世界大战对人类文明的摧残，对西方文明大失所望，翌年他在《欧游心影录》中对“科学万能论”提出批评。之后又有梁漱溟（1921 年）、陈嘉异（1921 年）著文抬高东方文化，张君劢于 1923 年 2 月在清华作“人生观”问题的著名演讲，提出“科学无论如何发达，而人生观问题之解决，决非科学所能为力”的论点，从而挑起了这场大论战。另一方科学派的反击，首先是地质学家丁文江在《努力周报》发表《玄学与科学》，指斥“玄学鬼”附在张君劢身上。之后有化学家任鸿隽、心理学家唐钺、政客吴稚晖、学者胡适等加入科学派的阵营。中国早期的马克思主义者如陈独秀、瞿秋白也参与了论战并站到支持科学派、反对玄学派的立场，并试图用历史唯物论来解释人生观和社会问题。[②]在玄学派的阵营中，后来也加入了很多文化名人。这场论战讨论的范围很广，涉及古今中

---

① [英]C. P. 斯诺：《两种文化》，纪树立译，北京：生活·读书·新知三联书店 1994 年版，第 3、17、61 页。

② 雷颐：《中国现代思想史中的科学思潮与人文思潮冲突——“科玄论战”透视》，载王文章、侯样祥主编：《中国学者心中的科学·人文 科学人文关系卷》，昆明：云南教育出版社 2002 年版，第 593 页。

外诸多思想流派，但焦点集中于科学与人生观、科学与中国传统文化的关系两个核心问题。论战是以科学派的胜利告终的。从那个时代以来，现代中国的政治格局和文化格局，便开始由“德先生”和“赛先生”来主持。玄学派在那场论战中失败了，但并不意味着中国传统的人文精神永远地退出了历史舞台，它留给人们很多思考。

另一场著名论战发生于20世纪90年代中后期的美国，人们称之为“科学大战”。起因来自后现代主义对现代科学的质疑和批判，结果遭到科学卫士一派猛烈的反击。1994年，美国生物学家格罗斯与数学家莱维特出版了《高级迷信：学界左派及其与科学之争》，接着，又有纽约大学物理系教授艾伦·索卡尔向著名的人文杂志《社会文本》提交了题为“超越界线：走向量子引力的超形式的解释学”的“诈文”，揭开了这场科学大战的序幕。随后，科学卫士一派向后现代主义展开了全面的批判。被称为“索卡尔事件”的“诈文”案，具有相当大的轰动效应。据说索卡尔在那篇以“后现代哲学以及20世纪物理学的政治蕴涵”为主题的文章发表之后，随即又在《大众语言》月刊上发表了《曝光——一个物理学家的文化研究实验》，自我披露那篇名为“把有意编造的谬误、语言的滥用以及各种毫无根据的结论捏合在一起的大杂烩”的文章，是一篇“诈文”。在那篇文章里，索卡尔刻意模仿后现代主义使用科学词语的方法，从量子力学、广义相对论谈到微分拓扑、非线性、超弦和混沌，列举似是而非的论据，论证“量子引力是一种典型的后现代科学”，是“超越界线”地发展出来的一种“具有解放意义的科学”。他所引用的还有物理学家玻尔（N. Bohr）和海森伯（W. Heisenberg）的言论。这些很难使人看出是一场恶作剧。有意思的是，1996年《社会文本》推出的那期名为“科学大战”的特刊，是专门用来回击《高级迷信：学界左派及其科学之争》对科学的文化研究的批判的。《社会文本》的5位副主编对那篇“诈文”中一些常识性的科学错误、有意捏造的后现代主义与当代科学之间的“联系”和故意迎合《社会文本》编辑们的意识形态而有偏见的观点，竟然毫无觉察，一致通过并将其发表。在《曝光——一个物理学家的文化研究实验》一文中，索卡尔引用了劳丹的话：“用主观的兴趣和思想来代替事实和证据这种做法，是我们时代最突出和最有害的反理智主义的表现。”物理学家、诺贝尔物理学奖获得者斯蒂文·温伯格（Steven Weinberg）在《索卡尔的恶作剧》一文中指出：“索卡尔讥笑的对象遍及了一个广泛的知识界领域。在人文科学领域中，有所谓的后现代主义，他们喜欢以他们自身的零碎经验和随意解释的本性，不断地涉猎诸如量子力学或者混沌理论之类的科学前沿。某些社会学家、历史学家和哲学家把自然定律看作是一种社会建构。”他还指出，一般说来，“对文化、政治或哲学来说，物理学的研究结果没有合理的意义”。他还认为海森伯是一位伟大的物理学家，但不是谨慎的思想家，他在哲学上陷入了迷途（索卡尔在“诈文”中引用了海森伯的话：“科学不再是作为一个客观的观察者来面对自然，而是把自己视为一个在人与自然的相互作用中的演员。”），并指责“普里戈金之类的科学家就声称非线性的动力学具有深刻的哲学意义，在他们看来，这是一个没有任何夸张的使人有趣的课题”①。

① [美]索卡尔、[法]德里达、[美]罗蒂等：《“索卡尔事件”与科学大战：后现代视野中的科学与人文的冲突》，蔡仲、刑冬梅等译，南京：南京大学出版社2002年版，第1、57、104、111页。

当然，对于科学卫士的攻击，后现代主义思想家们也进行了激烈的回应，发表了一系列的反击文章。一些著名的学者及后现代主义的代表人物，如布鲁斯·罗宾斯、安德鲁·罗斯、雅克·德里达、理查德·罗蒂等都参与了论战。由“索卡尔事件”引发的旷日持久的论战，引申出许多值得思考的问题。时间虽然过去了很久，但裂痕似乎没有任何弥合的迹象。科学家与其他知识分子之间误解的鸿沟，与几十年前斯诺所担忧的相比，似乎更深、更宽了。从“科学大战”论战双方的敌意来看，冲突在相当长的时期里是难以消除的。一些人文学家和科学家都认识到这种分离与对立是应当消除的，但也有一些人却坚持更深程度的分裂与对抗。如果说后现代主义的思想家们将科学的原理用来解释社会现象，无论其对科学原理的运用还存在多么非专业的稚嫩问题，甚至在科学家们看来是可笑的，都应当看作一种整合的努力。当然，人文思想家们也应当探寻更为合适的路径以实现整合。而那种认为科学原理不能被运用于人文社会现象的研究，则是一种过于偏执的意见。

进入 21 世纪以来，国内思想界也一再掀起波浪。争论始终没有停止，还会有更为持久的争论。所有论战的核心都可以归结为科学与人文的冲突，实质就是工具理性与价值理性的分裂与冲突。

（二）文理分科背后

两种文化分裂导致两种具有不同价值追求的群体对共同资源的竞争和冲突。正如斯诺所意识到的，现代的学校教育正在复制并加速这种分裂。科学与人文的“战争”是一个时代的主题，是一个大的背景，各种思想观念和价值追求通过各种渠道渗透到教育文化之中。现代学校的课程设置是自工业革命和科学革命以来就被固定化的模式。分科设置的课程是按照专业化的要求来进行的，因此学科之间的壁垒和隔阂也就不足为奇了。大学的课程是这样，而中国文理分科在基础教育阶段就开始了。文科与理科是分别与语言逻辑智力和数理逻辑智力相应的两个学科群。在皮亚杰的理论中，智力是以语言能力和数理逻辑能力为核心的、以整合的方式存在的一种能力，这种智力可以被测量，但学校的这种课程设置却人为地将两种能力分割开来。我们看到这种划分使具有某种偏向的学生将自己的全部精力用于自己擅长的学科，以免在那些既弄不懂又耗费精力而又收效甚微的学科上浪费时间。当然，这都是为了考试，而考试是为了获得文凭。这种教育模式只能造成“单向度”的发展，并且使科学与人文分离的现象日益加剧。很多人已经意识到文理分科背后存在的实质问题，但是更多的人并未意识到问题的严重性。2009 年 2 月，教育部就“高中取消文理分科的必要性和可行性”征求意见，引起了一场全国范围的争论。一些材料显示了教育群体中的几种分歧意见：在读的大学生、大学教师多支持取消文理分科，而在读的高中生和高中教师多反对取消文理分科。支持者认为过早的文理分科不利于全面素质的培养，也不利于大学的学习；反对者认为取消文理分科会加重负担，[①]这显然是从应试的角度出发的。

文理要不要分科，实际上并不是一个简单的问题。文理分科是多年来形成的模式，

① 《教育部拟取消高中文理分科》，见 http://www.dahe.cn/xwzx/dhfd/jrfd/qxwlfk/index.htm。

几乎已经成为扎了根的教育文化形态。即使将其取消，也不过是形式上的取消，根本问题可能并不能得到解决。这种教育模式培养出来的一代又一代的人，工作在各级各类的教育机构中，这些人的思维方式、知识结构和价值观念是被专业化的模式训练出来的，并不具备贯通性。他们习惯了运用专业化的语言来讲授本门学科领域的知识，对于学科之间的意义关联，他们自身也难以搞清楚，难以指望他们能打破学科之间的壁垒，向学生传授整合性的知识。即使在制度上取消了文理分科，文理课程合为一本书，也可以想象，内容依然是分离的，而教师讲课，也必然是各个学科的教师讲自己学科的那部分。这与分科有什么两样？在“教师职业专业化”的过程中，实际强调的往往是“专业化”，它极易在实践上导致极端。它的模式化运作复制和再生产出一代代具有狭隘的专业知识结构的教师，成为教育从内部毁灭自身的因素。如果一个教师只会运用本学科的语言，按照专业课的方式传授知识，而不能在被分割的知识领域间架设意义的桥梁，文理分与不分没有实质的不同。

依“科学”与“人文”两个阵营为核心而形成的教育文化群体，其知识背景、价值观念、心理认同、行为方式等都无形中带有各自文化系统的符号化印记或特征。教育之于社会文化，具有复制和再生产的功能，科学与人文的分裂，如果不从初始的教育文化过程入手加以弥合，愈演愈烈的趋势将难以逆转。人文文化关于价值理性的各种观点，听起来头头是道，对唯科学主义的批判也着实有力，但似乎对现实的影响力微乎其微；反过来，科学文化所宣扬的工具理性，则实实在在地左右着现实世界，因为它与人的生存状况密切相关。但是我们看到失去价值理性制约的疯狂发展，导致了自然环境和人文环境的恶化，这几乎成为没有任何力量能够控制的局面。所以，在科学与人文冲突的背后，是人类的危机。教育究竟在这个过程中充当了什么角色，起了什么样的作用，这是一个值得深思的问题。

三、开放的科学观

科学与人文的分裂，工具理性与价值理性的冲突，根源于一种狭隘的、封闭的科学观。将两者整合到一个相互关联的系统，需要一种视野宏达的科学观。

科学本质上是开放的，它以开放的精神和开放的视野将一切都包容在自己宽广的胸怀之中。科学意识、科学思维、科学方法、科学探索是没有边界和限制的，科学不是权力话语，不靠划定势力范围来获得霸权和统治地位，也不以划定学科界线确保其纯粹性。这是一种大科学观，是大一统的世界观和方法论。被权力和利益污染的科学观，是狭隘的也必然是肤浅的。认识世界的深度与包容世界的广度是内在相关的，没有广度就没有深度。狭隘的科学观只能在有限的区域内展示力量，没有整体的宇宙观和自然观，就难以触及宇宙和自然运作的根本原理和法则。譬如在足够深的海底，全世界都是相连的。

正如埃德加·莫兰所说：科学不是纯粹的，寻求纯粹科学的清晰的和明确的界线、澄清何谓科学的事物和何谓非科学的事物的意愿是错误的和古怪的想法。科学性是由非科学性产生的，如同生命需要由非生命物质来生成。科学不是孤岛，而是与文化大陆和社会大陆相连的一个半岛。科学和艺术之间的联系应当受到重视，因为在科学活动中有一个艺术的方面，而且人们经常看到科学家也是艺术家（当然也得看到，科学家也不排斥宗教，中世纪宗教神学还被视为科学），“只是他们把他们对音乐、对绘画，甚至对文学等的爱好降格为业余爱好或消遣。而且我说在科学和哲学之间也没有清晰的分界线”①。他指出20世纪初以来的一些大科学家担当着非正规的哲学家的角色，说明他们自发地涉及了哲学的基本问题，例如彭加勒（Poincaré）、爱因斯坦、玻尔、玻恩、海森伯，在今天还有列维-勒勃龙德（Lévy-Leblond）、普里戈金（I. Prigogine）②、德斯帕尼亚、科斯塔·德·博勒加尔（Costa de Beauregard）。从科学中产生的思辨的和哲学的行动是非常值得关注的，也是值得深思的。反常的情况倒是由于极端的专业化发展，学科之间的封闭性和各自发展本学科的特有术语使得哲学家已不再能用科学知识滋养自己，他们把自己封闭起来，生活在纯粹思辨的抽象宇宙里。最后他还指出了科学的一个重要特点：科学是一个通过环境自我循环产生的过程。社会与共同体的一致意见和批评的传统等，使科学作为一个不终止的过程不断地自我建设、自我破坏和自我重建。科学在这个过程中依赖环境而自我产生，这个环境就是文化，是社会，亦即世界。循环是指作为科学过程的结果的创造发明，又成为后续过程的生产者和原因。“这是一个在逻辑、语言、范式、形而上学、理论、合作、竞争、对立、一致意见之间经过了又经过的圆圈。而所有这些都被社会、国家、企业滋养着。在科学的这个通过环境自我产生和自我组织的圆圈和社会的所有其他的以它们的方式运转的圆圈之间存在着相互渗透和相互连接的关系。在科学的圆圈里智力和精神的核心部分，还存在着经验主义和理性主义之间、想象活动和验证程序之间、怀疑主义和确信之间的环路。”③

探索自然的过程与探索人的过程，有没有本质的不同？自然科学研究的对象具有决定论和还原论方法所能适用的特点，但这也不是绝对的，超越了一定的界限和范围，就会遇到混沌与不确定，确定地言说事物和可重复的实验只在一定的范围内有效，超出了一定的范围就不再能确定地把握。人类的认识能力在时空两个维度都有局限性。人也是自然的一部分，对人的研究具有更大的不确定性。从一定意义上说，每一个人就是一个独特的世界，世界上没有可以完全重复的东西，对人来说更是如此。那些坚持认为“人类的社会行为是不可重复的因此很难得出经得起时间和空间考验的普遍正确的结论”的人，所求的显然是那种像牛顿原理那样的东西，然而实质上，就连标准的自然科学领域里，也不存在可以精确重复的东西，人类知识只可能近似地接近真实世界的脉络。当然，人也有社会性，也会在一定程度上遵循社会文化的规律和规范。一定社会文化系统中的人也有一定的行为模式，模式未必苛求细节的精准重现，大致相似的模式也是客观的、普遍的存在。因此，从本质上来说，无论研究人还是研究自然，都存在着确定性与不确定性、有限与无限、可变与不变、混沌与秩序交织纠缠的现象。科学探索是没有止境和限制范围的，不能说自然科学是科学，而人文社会科学就不是科学。

---

① [法]埃德加·莫兰：《复杂思想：自觉的科学》，陈一壮译，北京：北京大学出版社2001年版，第41页。

② 因译法不同，本书正文采用“普里戈金”，脚注中以原书译法为准。

③ [法]埃德加·莫兰：《复杂思想：自觉的科学》，陈一壮译，北京：北京大学出版社2001年版，第42页。

总的来说，我们把科学看作人类文化的一部分，是人类认识世界、发现规律、把握自身命运的探索活动，它包含着过程、方法、制度、规范及其作为研究过程之结果的知识体系。需要强调的是，认识世界包括认识人类自身。马克思说："人的第一个对象，即人，是自然界、感性；而那些特殊的、属人的、感性的本质力量，正如它们只有在自然对象中才能得到客观的实现一样，只有在一般的关于自然界的科学中才能获得它们的自我认识。""正像关于人的科学将包括自然科学一样，自然科学往后也将包括关于人的科学，这将是一门科学。"[①]这就是说自然科学和人的科学是一回事。开放的科学观就是大一统的科学观。

第三节 社会科学

一、概念

人类知识可以分为人文、自然、社会三大领域，对应的研究领域分别是人文科学、自然科学和社会科学。社会科学是在晚近的时期才发展起来的。按照华勒斯坦的说法，社会科学"是19～20世纪发展起来并被认可的关于人类社会关系的系统知识。在知识分化成两种文化时，社会科学夹在两者之间。社会科学家们从不敢公开承认其存在可以称为第三种文化的合理性，更别提要说优于其他两种文化了。社会科学家们夹在两种文化之间，处境极为尴尬，并且他们本身对其定位仍旧意见不一。社会科学家们争论不休的话题就是社会科学是离自然科学近一些，还是更倾向于人文科学"[②]。事实上，社会科学主要是从古典人文学科的母体中分娩出来的，如果没有古希腊的理性的探讨精神，就不会有今日的社会科学。在中世纪的神学里就有根据人类和社会两方面的观念塑造出来的综合物，这些观念其实就是政治、社会、经济、地理和人类学的观念。因此，社会科学与人文科学间的关系更为密切。从更深层次来看"人"与"社会"是紧密联系的，社会是由构成它的基本要素——"人"所组成的，两类知识彼此渗透交叉是无法分割清楚的。这就是为什么一开始，人文与社会经常被合起来作为一个与自然科学相对立的整体，如"社会科学"或"道德科学"（密尔）、"历史科学"（文德尔班）、"文化科学"（李凯尔特）、"精神科学"（狄尔泰）、"人文科学"或"人文研究"。在中国的高中和大学里，学科的分类就是按照文科和理科两分法，将社会科学和人文科学合为一体的。[③]

关于"社会科学"的定义，可参考的有以下几种。

1980年版《美国百科全书》："社会科学"主要是指那些对人类关系进行学习和研究的领域，其知识范围非常广泛，一般包括人类学、历史学、政治学、心理学、社会学、精神病学、宗教学等，后来又发展出一些分支，如人种学、人口统计学、经济地理学、地理政治学、社会心理学等。

---

① [德]马克思：《1844年经济学哲学手稿》，刘丕坤译，北京：人民出版社1979年版，第82页。

② [美]伊曼纽尔·沃勒斯坦：《知识的不确定性》，王昺等译，济南：山东大学出版社2006年版，第43页。

③ 陈向明：《质的研究方法与社会科学研究》，北京：教育科学出版社2000年版，第4页。

上海辞书出版社 1999 年版《辞海》："社会科学"是以社会现象为研究对象的科学，如政治学、经济学、军事学、法学、教育学、文艺学、史学、语言学、经济学、宗教学、社会学等，"社会科学"的任务是阐述各种社会现象及其发展规律。

《不列颠百科全书》（修订版）：社会科学研究的课题是人类在社会和文化方面的行为，包括经济学、政治学、社会学、社会和文化人类学、社会心理学、社会和经济地理学；也包括教育的有关领域，即研究学习的社会环境以及学校与社会秩序之间的关系。①

我们认为那些明显属于传统人文学科的如语言、艺术、历史等，不宜列入社会科学范畴。社会科学是以人类社会为研究对象的科学。它以人类特定群体的政治、经济、文化、教育、法律、相互关系等活动为研究的具体范畴，运用科学方法探索和揭示人类社会发展的规律，并为社会的未来发展指明道路。它主要包括社会学、人类学、文化学、教育学、政治学、经济学、法学、心理学等。

二、社会科学的兴起

从社会科学兴起的过程来看，19 世纪对社会科学发展具有决定性影响的思想在其之前的两个世纪就已经出现。法国大革命和工业革命的双重打击使西欧封建制度彻底瓦解，社会的财富、权威以及人的社会地位等因素发生了根本性的变化，19 世纪的社会思想史在此背景下开始被赋予新的意义并开始了新的价值建构。当时社会思想的重大主题几乎都与"两大革命"有关，如人口激增、劳动条件恶劣、财产变化、都市化、技术革新和机械化、工厂制度变革、参政群众人数发展等。这些几乎都迅速成为新意识形态的基础。此外实证哲学、博爱精神和进化观点三种思想倾向也影响了社会科学。

社会科学初建之时，曾有过创建一门总体社会科学的努力，然而那些追求单科专门化的人最后获得了成功。经济学和政治学首先达到独立学科的地步，其次是人类学和社会学。社会心理学也开始于 19 世纪，但轮廓不如其他各科清晰。最后是社会统计学和社会地理学。根据华勒斯坦的考察，19 世纪思想史的首要标志就在于知识的学科化和专业化，即创立了以生产知识、培养知识创造者为宗旨的永久性制度结构。各种学科的创立基于一种社会发展的现实需要，由于现实被合理地分成了一些不同的知识群，因此便要求研究者具有专门的知识和技能，以便应对多种多样、各自独立的现实领域。自然科学因其能直接创造实际有用的成果而得到社会和政府的支持，因而根本不需要大学就可以从事自己的研究，并且事实上自然科学早已在 19 世纪大学复兴之前就得到了发展。因此，在整个 19 世纪，对大学的复兴有巨大贡献的不是自然科学家而是历史学家、古典学者和民族文学学者，他们将大学当作一种手段，以争取国家对其学术工作的支持。"他们把自然科学家也吸引到发展迅速的大学结构中去，并从自然科学家积极的一面中获益甚多。不过，由此却产生出这样一个后果：从那时起，大学就成了文科（人文科学）和理科（自然科学）之间持续紧张的主要场所。人文科学和自然科学现在被界定为两种完全不同、对有些人来说甚至是截然对立的认识方式。"②对社会现实的研究介乎人文科学和自然科

① 国际中文版编辑部编译：《不列颠百科全书》（修订版），北京：中国大百科全书出版社 2007 年版，第 473 页。
② [美]华勒斯坦等：《开放社会科学》，北京：生活·读书·新知三联书店 1997 年版，第 9 页。

学之间，其中研究个别事件的历史接近于文学艺术，“事实上它经常都是后者的一部分，而社会科学（研究普遍规律的）则接近于自然科学。知识日益僵硬地分化成两个不同的领域，它们在认识论上的侧重点彼此不同，于是研究社会现实的学者往往不知不觉地陷于两者之间，在这些认识论问题上歧见甚深。”①此时期（19 世纪）在方法论上，与以往“思辨”的方式最大的不同是，人们试图在经验的基础上发现关于“实在”的“客观”知识，社会科学领域的多种学科都旨在认识真理，而不是去创造它、知觉它。只是这种探索知识的活动要达到制度化，尚有一个过程。这种知识活动应该是一种单一的活动，还是应该像后来那样划分成几个学科，人们尚不清楚。而且，通往这种知识的最佳途径是什么、什么样的认识论最有效并具有正当性，也不清楚。尤其难以确定的是“社会科学能否在某种意义上被看成是‘介乎科学与文学之间’的‘第三种文化’”，一切都得看实际的发展。

19 世纪社会科学发展的制度化进程主要集中在五个国家或地区：英国、法国、德国、意大利半岛诸国以及美国。大多数学者、大多数大学都云集在这五个国家或地区。至今仍产生着影响的 19 世纪社会科学论著，也都是来自这些国家或地区。另一点值得注意的是，众多研究主题和学科的名称是于 19 世纪提出的。几个主要的名称有历史学、经济学、社会学、政治学和人类学，还有东方学。率先实现自立的制度化形态的学科实际上是历史学，只是很多史学家都坚决反对将这个学科贴上社会科学的标签，直至今日仍存很大争议。19 世纪新发展起来的历史学科的显著特点是强调应该去探明“实际发生的事情”，这种主张针对的是那种讲述想象的或夸张的故事的做法，因为这些故事迎合读者的趣味，或服务于统治者和其他权势集团的当下目标。历史学、经济学、社会学和政治学仿佛一曲四重奏，在 19 世纪到第二次世界大战期间，逐渐成为大学里的主要学科。②

民主运动和工业革命引起的各种进程，在 20 世纪散布到了世界其他地区。对西方与非西方国家之间关系的研究，构成了社会科学极其重要的方面。马克思主义政治经济学和科学社会主义对世界产生了巨大的影响，在极大程度上改变了世界的政治格局并影响了历史的进程。中国今天所取得的举世瞩目的成就，从根本上来说，就是马克思主义在中国的实践所创造的奇迹。正如党的二十大报告中所说：“马克思主义是我们立党立国、兴党兴国的根本指导思想。实践告诉我们，中国共产党为什么能，中国特色社会主义为什么好，归根到底是马克思主义行，是中国化时代化的马克思主义行。拥有马克思主义科学理论指导是我们党坚定信仰信念、把握历史主动的根本所在。”这可以说是社会科学领域中具有深远历史意义的重大事件，它以雄辩的事实证明了社会科学研究对于推动社会发展的价值和意义。继马克思之后在社会科学领域产生重大影响的英国经济学家约翰·梅纳德·凯恩斯（John Maynard Keynes），因开创了经济学的“凯恩斯革命”而被后人称为“宏观经济学之父”。还有西格蒙德·弗洛伊德（Sigmund Freud）开创了潜意识研究的新领域，促进了动力心理学、人格心理学和变态心理学的发展，其基本理论已进入多门社会科学，为 20 世纪西方人文社会科学提供了重要理论支柱。

20 世纪社会学发展为社会科学领域的一个重要学科，其主要特征是强调实证主义及

① [美]华勒斯坦等：《开放社会科学》，北京：生活·读书·新知三联书店 1997 年版，第 11 页。
② [美]华勒斯坦等：《开放社会科学》，北京：生活·读书·新知三联书店 1997 年版，第 9 页。

其对普通人及现代性后果的关注。政治学的盛势出现相对较晚，第一次世界大战前后，美国政治学家采用社会学、心理学和统计学方法研究政治，推进了政治学的科学化，行为主义政治学在美国得到迅速发展，20 世纪 70 年代前成为西方政治学的主流。人类学是伴随着近代资本主义的崛起，以及随之而来的殖民扩张而发展起来的，强调介入式的研究方法，虽然满足了经验研究的要求，但避免不了价值的渗透。东方学与东方国家的觉醒和发展同步，第二次世界大战后其在研究方法、研究范围、研究队伍和语言媒介方面发生了巨大变化。没有成为社会科学组成部分的心理学被归类于医学，这是因为许多心理学家力图将其建立在生物科学的基础上。因为原来大学已有以培养律师为主要目标的法律系，加之法律本身过于规范化，缺乏进行经验研究的方法论基础，因此也被排除在社会科学之外。地理原本与人文联系密切，如同史学一样是古已有之的学问，19 世纪晚期在德国的大学里重建了地理学。地理学十分强调人与环境之间的关系，因此与人类学有密切关系也是很自然的，它既想通过对所谓人文地理的关注填平其与人文科学之间的鸿沟，又想通过对自然地理的关注填平它与自然科学之间的鸿沟。不仅如此，地理学还试图依其研究对象而成为真正世界性的学科。这种刻意消除学科界限、力求综合而漠视分科的强烈倾向与研究领域日益分化的现实显得格格不入。[①]另外，也需要考虑到，研究空间对象的地理意识，与随时间变化的社会科学之间，要实现实质性的融合，还有待于认识论和方法论的根本性变革。总体情况是，大学学科设置的制度化和学科边界的划分，使社会科学的各门学科建立和完善起来。

三、问题与争论

社会科学是在占有文化主导地位的牛顿学说的影响下逐渐制度化的。面临“两种文化”对立的局面，社会科学内部存在着关于方法论的争论。一些人倾向于把社会科学归入人文学科并采用一种所谓的研究特殊规律的认识论。他们强调社会现象的特殊性、普遍化效用的局限性以及深入理解的必要性。另一些人倾向于把社会科学归入自然科学的范畴，并采用一种所谓的研究一般规律的认识论。他们强调人类发展进程与所有其他物质发展进程之间必然的相似性，因此他们竭力采用物理学的方法来研究社会科学，以探求不受时空条件限制的简单的普遍法则。第二次世界大战后出现的一系列新变化，导致社会科学分类出现新的危机，从而促进了社会科学的结构调整。社会科学面临三个新环境因素，首先是世界政治格局的变化。美苏进入冷战时期，美国实力急剧增长从而成为学术研究的中心。一些国家出现独立运动，使得学术研究中的政治偏见得到一定程度的缓和。其次，社会体系发生变化，世界范围内生产力得到迅猛发展，人类活动范围得到扩展，从而使学术研究对象得到一定程度的增加，研究机构规模扩大。最后，大学在这一时期迅速增加，社会科学研究队伍及人数成倍增加，推进了研究领域的扩展，促进了研究的综合化和交叉渗透。

由上述变化导致的结构调整，主要表现在以下几方面：一是跨学科性的地区研究兴起，其所强调的跨学科性、交叉性特征甚至在一定程度上改变了当时的学术评价标准；

① [美]华勒斯坦等：《开放社会科学》，北京：生活·读书·新知三联书店 1997 年版，第 27 页。

二是史学与社会科学的融合，出现了一些“不那么具有‘历史主义色彩’的史学传统，而且还可以发现一种不那么具有批判性的社会科学传统”①；三是政治学、社会学、经济学等学科的交叉和融合进一步深化，带来双重后果，一方面使学科边界变得模糊，另一方面促进了一些新学科的诞生，推动了学科的繁荣。

社会科学领域出现的新问题主要有以下几个：其一，20 世纪 60 年代后期，人们对“欧洲中心主义”造成的社会科学的“偏狭性”提出质疑，首先反对的是社会科学中的普遍主义态度。在那些认为社会科学是研究一般规律的人看来，用科学方法研究人类现象与自然现象并没有内在方法上的差别。然而，“对社会科学持迥然不同态度者是研究特殊规律的历史学家。他们坚持认为：人类的社会行为是不可重复的，因此很难得出经得起时间和空间考验的普遍正确的结论。他们强调历时顺序的中心地位——历史是故事，是记叙文——以及文学风格的审美价值……这些学者通常喜欢以人文科学家自居，坚持把自己归入人文学院，以显示他们对研究一般规律的社会科学的不屑一顾”②。坚持开放社会科学的学者，反对对一些没有依据的先验偏见不加反思地加以承认的态度，这并不是要从根本上拒绝普遍主义，而是主张兼容两者，要使社会科学能够对自身的偏狭性所遭到的合理的反对作出适当的、充分的回应，从而实现一种对争论开放的多元化的普遍主义。其二，人们对将知识归为“两种文化”产生怀疑。两种文化即前述的自然科学和人文科学。前者发展出的复杂科学研究为社会科学研究提供了新的方法论基础，这在一定程度上能促成一种统一的世界观和方法论，从而实现自然科学与社会科学的整合性研究。而后者则试图通过文化研究的途径弥合科学与人文之间的裂隙，文化研究所强调的一些论点也在一定程度上为社会科学与人文科学之间的融合提供了基础。

另外，社会科学研究中的不确定性问题也较突出。意识形态、社会关系、个体意志、社会文化传统等随时空不断变化的要素，对社会领域的科学研究究竟意味着什么，也是一个长期存在争议的话题。科学研究要求排除一切外部随机因素的干扰，排除偶然性和不确定性，以便能够保证研究的客观性、普适性、可信性、有效性等。社会因素对科学研究的过程不可避免地会产生影响。一些坚持唯科学主义的人认为，科学是一项理智的事业，遵循的是理性无私的原则，然而，在科学论证和构造形式理论系统的理性过程中，意识形态、社会关系和个人愿望都会在其中扮演重要的角色。社会所奉行的价值对科学的实践也至关重要。科学研究中的逻辑结构不可能不受意识形态和社会关系的制约，在科学事实的确定上，价值判断毫无疑问地会起作用。因为这一切说到底，科学是人的活动。由此来看，兼顾两种意见也是十分必要的，一方面，尽管万物都在不断变化，但显然变化也是有一定规律可循的，至少变化有因系统内部因素而产生的变化，也有外部因素带来的变化，这些变化总会受某些确定性因素的影响，世界上并非没有解释这些变化的统一方式和模式。另一方面，科学研究所能揭示的真理和规律，只能在特定的时空范围内具有解释的有效性，普遍性也是有限度的。

自然科学、人文科学和社会科学的分化与争论至今仍在继续，但三者之间的整合也

① [美]华勒斯坦等：《开放社会科学》，北京：生活·读书·新知三联书店 1997 年版，第 46 页。

② [美]伊曼纽尔·沃勒斯坦：《知识的不确定性》，王昺等译，济南：山东大学出版社 2006 年版，第 43 页。

出现了明显的趋势。分化与整合正是社会科学发展最显著的现实。社会科学的分化与整合主要体现在理论假设、研究对象、研究方法、研究思路等方面。分化与整合可以发生在社会科学与其他科学领域，如自然科学、人文科学之间，也可以发生在社会科学内部各学科之间，如政治学、经济学、社会学等学科之间。分化与整合还可以在研究地域或门派间实现，这主要涉及的是一个接受普遍主义还是接受特殊主义的问题。

第四节　人文社会科学

一、人文社会科学概念分析

“人文社会科学”有两种不同的理解，一种是将之看作关于“人文社会”的科学，在这个意义上，它与自然科学是相对的。另一种是将之视为人文科学和社会科学的合称。根据前面对相关概念的梳理，这里所指的是后者，是在两个领域的综合意义上来理解“人文社会科学”。它以人类精神文化和社会发展为研究对象，以人类终极关怀为价值导向，以科学的思维方法和研究方法为工具，认识和阐释人与世界的本质联系及人类社会的发展规律，形成系统而严密的理论体系。一般来说，人文科学注重研究人的思想观念、道德精神和情感价值，侧重主观世界及精神文化方面，而社会科学主要研究人类社会整体的客观存在及其发展规律。前者常用意义分析和解释学方法研究微观层面，后者侧重以实证方法来研究宏观的、整体的社会现象。人文社会科学研究的整体对象为前面分述的两个学科群的综合，即哲学、文学、史学、文化学、语言学、艺术学、美学、法学，以及社会学、人类学、教育学、政治学、经济学、心理学等。

由于人文科学和社会科学从传统上来说，属于两个不同的研究领域，自然对其在侧重点、研究对象及内容、价值取向和功能发挥、研究方法等方面的区别与联系，需要予以正确的认识。

从侧重点来看，社会科学研究强调人的社会性、组织性、协作性，个体的全面发展及人与人、人与社会的关系是关注的重点；人文科学强调人的个性、主观、心理、文化、生活等特殊方面。

从研究对象及内容来看，社会科学关注对社会整体的研究，注重研究社会现象及其运动规律，其基本内容包括社会本质与发展规律、社会结构与功能、社会发展的机制与动力、社会形态与社会治理等，要研究社会的运行、组织、调控、管理、规范和发展之类的社会性问题。经济学、政治学、社会学、法律学等可以说是最典型和最主要的社会科学学科。人文科学的研究对象是人文世界，主要研究人的本质、人的发展、适应与生存、精神信仰、道德价值、自由幸福等问题。

从研究的价值取向和功能发挥来看，社会科学研究定位于探索规律，为社会发展的重大决策提供政策咨询和建议，为国计民生及社会和谐发展提供合理的现实途径；而人文科学的价值目标在于以真善美为终极价值关怀，以文化人，丰富人的本质，提升人的精神境界，提高生存的质量，增进人的自由与幸福，为构建理想的和谐社会奠定精神文化基础。

从研究方法来看，社会科学研究因其对象和内容方面的特点，主要采取实证研究方法得出普遍结论，注重量化分析、建模和数据库建设；人文科学研究注重个体经验，关注个体的认识、体验、反思及情感、态度、价值观建构。

当然，两者之间的差别远不止这些。然而也必须看到，随着人类社会经济文化的发展，人们已普遍认识到个体与社会的关系越来越密切，个体既是社会构成的基本要素，又对社会整体具有极大的依赖性。而社会的建构也日益关注个体的全面发展对整个社会建设的基础意义。因此，传统人文学科在现代科学的影响下逐渐向科学化方向发展，社会科学中的人文因素也不断得到强化，从而使人文科学与社会科学之间的联系越来越密切，它们之间的差异不足以使其被割裂为两个各不相干的系统，正相反，两者成为一个统一的整体更有利于研究的科学性。

社会科学的产生实质上是在古老的人文学科与现代科学之间架设了一座连接的桥梁。当社会科学努力按照自然科学的方法展开研究时，也深深地触动和影响了人文领域的研究，人文研究也开始向科学化努力。“思维科学”“语言科学”“艺术科学”“历史科学”这些概念日益为越来越多的人所接受。将科学方法、科学精神、科学意识运用于一切领域的研究和探索，已经成为当今时代各个领域知识生产的主要途径，成为研究者们自觉的行动。有人担心这种人文研究科学化的趋势有可能使人文成为科学的奴仆，从而使人文的研究方法逐渐式微，这也是为开放的科学观所不取的。经典科学范式也在不断地发生着根本性的变化，人文社会科学研究与自然科学研究正因一些科学前沿领域研究的推动而走向整合和统一。人文科学、社会科学、自然科学之间的隔阂正因一些新的研究领域的发展而趋于弥合：一是复杂科学的研究使自然科学和人文社会科学之间的界线趋于消失，二是文化研究使人文科学与社会科学之间的界线变得模糊。从“文化复兴”成为当代国际社会的最强音中，人们可以看到人文社会科学重建的时代价值和意义。

二、人文社会科学本质特性

人文社会科学研究的本质特性可从以下几方面来认识。

（一）价值理性

人文社会科学研究的总目标旨在对人类命运进行终极关怀，人的生存的全部意义及其与世界的联系，以及人与人、人与社会、人与自然的关系，始终是这个领域研究的核心问题。因此，情感、态度、价值观及意识形态问题，是无法回避的问题。人文社会现象充满了价值理性与工具理性之间的交织、渗透、对立、平衡，充满了不同的世界观、人生观、价值观之间的矛盾与斗争，也存在着怀抱各种动机与目的的不同利益群体之间的对抗与竞争。尽管任何研究都力求客观性，但人文社会科学领域的研究要完全保持“价值无涉”的状态是不可能的，价值观对研究过程的影响是不可避免的。这也是其与自然科学研究最根本的不同之处。

（二）整体关联性

人文社会科学领域由各种不同类别和样式的生命系统构成，各种生命系统之间彼此相互作用、密切关联，构成了整体关联的生态系统。整体可从不同的层次和维度来看：个体的有机生命包括身体、心理和认知结构，三者之间密切关联，自成一个整体；人与人、人与社会、人与自然，也构成了不同层次的局部与整体关系；各个学科之间，虽有各自不同的研究对象，但与其他学科之间密切联系，也共同从属于更高层次上的整体。政治、经济、文化、社会是高度关联的整体，从一些新兴的跨学科研究领域可以感觉到人文社会科学研究整体关联的生态性，如“文化生态学”“哲学人类学”“艺术人类学”“教育人类学”“教育社会学”等，由此可以推及人文社会科学领域一切学科之间的联系。

（三）丰富性

人文社会科学研究涉及的知识涵盖了生存世界里人所能够观照的一切领域，具有极大的丰富性和广博性。小至个体的内心世界、思维语言、道德情感、审美健康，大至社会发展、政治经济、文化教育、人类生存、全球利益等，从人类个体到人类社会整体，从人与人的关系到人与自然的关系，可谓“范围天地之化”而无所不包。人的本质的丰富性关涉着人对世界全部意义的理解，而这些不仅都已包含在人文社会科学的研究领域之中，并且人类还在不断地开辟着新的研究领域。

（四）复杂性

人文社会科学研究的主要对象是人与社会，人的精神文化过程及社会的发展过程具有多种因素随机作用的高度复杂性。就个体来说，每个人都由特定的历史文化塑就，带有特定时空环境作用留下的印记，有自己独特的发展历史和独特的内心世界，其对外部世界认识与关联的方式各有自己的独特性。无数具有这样的个人意志的个体之间相互作用，具有特定情境、特定时空关系、特定历史文化背景的适切性，其复杂性即由此而来。一因多果、多因一果，大到社会系统的运作，小至个体的行为方式，都是各种因素综合作用的结果，不能只以线性的因果关系来分析。对复杂因素估计越充分，联系越广泛，才有可能越接近世界的真实脉络。这完全不同于自然科学研究，要排除偶然、随机因素的作用，以“奥卡姆剃刀”剪断一切不必要的复杂联系，以发现事物之间必然的因果联系。相反，混沌与不确定性、随机因素的关联性、独特性与不可重复性，正是人文社会科学研究必须考虑的。在人文社会科学研究领域中以简单化的思维方式分析和处理问题，恰恰违反了科学的原理。

（五）历史性

历史性首先表现为一种连续性和继承性，人文社会科学领域中的任何一个分支学科，都有学科发展的历史，而这个历史也是与该门学科所探究的人文社会现象形态发生及其后来发展的历史密切相关的。譬如文化学发展的历史及其所对应的文化史，教育学发展的历史及其所对应的教育史，语言学发展的历史及其所对应的语言史等，学科发展的历史一定是人类社会某方面发展的现实诉求。历史性其次表现为历史发展呈现出一定的规律性。任何系统都有形态发生的起始点，有发展的高峰和低谷，有旧的秩序被打破并诞生出新的结构。有些可从分与合的交替状态来分析，有的可从正、反、合的三段论来分析，也有的可从“长时段”和“短时段”、“大传统”和“小传统”、“历时性”和“共时性”来认识。人文社会科学研究也离不开分析与还原，分析因果联系实质上就是分析历史联系。总之，人文社会科学之所以被称为“科学”，是由其历史性集中体现的。

人文社会科学的本质特性不仅限于上述方面，随着科学研究事业的发展，人的认识能力不断提高，对人文社会科学的认识也会进一步深化。

三、人文社会科学发展趋势

进入 21 世纪，世界经济高速增长，科学技术飞跃发展，文化交流频繁，国际社会合作加强，为社会科学的空前繁荣和发展创造了条件。但与此同时，人口、资源、环境、生态危机日益加深，地区冲突频繁发生，恐怖主义、难民潮等全球性挑战此起彼伏，贫困、失业、收入差距拉大，诸多现实问题也为社会科学研究提出了迫切的时代课题。各种复杂因素的相互作用及矛盾冲突，致使问题的解决越来越依赖社会科学研究的成果，从而促使现代社会科学以前所未有的速度和态势迅猛发展。新的研究领域不断开拓，新兴、边缘、交叉学科层出不穷，人文社会科学研究机构和研究队伍日益壮大，形成分支学科数量庞大的学科群，研究手段日益进步，研究水平日益提高，学术交流日益频繁，人文社会科学的重要作用日益显著。主要发展趋势体现在下列几方面。

（一）跨学科发展

跨学科的研究方法的运用，使学科结构变得越来越灵活。消除学科门类的限制、具体学科边界的限制以及地域上的人为割裂，实现不同门类间、不同学科间、不同地域间的沟通交流，从而为学科体系的重组提供基础与保障，这已成为社会科学发展的重要趋势。学科的边缘通常是最活跃的地带，许多跨学科和交叉学科的专业就出现在那里。如美国兴起的制度经济学，就是法律制度与经济学结合而形成的最新颖和最富创新性的经济学流派。学科的交叉和重叠通常发生在四个层面：社会科学各学科内部；人文科学各学科内部；人文科学与社会科学之间；人文社会科学与自然科学之间。

（二）应用性加强

人文社会科学研究由偏重理论研究逐步转向以解决社会生活中出现的各种实际问题为主，加强对社会生活的影响。各国政府日益深刻地认识到，解决社会问题必须依靠更多的科学研究，因此不断调整科研政策，加大经费投入，以加强人文社会科学研究，为国民经济发展及社会治理的决策提供科学依据。

（三）注重定量研究

人文社会科学研究的对象是人和社会，这是一个多变量、多因素、多层次的复杂动态系统，只有定性研究是远远不够的。以往的研究多以事物质的规定性作为研究的出发点和归宿，主观因素过多影响研究过程，在一定程度上影响了研究的客观性和可靠性。随着科学研究的发展和认识的深化，加之数字化和网络技术的广泛运用，人们深感依靠数据开展研究的重要性和必要性，定量研究的方法逐渐被越来越多的学者运用到人文社会科学领域当中去，加强数据库建设，注重量化分析和实证性研究等成为重要的发展趋势。

（四）国际化趋势

经济全球化、文化多元化、政治多极化、互联网技术发展及新技术革命的爆发，使具有不同历史文化背景的各个国家所面临的社会发展问题具有了国际化意义，从而使世界范围的政治经济文化交流成为最突出的发展趋势。这推动人文社会科学研究在更广泛和更深层次上实现交流和互补，使各国人文社会科学发展成为相互关联、相互协调的有机整体。诸如生态、环境、资源、人口、粮食、教育公平、收入差距等问题，都是人文社会科学研究领域中人们面临的全球性问题，全球共同利益促使人文社会科学研究者形成世界范围的科学研究共同体。人文社会科学研究国际化趋势体现在很多方面，如关注全球共同利益、研究方法通用、资源共享、数据库应用、信息互通、国际学术交流等。联合国教育、科学及文化组织以及世界经济论坛、二十国财政部长和中央银行行长会议（G20 峰会）、第三世界论坛等国际范围的经济与文化共同体的形成及其对社会经济文化发展所作出的贡献，都突出地体现了当代人文社会科学研究领域的国际化趋势。

第二章　人文社会科学研究方法

科学研究的方法一般从三个层次来认识：首先最高层次为方法论，是在哲学意义上论述的理论体系；其次是从三个科学研究领域各自通用的一般方法来认识，分为自然科学方法、社会科学方法和人文科学方法；最后是各门学科的具体研究方法，如研究天文学主要靠数学方法和观测法，研究物理学需要数学方法和实验法，研究生物学用分类方法和解剖方法，研究人类学用田野研究，研究社会学用统计分析与调查法，研究大脑结构与功能用脑成像技术，等等。自然科学领域的一般方法是从自然科学各分支学科的特殊方法中概括总结出来的，因其所面对的都是自然事物，所以具有该领域所有学科通用的特点，如实验法和数学方法等。人文社会科学领域的一般方法也是如此，因其所面对的是人与社会，存在极大的历史文化差异，因而具有极大的不确定性和复杂性，所以在研究方法上有着与自然科学相区别的特征。三个层次的方法论之间存在着相互依存、相互影响、相互补充的关系，特别值得关注的是自然科学与人文社会科学在研究方法上的交叉和渗透已经成为当今时代科学发展的明显趋势。

第一节　方法论概说

哲学意义上的方法论是关于人们认识世界、改造世界的方法的理论，或者可以说对方法进行系统研究所形成的理论体系就是方法论。它是普遍适用于各门具体学科并起指导作用的范畴、原则、理论、方法和手段的总和。人类认识世界的方法论源头可追溯至遥远的古典时期，近代以来的发展则与三大革命密切关联。资本主义的萌芽和工商业的发展促进了近代自然科学的兴起和发展，产生了探索正确认识自然的科学方法论的迫切需要。

近代方法论的奠基人是英国哲学家弗兰西斯·培根（Francis Bacon，1561—1626）。他推崇科学，反对遏制科学的宗教神学和经院哲学。他认为建立全新的科学，关键在于真正的科学方法：我们必须首先给人类的心灵和理智介绍一种更完善的用法，然后才能到达自然界那些更遥远、更隐蔽的部分。他所说的“真正的科学方法”指的是“实验方法”，在其《新工具》一书中，他总结了科学实验的经验，提出了新的认识方法即经验归纳法。他说：“我们不仅要谋求并占有更大数量的实验，还要谋求并占有一种与迄今所行的实验不同种类的实验；还必须倡导一种完全不同的，足以促进和提高经验的方法、秩序和过程。因为经验当它循着自己的轨辙慢行时，如我在前面所说，知识以淆惑人而不足以教导人。但是一旦它照着确定的法则，守着有规则的秩序，并且中途不遭阻挠而向前行进时，那么，知识方面许多好的事物是大可希望的。”“而一个安排妥当的方法呢，那就能够以一条无阻断的路途通过经验的丛林引达到原理的旷地。”①培根明确指出，科学的目的是在认识自然的基础上支配自然，“达到人生的福利和效用”。在此意义上，他提出了“知识就是力量”的口号。②《新工具》为实验科学奠定了哲学基础，对近代科学的发展作出了不可磨灭的贡献。

法国哲学家笛卡儿（R. Descartes，1596—1690）反对经院哲学从圣经教义出发的演绎法，探索认识真理的可靠途径。他提出：“要认识真理必须运用正确的方法。”他的方法论原则和行为守则有以下几方面。

第一，决不接受我没有确定为真的东西。这就是说，把一切可疑的知识都剔除出去，剩下判断得非常清楚、确定无疑的东西。只要没有经过自己切身体会的问题，不管有什么权威的结论，都可以怀疑。这就是著名的“怀疑一切”口号。

第二，把每一个考察的难题分为细小部分，直到达到可以适当地、圆满地解决的程度为止。也就是说将要研究的复杂问题，尽量分解为多个比较简单的小问题，一个一个地分开解决。

第三，按照顺序引导自己的思想，从最简单、最容易认识的对象开始，一点一点地上升到对复杂对象的认识。即便是那些彼此间并没有自然的先后次序的对象，也给它们设定一个次序，即先易后难。

第四，把一切情况尽量完全地列举出来，对之加以普遍审视，确信毫无遗漏。将所有问题解决后，再综合起来检验，看是否完全，是否将问题彻底解决了。②

笛卡儿所在的时代正值新旧知识交替时期，他从方法论的角度摧毁旧的经院哲学体系的基础，同时证明了新兴的自然科学的合法性和合理性。他把哲学比作大树，树根是形而上学，树干是物理学（自然哲学），树枝是医学、力学、伦理学等应用科学。科学的统一性不在于研究对象，而在于方法，哲学首先要研究科学方法。他的《谈谈方法》和培根的《新工具》一样，为理性时代制订了新的“游戏规则”③。

笛卡儿之后对方法论作出了贡献的哲学家还有很多。英国哲学家洛克进一步发展了经验主义方法论，提出了感觉论的认识论；大卫·休谟（David Hume）则提出了批判理性知识的怀疑论。荷兰哲学家巴鲁赫·德·斯宾诺莎（Baruch de Spinoza）的经典名著《伦理学》运用理性演绎法，仿效几何学的公理方式为自己的哲学体系做了论证。德国哲学家和数学家戈特弗里德·威廉·莱布尼茨（Gottfried Wilhelm Leibniz）进一步发展了唯理论的方法论，他对数学方法的贡献还有微积分和二进制。19世纪以前自然科学研究的需要促成了数学和力学的充分发展，机械论和形而上学思维方法占据统治地位。首先打破形而上学思维方法占统治地位局面的是康德，他用物质微粒之间吸引和排斥的矛盾统一运动说明太阳系的形成和发展，导致机械唯物主义方法破产。他认为没有感性直观材料，理性思维是空洞的；没有逻辑范畴、概念，感性直观就是盲目的，从而把莱布尼茨的唯理论和休谟的经验论结合起来。然而，将逻辑视为人类认识能力

① [英]培根：《新工具》，许宝骙译，北京：商务印书馆1984年版，第60、70页。
② 北京大学哲学系外国哲学史教研室编译：《西方哲学原著选读》（上卷），北京：商务印书馆1981年版，第364页。
③ 赵敦华：《西方哲学简史》，北京：北京大学出版社2001年版，第183页。

自身固有的而不是来自感性经验，这就否认了逻辑的客观性。黑格尔在批判康德的方法论基础上，指出了逻辑的客观性，但他把整个世界的历史看成是绝对理念的辩证的逻辑的发展，他把概念辩证法看作是普遍的认识方法和一般精神活动方法，因此被视为唯心主义的辩证法。

20 世纪以来各门科学都有了突飞猛进的发展，方法论在科学研究中的作用日益显著。突出表现在几个方面：①对自然和人类社会的研究在深度和广度上日益加深和拓展，科学研究中抽象化程度提高、直观性降低，逻辑思维方法必要性凸显；②科学研究进一步分化，也在更高层次上综合，催生了一些新兴学科和边缘学科，科学研究的整体性和综合性增强，系统理论及具有方法论意义的新学科不断涌现；③横断学科理论的兴起，从根本上动摇了经典科学的理论体系和方法论体系；④科学研究课题的复杂性和综合性日益加强，科学研究手段日益复杂化和精细化，从而使课题研究在各个方面和各种层次上的相互配合与协调成为必要，产生了与之相关的各种层次的方法论。

20 世纪后半叶科学哲学的发展趋势是把方法论的研究同科学发展的历史联系起来，从科学革命视角认识方法论的发展，突破了对科学理论作静态逻辑分析的方法。英国哲学家卡尔·波普尔视科学的发展为一系列证伪过程，理论不能被证实，只能被证伪。证伪是科学所不可缺少的，科学是通过猜想和反驳而获得发展的。美国科学史家托马斯·塞缪尔·库恩（Thomas Sammual Kuhn）提出科学发展是通过常规科学和科学革命的交替发展来实现的。科学革命是对“范式”（paradigm）的取代。英国著名科学哲学家伊姆雷·拉卡托斯（Imre Lakatos）克服了波普尔和库恩等的缺点，吸收了他们的长处，提出了关于“科学合理性”的理论，认为科学发展最重要的形式是理论的更替，这不是仅根据科学实验的判断来实现的，而只有在科学研究纲领的一定秩序的提出和实现的基础上才能发展。美国科学哲学家保罗·法伊尔阿本德（Paul Feyerabend）向拉卡托斯挑战，在其代表作《反对方法：无政府主义知识论纲要》中对逻辑实证主义及波普尔、库恩和拉卡托斯的科学哲学等进行了批判。他认为一切方法都有自己的限度，主张一种多元主义的方法论，即“怎么都行”。他宣称科学是一个历史传统，强调的是实际的方法，不需要假定归纳逻辑或知识与经验之间任何其他形式或可形式化的关系。他的信念是：“科学本质上是一种无政府主义的事业。理论上的无政府主义比起它的反面，即比起讲究理论上的法则和秩序来，更符合人本主义，也更能鼓励进步。”[①]他从科学哲学的视角对逻辑学、历史学、社会学、心理学、人类学和政治学的看法，与社会科学家们最为相关。

在方法论上有两种倾向，一种倾向是主张方法论的一元论，即认为自然科学的方法论是普适的准则，既适合于自然科学，也适合于社会科学。社会科学与自然科学之间的差异只是研究对象、研究工具与研究精度的差异，而在基本的理论推理原则上并无差别。社会科学在方法论上效仿自然科学的特征，追求描述现象之规律性的普适科学。孔德认为，社会现象与自然现象之间并无本质的区别，它们都可以采用普遍的因果律来加以说

① [美]保罗·法伊尔阿本德：《反对方法：无政府主义知识论纲要》，周昌忠译，上海：上海译文出版社 1992 年版，导言。

明，孔德采用物理学的方法研究社会，建立了所谓的“物理社会学”，包括社会静力学与社会动力学，前者研究社会秩序、社会结构中的各种因素的相互作用，后者则探寻社会变迁和发展的规律性。斯宾塞受进化论的影响，主张社会有机体论，他把自然选择的生物进化模式搬用到社会进化中，认为人类社会也是在自由竞争、自然淘汰的过程中连续发展的。戴维·迪尔凯姆（David Durkheim）提出，社会现象如自然现象一样，都是受客观必然性支配的；社会现象独立于个人之外，不能从个人方面（如个人的生理因素或心理因素），而要从社会类型、社会结构、社会环境方面来解释社会现象。实证主义者之所以认为自然科学的研究方法完全适用于社会科学的研究，根本原因在于他们认为自然现象与社会现象之间存在着同质性或基本的连续性，人类社会本身就是从自然进化而来的，用自然科学的理论来解释社会现象的这种努力，是实证主义的特征。

另一种倾向是主张方法论的二元论乃至多元论。这种主张认为相对于自然科学而言，社会科学有着自己独特的、不可替代的方法论特质，因此，社会科学不可能也不应当在方法论上效法自然科学，致力于描述独一无二的、不可重复的，甚至是不可观察的进程与情境（如史学与人类学）。

总的来说，人文社会科学研究在方法论上存在着两种相互对立的观点，即客观主义（或实证主义）和主观主义（或解释主义）。前者认为科学研究是以系统、实证的方法获取知识的一种活动，使用实验、观察、检验等方法对客观现象进行研究，保证所获得的知识是真实可靠的，其判断知识真假的标准是客观事实与逻辑法则。后者认为人具有自由意志，人的行为是无规律的、无法预测的，社会历史事件都是独特、偶然的，不存在普遍的历史规律。因此，对人和社会不能使用自然科学的方法进行研究，只能以人文社会科学的主观方法对具体的人物和事件进行解释和说明。科学家不是通过寻找真理和本质，而是通过获得知识来理解自身和人类社会的。在这两者之间也存在着第三种立场：既承认客观，又强调主观，将实在的描述与主观的理解结合起来。一方面他们认为，自然现象与社会现象存在着本质上的不同，后者含有社会成员对自己和他人行为的主观理解，社会事实最终必须归结为可以被人理解的事实；但另一方面他们又认为，社会行为是有一定规律可循的，研究可以通过一定的手段和方法找到这些规律。因此，人文社会科学研究必须客观地观察行动者的行为和思想状态，同时依靠研究者的主观直觉和理解对这些行为和思想的意义作出判断。无论是自然科学还是人文社会科学的规律都是有条件的，都受到一定时空的限制，适用于宏观层面的规律不一定适用于微观层面。在使用理解的方法对这些规律进行探究时，一定要首先限定其时空条件和抽象层次，在特定的范围内讨论问题。①

社会科学与自然科学的差异涉及方法论的根本性质，这一差异无法在一个统一的方法论之内得到弥合。上述两大方法论倾向之间的对立一直延续到今天。社会科学领域内方法论上的分裂局面与整个自然科学领域内方法论的基本统一形成鲜明的对照。

① 陈向明：《质的研究方法与社会科学研究》，北京：教育科学出版社 2000 年版，第 9-10 页。

第二节　经典科学方法论

经典科学是指以牛顿-笛卡儿数学物理学原理为基础发展起来的科学。托夫勒在为普里戈金的《从混沌到有序》一书写的前言中指出，以17～18世纪时总称为“经典科学”或“牛顿体系”的那些概念……描绘出这样的一个世界，其中每个事件都由初始条件决定，这些初始条件至少在原则上是可以精确给出的。在这样的世界中偶然性不起任何作用，在这样的世界中所有的细部聚到一起，就像宇宙机器中的一些齿轮那样……这种世界观把拉普拉斯引向了他那著名的主张：只要给出充分的事实，我们不仅能够预言未来，甚至可以追溯过去。而且这个简单、均匀、机械式的宇宙不仅塑造了科学的发展，还旁及许多其他领域。[①]经典科学范式的基本特征主要有以下几个方面。

一、决定论

决定论者认为任何现存的事物，都是以前的某个“因”造成的“果”，自然界和人类社会普遍存在客观规律和因果联系。它又被称为“拉普拉斯信条”。法国数学家皮埃尔-西蒙·拉普拉斯提出了一个科学形式的决定论：“我们把宇宙的现在状态看作是它先前状态的结果，随后状态的原因。暂时设想有一位有超人的智力的神灵，它能够知道某一瞬间施加于自然界的所有作用力以及自然界所有组成物各自的位置，并且能够广泛地分析这些数据，那么它就可以把宇宙中最重的物体和最轻的原子的运动，均纳入同一公式之中。对于它，再也没有什么事情是不确定的，未来和过去一样，均呈现在它的眼前。”[②]后人把拉普拉斯所说的“智者”称为“拉普拉斯妖”，它能够知晓过去和预言未来。之所以能够确定性地言说未来之事，遵循的是因果决定论的原理，事物和事件的发生都有一个因果连续的系列，有因必有果。假如了解了某种即将发生的事件涉及的所有因素，那么他就可以精确地预测到这一事件。也可以循着相反的方向思考，如果发生了某个事件，那一定有其必然的原因。宇宙中任何事物或事件都由自然规律支配，一切都是自然规律作用的结果，这种规律是可以通过科学方法来揭示的。

确定性地言说事物是人类文明从一开始就在孜孜以求的，中国古代先哲“探赜索隐，钩深致远”就是一种亹亹不舍的追求。波普尔在他所著的《开放的宇宙——关于非决定论的论争》一书中写道：“常识倾向于认为每一事件总是由在先的某些事件所引起，所以每个事件是可以解释或预言的……另一方面……常识又赋予成熟而心智健全的人……在两种可能的行为之间自由选择的能力。”[③]这是关于决定论的二难推理，不能不深思：

---

① [比]伊·普里戈金、[法]伊·斯唐热：《从混沌到有序》，曾庆宏、沈小峰译，上海：上海译文出版社1987年版，第8页。

② 转引自江天骥：《当代西方科学哲学》，北京：中国社会科学出版社1984年版，第33页。

③ 转引自[比]伊利亚·普利高津：《确定性的终结——时间、混沌与新自然法则》，湛敏译，上海：上海科技教育出版社1998年版，引言。

未来究竟是给定的还是不断变化的？海森堡的“不确定性原理”则是从根基上彻底否定了决定论的依据。时间具有不可逆性，任何真理和规律都具有有限性和相对性，世上没有可以精准地测量的东西。人类对世界的认识无论在宏观还是微观的层次上，都面临着无知与不确定性。如果说迄今人类所知的构成世界的最基本粒子，其时空位置都不能确定，何谈预料它在未来时空中的状态？普里戈金的《确定性的终结——时间、混沌与新自然法则》一书，最透彻地对决定论进行了颠覆性批判。

二、还原论

还原论主张将复杂的因素通过分离、简化，还原为直接的经验内容，通过对简化了的对象的可控性研究，达到对复杂现象的认识。在还原论者看来，如果一门学科的理论、规律可以说明另一学科的理论、规律，则后一学科可以向前一学科还原。20世纪初的还原论者把人类社会运动还原为低等动物的运动，把生物学规律还原为分子运动规律，再继续还原为物理—化学过程。现代生物还原论借用分子生物学取得的成就，认为就像遗传过程可以还原为化学相互作用一样，所有生物现象都可归结为物理—化学运动。科学哲学还原论的著名代表为德国逻辑实证主义哲学家R.卡尔纳普。他应用还原论研究逻辑语言的分析问题，主张可以用直接观察到的物体来给一切科学理论下定义或进行解释，复杂的知识经验体系都可分解为简单的因素，科学规律等同于许多观察报告的组合。

还原论同决定论一样，其思想的源头可追溯到远古时代，譬如泰勒斯提出的“万物生于水，又复归于水”，赫拉克利特认为构成世界的本原是火，德谟克利特认为万物的本原是原子等。还原论实质上是对世界进行解析和还原，在这种思想的指导下，物理、化学的研究将构成世界的基本要素分解为最基本的粒子，生物学将生物体分解为组织，再分解为细胞，再分解为构成细胞的各种更基本的要素，科学的本质特征就在这种分解的过程中得到体现，从而推动了人对世界更为深刻的认识。然而，返回来的路径却充满了高度的复杂性，并不是将细胞再加合到一起就能恢复生命的。

与还原论相对的是整体论，整体论于20世纪30年代由美籍生物学家L. V. 贝塔朗菲（L. V. Bertalanffy）创立，其核心思想是系统的整体观念，反对以局部说明整体的机械论的观点。他强调：任何系统都是一个有机的整体，而不是各个部分的机械组合或简单相加，系统的整体功能是各要素在孤立状态下所没有的。系统中各要素不是孤立地存在着，每个要素在系统中都处于一定的位置上，起着特定的作用。要素之间相互关联，构成了一个不可分割的整体。要素是整体中的要素，如果将要素从系统整体中割离出来，它将失去要素的作用。正像人手在人体中是劳动的器官，一旦将手从人体中分离，那时它将不再是劳动的器官。在系统论之后逐渐完善和发展起来的信息论、控制论以及耗散结构理论、协同学理论、突变论、超循环理论等横断学科理论，都在各自的研究领域中超越了决定论与还原论的范式。

三、经验论

经验论认为可靠知识只能来源于经验，理论和假设的可靠性取决于是否有经验证据的证实。经验论又常被视为经验主义的同义语，其认为感性经验是一切知识和观念的唯一来源，片面地夸大经验或感性认识的作用和真实性，贬低甚至否定理性认识的作用和真实性。“经验”一词含义比较宽泛，既包括直接从感性认识出发所做的规律性的总结，也包括某种心理体验、生活阅历等。哲学上的经验论指的是一种认识的理论，是与唯理论相对立的。根据经验论者对哲学基本问题的不同看法，经验论可分为唯心主义经验论和唯物主义经验论。前者主张经验是主观自生的或上帝赋予的，把经验限定为感觉或表象的总和，而这种感觉和表象是不依赖物质自然界的；后者则认为经验是外物作用于人的感官而引起的，是对物质自然界的反映。但二者的共同点都是把经验看作知识、认识的唯一来源，片面强调经验的重要性，忽视理性的重要性。在真理的标准问题上，与唯理论认为真理标准即在真理自身的看法相反，经验论者认为判定认识的真假须诉诸经验的检验和证实，部分唯物论的经验论者承认真理的客观标准，其确立由实验来证明。一般的经验论者，包括某些唯物的经验论者，则认为知识的真理性是由个人或集体的感觉及知识的实用价值来证实的。

经验论有悠久的发展历史，西方古代的经验论可追溯至公元前 5 世纪的古希腊，经历了中世纪的经验论、文艺复兴时期的经验论直到近现代的经验论等发展阶段，形成了庞大的理论体系并涌现出了大批著名的哲学家。经验论之争也是一个永无止境的话题，其所涉及的知识观、真理观，也随着人类认识的发展不断深化。我们坚持的是马克思主义的哲学观点，既承认以客观世界为基础的感性经验是知识和认识的源泉，同时又承认科学理论、思想即理性认识的重要性。这样既反对了唯心主义的经验论，又克服了旧唯物主义在经验问题上的片面性。

四、价值无涉论

价值无涉论认为科学只涉及事实，与价值问题无关，价值判断必须从研究中摈除或还原为事实问题，研究应持客观中立立场。科学一直被认为是追求纯粹真理的，因此应保持客观性，而价值关乎人的目的性，带有主观性和功利性。科学真理不选择价值，不赞许，也不拒斥价值。换言之，科学真理恪守客观的中立而不意会主观的评价。[①]“科学是价值无涉的”这一思想在休谟那里已有表述，他认为理性的作用在于发现真伪，即弄清观念与事实是否相符。李凯尔特认为自然科学肯定是不含价值判断的，它的兴趣在于普遍联系和规律，因此必须采用普遍化方法，而一切文化活动都有价值，他指出：“自然是那些从自身成长起来的、‘诞生出来的’和任其自生自长的东西的总和。与自然相对立，文化或者是人们按照预计目的直接生产出来的，或者是虽然已经是现成的，但至少是由于它所固有的价值而为人们特意地保存着的。”[②]因此他提出了自然科学与文化科学对立的观点。社会学家马克斯·韦伯为价值中立提供了最全面和最有说服力的辩护，并将其视为科学的规范原则。他指出：“一名科学工作者，在他表明自己的价值判断之

① 转引自庞晓光：《“科学与价值无涉”何以可能》，《科学学研究》2006 年第 12 期。
② [德]H. 李凯尔特：《文化科学和自然科学》，涂纪亮译，北京：商务印书馆 1986 年版，第 20 页。

时也就是对事实充分理解的终结之时。”[①]逻辑实证主义者将价值无涉论发展到极致，在他们看来，只有逻辑的语言句法分析和经验的可证实性才有意义，反之，都是没有意义的，应被排除在科学研究之外。不同时期关于价值无涉或价值中立的观点具有不同特色，有温和的互不干涉立场，也有强硬的对立和冲突立场。

价值无涉原则无疑具有科学性与客观性的合理因素，与马克思主义实事求是的科学原则相近。然而也须认识到，在人文社会科学的研究中，研究者是具有情感、态度、价值观的认识主体，是历史与文化塑造的行为主体，因此其对事物的观察、认识、理解和阐释不能不带有特定文化的印记，即是说，任何研究都不可避免地带有一定的“前见”或偏见，研究中的价值渗透是必然的。再者，研究的对象是人与社会，往往在研究者与研究对象之间还会产生利益和价值的冲突问题，从而影响研究的客观性和科学性。在我们看来，社会现象及其规律本身是客观性与主观性、自在性与自觉性、实在性与价值性的对立统一体。在社会科学研究中应力戒主观偏见，以保持社会科学的科学性。

五、普适论

普适论认为通过实验验证、运用统计分析，在一定的样本范围内可概括归纳出类的特征，强调研究结果的普遍适用性。物理学曾因其在科学研究中的学术权威地位被视为检验和判断一切科学的标准，并且这种物理学的基本范式一直影响着20世纪上半叶的学术研究，使得很多科学哲学家自然而然地认为物理学能够解释一切科学现象，具有普遍的适用性。如自19世纪以来，科学家通过电荷和电磁场等解释许多现象，认为化学现象亦可通过原子论加以解释；自达尔文论出现之后，生物学界认为物理学的规律属于物理学范畴，而生物学可以利用这些规律解释生物学现象，以此演变为生物学规律，但没有试图摆脱物理主义的藩篱。此时学界的共识是，物理学是能够检视和凌驾于其他科学之上的学科。

普适论的特点正如普里戈金在《从混沌到有序》一书中所说：“每一个科学定理都从世界的复杂性中选择并抽象出某一组特殊的关系来，但是哲学不能偏爱人类经验的任一特殊领域。通过概念实验，哲学一定要造出一种一致性来，这种一致性可以容纳经验的各个方面，不论它们属于物理学、生理学、心理学、生物学、伦理学等。”普适论体现着科学研究的一个重要的价值取向，如果一个研究不具有普遍意义，只停留在个别的、特殊的、偶然性的层面，其研究是没有价值的。“牛顿的雄心就是要提供一个自然图景，该图景将是普适的，决定论的，并且是客观的（因为它不涉及观察者），完备的（因为它达到摆脱了时间束缚的描述水平）。”然而，牛顿之后的热力学、相对论和量子力学，都起源于发现了不可逆性，以及经典物理学的雄心的局限性。普里戈金指出，科学描述必须和某个属于他所描述的世界的观察者可以利用的资源相一致，而不能涉及“从外部”来看这个物理世界的人。这就是说，要坚持相对论的立场而不是普适论。科学的发展使“我们的自然观正在经历着根本性的变化，向着多重性、暂时性和复杂性的变化。我们过去一直在寻求能用永恒规律表达的那种包罗万象的普遍模式，但是我们却发现了时间、事件、演变着的粒子。我们也一直在寻求对称性，却由于发现了在各种层次（从基本粒

① [德]马克斯·韦伯：《学术与政治》，冯克利译，北京：生活·读书·新知三联书店1998年版，第38页。

子直到生物学和生态学）都存在着对称破缺过程而感到吃惊”[①]。这一切都预示着“普适性的完结”。

经典科学的基本范式曾经激起人与自然之间富有成效的对话，作为人类智慧的结晶，有许多值得珍视的价值，以至于对今天的科学研究工作仍然发挥着重要作用，即使在人文社会科学研究领域，决定论、还原论、经验论、价值无涉论和普适论，也都具有指导性的意义。但是其局限性与不足之处也是显而易见的，因此要坚持从两面看。有一点特别值得关注的是今天很多人都深刻地意识到，长期以来唯科学主义和工具理性主义的泛滥对文化和人类生存造成了灾难性的影响。托夫勒指出，“两种文化”的对立，“在很大程度上就是起源于经典科学的没有时间的观点与在大多数社会科学和人文科学中普遍存在的时间定向的观点之间的冲突”。“没有时间的观点”指的是对时间的不可逆性缺乏深刻的认识和了解。但 20 世纪后半叶以来科学界发生了一些对经典科学来说颠覆性的变化。人们正越来越多地觉察到这样的事实，即在“所有的层次上，从基本粒子到宇宙学，随机性和不可逆性起着越来越大的作用”。这个革命正在一切层次上进行着，在基本粒子的层次上，在宇宙学的层次上，以及在所谓宏观物理学的层次上进行着。[②]

人们常常指出人的世界和被想象得完全不同的自然世界之间有着巨大的差异；而再往前追溯到文明伊始，则是另一种情境。维科（Vico）在其《新科学》里有一段著名的话，十分生动地描写了这一点：

> ……在那包藏着最古老的古董的漆黑之夜，在离开我们如此遥远的地方，闪耀着永恒的、永不衰竭的真理之光。毫无疑问，文明社会的世界肯定是人创造的，因此它的原理是在我们人的思维的改变之中发现的。无论是谁，只要想到这点，就禁不住感到惊奇：哲学家们竟会倾其全部精力去研究那由上帝创造的因而也只有上帝自己才能认识的自然世界，他们竟会忽略对各个国家所组成的世界（或民众世界）的研究，而这是人创造的世界，因而人能够去认识它。[③]

今天，科学最前沿领域的研究正在使两种文化的决裂和对立逐渐消失，代之而来的是人与自然在更高层次上的重新整合和统一。

第三节　科学前沿方法论

范式是一种深深地铭刻在人的精神、植入人的意识深处、渗透到人们的文化和生活世界的方方面面的无形东西。它支配着语言和逻辑，通过元话语控制着科学和思想领域。

---

① [比]伊·普里戈金、[法]伊·斯唐热：《从混沌到有序》，曾庆宏、沈小峰译，上海：上海译文出版社 1987 年版，第 266 页。

② [比]伊·普里戈金、[法]伊·斯唐热：《从混沌到有序》，曾庆宏、沈小峰译，上海：上海译文出版社 1987 年版，第 27 页。

③ 转引自[比]伊·普里戈金、[法]伊·斯唐热：《从混沌到有序》，曾庆宏、沈小峰译，上海：上海译文出版社 1987 年版，第 36 页。

在库恩看来，范式是“一个特定社团的成员共同接受的信仰、公认的价值和技术的总和”。对科学理论进行构思、表述和组织的方式通常要受到一些前提或预设的指挥或控制，而范式则是一种隐蔽在预设或前提之下的、绝对而自明的集体资源。已经蔓延至当今整个世界的一种被称为“西方大范式”[①]的东西，于17世纪由笛卡儿提出，其后一直伴随着欧洲历史的发展。自牛顿时代以来，它演化为一种线性的、简化论的思维方式，并逐渐成为统治着科学和人们思想的看不见的主宰，其基本特征是人与自然的分离、主体与客体的相互遮蔽，把整体的、复杂的统一体简化为秩序、测量和计算等。工具理性的泛滥与这种大范式有着极深的渊源。首先意识到这种匿名的主宰之存在的，是科学研究的各个重大领域里的先驱。科学认识几乎在所有的前沿阵地上都遇到了共同的敌人。他们在各自的领域里发现了一个不断重复的共同主题：这个世界并不像还原论所描述的那样，是一个可以简化和还原并可分割为各个独立元素的世界，而是一个相互关联和不断进化的世界，从它诞生的那一天起，就不仅存在着混沌，还到处存在着结构和秩序。然而，旧范式所固有的分离原则和简化原则，在所有方面都破坏着有机的整体性，它们对越来越无法掩盖的复杂性根本视而不见。

自20世纪80年代以来，一批世界顶尖级的科学家在美国圣菲研究所定期聚会，对经典的科学范式具有颠覆意义的复杂性问题进行研究。这些科学家来自各个不同的领域，其中有诺贝尔物理学奖获得者及著名的经济学家、化学家、生态学家、生命科学家等。他们对于世界复杂性的一致看法导致了新的研究领域和新的理论范式的诞生。而此前一些卓有成就的横断学科研究，都从不同的维度或层面对世界的复杂性问题作了奠基性的贡献。对这些被视为科学前沿的理论有个大概的了解，可以拓展认识世界的广度，并为世界观和方法论的重新建构奠定基础。

一、耗散结构理论

耗散结构理论（Dissipative Structure Theory）为布鲁塞尔学派首领、比利时物理化学家普里戈金所创立，他因此于1977年荣获诺贝尔化学奖。

自然界中有多种多样的不可逆过程，如热量总是自发地从高温流向低温；化学物质由浓度高的地方向浓度低的地方扩散；把一滴墨水滴入一杯清水中，很快墨水就会和清水均匀混合。这些自发的物理化学过程，其方向是从复杂向简单、从有规律向混乱、从不平衡向平衡、从有序到无序的过程，亦即熵增大的过程。然而，并非所有的系统都遵循这个规律。从宏观上看，像生命的发生和物种的进化等过程，都是从低级到高级、由简单到复杂、从无序到有序的变化，是一个熵不断降低的过程。普里戈金将其区分为两种类型的结构，“平衡结构”和“耗散结构”，前者不与外界进行任何能量和物质交换，维持“死”的有序结构；后者则通过与外界不断交换能量和物质，从而能维持其有序状态，这是一种“活”的结构。普里戈金等所创立的耗散结构理论，“描述了通过与环境交换所致的系统中能量转化的空间—时间自组织，它也可以看作描述了历史系统的进化。

① [法]埃德加·莫兰：《方法：思想观念——生境、生命、习性与组织》，秦海鹰译，北京：北京大学出版社2002年版，第234-244页。

系统有历史，也就是该系统的发展有赖于其中的每一子系统的过去的历史”①。

“耗散”一词起源于拉丁文，原意为消散，在这里强调与外界有能量和物质交流这一特性。一个包含着多种要素和多种层次的开放系统，无论是力学的、物理的、化学的、生物学的，还是社会的、经济的系统，其演化到达远离平衡态的非线性区时，一旦系统的某个参量变化到一定的阈值，通过涨落，系统便可能发生突变，即非平衡相变，这时系统就由原来无序的状态变成一种在时间、空间或功能上有序的新的状态。其有序状态需要不断地与外界进行物质、能量或信息的交换才能维持。获得新的有序结构的系统能够保持一定的稳定性，在一定时期内不至于因外界的微小扰动而消失。这种在远离平衡态非线性区形成的新的稳定的有序结构，就叫做耗散结构。②

普里戈金有句名言常被引用：“非平衡是有序之源。”按照他的说法，这是在所有层次上发生的，无论是宏观物理学的层次、涨落的层次，或是微观层次，非平衡使“有序”从混沌中产生。③

二、协同学理论

协同学理论（Synergetics Theory）由德国著名物理学家赫尔曼·哈肯（Hermann Haken）于 20 世纪 70 年代提出。协同学研究了系统演化过程中的有序化问题，揭示了系统由无序到有序及从有序到混沌的动力机制。所谓“协同性”是指一个开放系统内部各要素或子系统之间协调同步的非线性作用的特性。在一个复杂系统里从无序到有序的进程取决于序参量之间的竞争与协同。对于一个复杂系统来说，尽管其变量可能成千上万，影响事物发展的因素也可能不可胜数，但是能决定系统状态的演化进程的是序参量，它不易受运动过程中其他变量的影响而削弱。无论什么系统，如果某个参量在系统演化过程中发生了从无到有的变化，并且能够指示出新结构的形成，反映新结构的有序程度，它就是序参量。这似乎有点像我们教育实践中常常采用的认识论范式中的“主要矛盾”或“矛盾的主要方面”，但是若把序参量看作系统中某个占据支配地位的子系统，这就又回到了还原论。因为序参量实际上是大量子系统集体运动的宏观整体模式之有序程度的参量，既反映子系统之间相互竞争与合作的效应，又反映系统整体的运动状态，是一种宏观参量，不是分析式的思维模式所认为的可以进行分解或分离的东西。序参量一旦形成后就支配或役使系统中其他子系统，主宰着系统整体演化过程。

哈肯有一个经典的例子来说明协同学理论：“设想一个游泳池，池中游泳者从池的一端游向另一端。夏日炎炎，游泳池中人满为患，如果游泳者这样游泳，则将互相妨碍。因而某一游泳救生员建议，让游泳者环游，这样，相互间的妨碍会大大减少。这里游泳救生员引导游泳者们所进行的是一种集体运动，但即使没有游泳救生员的指导，游泳者们也会想到环游这个主意。开始时也许只有几个人，但当他们觉得这样游法对他们很便

① [美]埃里克·詹奇：《自组织的宇宙观》，曾国屏、吴彤、宋怀时等译，北京：中国社会科学出版社 1992 年版，第 62 页。

② 冯国瑞：《系统论、信息论、控制论与马克思主义认识论》，北京：北京大学出版社 1991 年版，第 119 页。

③ [比]伊·普里戈金、[法]伊·斯唐热：《从混沌到有序》，曾庆宏、沈小峰译，上海：上海译文出版社 1987 年版，第 342 页。

利时，越来越多的人将会参加进来。于是最终在没有任何外来指导的情况下出现了一种集体运动，也就是一种自组织的运动。”[①]这类事件与耗散结构原理所揭示的规律是一致的：在关键时刻，同样是一个微小的涨落，导致了宏观的有序。

协同学理论可以解释人类社会领域中的很多现象。城市中同类的商店聚集在一起形成购物中心，城市会越来越大。社会组织也是如此，由个人形成公司，由公司形成集团，由集团再形成更大的经济共同体。经济的联盟、政治的联盟、军事的联盟、文化的联盟、科学研究群体的形成等，都可以用协同学理论来解释。还有社会的突发事件，也是一种协同效应。在所有这些现象中，结构形成的过程似乎不可避免地朝某一方向前进，本来无序的部分都被卷入新的有序结构，而且其行为受主导行为模式的支配。“只要整个群体的行为似乎突然倾向于一种新的观念——也许是一种风尚，或倾向于一种文化思潮，诸如一种新的画派或一种新的文学风格”[②]，都可以促进更大的有序结构的形成。某一种模式的涨落，如果能通过非线性作用反馈加以放大，就会逐渐成为其主导模式的统治模式，从而抑制其他模式的作用，迫使内部的子系统臣服，按照统治模式的格式进行相似的自我复制，并按照统一步调行动，形成具有特定时间和空间结构的整体。

哈肯对“自组织”有一个著名的定义：“如果一个体系在获得空间的、时间的或功能的结构过程中，没有外界的特定干涉，我们便说该体系是自组织的。这里‘特定’一词是指，那种结构或功能并非外界强加给体系的，而且外界是以非特定的方式作用于体系的。”[③]所谓自组织系统即指：无须外界特定指令而能自行组织、自行创生、自行演化，能够自主地从无序走向有序，形成有结构的系统。当然，还存在着“被”组织或“他”组织的事物，即不能自行组织、自行创生、自行演化，不能自主地从无序走向有序，而只能依靠外界的特定指令来推动组织向有序演化，从而被动地从无序走向有序。

三、突变论

突变论（Catastrophe Theory）由法国数学家、法国科学院院士雷内·托姆（René Thom）创立，他因此于1958年获菲尔兹奖。

自然界多种事物的变化具有连续性和渐变性的特征。例如，植被沿着地势按草地—灌木—森林的阶梯状分布，大陆的漂移，煤炭的形成，还有伴随着岁月流逝而来的肌体衰老终致死亡的过程等，可以看到这些都是由连续的缓慢变化形成的结果。但另外一些事件，如天体的碰撞、地震的发生、水的沸腾、细胞的分裂、生物的变异、物种绝迹、新物种的出现等，都具有不连续性和突然跃迁的特征。在人类社会的领域，诸如市场变化、股市崩盘、战争爆发、革命发生、政权更迭等，都是突发事件。当然，所有这些现象背后，都有连续变化的原因的作用。但是，连续变化的原因为什么会产生不连续变化的结果？托姆创立的突变论研究了系统演化的可能途径，提供了形象而精确的数学模型，

① [德]赫尔曼·哈肯：《协同学：大自然构成的奥秘》，凌复华译，上海：上海译文出版社2001年版，第29-30页。

② [德]赫尔曼·哈肯：《协同学：大自然构成的奥秘》，凌复华译，上海：上海译文出版社2001年版，第8页。

③ H. Haken: *Information and Self-Organization:A Macroscopic Approach to Complex Systems*, Berlin: Springer-Verlag, 2000, p. 11.

用以描述和预测系统演化从一种稳定状态跃迁到另一种稳定状态的现象和规律。他将大千世界形形色色的突变过程，用七种最基本的数学模型来表达。它们是（褶皱）折叠形、尖点形、燕尾形、蝴蝶形、双曲形、椭圆形和抛物形。[①]譬如折叠突变模型，可用“鹰”与“鸽”作为比喻，用来解释当一个国家面临外部威胁时的决策情形。“鹰”与“鸽”代表内部的两个敌对势力。随着威胁增强，“鸽”派终将放弃它们的思想方式而采取“鹰”派的思想方式。如果威胁减低，相反的情形就会发生。但是，从一种方式转变为另一种方式并不是连续的，而且威胁程度不变时两种情况的转变都不会发生。在某种方式突然转为另一种方式之前，只要有可能，每一派都将坚持其思想方式（处在某种亚稳态）。这是一种最简单的突变模型，许多族群内部都会有此种情形发生，处在势均力敌的对抗状态之中的两派势力会由偶然的随机因素而形成平衡被打破的局面，转而采取一致的行动，这也是涨落的一种形式。突变论揭示出系统从一种稳定状态进入不稳定状态，随着参数的再变化，又使不稳定状态进入另一种稳定状态，系统状态就在这一刹那间发生了突变。

渐变、临界和突变是突变论中的主要概念。从变化的速率上理解渐变与突变，即把缓慢变化称为渐变，把瞬间完成的明显急促的变化称为突变，是人们通常的理解。普通意义的突变指的是系统遭到了破坏并不可逆转地让位于另一个系统，如砍伐森林、垦荒造田造成水土流失，使生态系统不可逆转地让位于荒漠化，并非寿终正寝而由意外事故所造成的死亡等都属于此。突变论意义上的突变，是系统内各种要素之间的竞争和对抗非但没有使系统毁灭，反而使系统脱离通常的特征状态，产生了向更高层次的跃迁，系统获得了能够继续生存的适应性的手段，它具有涌现的意义。至于渐变与突变的区别，则在于在变化的临界区域有无“不连续”性质的出现，突变是原来变化的间断，渐变是原来变化的延续。所以突变与渐变，一个属于间断性范畴，另一个属于连续性范畴。[②]

四、超循环理论

超循环理论（Hypercycle Theory）是诺贝尔奖获得者德国化学家艾根（M. Eigen）于1971年提出的生物进化理论。他通过对分子生物进化过程的研究，描述了在生命起源过程中，化学分子和生物大分子是如何由超循环形式构成稳定性结构的。“循环”在日常意义上，比喻事物周而复始的运动；在物理学意义上，指物理系统从某一状态出发经过一系列变化回到初始状态的过程。超循环不是一个封闭的圆圈中的重复现象，它是在循环基础上的新的循环。[③]无论自然界还是人类社会，无论在时间上还是空间上，完全重复的东西是不存在的。超循环不仅是一种形式上的循环系统的整合，而且是一种功能性的综合。超循环意味着存在非线性的作用，意味着一个系统具有自复制、自适应和自进化的功能。超循环结构是保持信息稳定性并促使其继续进化的一个必要前提。[④]超循环

① [法]雷内·托姆：《结构稳定性与形态发生学（突变论）》，赵松年等译，成都：四川教育出版社1992年版，第355页。

② 吴彤：《自组织方法论研究》，北京：清华大学出版社2001年版，第69页。

③ 辞海编辑委员会编：《辞海》，上海：上海辞书出版社1979年版，第1843页。

④ [德]M. 艾根、P. 舒斯特尔：《超循环论》，曾国屏、沈小峰译，上海：上海译文出版社1990年版，第61页。

的自复制、自适应和自进化的功能来自由系统自身所产生的自催化的作用。自然界里处于进化之中的系统总是存在着催化循环的作用，这使它们具有凭借各种各样的资源维持生存的能力，从而经得起选择的压力和时间的考验。

循环体现了一种动态的关联性。动态系统之间的循环、组织层次的跃迁（即系统由低级的或基础的组织向更高层次演化），乃至在循环之上的无限上升的循环，是自然和社会系统中的一种普遍现象，我们在诸如自然生态系统和人类社会系统的进化、季节的变化、宇宙的演化、人类精神的成长和知识的改造，甚至在巴赫（J. S. Bach）的音乐和当代解释学理论中都能看到这种螺旋式的循环和递归的机制。人类精神的成长也类似有机生命的演化过程。在黑格尔的哲学中，人类精神好比一个大圆圈，每一种观念的系统相当于大圆圈上的一个小圆圈。否定之否定规律也具有超循环解释结构和特征。黑格尔认为文明的兴起源于"世界精神"的光临，这种在时间上和空间上处于运动与变化的"世界精神"，从世界的东方开始向西方转移，最终回归东方。人类在经历了黄河文明、印度文明、希腊文明、罗马文明、近代西方的资本主义文明之后，亚太地区在21世纪逐渐成为令世人瞩目的繁荣中心，似乎在印证着世界精神重返东方的超循环原理。《易经·系辞上传》中以精辟简洁的表述"原始反终"，揭示了这个万物运作的根本规律。历史总是螺旋式地上升。

个体作为一个有机生命，其机体内有各种循环结构，如血脉和神经网络等。"如同河流一般我们的身体随着细胞的有规则的更替每时每刻都在不断更新。同时，我们心里所相信的身体中的那个'自我'也处于变化之中。我们既是十年前的'同一'人，又是实质上的新人。而且，我们还在继续变化着。"①人的精神状态和人的物质存在之间也构成一个循环系统。人的身体的、心理的和知识结构的系统之间的循环交流与互动体现在以下过程之中：良好的知识结构和文化素养促使个体从事有益于个体身心发展的活动，身心的陶冶会增进健康，从而可以保持良好的心理状态，进而促进认知能力的发展。这就是一个超级的循环结构。处在一定社会环境中的个体，与社会之间也存在着循环与互动关系。"恶有恶报，善有善报"的道德信条，以循环的机制作用于社会中的每个人，从而保持社会的秩序结构。人类对自身复杂性的探究本身是一种永远不会停歇的思想追逐，这种不断上升的追逐又使人类的思维与世界的隐秩序之间形成循环。超循环使组织之间的结合更紧密，使系统具有更大的丰富性和多样性，使历史的经验成为晋升的阶梯，从而使系统的复杂性不断提高，具有更大的适应性。

五、分形理论

分形理论（Fractal Theory）由美国数学家曼德勃罗特（B. B. Mandelbrot）所创立。1967年他在美国权威杂志《科学》上发表了《英国的海岸线有多长？》一文，提出了海岸线局部与整体的自相似问题。1975年他创立了分形几何学并在此基础上形成了分形理论。"fractal"是曼德勃罗特创造的新词，用来命名由形态各异的碎片和片段组成的集

① [美]约翰·布里格斯、[英]F. 戴维·皮特：《混沌七鉴：来自易学的永恒智慧》，陈忠、金纬译，上海：上海科技教育出版社2001年版，第3页。

合。分形被理解成“其组成部分与整体以某种方式相似的形”（A Fractal is a shape made of parts similar to the whole in some way）[①]。由海岸线测不准原理可知，世界上没有完全可以精确地重复的东西。说“世界上没有两片完全相同的树叶”谁都相信，要说“世界上没有两片完全相同的雪花”，这就不是人人都能用经验来检验的了。然而，的确如此，事物只是相似而已。分形理论发现了一个自然事物所具有的结构方面的重要特点——局部与整体的自相似性，即观察尺度改变时对象的形状不变，因而也可以说分形具有无标度性。[②]对于有规分形，这种自相似性表现为无穷嵌套或无穷自相似性，即不断放大微小部分，都可以发现部分（不管多么小）与整体的自相似，并且这种放大可以无限进行下去；对于无规分形，自相似只存在于一定的范围内，或在一定的标度空间中才呈现出自相似性。[③]简单的线性叠加只产生简单的东西，但是简单的非线性叠加（迭代）则会产生复杂的东西。分形是非线性变换下的不变性。[④]它是观察无穷的有形思维方法。

“递归”[⑤]“嵌套”“自相似”的概念成为理解不同学科研究对象之复杂性的重要工具。分形的自相似性是跨越不同尺度的对称性，它意味着递归、嵌套在不同层次的演化和交替。复杂性也表现为某种意义上的对称性之无限或有限的自我嵌套。分形理论使我们在有限与无限、简单与复杂、部分与整体、规则与破碎、有序与无序等对立的事物间找到结构的联系。

当我们用分形的观点重新审视世界时，会发现自然界中除了一些人造物之外，并不存在数学意义上的点、线、面、体。从某种意义上说，人把自己封闭在规则之中。大量存在的自然物形态是不规则的、粗糙的、凹凸不平的、不可微分的。各种各样的自然事物的形态在本质上都具有分形结构，如海岸线、雪花、云层、闪电、河流、树根、树干等。“一棵树的形状反映在不同的尺度上，它是由种子的遗传程序的混沌力学交互作用和环境中的流动（包括阳光、气候、疾病、土壤条件、周围其他树的位置等）造就而成。树干分叉成树枝，树枝分叉成细枝丫。枝丫上的叶子在叶脉上重复树枝的模式。在其大尺度形状和小细节上，树时时刻刻的自相似记录，是不可预测的混沌活动（chaotic activity）创造并维持了它。”[⑥]河流与人体的各种脉络都是树结构，从主干到细节具有分形的自相似性。

分形理论包含着深刻的哲理。中国古代的先哲们早已用另一种语言表述分形现象，如《周易》中有“是故《易》有太极，是生两仪，两仪生四象，四象生八卦”；格言中有“一沙一世界，一花一天堂；袖里有乾坤，壶中有日月”“一粒粟中藏世界”等，讲的都是分形的自相似性。中国古代有分身术之说，塑造的神像中有“千手观音”，还有三头六臂的神祇等，其中都含有“自相似”之意。

---

① [日]高安秀树：《分数维》，沈步明、常子文译，北京：地震出版社 1994 年版，重版说明。

② 林夏水、董光壁、梁芳：《分形的哲学漫步》，北京：首都师范大学出版社 1999 年版，第 103 页。

③ 林夏水、董光壁、梁芳：《分形的哲学漫步》，北京：首都师范大学出版社 1999 年版，第 12 页。

④ 敖力布、林鸿溢主编：《分形学导论》，呼和浩特：内蒙古人民出版社 1996 年版，第 7 页。

⑤ 递归是数学中常用的一种运算。递归就是回归，即将未知的化归（回归）为已知的，以便逐步求解。

⑥ [美]约翰·布里格斯、[英]F. 戴维·皮特：《混沌七鉴：来自易学的永恒智慧》，陈忠、金纬译，上海：上海科技教育出版社 2001 年版，第 98 页。

无穷变化的世界可以被认识，是因为空间分布的对称性和时间延伸过程的周期性，虽然都不是严格的和规整的，但却是有结构的，而一旦认识了结构，就会到处发现结构。随机的联想活动是创造性智能的源泉，而分形的自相似性使我们可以在通常认为不相干的事物之间架设意义的桥梁。学习过程中，对图式与结构的认识在本质上就是一种分形方法。一些策略性的、创新性的行为来源于对信息的自组织，而这种自组织建立在对信息的甄别和判断基础之上，结构、模式、图式就是判断的基础。

分形不仅存在于结构方面，还存在于功能和信息方面；不仅存在于个体的发育过程中，还存在于人类种群的层次中。如人类的个体，从基因中携带的信息到胚胎发育，再到成长为外表与其家族有着某种相似性的独立的个体。每一个体与同类中其他个体都是分形。由一粒种子长成一株大树，可以看作是遗传信息的分形，同种的树木之间存在着结构的分形等。还有个体的发育与人类进化史，人类精神与个体思维等，都可以看作是功能和信息的分形。100 多年前海克尔发现了生物重演律，即“个体发育是系统发育的重演”，这就是生物演化在不同的时空序中的分形。在各种复杂的文化系统演化过程中，都存在自然和人类社会共同服从的基本法则，在这些基本法则的作用下，系统在不同的时空序中形成了在结构、功能和动力学特征方面具有某种相似性的演化状态，可以从“局部与整体的自相似”来理解。

分形作为一种方法，其精髓在于把握“非线性变换下的不变性”，它是观察无穷的有形思维方法。所谓不变性，即自相似性；所谓非线性变换，指的是不同的时空序中随机因素的相互作用所导致的变化。有形指的是结构、功能和动力学特征方面可把握的形式。混沌运动的随机性与分形结构的无规则性，都来自系统演化的初始条件在非线性因素间随机的相互作用。

分形理论的重要意义在于它提供了一个认识世界的新视角：基本原理在不同的时空序中迭代生成的分形秩序结构，通向无穷。将分形方法用于人文社会科学研究，能使我们走出实证论的困境，在“可变性中的不变性”与“差别中的统一性”这些相反相成的张力作用之中寻求人文世界运作的真实脉络，更为深远的意义还在于通过不同领域的现象之比较，发现自然系统和人类社会系统之间的异质同构性，从而达到对世界的更深刻认识。另外，分形理论使我们看到表面上极为不同的事物之间在结构和功能方面的相似性，从而发挥隐喻的整合功能，形成具有创新性的研究思路。

六、混沌理论

混沌理论（chaos theory）由美国数学与气象学家爱德华·诺顿·洛伦兹（Edward Norton Lorenz）于 1963 年提出。洛伦兹这样定义非线性动力学混沌：“我用混沌这个术语来泛指这样的过程——它们看起来是随机发生的而实际上其行为却由精确的法则决定。”在另外的地方，他称更准确的被重新定义的混沌系统是指敏感地依赖于初始条件的内在变化的系统。对于外来变化的敏感性本身并不意味着混沌。[①]另一位混沌理论创始人，在

① [美]E. N. 洛伦兹：《混沌的本质》，刘式达译，北京：气象出版社 1997 年版，第 3、20 页。

美国圣菲研究所工作过的诺曼·帕卡德（Norman Packard），对元胞自动机的研究有重要贡献，他这样描述混沌现象："初始状态失之毫厘，最终状态就会谬以千里。初始状态微小的差别随系统的演化越变越大。这种现象有三个名称：蝴蝶效应，对初始条件的敏感依赖性以及信息增殖。比方说，一片树叶落入潺潺小溪。如果你让另一片叶子精确地落入与前一片叶子相同的地方，刚开始，两片叶子的运动可能会一样。但不久它们所表现出来的运动形式会截然不同。原因之一就是你把第二片叶子放入小溪的地方不可能与第一片绝对相同。这点微小的差异会逐渐放大，最终表现出完全不同的行为。"[①]

混沌理论研究了系统自组织过程中的时间复杂性问题，它与分形表达的复杂性问题常常构成一个问题的两个侧面，即分形研究了事物走向复杂性的空间特性和结构，而混沌研究了事物走向复杂性的时间演化特性。可以说"混沌是时间上的分形，分形是空间上的混沌"[②]。在普通意义上，混沌只是意味着混乱、无秩序，而在非线性动力学系统中，"混沌"一词则有更精细的不同的意义[③]。"混沌"并非真正的混乱，在那不可预测的混沌状态中隐藏着丰富的信息和有秩序的深层结构，正因为丰富才显得貌似随机和无序。一切事物的起始点都是一堆看似毫无关联的碎片，但"涨落"会使混沌状态结束，这些无机的碎片会有机地汇集成一个整体。秩序和混沌是两个极端点。在这两极的中间阶段，存在某种被抽象地称为"混沌的边缘"的相变阶段。"混沌的边缘——便是一个系统中的各种因素从无真正静止在某一个状态中，但也没有动荡至解体的那个地方。混沌的边缘就是生命有足够的稳定性来支撑自己的存在，又有足够的创造性使自己名副其实为生命的那个地方；混沌的边缘是新思想和发明性遗传基因始终一点一点地蚕食着现状的边缘的地方。"[④]这就是说：生命诞生于混沌边缘。人们在日常生活中会认识到这样的道理：一个稍微杂乱的办公室是有效率的；欢闹的家庭是幸福的；经济状况在不足的情况下才充满活力。这是混沌的边缘，而不是混沌自身。[⑤]

耗散结构理论、协同学理论、突变论、超循环理论、分形理论和混沌理论并非各自独立、互不相干的，事实上它们之间相互渗透、相互关联，构成了复杂理论的基础。其中一些关键性的概念，如"涨落""突变""自组织""循环""分形""混沌"等对于它们所指称的事物具有很强的命名力，即使用来表述人文社会领域的各种现象，也具有极强的解释力，能够极为有效地揭示事物的本质。在自然科学研究领域之外，这些概念也是可以被接纳的，它们为认识世界提供了丰富的思想资源和新的方法论，扩宽了研究者的视野，提高了认识的复杂性，为探索人文社会发展的动力机制开辟了新的途径。

---

① 转引自[美]托马斯·A. 巴斯：《再创未来：世界杰出科学家访谈录》，李尧、张志峰译，北京：生活·读书·新知三联书店 1997 年版，第 338 页。

② 林夏水、董光璧、梁芳：《分形的哲学漫步》，北京：首都师范大学出版社 1999 年版，第 216 页。

③ 吴彤：《自组织方法论研究》，北京：清华大学出版社 2001 年版，第 125 页。

④ [美]米歇尔·沃尔德罗普，《复杂——诞生于秩序与混沌边缘的科学》，陈玲译，北京：生活·读书·新知三联书店 1997 年版，第 5 页。

⑤ 吴彤：《自组织方法论研究》，北京：清华大学出版社 2001 年版，第 175 页。

第四节　马克思主义方法论

人文社会科学研究领域影响力最大、最深刻、最透彻和最有解释力度的是唯物辩证法，是马克思、恩格斯将唯物主义与辩证法相结合而创立的科学方法论。唯物论与辩证法是有机联系的，辩证法正是客观世界运行的根本规律。恩格斯说："辩证法不过是关于自然、人类社会和思维运动和发展的普遍规律的科学。"[①]可以说，唯物辩证法是一切研究中最高层次的方法论。

唯物辩证法深刻地阐释了世界联系与发展的科学原理，其基本内涵包括以下方面。首先，物质世界具有普遍联系的本质特性。万物相连的思想从古希腊开始就有了，而在发展与完善的基础上将之系统化和科学化，则是马克思主义对人类科学事业的伟大贡献。各种事物和现象，从微观层面构成世界的基本粒子到宏观世界的宇宙星系，从无机界到有机界，从精神意识活动到客观的物质世界，从个体到社会，无不处在普遍的联系之中。人类社会是从自然过程中涌现出来的，是在同自然界相互作用中发展起来的。普遍联系是客观存在的，不以人的意志为转移。其次，物质世界是不断运动、变化和发展的。宇宙间一切事物都处于永恒的运动、变化和发展之中。正是物质的普遍联系和相互作用，推动了事物的运动、发展和变化。再次，运动和变化是有规律的。规律是事物发展中本身所固有的、本质的、必然的、稳定的联系。列宁指出"规律就是关系"，就是"本质的关系或本质之间的关系"[②]。规律体现着事物本身所固有的内在根本性质和发展必然遵循的轨迹。最后，规律是可以被认识的。人通过能动的、主体性的和创造性的活动，不断地深化对自然界和人类自身的认识，把握事物运动、变化和发展的规律，从而实现由必然王国走向自由王国的人类解放道路。

唯物辩证法是严密而完整的科学方法论体系，它包括三个基本规律：对立统一规律、质量互变规律和否定之否定规律。

一、对立统一规律

对立统一规律即矛盾规律，是唯物辩证法最根本的规律，也是辩证法的实质和核心。它揭示了事物发展的源泉和动力，阐明了事物发展过程的实在内容。所谓矛盾，指的是反映事物内部或事物之间对立统一及其关系的基本哲学范畴。矛盾着的对立面之间相互依存、相互联结。矛盾双方中的"每一方只有在它与另一方的联系中才能获得它自己的（本质）规定，此一方只有反映另一方，才能反映自己。另一方也是如此；所以，每一方都是它自己的对方的对方"[③]。矛盾双方互为存在的条件，两者之间是对象化的关系；矛盾是事物发展的动力，黑格尔指出矛盾"是一切运动和生命力的根源；某物只因为在

---

① 《马克思恩格斯选集》（第3卷），北京：人民出版社1995年版，第181页。

② 《列宁全集》（第38卷），北京：人民出版社1959年版，第161页。

③ [德]黑格尔：《小逻辑》，贺麟译，北京：商务印书馆1980年版，第254-255页。

本身中包含着矛盾才运动，才能冲动和活动”[①]。矛盾双方既斗争又统一，从而推动了事物的运动、变化和发展。

二、质量互变规律

量变与质变是事物运动最基本的两种状态。一切事物的发展变化都表现为由量变到质变，然后再由新质开始一个后续的量变与质变运动。“质”“量”“度”是质量互变过程中的核心概念。“质”是一事物区别于其他事物的内在的规定性。事物总有它自己的质，没有质就没有事物。质与属性既有区别又有联系，质是事物内在的规定性，属性是外在表现；质通过属性得以体现。“量”指可用数量、程度、速度等来表述的规定性，是对可以分割的对象的描述。质和事物的存在是直接同一的，不同的质必然是不同的事物，而不同的量则不一定是不同的事物，在一定范围内，数量的增减不影响一物之为一物。正如常识告诉我们：一匹三条腿的马比一头四条腿的驴子更像一匹马。任何事物都同时具有质和量两个方面，反映特定质和特定量相统一的哲学范畴称为“度”。“度”是保持质的量的限度、幅度、范围等。任何度的两端都存在着极限或界限，称之为关节点或临界点，是事物变化的转折点。量变和质变是事物变化的两种形式或两种状态，事物数量的增减是渐进性的，而质变是飞跃和突变，是根本性的、显著的变化。质变与量变是交替进行的，量变引起质变，质变又会导致新的量变，二者是辩证统一的。

三、否定之否定规律

任何事物内部都有肯定的方面和否定的方面，肯定的方面是维持事物存在的，即肯定一事物为它自身而不是别物。否定的方面是破坏它的力量，即摧毁现存事物以使其转化为他物。肯定和否定是事物发展过程中的不同阶段，两者相互排斥、相互对立、相互斗争。当肯定的方面处于主导地位，事物就保持原有的性质和自身的存在。否定则总是由弱到强，一旦居于主导地位，就推动事物发生质的变化，旧事物就转化为新事物，因此否定也就是事物的转化、质变、飞跃，是旧事物的灭亡和新事物的产生。否定的否定，就是两次否定，包含了三个阶段，肯定—否定—否定之否定。事物经历了否定之否定，就达到了第三个阶段，这是综合或整合的过程，也是自我完善的过程。事物发展至第三个阶段，往往会在更高的层次上重现起点的某些特征，但它不是简单地回归原点，而是包含了整个过程的全部丰富性观照起始点。正如恩格斯所说，否定之否定所显示的事物自身发展的辩证运动“重新达到了原来的出发点，但这是在更高阶段上达到的”[②]。否定之否定揭示出事物的发展呈现周期性变化的特点，螺旋式上升或波浪式前进，循环往复，以至无穷。恩格斯说：“它是一个极广泛地起作用的，重要的自然、历史和思维的发展规律。”[③]

---

① 《列宁全集》（第55卷），北京：人民出版社1990年版，第116页。
② 《马克思恩格斯全集》（第20卷），北京：人民出版社1971年版，第673页。
③ 《马克思恩格斯选集》（第3卷），北京：人民出版社1995年版，第181页。

除了上述三大规律，唯物辩证法还包括一系列基本范畴，如本质和现象、内容和形式、原因和结果、偶然性与必然性、可能性和现实性等。这些基本规律和范畴从各个方面和各种层次上深刻揭示了事物之间普遍的本质联系，阐明了事物发展的一般性质、基本过程和根本趋势。这是人文社会科学研究的认识论和方法论基础，是认识和阐释人文社会现象的有力工具。

第五节　人文社会科学研究的一般方法

人文社会科学研究的一般方法与自然科学有着很大的不同，因为其所研究的对象是人和社会，这是一个精神文化的世界，积极的、能动的主体的意识、情感、态度、价值观和行为方式带有自身历史文化的烙印，具有特定情景中的整体性、唯一性、不确定性、随机变化的多样性和特定的适应性。一因多果、多因一果的现象比比皆是，线性的因果法则不适合解释人文现象，实证研究和量化研究是难以奏效的。然而也须认识到，人文世界的化成也是有规律可循的，从更为广义的视角看，也要遵循自然的根本法则。因此认识和理解人的精神文化过程与所处世界的各种意义关联，并对其作出合理的阐释，需要人对自然有深刻的了解，对自然科学的基本原理有透彻的把握，建立在人文与自然统一之基础上的价值与意义阐释，才具有科学性。人文社会科学研究方法的科学性体现在科学的思维与实证方法的结合上，科学的思维包括归纳与演绎、历史与逻辑、分析与综合、比较与解释等。实证方法主要包括搜集资料的方法，如观察、访谈、调查、体验等方法，不同的学科会采用不同的搜集资料方法，具体将在相关分支学科内介绍。几种常用的一般方法择要列举如下。

一、归纳和演绎

归纳和演绎是两个相反的思维过程，前者是从个别到一般，后者是从一般到个别。归纳方法可细分为完全归纳法、简单枚举法和科学归纳法。完全归纳法要求根据某类事物的每个对象都具有或都不具有的某种属性进行归纳，在人文社会科学研究中使用不多。简单枚举法是在研究过程中，发现某类事物具有某种属性，并且不断重复而未遇到相反的事例，从而归纳出该类事物都具有某种属性。在人文社会科学研究中，简单枚举法的意义主要在于给人以启发，引导人们去进行联想、假设，最终走向科学归纳。科学归纳法是一种建立在对事物发展的内在联系和规律性认识的基础上进行归纳的方法，主要是根据某类事物中部分对象与某种属性间因果联系的分析，推出该类事物具有该种属性。演绎推理的主要形式是“三段论”，由大前提、小前提、结论三部分组成。大前提是已知的一般原理；小前提是研究的特殊场合；结论是将特殊场合归到一般原理之下得出的新知识。归纳和演绎这两种方法既互相区别、互相对立，又互相联系、互相补充，它们相互之间的辩证关系表现为：一方面，归纳是演绎的基础，没有归纳就没有演绎；另一方面，演绎是归纳的前导，没有演绎也就没有归纳。一切科学的真理都是归纳和演绎辩证统一的产物，离开演绎的归纳和离开归纳的演绎，都不能得出科学的真理。

二、历史与逻辑

历史指客观事物从形态发生到过程演变的历程，是一个纵向的、自然的、连续的系列；逻辑指人类思维排除偶然性和随机性，以抽象形式反映客观事物相互联系和发展的规律，是事物之间横向的相互联系在思维中的概括和反映。需要指出的是，在这横向联系的细枝末节上，也有着微观的、局部的因果联系发生的历史。所以从某种意义上说，逻辑是历史在理论思维中的再现。逻辑与历史是辩证统一的，主要体现在：①思维所遵循的逻辑与客观现实的历史发展进程是一致的。恩格斯说："历史从哪里开始，思想进程也应当从哪里开始，而思想进程的进一步发展不过是历史过程在抽象的、理论上前后一贯的形式上的反映。"[①]②科学理论的逻辑进程与关于对象认识发展的历史进程也是相一致的。各门科学的概念、范畴的发展与其理论的历史发展进程相一致。③思维科学的理论与认识史、思想史相一致；个体的思维规律与整个人类思维发展规律相一致；儿童智力发展规律与整个人类思维发展规律相一致。

历史与逻辑的统一是就总的发展趋势而言的，这种统一中包含着差别。从局部和微观层面看，历史发展常常包含着无数的细节和偶然因素，甚至会出现历史的折叠从而使人难以看到真相。思维的逻辑是对历史的总结和概括，它撇开历史发展的各种细节和偶然因素，以"纯粹"的理论形态把握历史发展的规律，其对历史的反映有"修正"的痕迹。历史与逻辑相统一的方法要求辩证地处理两者关系，逻辑的分析要以历史发展为基础，历史的描述也要以逻辑联系为依据。任何一门科学都不能偏执一端，以历史方法为主的历史科学，其理论根基离不开逻辑，同样以思维和逻辑为主的理论科学，也离不开历史的考察。围绕着历时性与共时性、长时段与短时段、大传统与小传统等话题的理论探讨，都折射出对逻辑与历史问题的基本观点和立场。

三、分析与综合

分析是把认识对象的整体分解为构成要素或各个组成部分；综合是把事物的各个组成部分或构成要素依内在联系统整为有机的整体。分析与综合是认识过程中相互联系着的两个方面，两者相互作用、互为依据，在分析基础上综合，在整体观照下分析。借助分析与综合的方法可以认识到事物的本质及其内在联系，揭示事物运动、变化、发展的规律，达到对事物的深刻把握。一切论断都是分析与综合的结果。运用分析与综合相统一的方法有两个基本的要求：①分析与综合必须有其客观基础。分析与综合的过程不是任意的，而要以客观对象本身的性质、关系及其运动、变化为依据。②对事物进行分析与综合时，必须首先分析其内在矛盾，从中揭示和阐明事物的内在联系和本质。这种对矛盾的分析过程本身就包含着分析与综合两个方面的内容。分析与综合相统一的方法，也就是矛盾分析的方法。

分析可具体细分为：定量分析、定性分析、因果分析、目标分析、相关分析、流程分析等。人文社会科学研究中用到的主要分析方法有因果分析、矛盾分析、结构功能分

---

① 《马克思恩格斯选集》（第2卷），北京：人民出版社1995年版，第122页。

析、系统分析等，其中因果分析和结构功能分析尤为重要。

因果分析方法的实质是找出事物之间本质的必然联系。恩格斯说："我们不仅发现某一个运动后面跟随着另一个运动，而且我们也发现只要我们造成某个运动在自然界中发生的条件，我们就能引起这个运动甚至我们还能引起自然界中根本不发生的运动（工业），至少不是以这种方式发生的运动，我们能给这些运动以预先规定的方向和规模。因此，由于人的活动，就建立了因果观念的基础，这个观念是：一个运动是另一个运动的原因。的确，但是某些自然现象的有规则的依次更替，就能产生因果观念：随太阳而来的热和光；但是在这里并没有任何证明，而且在这个范围内休谟的怀疑论说得很对：有规则地重复出现的 post hoc[在这以后]，决不能确立 propter hoc[由于这]。但是人类的活动对因果性作出验证。如果我们用一面凹镜把太阳光正好集中在焦点上，造成像普通的火一样的效果，那么我们因此就证明了热是从太阳来的。"[①]由此可见，原因和结果这对范畴的明显特点是原因在前，结果在后，即常说的"前因后果"。黑格尔说："原因对结果来说，是原始的东西"，"结果是原因的他物"。他又说：原因是"自在自有"，结果是"建立起来之有"，原因"是从自身开始，不受一个他物的推动，并且是从自身发生的独立的源泉"，而结果"它正是原因的表现"，是"原因的必然"。[②]结构功能分析法中的结构，是指事物各种要素固有的、相对稳定的内在联系与组织方式。两个以上的要素按一定方式结合起来，构成一个统一的整体，其中诸要素之间确定的构成关系，就是结构，其主要特征为：①稳定性。系统诸要素之间有确定的稳定联系，从而使系统具有相对不变性。②有序性。系统内部诸要素有规则地相互作用或相互替换，如按照因果关系相互替换。③形式特征。结构是一种形式关系，内容不同的系统其结构可以是相同的，亦即人们所说的"异质同构"。所谓功能是指有特定结构的事物，在内部与外部的联系与关系中，表现出来的特性、作用和具有的能力。结构与功能是相互制约的，也是辩证统一的。一方面，事物的固有结构影响着、规定着这一事物功能的性质与水平，限制着作用范围的大小，即有什么样的结构就有什么样的功能，结构的改变必然引起功能的改变，结构的有序化也促进功能的有序化。另一方面，功能的发挥也影响着结构的变化，"用进废退"的原理可以说明功能的发挥对结构的稳定性与形态发生所产生的影响。

综合是在分析的基础上进行的，其基本特点就是探求研究对象各个部分、方面、因素和层次之间相互联系的方式，即结构的机理与功能，由此形成一种新的整体性的认识。所以，综合不是关于对象各个构成要素的认识的简单相加，综合后的整体性认识包含新的关于对象的机理和功能的知识。综合的成果往往导致科学上的新发现。科学思维中的综合不是指感觉的综合，不是停留于事物的表面特性的感知阶段，而是上升到认识事物的结构原理以及运动规律的理论阶段了。理论深度不同，综合的水平也不同。初步的理论综合是静态的，与初步的静态分析相对应。它是探求研究对象在相对静止、相对稳定的状态下的整体性结构。随着研究工作的进一步发展，更高水平的理论综合是动态的，

① 《马克思恩格斯全集》第20卷，北京：人民出版社1971年版，第573页。

② [德]黑格尔：《逻辑学》（下卷），杨一之译，北京：商务印书馆2001年版，第215-216页。

当然也要建立在动态分析之基础上。它把对象的各部分、各要素之间看成是一个多变量的关系，把这个结构整体看成是运动的和变化的，从运动和变化中来把握这个结构整体。例如，现代环境科学认为，生态系统是一个非常复杂的动态结构系统，是在一定的时间和空间内，生物和非生物通过不断的物质循环和能量流动而相互作用的统一整体。因此，“生态系统”这个概念已经不是抽象的和静止的概念了，而是对整个生态系统的综合认识了。在生态系统中，没有孤立不变的因素，其中生物种类、种群数量、种的水平和垂直空间配置、种的发育和季相的时间变化等都是运动发展的。

科学知识的发展过程是一种从低级到高级的螺旋上升的“综合—分析—综合”的周期性运动。人们是在原有综合知识的指导下，对研究对象的各个方面、部分、环节和因素作出分析，在此基础上，人们又从事新的综合。当人们由前一次综合进入后一次综合的时候，人们的科学知识就由不甚深刻的认识进入更深刻的认识。人们对现实的认识是不可穷尽的，因此，“综合—分析—综合”的周期运动也是没有止境的。

四、比较研究

比较是人类认识、区别和确定事物本质及其相互关系最常用的思维方法，通过比较可以有效地发现事物之间的相同性和差异性，从而为鉴别和判断提供依据，因此是研究中必不可少的方法。

根据不同标准，比较研究可分为以下几类。

（1）按属性的数量，可分为单项比较和综合比较。单项比较是按事物的一种属性所作的比较。综合比较是按事物的所有（或多种）属性进行的比较。

（2）按时空的区别，可分为横向比较与纵向比较。横向比较就是对空间上同时并存的事物的既定形态进行比较。纵向比较即时间上的比较，就是比较同一事物在不同时期的形态，从而认识事物的发展变化过程，揭示事物的发展规律。

（3）按目标的指向，可分成求同比较和求异比较。求同比较是寻求不同事物的共同点以寻求事物发展的共同规律。求异比较是比较两个事物的不同属性，从而说明两个事物的不同，以发现事物发生发展的特殊性。

（4）按比较的性质，可分成定性比较与定量比较。定性比较就是通过事物间的本质属性的比较来确定事物的性质。定量比较是对事物属性进行量的分析以准确地确定事物的变化。

比较研究法的具体步骤如下。

（1）确定比较的问题。首先要明确比较什么，这是比较的前提。这一环节包括以下细节：①选定比较的主题；②确定比较的内容，也就是确定比较的项目；③确定比较的范围。

（2）制订比较的标准。比较的标准可据实际情况制订，但要明确化、具体化，即具有可操作性。

（3）搜集资料并加以分类、解释。要通过各种途径尽可能多地收集相关的各种资料，并对资料进行鉴别，保证资料的权威性和客观性。然后，对各种资料按比较的指标进行归类、并列。最后，对这些归类好的资料作出解释，即赋予资料现实意义，为下一步的比较分析奠定基础。

（4）进行比较分析。这是比较研究最重要的一步，在这个阶段要对收集到的材料按一定的标准逐项进行比较，并分析其之所以产生差异的原因，而且要尽可能地进行评价。比较时应以客观事实为基础，对所有的材料进行全面客观的分析。

（5）得出结论。通过对材料的分析比较得出结论，并对所得的结论进行理论和实践的论证。

以上就是比较研究的一般步骤，这些步骤是相互联系、环环相扣的。确定比较的问题是运用比较研究法的前提；制订比较的标准是运用比较研究法的依据；搜集资料并加以分类、解释是运用比较研究法的基础；进行比较分析是运用比较研究法的重心；得出结论是运用比较研究法的目的。比较研究不是为了比较而比较，而是在于探索规律并得出符合客观实际的结论。

比较研究法广泛运用于人文社会科学研究，但并不是任何时候都能运用，只有在如下条件符合时才能运用比较研究法。

（1）同一性。所谓同一性，是指进行比较研究的对象必须是同一范畴、同一标准、同一类事物，否则就不可以比较。正如马克思所说：正是因为倍尔西阿尼是一位歌唱家而且人们把她同其他歌唱家相比较；人们根据他们的耳朵的正常组织和音乐修养做了评比，所以他们能够认识倍尔西阿尼的无比性。倍尔西阿尼的歌唱不能与青蛙的叫声相比，虽然这里也可能有比较，但只是人与一般青蛙之间的比较，而不是倍尔西阿尼与某只青蛙之间的比较。只有在第一种情况下才谈得上个人与个人之间的比较，在第二种情况下，只是他们的种族特性或类特性的比较。

（2）双（多）边性。比较只有在两个或两个以上事物之间才可能发生。换言之，比较的对象必须要在两个以上。当然，比较研究还要求从不同的角度对两个被比较的对象进行分析比较。

（3）可比性。可比性是指被比较的对象之间具有一定的内在联系，具有某些本质上而不是表面上的共性。为了保证可比性，必须注意概念的统一。例如，英国的 public school 与美国的 public school 就是不同的概念。前者是贵族学校，而后者则是贫民学校，不具备可比性。

在满足以上条件的前提下，比较研究就可以开展了，但具体运用时应注意如下几点。

（1）资料的可靠性与解释的客观性。供比较研究的资料必须具有权威性、真实性，最好是第一手资料，而且要具有代表性，能反映普遍的情况。要求资料具有典型性，能反映事物的本质。这就要求采样的科学化，以及资料归类合并的程序化，在解释资料时根据当时当地的客观实际，运用科学的理论加以全面分析，并保证解释的客观性而不带有个人的偏见。

（2）全方位多角度进行比较。制约系统发展的因素很多，任何事物都不是孤立存在的，而是与其他事物密切联系的，所以应坚持全方位多角度的比较。在比较时，任意选择个别条件片面地进行比较，或者割裂事物之间的联系孤立地进行比较，都是不正确的。

（3）比较事物的本质。事物不仅有现象的异同，更有本质的异同。比较研究不能仅抓住表象而忽视本质，否则就难以准确地认识事物，这就是说要透过现象抓住事物的本质。要进行本质的比较就要通过大量的、典型的材料分析其内在关系，从历史、文化、社会、经济和生活习惯等多种角度进行探讨。

五、解释方法

解释方法的产生可以追溯到远古时代，解释学（hermeneutics）的词根“Hermes”是希腊神话中宙斯的传旨者赫尔墨斯（希腊语：Ἑρμῆς；英语：hermes）之名。作为众神的信使，他的任务就是来往于奥林匹亚山上的诸神与人世的凡夫俗子之间，把神的指示和消息传达给人。在希腊神话中，赫尔墨斯的双足上长着翅膀，因此也被人称为“快速之神”。为什么人们需要这样一个角色？因为神的语言和人的语言是不同的，要让人听懂神的语言就需要赫尔墨斯进行翻译和解释。解释学实际上就是关于理解和解释的学问。在古代对经典作品的解释就很流行，比如对《荷马史诗》《圣经》的解释。人类文明所经历的巫性文化时代，在生存中占重要地位的祭祀与占卜，都是因为需要解释。由此可知，对意义的解释有着多么悠久的历史。

从广义上来说，对一切文本意义的理解和阐释都是解释学的任务，涉及诸如哲学、语言学、文学、文献学、历史学、宗教、艺术、神话学、人类学、文化学、社会学、法学等几乎一切人文社会科学研究领域。解释可在各门学科之间建立相互交流、渗透和融合的趋势。它既是一门边缘学科和一种新的研究方法，又是一种哲学思潮。从狭义来看，解释学可作为专门研究领域的研究方法。解释学是西方哲学、宗教学、历史学、语言学、心理学、社会学以及文艺理论中有关意义、理解和解释等问题的哲学体系、方法论或技术性规则的统称。狄尔泰对解释方法和解释学说进行了系统的论述，他研究的中心问题是：处于历史情境中的解释学如何能对其他历史性的表现进行客观的理解。他对于解释方法作了规定：在人文科学中，理解是一个生命（作品解释者）进入另一个生命（作品创作者）的过程，一切社会文化现象都相当于在种种符号中固定化了的生命表现，理解这些现象，就相当于把握符号创造者的主观精神世界。

20 世纪德国哲学家海德格尔创立的现代解释学，把传统解释学从方法论和认识论性质的研究转变为本体论性质的研究，从而使解释学由人文科学的方法论转变为一种哲学，并发展成为哲学解释学。20 世纪 50 年代德国哲学家伽达默尔把海德格尔的本体论与古典解释学结合起来，使哲学解释学成为一个专门的哲学派别。他的基本观点是：人文科学不可避免地具有历史相对性与文化差异性。他在美学、历史与语言三个领域中，分别对这一主题进行了研究。他认为人的存在局限于传统之中，其认识会不可避免地带有“偏见”。人类历史由传统的各种力量积累而成，他称之为“效果史”。在“效果史”中，过去与现在相互作用，当前的认识受制于过去的传统因素。他认为真实的理解乃是各种不同的主体“视界”相互“融合”的结果。海德格尔、伽达默尔、利科和德里达等都是人文主义哲学解释学的代表，其理论贡献对人文社会科学研究具有方法论意义。

这里只是列举了人文科学研究较为常用的一般方法，远未穷尽所有的方法，另外还有诸如实践检验、质的研究等也都具有方法论的意义，并且随着实践的发展和认识的深人，还会有更多新的研究方法涌现出来。科学的发展是以方法论的创新为先导的。马克思主义方法论对人文科学研究的指导意义是经历了历史检验的，应对其充满理论自信，当然也更需要以新的实践加以丰富和完善。科学前沿方法论在人文社会科学领域的应用必将开创新的途径，它将使科学与人文实现真正的统一和整合，为人类从更广阔的视野和更深刻的层次上认识和把握整体关联的世界作出贡献。

第三章　哲　学

哲学是人类知识领域硕果累累的参天大树，它的树根可以追溯至遥远的时代。从巫性文化向理性文化的转变，使人类思维发生了根本性的改变。在世界文明的“轴心时代”，各大文明在大致相当的时期，从原始宗教与神话之中脱胎而化生出作为人类智慧之结晶的哲学。这一转变是人类思想史上最辉煌的时刻，在中国出现了孔子和老子这样的思想家，印度出现了最早的哲学文献《奥义书》和包含着丰富哲学思想的佛教典籍，希腊出现了一大批对后世产生了深远影响的杰出哲学家。这一时期的深远意义亦如雅斯贝尔斯所说：“人类一直在靠轴心时代所创造的一切而生存。每一次飞跃都要回顾这一时期，并被它重燃火焰。轴心时代的潜力的苏醒和对轴心时代的潜力的回忆或复兴，提供了无穷的动力。”[①]几千年来，随着人类文明的演进，哲学这棵人类思想的参天大树不断被新的时代精神所滋养，它是如此枝繁叶茂、博大精深以致无人能统览全貌。这里的择要论述难免挂一漏万，能使读者对人类智慧之光的感召有所灵动就足够了。

第一节　哲学概说

一、哲学是什么

关于哲学是什么的问题，有没有一个所有哲学家都认同的解释？答案是否定的。原因并不难理解，不同历史、不同文化、不同国家、不同民族、不同社会形态、不同语言、不同价值观、不同利益群体等都会涌现出各自特有的思想观念系统，作为这些思想观念系统代表人物的哲学家们都有一套自己的理论，也都会提出对哲学的不同看法。黑格尔说：“无论哲学派别是如何地分歧，却至少有一个共同点，即它们同是哲学。所以，如果任何人研究过或熟悉过任何一种哲学（只要它在任何意义下是一种哲学），则他就可以说是具有‘哲学’。那提出一些抽象论证或借口，不知道特殊性也包含在普遍性之内，他是不愿意理解或承认这普遍性的。”[②]哲学史上任何派别毫无疑问都属于哲学，所以要了解哲学是什么，当然得从哲学史中去寻找脉络。恩格斯说：“理论思维仅仅是一种天赋的能力。这种能力必须加以发展和锻炼，而为了进行这种锻炼，除了学习以往的哲学，直到现在还没有别的手段。”[③]可以说，每种说法都与其所处的特定历史背景和社会文化环境相适应，因此都有一定的道理，当然也不都是尽善尽美的。苛求一个完美的

---

① [德]卡尔·雅斯贝斯：《历史的起源和目标》，魏楚雄、俞新天译，北京：华夏出版社 1989 年版，第 14 页。

② [德]黑格尔：《哲学史讲演录》（第 1 卷），贺麟、王太庆译，北京：商务印书馆 1983 年版，第 23 页。

③《马克思恩格斯选集》（第 3 卷），北京：人民出版社 1972 年版，第 465 页。

哲学定义是徒劳的，根本的方法还是要从哲学史来了解哲学。这里略举几例权做起点。

毕达哥拉斯（Pythagoras，公元前580—前500年）最早使用“爱智慧”（philosophy）一词来表达今人所指的“哲学”。最初它要表达的意思是把智慧当作一个努力追求的目标。古希腊还有很多哲学家如赫拉克利特（Heraclitus，公元前535—前470年）、德谟克利特（Democritus，公元前460—前370年）等皆有此看法。

柏拉图认为，哲学乃是一种洞见，是“对真理的洞见”。它不纯粹是理智的；它不仅仅是智慧而且是爱智慧。①

亚里士多德认为：哲学被称为真理的知识自属确当。因为理论知识的目的在于真理，实用知识的目的则在其功用。从事于实用之学的人，总只在当前的问题以及与之相关的事物上寻思，务以致其实用，于事物的究竟他们不予置意。现在我们论一真理必问其故，如一事物之素质能感染另一些事物，而使之具有相似素质，则必较另一事物为高尚（例如，火最热，这是一切事物发热的原因）；这样，凡能使其他事物产生真实后果者，其自身必最为真实。永恒事物的原理常为最真实原理（它们不仅是有时真实），它们无所赖于别的事物以成其实是，反之，它们却是别的事物所由成为实是的原因。②亚里士多德追求的“真实原理”就是“形而上学”（metaphysics）。

黑格尔说：“概括讲来，哲学可以定义为对于事物的思维着的考察。如果说‘人之所以异于禽兽在于他能思维’这话是对的（这话当然是对的），则人之所以为人，全凭他的思维在起作用。不过哲学乃是一种特殊的思维方式，——在这种方式中，思维成为认识，成为把握对象的概念式的认识。所以哲学思维无论与一般思维如何相同，无论本质上与一般思维同是一个思维，但总是与活动于人类一切行为里的思维，与使人类的一切活动具有人性的思维有了区别。这种区别又与这一事实相联系，即：基于思维、表现人性的意识内容，每每首先不借思想的形式以出现，而是作为情感、直觉或表象等形式而出现。——这些形式必须与作为形式的思维本身区别开来。”③

罗素说：“哲学，就我对这个词的理解来说，乃是某种介乎神学与科学之间的东西。它和神学一样，包含着人类对于那些迄今仍为确切的知识所不能肯定的事物的思考；但是它又像科学一样是诉之于人类的理性而不是诉之于权威的，不管是传统的权威还是启示的权威。一切确切的知识——我是这样主张的——都属于科学；一切涉及超乎确切知识之外的教条都属于神学。但是介乎神学与科学之间还有一片受到双方攻击的无人之域；这片无人之域就是哲学。”④哲学与科学的最大不同之处在于，科学靠的是实证，哲学靠的是思辨；哲学与宗教最大的不同在于，宗教靠的是武断的信念，而哲学靠的是论证。

恩格斯曾认为，哲学特别是近代哲学的研究对象就是辩证法。他说：“在以往的全部哲学中仍然独立存在的，就只有关于思维及其规律的学说——形式逻辑和辩证法。其他一切都归到关于自然和历史的实证科学中去了。”⑤这一观点表明哲学的研究对象就

① [英]罗素：《西方哲学史》（上卷），何兆武、李约瑟译，北京：商务印书馆1997年版，第165页。
② [古希腊]亚里士多德：《形而上学》，吴寿彭译，北京：北京出版社1991年版，第37页。
③ [德]黑格尔：《小逻辑》，贺麟译，北京：商务印书馆1980年版，第38页。
④ [英]罗素：《西方哲学史》（上卷），何兆武、李约瑟译，北京：商务印书馆1997年版，第11页。
⑤《马克思恩格斯选集》（第3卷），北京：人民出版社1995年版，第364页。

是辩证法，因为形式逻辑是独立的，所以留给哲学的研究对象就是辩证法。“而辩证法不过是关于自然、人类社会和思维的运动和发展的普遍规律的科学。”[①]

熊十力认为，哲学就是研究本体论。他说：“哲学，自从科学发展以后，它的范围日益缩小。究极言之，只有本体论是哲学的范围。除此以外，几乎皆是科学的领域。”“谓哲学建本立极，只是本体论。要不为过，夫哲学所穷究的，即是本体。”[②]

艾思奇说：“起初是对个别的具体事物有了一定的看法，然后眼界逐渐扩大，终于对世界的本质、各种事物之间的关系以及人和周围世界的关系等形成一个总的看法。这样，人们就有了一定的世界观……各派的哲学，就是各种世界观的系统化和理论化的学说。”[③]

“所谓世界观（亦称宇宙观），就是人们对于整个世界、整个宇宙，包括自然界、社会性历史和人的思想统统在内的根本观点。”“哲学就是一门研究诸如此类的世界观的学问。”[④]

“哲学就是世界观的学问。所谓世界观就是人对于生活在其中的整个世界的根本观点和看法。哲学就是人们世界观的理论表现。”[⑤]

总的来说，西方学术界把哲学看作思考真理、存在、实在、自由及因果律的学问。我国学者通常根据马克思主义哲学原理，把哲学解释为关于世界观和方法论的学问，是研究自然、社会和人类思维最一般规律的知识领域。

二、哲学的特性

（一）形而上学属性

形而上学是哲学最重要的本质属性之一。哲学探讨事物的本质，而关于现象与本质的关系，自一开始就是个形而上学的问题。“形而上学”译自 metaphysics，在亚里士多德那里原意指的是“物理之后”[⑥]。meta 这个前缀加之于 physics，具有“元”和“在……之上”的意义。亚里士多德在《形而上学》一书里并没有讲“形而上学”，而是讲“第一哲学”（prote philosophia），以区别于作为“物理学”（相当于今天的自然科学）的“第二哲学”。“第一哲学”是研究更高意义上的真理的，比各门具体科学（如物理学那样的“第二哲学”）更具有根本性的意义，它应被当作“基础科学”来看待，其他所有具体的研究都建立在这门基础科学之上。笛卡儿有个著名的比喻：哲学就好比一棵树，形而上学是树根，物理学是树干，而各门具体科学就是树枝。[⑦]形而上学在欧洲哲学——科学知识体系中的核心地位由此可见。

---

①《马克思恩格斯选集》（第 3 卷），北京：人民出版社 1995 年版，第 484 页。

② 熊十力：《新唯识论》，转引自郭齐勇：《熊十力思想研究》，天津：天津人民出版社 1993 年版，第 32 页。

③ 艾思奇主编：《辩证唯物主义与历史唯物主义》，北京：人民出版社 1978 年版，第 1-2 页。

④ 肖前、李秀林、汪永祥主编：《辩证唯物主义原理》，北京：人民出版社 1981 年版，第 2 页。

⑤ 李秀林、王于、李淮春：《辩证唯物主义和历史唯物主义原理》，北京：中国人民大学出版社 1985 年版，第 1 页。

⑥ [古希腊]亚里士多德：《形而上学》，吴寿彭译，北京：北京出版社 1991 年版，第 329 页。

⑦ 赵敦华：《西方哲学简史》，北京：北京大学出版社 2001 年版，第 183 页。

近代以来根据康德的理解，形而上学这门科学被划分为四大部分：本体论（Ontologia，又译为“存在学”“存在论”“万有论”等），是关于存在者本身或存在者之存在的学说；心理学（Psychologia，也包括后来的哲学人类学）是关于灵魂的学说（以及关于人的学说）；宇宙学（Kosmologia，通译为“宇宙论”）是关于世界（宇宙）之本质的学说；神学（Theologia）是关于上帝之存在和本质的学说。由此可见，形而上学的领域涉及人与自然的一切方面，存在、虚无、自由、不朽、神、生命、力、质料、真理、灵魂、生成精神等方面的重大课题都在形而上学讨论范围之内。黑格尔说：“一个有文化的民族竟没有形而上学——就像一座庙，其他各方面都装饰得富丽堂皇，却没有至圣的神那样。”[①]康德说：“形而上学除了对待那些永远应用在经验之内的自然界概念以外，还要对待纯粹理性概念。纯粹理性概念永远不能在任何可能的经验里提供，因而其客观实在性（即它们之不是纯粹虚构的）和（形而上学）论断的真伪都不能通过任何经验来证明或揭露，而这一部分形而上学又恰恰是构成形而上学基本目的的部分，其余部分都不过是手段。”[②]

形而上学这个汉语表述的词源是《易经·系辞上传》：“形而上者谓之道，形而下者谓之器。”这一含义中最重要的一点就是，形而上学所研究的是那些超越感官知觉因而也就难以被我们的感官直接了解的东西，或者说是与“形象”相对的“抽象”的东西。概括说，形而上学是研究事物本质和规律的学说，是对可感知的具体事物进行抽象思维并揭示其原理的知识体系，而这正是哲学最重要的本质属性之一。

值得提及的是，关于形而上学，一直以来人们有一种误解，把它视为静止地、孤立地、片面地看问题的一种错误的思维方法，是与辩证法相对立的。实际上，在哲学史上形而上学的含义基本上都是指超出当下的直接经验和具体事物，超出“形而下”的世界，探究事物的本质、规律、实体、价值等抽象存在。在中国的哲学话语体系里，“形而上”具有“道”的意义。何谓“道”？“一阴一阳之谓道也”，而“阴”与“阳”这两个对偶两分的概念，从来就不是各自孤立地存在的，也不是静止地存在的，而是相互交叉、纠缠、渗透，处在永无休止的循环和交替的变化状态。然而，在西方哲学史上，也的确存在着孤立地、静止地、片面地、绝对地、一成不变地看问题的哲学家。恩格斯曾说过：“在形而上学者看来，事物及其在思想上的反映，即概念，是孤立的、应当逐个地和分别地加以考察的、固定的、僵硬的、一成不变的研究对象。”[③]他还指出：“真正的自然科学只是从十五世纪下半叶才开始，从这时起它就获得了日益迅速的进展。把自然界分解为各个部分，把自然界的各种过程和事物分成一定的门类，对有机体的内部按其多种多样的解剖形态进行研究，这是最近四百年来在认识自然界方面获得巨大进展的基本条件。但是这种做法也给我们留下了一种习惯；把自然界的事物和过程孤立起来，撇开广泛的总的联系去进行考察，因此不是把它们看做运动的东西，而是看做永恒不变的东西；不是看做活的东西，而是看做死的东西。这种考察事物的方法被培根和洛克

① [德]黑格尔：《逻辑学》（上卷），杨一之译，北京：商务印书馆 1974 年版，第 2 页。
② 文聘元：《现代西方哲学的故事》，天津：百花文艺出版社 2005 年版，第 274 页。
③《马克思恩格斯文集》（第 9 卷），北京：人民出版社 2009 年版，第 24 页。

从自然科学中移到哲学中以后，就造成了最近几个世纪所特有的局限性，即形而上学的思维方式。”[①]恩格斯的批判显然是正确的，但将之归咎于形而上学之过，也是值得进一步思考和斟酌的。

除了马克思、恩格斯，对传统形而上学进行了批判的还有尼采、海德格尔等哲学家以及维也纳学派的石里克、卡尔纳普等。在维也纳学派的一些哲学家看来，形而上学命题不可能被证实，试图通过先验或将经验与先验混淆起来进行探讨，都是毫无意义的。形而上学也许的确没有科学真理的意义，但并不等于没有一点意义，它虽不能提供像牛顿定律那样的意义，但显然对于人类生存的价值意义来说，远比牛顿定律重要得多。稍微有点历史感的人就应该意识到，各种真理都是以往全部人类知识孕育出来的，而其中最高层次的知识，也都在形而上学的思考中。即使那些反对形而上学的人，也在不同程度上运用着形而上学。形而上学虽遭遇批判，但并没有倒下去爬不起来。重构形而上学的努力不断复现，这背后有许多值得深思的地方。事实上，在那些看上去对立的意见和观点背后有着人类认识发展的深层次原理。哲学家、思想家、科学家追求终极原因的努力具有毋庸置疑的必然性和正确性，追求确定地言说事物和精准地预料事物，是建立在对本质和规律的把握之基础上的，这一直是人类思维和科学所追求的目标。但也不容忽视的是，由变化带来的混沌与不确定性也是宇宙的普遍规律，可知与不可知、有限与无限、不变与可变的共在是人类思维要面对的永恒主题。至于恩格斯所说的那种片面地、绝对化地、一成不变地思考问题的倾向，在科学家、哲学家、思想家中也是客观的、普遍的存在。因此我们应这样看，恩格斯的确指出了一些将形而上学绝对化的现象，但这不是形而上学的错，它不过是思维的谬误而已。

（二）意识形态属性

哲学的另一重要的本质属性是它的意识形态属性。“意识形态”概念的词源可以追溯到古希腊，是有关“观念”和“学说”的用语。它的现代用法源于19世纪孔迪亚克的学生特拉西（D. de Tracy）的《意识形态概论》。后来的马克思主义经典著作在两种意义上使用这一词语：一是贬义用法，专指当时德国流行的受黑格尔哲学影响的思辨唯心主义；另一种含义是指与社会存在相对应的社会意识的一部分，是系统地、自觉地反映社会经济形态和政治制度的思想体系。今天“意识形态”一般用来指与一定社会的经济和政治有直接联系的思想、观念、道德、精神、立场、观点、价值观、世界观等的总和。它是特定的社会、历史、文化、政治、经济、生产、生活的产物，随着社会发展的变化而变化。

马克思说：“在不同的所有制形式上，在生存的社会条件上，耸立着由各种不同情感、幻想、思想方式和世界观构成的整个上层建筑。”[②]意识形态反映着社会主体的价值取向。由于哲学研究的主要内容涉及人们的价值观、世界观及思维方式等意识领域，因此哲学的意识形态属性非常显著。在黑格尔《哲学史讲演录》中提到的每一位哲学家，

---

① 《马克思恩格斯文集》（第9卷），北京：人民出版社2009年版，第23-24页。

② 《马克思恩格斯选集》（第1卷），北京：人民出版社1995年版，第629页。

都会用相当长的篇幅来谈他的生活经历和思想体系形成的过程，每个哲学体系的形成都突出了其特定的历史文化背景，哲学体系的出现与哲学家生存世界的联系密不可分。这恰好能用来说明哲学的意识形态属性。例如，他在谈到培根哲学的时候，对培根的人生经历进行了一番详尽的描述后指出："培根一直被赞扬为指出知识的真正来源是经验的人，被安放在经验主义认识论的顶峰。事实上，他确实是英国所谓哲学的首领和代表，英国人至今还没有越出那种哲学一步。因为英国人在欧洲似乎是一个局限于现实理智的民族，就像国内小商贩和手工业者阶层那样，注定老是沉陷在物质生活之中，以现实为对象，却不以理性为对象。"[①]孕育培根的文化土壤，就是他的生存世界以及那个世界的文化传统。沉陷于物质生活之中，"以现实为对象，却不以理性为对象"正是那个时期英国的意识形态。当然，黑格尔本人的哲学被马克思称为对德国的国家哲学和法哲学"最系统、最丰富和最完整的阐述"，也是一种德国意识形态的体现。[②]

再看实用主义哲学，它是一种地地道道的美国意识形态。早期的美国人，除了土著以外，大多是欧洲移民。从古希腊哲学一直延续到近代的欧洲哲学传统，都是通过追求真理去寻找人类生存的意义。而实用主义一反这一传统，从主体的现实功利去理解真理。之所以会发生这种哲学的转向，产生实用主义运动，可以从美国的社会生活和政治生活中找到现实依据。罗素在《西方哲学史》中提到杜威哲学时曾指出：杜威见解的特色同工业主义与集体企业的时代是协调的。这主要是说它适合美国的资本主义。这却惹恼了杜威，他回击罗素，说罗素那种牢固难拔的习癖，几乎要使人把罗素的哲学与英国地主贵族的利益联系起来。[③]事实上，在哲学的斗争中，常常会涉及意识形态。要彻底打倒一种哲学，就从它的根部挖起，这个"根"就是意识形态，它深深地扎在它的文化土壤中。当然，罗素和杜威也许并不是真正在斗争，但一种哲学理论与一种历史文化背景相联系，为什么能使哲学家受到伤害？显然，哲学家似乎都想让人们相信他的哲学理论是真正科学的，而不是受意识形态制约的。哲学家要追求的是哲学的科学性、普遍性和永恒性，竭力要使他的哲学成为超越历史、超越文化、超越阶级、超越国家和民族的永恒真理。为什么要这样？正因为现实不是这样的，我们翻看一下哲学的历史就不难明白这一点。亚里士多德的哲学代表着古希腊中等贵族奴隶主的利益；从康德到黑格尔、费尔巴哈的德国古典哲学，则是18世纪末19世纪初德国资产阶级利益在革命前夕的反映。显然，哲学的意识形态性是一个客观存在，是不以人的主观意志为转移的。

值得注意的是关于哲学的非意识形态化倾向，认为哲学只是智慧之学，主张对哲学进行超脱政治的纯理论研究。这种观点从一个极端割裂了哲学的科学性与意识形态性的关系，是片面和有害的。西方资产阶级的社会学家曾大力宣扬"意识形态终结"的观点，其中，"打倒意识形态"的口号得到了西方哲学家和历史学家、社会学家的响应。他们的目的是否定意识形态的阶级性，尤其是否定社会主义意识形态的阶级性。然而，当"意识形态终结"论调宣扬不久，在西方就出现了"再意识形态"论。不少西方学者和政治

① [德]黑格尔：《哲学史讲演录》（第4卷），贺麟、王太庆译，北京：商务印书馆1997年版，第18页。
②《马克思恩格斯选集》（第1卷），北京：人民出版社1972年版，第8页。
③ [英]罗素：《西方哲学史》（下卷），何兆武、李约瑟译，北京：商务印书馆1997年版，第387页。

活动家不仅承认在现代世界复杂的政治进程中，意识形态具有重要作用，而且还强调，哲学和世界观基础对于资本主义国家政党活动和政府内外政策的重要性和必要性，认为这是确定方向和控制行为的工具。

马克思主义哲学有着鲜明的意识形态立场，它直接代表无产阶级的利益。它并不排除哲学的科学性，事实上，马克思主义哲学正是建立在科学思维基础之上的。纵观哲学发展的历史，只有马克思主义哲学将科学性和意识形态性统一起来，使之成为集科学与人文之大成的完善的哲学体系。马克思在《〈黑格尔法哲学批判〉导言》中有句名言："哲学把无产阶级当作自己的物质武器，同样，无产阶级把哲学当作自己的精神武器。"[①]这里说的是哲学的阶级性，它与意识形态是相通的。因此，坚持以马克思主义的立场观点看问题，是我们旗帜鲜明的意识形态立场。

（三）其他属性

哲学的基本属性还可以从科学性、时代性、民族性、永恒性、批判性等方面来认识。科学性是指哲学遵循思维的规律，思维规律是思维正确认识世界、反映世界所遵循的规律，具有真实性、客观性、普遍性等特点。时代性指现实存在（而不是想象出来）的哲学都属于特定时代的特殊哲学。马克思曾说过，"任何真正的哲学都是自己时代精神的精华"[②]。黑格尔也说，"哲学是思想中所把握到的时代"，并指出"妄想一种哲学可以超出它那个时代"是愚蠢的[③]。哲学始终"在路上"。民族性是说哲学总是属于某一特定民族的，没有超越特定民族的"一般哲学"的样本。永恒性指哲学所要探究的终极原因及追求的终极价值，具有永恒的意义。批判性是说哲学具有不断创新和自我更新的内在动力，它总是在否定旧的观念，通过批判和反思，创立新的学说。当然，哲学的本质属性也不止这些，本质属性也不是一成不变的。随着实践的发展和认识的深入，还会揭示出更多的本质属性。

三、哲学的基本问题

哲学的基本问题是哲学全部内容中最核心和最本质的问题，体现着人类认识世界的深度和广度，是贯穿哲学始终的主题。作为世界观的理论体系，哲学涉及的问题十分广泛，而对其基本问题的探讨则占据着统领一切的地位。黑格尔在对欧洲哲学发展的历史做了详尽考察的基础上指出，"哲学给自身规定了这样的任务：即把哲学的基本观念，思维与存在的统一作为对象，并加以掌握"[④]，"（思维与存在的对立）是哲学的起点，这个起点构成哲学的全部意义"[⑤]。恩格斯认为："全部哲学，特别是近代哲学的重大的基本问题，是思维和存在的关系问题。"[⑥]思维和存在的关系问题构成了哲学的基本

①《马克思恩格斯文集》（第1卷），北京：人民出版社2009年版，第17页。
②《马克思恩格斯全集》（第1卷），北京：人民出版社1956年版，第121页。
③ [德]黑格尔：《法哲学原理》，范扬、张企泰译，北京：商务印书馆1961年版，第12页。
④ [德]黑格尔：《哲学史讲演录》（第4卷），贺麟、王太庆译，北京：商务印书馆1997年版，第240页。
⑤ [德]黑格尔：《哲学史讲演录》（第3卷），贺麟、王太庆译，北京：商务印书馆1983年版，第325页。
⑥《马克思恩格斯选集》（第4卷），北京：人民出版社1995年版，第223页。

问题，包括相互联系的两个方面。

第一，思维和存在或精神和物质，何为世界的本原，哪个是第一性的问题。这是哲学基本问题的最重要方面。哲学史上称为本体论问题。对此问题的不同回答，是划分唯物主义和唯心主义两大哲学派别的根本标准。主张世界的本质是物质，坚持物质第一性、精神第二性，物质决定精神，属于唯物主义派别；主张世界的本质是精神，坚持精神第一性、物质第二性，认为精神决定物质，属于唯心主义派别。

第二，思维能否反映存在，世界是否可知，思维和存在、精神和物质之间有没有同一性的问题，哲学史上称之为认识论问题。恩格斯认为，“思维和存在的关系问题还有另一个方面：我们关于我们周围世界的思想与这个世界本身的关系是怎样的？我们的思维能不能在我们关于现实世界的表象和概念中正确地反映现实？用哲学的语言来说，这个问题叫做思维和存在的同一性问题”①。对此问题所作的不同回答，是划分可知论和不可知论的标准。

任何时代、任何历史文化背景下的哲学家在研究哲学问题时，都无法回避哲学的基本问题。这个问题涉及哲学家对世界的根本看法，是思考一切问题、构建一切哲学体系的根本基础和出发点。对哲学基本问题的立场、观点和价值取向，决定了哲学家思考其他问题的视野和方法，影响和制约着他们对各种具体问题的看法。所有的哲学家都会在他们的观念体系中对这个问题作出直接的或间接的回答。

四、哲学与其他学科的关系及其分支学科

早在古希腊时期，哲学和其他学科是融为一体的。哲学更多地被当作“知识的总汇”。科学以未分化的形态蕴含在哲学母体之中，如亚里士多德就是一位“百科全书式的伟大学者”。随着人们对外部世界的认识日益精确化、系统化，各种具体科学纷纷从哲学母体中独立出去，形成了自然科学、人文社会科学等众多学科的分立。

哲学是自然科学、社会科学和思维科学的概括与总结。一般而言，无论自然科学还是社会科学、思维科学，都是以自然界和人类社会的某一领域、某一方面为对象的，揭示的只是在某个范围内起作用的特殊规律。而哲学研究的是包括自然界、人类社会以及人的思维等在内的整个世界的根本问题和最普遍、最一般的规律。当然，哲学与诸多具体学科的区别不仅体现为研究对象的普遍性与特殊性的问题，还体现为一种研究层次上的不同。任何一门具体学科，甚至全部学科的总和，都不能替代哲学。科学赋予我们知识，只有哲学才能赋予我们智慧。知识与智慧的区别在于，知识是确定的，是有一定具体内容的认识成果；而智慧则是以对各种具体知识进行概括、总结和再思考的方式来把握世界的本质和一般规律的。哲学的思维方式具有思辨性、抽象性、不确定性。科学的思维方式则具有实证性、具体性、确定性。

任何一门具体学科中都存在着哲学问题。各门具体学科中的深层理念、原则、信条都是哲学所要研究的。由此形成哲学的各种表现形态，如政治哲学、经济哲学、法哲学、文化哲学、科学哲学等。那种将哲学与其他具体学科相并列的做法是不对的。相反，就

①《马克思恩格斯选集》（第4卷），北京：人民出版社1995年版，第221页。

像马克思和恩格斯曾指出的，哲学没有任何的单独存在的权利，而是渗透在一切具体科学之中，相互贯通，形成一个相互联系的知识总体。我们当今面临的问题都是综合性的，需要各个学科和各类专业人士合作才能解决。其中，哲学的作用是最根本的、最不可或缺的。就像劳厄所认为的，“整个科学都必须围绕哲学来活动，把哲学看成是它们共同的中心，把对哲学作出的贡献看成是整个科学的宗旨所在。这样，也唯有这样，面对科学的不断专门化，科学文化的统一性才能保持下去。因为倘若没有这种统一性，整个文化价值就要崩溃”①。当然，哲学也不是凌驾于一切具体科学之上的“科学之科学”。一方面，哲学总是植根于具体科学的土壤之中，它的发展依赖于具体科学所提供的新的知识源泉。另一方面，各种具体科学的发展也离不开哲学，哲学给各种具体科学以世界观和方法论的指导。它们在发展中相互联系、相互促进、相互贯通，交织汇合成人类认识真理的长河。

哲学的主要分支学科如下。

（一）伦理学

伦理学是一门关于道德问题的科学，它把人类社会的道德现象作为研究对象。伦理学所研究的主要内容，涉及道德的本质、道德的起源和发展、道德的功能、道德与意识形态的关系、道德原则、道德规范、道德范畴、道德评价等问题。这些问题传统上都属于哲学思考的范畴。“道德”与“伦理”两个概念基本意义相似，但伦理的含义比道德更深一层。道德是伦理学的研究对象，而伦理学则是道德的理论化和系统化。伦理学既要研究整个社会的道德关系，又要研究个人的道德品质和道德行为。伦理学的内容体系，大致包括四个基本方面：①伦理学的基本知识、基本原理，主要包括中西伦理思想的演变、产生、发展以及彼此之间的关系；②社会道德；③个体道德；④道德规范和道德建设。

中国哲学史在很大程度上可称为一部伦理思想史。中国是世界上富于伦理研究传统的国家，也是一个伦理道德观念较为深厚的国家。西方伦理思想从古希腊、古罗马到现代，各种伦理学说从体系结构上看，大致可分为三类：第一，实践的或规范的伦理学。重视伦理学的实际应用，往往分离出一些具体的应用伦理学。第二，理论的或纯粹的伦理学。重视探讨道德理论，往往和哲学本体论交织在一起，认为伦理学就是对善恶所做的纯哲学的思辨。第三，分析的伦理学。这是 20 世纪以来在英美颇为流行的伦理学，即元伦理学。试图从逻辑和语言学方面对道德概念和判断进行分析。

马克思主义伦理学建立在历史唯物主义基础上。马克思在《关于费尔巴哈的提纲》中，针对那种把人的本质看作抽象的人的本性的理论，明确地指出：“人的本质不是单个人所固有的抽象物。在其现实性上，它是一切社会关系的总和。”道德不再是凌驾于整个社会之上的东西，而是由经济基础所决定的上层建筑和意识形态的一部分。历史上各种道德的发展和更替，归根结底都是根据经济基础的变化而变化的。因而道德本身也是一种有规律的社会现象。马克思主义伦理学认为在阶级社会中道德具有阶级性，任何

① 转引自赵鑫珊：《科学·艺术·哲学断想》，北京：生活·读书·新知三联书店 1985 年版，第 83 页。

道德都不是抽象的、超时代的，而是历史的、具体的。一切阶级道德都是为一定的阶级利益服务的。人类生活的道德实践在伦理学理论中具有重要意义。全部道德理论都不可能从人们的头脑中突然产生。它只能从人们的道德实践活动中，从人和人之间的现实关系中概括和总结出来。同时还需由实践检验并随着人类社会实践的发展而发展。伦理学不仅传授道德知识，更重要的是还使人们身体力行。

（二）美学

美学是研究美的科学。关于美学的研究对象有几种不同的观点。

一是认为美学是“美的哲学”，研究的对象是美和美的规律。人类的审美活动并不仅限于艺术，因为艺术将自然美排除在外。美的哲学应包括一切美的领域。

二是视美学为“艺术哲学”，其研究对象是艺术。如黑格尔就认为美学是研究艺术的美，可称作“美的艺术的哲学”。自然美被排除在外。[①]

三是认为美学是研究审美经验与人类的审美心理的科学。主张以审美经验为研究中心来研究美与艺术，这种观点显然是受19世纪以来西方实验心理学与心理美学影响的产物。

四是将人对现实的审美关系视为美学的研究对象。这种观点建立在马克思主义实践理论基础上，人的审美意识与艺术活动是在满足了基本的生存需要之基础上发展起来的。

在我们看来，美的本质、审美体验、美的创造（包括了艺术）、人与世界的审美关系都是美学研究的对象。美的本质、审美意识与审美对象的关系问题是美学的基本问题，这是哲学基本问题在美学中的具体表现。美学是哲学性质的科学，是作为人们世界观组成部分的审美观、艺术观的系统化和理论化的学说。这并不等于说哲学的一般原理可以代替美学的原理。哲学以整个客观世界作为它的对象，研究自然、社会和人类思维的最一般规律，而美学研究的是人类社会精神文化现象的某种特殊规律。哲学为美学提供世界观和方法论，美学的研究则丰富了哲学的内容。

美学研究领域大致分为三块：一是从理论的角度研究美学，就是理论美学，或称基础美学；二是美学史，研究中外美学思想、理论发展的历史等；三是实用美学，即从应用的角度研究美学，如建筑美学、园林美学、工艺美学等。

（三）逻辑学

逻辑学是关于思维形式及其规律的科学。“逻辑”一词，是英文logic一词的音译（严复译），源于希腊文logos，意为思想、思维、理性、语言等。逻辑学通常包括形式逻辑、辩证逻辑和数理逻辑。

形式逻辑是关于思维形式的科学，研究概念、判断、推理及其相互联系的规律。形式逻辑在研究概念、判断、推理及其关系时，撇开具体的、个别的思维内容，而专注于形式结构方面。它告诉人们如何正确地使用概念、判断、推理，才能使思维具有确定性、一贯性和论证性，从而能够正确地进行表达和交流。形式逻辑的基本规律有同一律、矛盾律和排中律。违反这些规律就会造成思想混乱。中国古代的《墨经》和《荀子·正名》

① [德]黑格尔：《美学》（第1卷），朱光潜译，北京：商务印书馆1997年版，第3-4页。

所代表的“名辩之学”和古印度的“因明”都是形式逻辑的古典形态。今天我们所遵循的逻辑体系是由亚里士多德创立的。亚里士多德在《工具论》和《形而上学》等著作中，系统论述了形式逻辑的基本原理，建立了三段论系统。18 世纪康德最先使用“形式逻辑”这个概念。

辩证逻辑研究反映客观世界的辩证发展过程中的人类思维形态。它不是关于思维的外在形式的学说，而是关于世界的全部具体内容及对它的认识的发展规律的学说，即对世界的认识的历史的总计、总和、结论。辩证逻辑的对象不只是思维本身，而是与客观世界相联系的、充满了概括内容的思维形式和思维规律。辩证逻辑体系的建立较晚。辩证思维的形式、规律和方法在中国的先秦哲学和古希腊哲学中都有一定的研究，但直到 19 世纪初，才由黑格尔将之系统化。我们今天所说的辩证逻辑，则是在马克思恩格斯对黑格尔的辩证法进行改造的基础上形成的。

数理逻辑比形式逻辑产生的时间要晚。最早将形式逻辑与数学联系起来进行系统研究的是 17 世纪德国哲学家兼数学家莱布尼茨，形式逻辑与数学的结合即是在形式逻辑中运用数学方法，又对数学基础进行逻辑分析。现代数理逻辑的基本特征是形式化，形式化实质上就是一个算法，即一个可以机械地实现的过程，用于将概念、断言、事实、规则、推演乃至整个被描述系统表述得严密、精确而又无须任何专门的知识即可被毫无歧义地感知。形式化方法和形式系统对计算机科学技术的发展产生了巨大的影响，从图灵机（Turing machine）的诞生到今天的数码技术所取得的成就，都是依赖于数理逻辑的应用。

（四）宗教学

宗教学就是以宗教为研究对象的社会科学，主要研究宗教的产生和存在的根源，以及宗教发生、发展的过程及其规律，还有宗教的社会表现形态和社会作用等。宗教学按其研究方法，可分为描述性研究和规范性研究两大类。前者用描述方法进行研究，对宗教采取价值中立态度，侧重于宗教的历史性和结构性描述；后者用规范方法进行研究，不回避对宗教的价值判断，侧重于宗教的体验、命题和信念等的真实性和可接受性。

19 世纪牛津大学教授麦克斯·缪勒（Max Muller）最早提出“宗教学”概念。他于 1870 年在英国皇家学会作的题为“宗教学导论”的系列学术演讲最初发表在杂志上，1873 年编辑成册。西方宗教学者一般把缪勒视作宗教学的奠基人。宗教学于 19 世纪以后发展成为一门独立的学科。

西方古代和中世纪对宗教的研究主要从两个方面看，一方面是无神论者对宗教的批判，另一方面是统治阶级、神学家和虔诚的信仰者对宗教的传承和弘扬。近现代以来，文艺复兴、启蒙运动以及人类社会的巨大变革（三次科技革命，尤其是第三次科技革命），使宗教学日益成为科学理念指导下的研究领域。这一研究的突出特点是比较研究在宗教学中的应用，出现了“比较宗教学”。不同于中世纪以前神学研究的最突出的特点就是，对世界各地不同地区、不同民族的宗教研究，如对大洋洲土著的原始宗教、美洲印第安人的史前宗教，以及东方各国如古埃及、古巴比伦、伊朗、印度等国的古代宗教的研究等。这个领域的研究其后的发展，伸展和延伸到人类学领域。

第二节　西方哲学经典命题择要

哲学命题常常是一个哲学体系的核心。在西方哲学史上产生了重大影响的哲学命题很多，正如黑格尔在《哲学史讲演录》导言中所说："哲学史所昭示给我们的，是一系列的高尚的心灵，是许多理性思维的英雄们的展览，他们凭借理性的力量深入事物、自然和心灵的本质——深入上帝的本质，并且为我们赢得最高的珍宝，理性知识的珍宝。"[①]哲学命题和哲学范畴也就是黑格尔所说的那些理性知识的珍宝，透过这些命题可以窥见人类理性思维所走过的路径。即使在今天，每当有了重大的科学发现和思想突破之时，人们也总会想起并从更高的层次上回顾那些具有永恒意义的哲学命题，也就是说，最新的发现往往是起始点的延伸与拓展。以下的经典命题节选自哲学史上的几个重要时期，哲学沦为神学婢女的中世纪难得见到思想的巨人出世，值得保存并让人频频回顾的东西不多，这一页就姑且翻过。

一、古希腊哲学

"言必称希腊"这个说法常常带有某种贬义，似乎在批评某些人的食古不化。然而，为什么"言必称希腊"？按照黑格尔的说法，希腊是人类的"精神家园"，走进去了才知道。

（一）泰勒斯：水是万物的本原

米利都学派创始人泰勒斯（Thales，约公元前624—前546）开创了科学分析与哲学认识世界的新纪元，被尊为"希腊七贤"[②]之首。黑格尔肯定了泰勒斯关于"水是万物的本原"的哲学命题，并指出哲学是从这个命题开始的。他说："水—— 一种有单纯的普遍性或一般的流动性的东西。""流动性的概念就是生命。""水被了解为普遍的本质。"所以，"说出这个不生不灭常存不变的本体是勇敢的"。"什么地方普遍者被认作无所不包的存在，或什么地方存在者在普遍的方式下被把握或思想之思想出现时，则哲学便从那里开始。"[③]罗素也说，"哲学是从泰勒斯开始的"[④]。泰勒斯是位沉默而爱好深思的哲学家，他在观察和分析自然现象的基础上，试图对整个世界作出概括。泰勒斯没有写过什么哲学著作，只留下一些格言式的教导。他认为天地像一个圆筒或圆盘浮于水上，天上也是水，万物生于水又归于水，水是不变的本体。之所以如此主张，是因为他在致力于从千差万别的自然现象中探寻宇宙总根源的过程中，发觉"水是最好的"。

① [德]黑格尔：《哲学史讲演录》（第1卷），贺麟、王太庆译，北京：商务印书馆1983年版，第7页。

② 希腊七贤为古希腊七位著名人物的统称。有两个版本，一说是米利都的泰勒斯、雅典的梭伦、密提利那的庇达卡斯（Pittakos，也译为庇塔库斯）、林都斯的克利奥布拉斯（Kleoboulos，也译为克莱俄希卢）、科林斯的柏立安得（Periandros，也译为佩里安德）、普林纳（小亚细亚）的拜阿斯（Biass，也译为毕阿斯）、斯巴达的开伦（Chilon，也译为奇伦），他们大都生活在公元前620～前548年；另一说为泰勒斯、毕达格拉斯、苏格拉底、柏拉图、亚里士多德、欧几里得、阿基米德。无论哪种说法，泰勒斯都在其列。

③ [德]黑格尔：《哲学史讲演录》（第1卷），贺麟、王太庆译，北京：商务印书馆1959年版，第93、184、186页。

④ [英]罗素：《西方哲学史》（上卷），何兆武、李约瑟译，北京：商务印书馆1997年版，第24页。

有人说，这可能与希腊处于茫茫无际的海洋有关；亚里士多德则推测说：“可能是由于万物的种子都有潮湿的本性，而水则是潮湿本性的来源。”[①]此外泰勒斯也可能受到古代神话的影响，因为古希腊神话认为海洋之神奥克安诺创造了万物，古埃及和古巴比伦的神话也认为万物皆由水产生。恩格斯对泰勒斯如此评价：“在这里已经完全是一种原始的、自发的唯物主义了，它在自己的萌芽时期就十分自然地把自然现象的无限多样性的统一看作不言而喻的，并且在某种具有固定形态的东西中，在某种特殊的东西中去寻找这个统一，比如泰勒斯就在水中去寻找。”[②]当然，这也会让人自然而然地想到中国古代的哲人关于“水”的说法，如公元前六百多年前的管仲说：“水者，何也？万物之本原也，诸生之宗室也。”[③]还有老子的“上善若水”和孔子的“知者乐水”等。可以说关于“水是万物的本原”这一命题，是人类思维从个别中探寻一般的最早尝试，在古希腊，它扬起了理性的第一面旗帜，自此，相信理性可以洞见和把握世界的本原就成为古希腊早期哲学的纯朴信念。这表明人类的智慧开始除去神话的迷雾，透射出理性思维之光。对于人类由巫性文化向理性文化的转型具有重大的历史意义。

（二）赫拉克利特：人不能两次踏进同一条河流

赫拉克利特（Heraclitus，约公元前 540—前 470 年）继承了米利都学派的传统，从有形的感性事物中去寻找万物的本原。他说：“这个世界，对于一切存在物都是一样的，它不是任何神所创造的，也不是任何人所创造的；它过去、现在、未来永远是一团永恒的活火，在一定的分寸上燃烧，在一定的分寸上熄灭。”[④]这是赫拉克利特对世界的本原及其存在状态的生动说明。对早已为人熟知的“人不能两次踏进同一条河流”的命题，黑格尔指出在赫拉克利特那里，哲学的理念第一次以它的思辨形式出现，我们发现了有，也发现了无。不仅发生属于变，而且消灭也属于变。“有”与“无”二者不是孤立的，而是同一的，互为存在的条件，没有“无”，也就没有“有”，反之亦然。人们能认识到：有与无都只是没有真理的抽象物，第一个真理只是变——这是人们在认识方面所得到的一个伟大的洞见。[⑤]赫拉克利特辩证法思想的箴言式表达和老子的思想有着很多相同之处，老子的名言“有无相生”“圣人执一为天下牧”“天下万物生于有，有生于无”，也同样是深刻而伟大的洞见。有趣的是，老子（公元前 571 年）比赫拉克利特（公元前 540 年）年长 30 岁左右。后人有个说法：赫拉克利特是希腊的老子，老子是中国的赫拉克利特。

（三）毕达哥拉斯：数是万物的本原

毕达哥拉斯（Pythagoras，约公元前 580—前 500 年）认为数是最智慧的，提出“数是万物的本原”的命题，使人类的思维方法前进了一步，这也正是真正的哲学与科学产

---

① 参见北京大学西方哲学史教研室编译：《西方哲学原著选读》（上册），北京：商务印书馆 1982 年版，第 16 页。

②《马克思恩格斯全集》（第 20 卷），北京：人民出版社 1971 年版，第 525 页。

③《管子 · 水地》。

④ 北京大学西方哲学史教研室编译：《西方哲学原著选读》（上册），北京：商务印书馆 1982 年版，第 21 页。

⑤ [德]黑格尔：《哲学史讲演录》（第 1 卷），贺麟、王太庆译，北京：商务印书馆 1983 年版，第 295 页。

生的必要的主观条件。毕达哥拉斯学派的宗旨是：万物皆数，即数是宇宙的本原。凡物莫不有数，数是最有智慧的。在他们看来，片面强调感官经验的哲学家只是材料的奴隶，不可能使材料上升到理论的高度，使自己对事物有深远的认识。只有纯粹的数学家才是那秩序井然的绚丽世界的创造者。数，给世界以秩序，给事物以量的规定，并使人们对世界的万事万物的认识日益精确化。他们认为，既然一切事物都有量的属性，那么一切事物都可以计数。数较水、火、气更具有普遍性。由此出发，他把作为具体事物量的规定性的“数”与具体事物分割开来，加以绝对化、神秘化，提出“数是一切事物的本原”，数目本身则先于自然界中的一切其他事物，是万物的本原。数决定事物，数产生万物，构成世界。从本质意义来说，他的哲学实现了实在论哲学到理智哲学的过渡。

（四）巴门尼德：思想和存在是同一的

爱利亚学派的创始人巴门尼德（Parmenides of Elea，约公元前515—前5世纪中叶以后）是前苏格拉底哲学家中最有代表性的人物之一。他在欧洲哲学史上第一次正式提出“存在”这个哲学范畴。他通过对其他本原概念的理性分析，发现了“存在”的一系列基本特性——唯一、不动、永恒等。巴门尼德把“存在”看成宇宙最真实的东西，也就是把运动、变化看作“非存在”，是不真实的东西，从而否认了物质世界的客观实在性。所以其“存在”是一个无任何具体属性的空洞抽象。正是在此意义上，他提出了“思想和存在是同一的”这个哲学命题，意思是说：人们易变的感觉同不断生灭的现实世界（非存在）是一致的；人们的思想和不生不灭的存在也是一致的。用思想去认识存在，就能达到真理，这是真理之路；而用感觉去认识存在，或用思想去认识非存在，则只能使理智误入歧途。[①]巴门尼德的存在论哲学成为之后柏拉图客观唯心主义的主要理论来源之一，其学说和论证方法从一个方面反映了人类理论思维和认识所达到的水平，特别是他提出的“存在”这个哲学范畴，成为之后哲学研究的基本问题。所以巴门尼德哲学的出现是古希腊哲学史上的一个伟大转折和质的飞跃，作为人类认识发展的一个环节，在哲学史上是占有一定地位的。

（五）德谟克利特：一切事物的本原是原子和虚空

德谟克利特（Demokritos，公元前460—前370年）出生于色雷斯的阿布德拉城的一个富商家庭。他曾四处游历，接受了古代东方文化，一生蔑视财富和名望，醉心研究学问。他的著作几乎涉及知识的各个领域。他一生写了52种书，内容涉及哲学、逻辑、数学、天文、生物、医学、伦理、教育以及文学艺术等方面。德谟克利特提出一切事物的本原是原子和虚空[②]，这是对科学的物质和空间概念的一种有价值的探索。按照罗素的说法，德谟克利特是一个彻底的唯物主义者，他把灵魂看作是由原子组成的，思想也是物理的过程。他如此评价：“德谟克利特——至少我的意见如此——是避免了后来曾经

① 北京大学哲学系外国哲学史教研室编译：《古希腊罗马哲学》，北京：商务印书馆1961年版，第53页。

② 北京大学西方哲学史教研室编译：《西方哲学原著选读》（上册），北京：商务印书馆1982年版，第47页。

损害过所有古代和中世纪思想的那种错误的最后一个哲学家。”他对德谟克利特之后出现的那种沉醉于纯粹思维的世界而否定感性世界所持的态度由此可见一斑。[①]马克思、恩格斯称德谟克利特为“经验的自然科学家和希腊人中第一个百科全书式的学者”[②]。原子论是对科学的“物质”和空间概念的一种有价值的探索，在哲学史上有重大意义，对后来的科学发展也具有重要的价值。

（六）普罗泰戈拉：人是万物的尺度

智者派著名代表人物普罗泰戈拉（Protagoras，公元前481—前411年）继承了赫拉克利特万物皆变的“流动哲学”思想，认为一切事物都在运动和变化之中。他是一个深刻的、彻底的思想家，一位对那些十分普遍的根本规定有所思考的哲学家。他这样表述他的认识中的主要命题：“人是万物的尺度；合乎这个尺度的就是存在的，不合乎这个尺度的就是不存在的。”[③]黑格尔将之看作一个伟大的命题，它一方面把思维认作被规定的东西、有内容的东西，而另一方面思维也同样是能规定、能提供内容的东西；这个普遍的规定就是尺度，就是衡量一切事物价值的准绳。黑格尔认为，普罗泰戈拉宣称人是这个尺度，就其真正的意义说，这是一句伟大的话，但就其坏的意义上说，这句话也会带来歧义，因为人是有差别的，个人的意见若作为衡量事物的标准会带来什么样的结果是可想而知的。但他毕竟“说出了一个伟大的命题，从现在起，一切都是围绕着这个命题旋转。哲学的向前进步的意义即在于表明：理性是一切事物的目的；哲学的这种进步给了这个命题以解释。它更表现出一个非常显著的转变，就是一切内容、一切客观的东西，只是在与意识的关联中存在；因此思维在一切真理中被宣布为基本环节；因此绝对采取了思维着的主观性的形式，这一形式特别在苏格拉底那里突出地表现出来”[③]。普罗泰戈拉提出的这一命题对后来康德发动哲学上的“哥白尼革命”也产生了很大影响。

（七）苏格拉底：美德就是知识

苏格拉底（Socrates，公元前469—前399年）是哲学史上极为重要的人物，是具有世界史意义的人物，也是饶有趣味的人物。黑格尔说：“他是精神本身的一个主要转折点；这个转折点是在他身上以思想的方式表现出来的。”[④]关于苏格拉底的话题可以涉及很多方面，如苏格拉底思想、苏格拉底方法、苏格拉底教育、苏格拉底的智慧和美德等，这里只就他的学问围绕的一个核心命题——美德就是知识来谈。他十分重视“善”的概念，亦即关于善的知识，认为知识从本质上来说是至善的。他说：“如果知识包括了一切的善，那么我们认为美德即知识就将是对的。”[⑤]这样，他把全部知识的内容集中到一个命题：美德就是知识。黑格尔指出，像神、善、公正等属于情感和表象的内容之所以能成为精神性的东西，乃是通过思维而成立的，就是说是通过一种中介而被推动、

① [英]罗素：《西方哲学史》（上卷），何兆武、李约瑟译，北京：商务印书馆1997年版，第97-106页。

②《马克思恩格斯全集》（第3卷），北京：人民出版社1960年版，第146页。

③ [德]黑格尔：《哲学史讲演录》（第2卷），贺麟、王太庆译，北京：商务印书馆1997年版，第28页。

④ [德]黑格尔：《哲学史讲演录》（第2卷），贺麟、王太庆译，北京：商务印书馆1997年版，第42页。

⑤ 北京大学哲学系外国哲学史教研室编译：《古希腊罗马哲学》，北京：商务印书馆1961年版，第164页。

被唤起的。动物没有宗教但有感觉，精神的东西只属于思维，只属于人。苏格拉底最初只是从实践的特殊意义上了解善，即凡是对我的行为有实质意义的东西，我就必须对它关心。柏拉图和亚里士多德则从更高的意义来了解善：善是普遍的，不仅是为我的；而苏格拉底所谓善仅是理念的一种形式、方式，是一种表现意志的理念。因此在古代哲学史中，苏格拉底的特殊贡献就在于他建立了一个新的概念，亦即他把伦理学加进了哲学，而过去哲学是只考察自然的。由此来看，“苏格拉底的学说是地道的道德学说”[①]。道德是需要反思的，即意识复归于自己，人必须从自身去寻找他的价值、目的、意义，必须通过自己达到真理。这就意味着要克服偶然性、任意性、特殊性，通过思维而达到真理。苏格拉底毕生探讨的就是关于永恒不变的美德的知识，他认为哲学研究的对象只能是人自身的心灵，即灵魂，它是独立于肉体而存在的，肉体是灵魂的“坟墓”，是探求知识与增进智慧的障碍。他否定感官在认识中的作用，认为只有避免和身体接触，用“灵魂的眼睛”才能和知识密切接近。真正的知识只能是靠理性得到的永恒不变的一般概念，唯有一般概念才是真实的东西。他留下的“遗产”在他的学生柏拉图手里被发展成了一套唯心主义的理念论。

（八）柏拉图：认识就是回忆

柏拉图（Plato，约公元前427—前347年）是雅典人，出身贵族世家。他深受苏格拉底的影响，一生追求“正义”的目标。柏拉图被认为是世界上所有伟大思想家中最博学多识的人，大凡人类感兴趣的话题，以及今天依然为人们所热衷谈论的话题，如女权主义、共产主义、人类学、人口与优生学、教育学、言论自由等，甚至还有尼采、卢梭、柏格森、弗洛伊德等所关注的哲学问题，在他不朽的著作——《柏拉图对话录》中都已做过探讨，所有的探讨都围绕着一个核心的主题——确立人类的正义。罗素说柏拉图的哲学中最重要的东西，第一是他的乌托邦，第二是他的理念论，第三是关于灵魂不朽的论证，第四是他的宇宙起源论，第五是把知识看成回忆而不是知觉的那种知识观。[②]“回忆说”在柏拉图哲学中占有重要地位，他认为知识不是后天获得的，也不是从灵魂中自发产生的，而是灵魂固有的，或者说，先天地存在于灵魂之中，但处在潜在状态，宛如在梦境中一般。学习的作用在于触动、提示或唤醒知识，使之明白地昭示于灵魂。[③]可以这样来理解这些话：灵魂有无意识和意识两种状态，无意识之中蕴含着意识的内容，意识活动是对无意识内容的自觉与反思。“回忆说”的主要作用在于：第一，为苏格拉底方法提供了理念论的论证，这种方法之所以能像助产婆那样在灵魂内部诱导出真理，原因在于灵魂回忆起既有的知识，在于灵魂与理念领域的相通。第二，回答了生活在可感世界的人何以能够认识理念的诘难。“人何以能够认识理念”是《巴门尼德篇》提出的诸诘难中给理念论造成“最大的困难”的诘难。“回忆说”依据“同类相知”的认识论原则作出答复：灵魂来自理念领域，他所拥有的知识是对于理念的把握，人类知识是灵魂对过去经历的回忆。第三，论证了灵魂不朽。西方伦理学有把灵魂

① [德]黑格尔：《哲学史讲演录》（第2卷），贺麟、王太庆译，北京：商务印书馆1997年版，第42页。
② [英]罗素：《西方哲学史》（上卷），何兆武、李约瑟译，北京：商务印书馆1997年版，第143页。
③ [古希腊]柏拉图：《柏拉图对话录》，张秀章、解灵芝选编，长春：吉林人民出版社2003年版，第13-42页。

不朽说作为道德生活必要前提的传统，柏拉图的轮回说可以说是这一传统之先河。[①]

（九）亚里士多德：人在本性上是求知的

古希腊哲学的集大成者亚里士多德被誉为“千古第一哲人”，他学问渊博，一生写下很多传世名作，如《形而上学》《工具论》《逻辑学》《政治学》《修辞学》《诗学》《物理学》等，涉及哲学、逻辑学、心理学、伦理学、政治学、历史学、生理学、美学、物理学、动物学、植物学、医学等众多学科。他是生物学、形式逻辑和政治学的创始人。他在《形而上学》开篇即指出：“求知是人类的本性”，“探索哲理只是为想脱出愚蠢，显然，他们为求知而从事学术，并无任何实用的目的。这个可由事实为之证明：这类学术研究的开始，都在人生的必需品以及使人快乐安适的种种事物几乎都获得了以后。这样，显然，我们不为任何其他利益而找寻智慧；只因人本自由，为自己的生存而生存，不为别人的生存而生存，所以我们认取哲学为唯一的自由学术而深加探索，这正是为学术自身而成立的唯一学术”[②]。亚里士多德反对其老师柏拉图的观点，提出两个重要观点：第一个观点是，认为个别先于一般，存在先于思维。第二个观点是，认为一般的东西只能在个别的东西中存在，在个别的东西之外不存在所谓一般的东西。个别在先且独立存在，一般在后且不能独立存在，表明了其鲜明的唯物主义倾向。恩格斯称他是天生的自发的辩证论者，是古代世界的黑格尔，是古代希腊哲学家中最博学的人；马克思称他是古代最伟大的思想家。

（十）伊壁鸠鲁：快乐是幸福生活的开始和目的

伊壁鸠鲁生活的时代，希腊的政治生活和伦理风俗已经没落，而后来罗马帝国统治下人们对当时的现实也不能满意，于是人们开始回到自己的内心，在那里寻找道义和伦理生活，寻找一般生活中已经不复存在的那些东西。与伊壁鸠鲁同时期的斯多葛主义把作为思维对象存在的——概念看作真实的东西，而伊壁鸠鲁则把感觉到的东西，把以个体的形式出现的意识看作本质的东西。他说：“快乐就是有福的生活的开端与归宿”，“如果抽掉了嗜好的快乐，抽掉了爱情的快乐以及听觉与视觉的快乐，我就不知道我还怎么能够想象善”。又说：“一切善的根源都是口腹的快乐：哪怕是智慧与文化也必须推源于此。”[③]公元3世纪以后，他的学说成了基督教的劲敌。中世纪时期，他成了不信上帝、不信天命、不信灵魂不死的同义语。文艺复兴和启蒙运动时期他的思想影响广泛，也直接影响了17～18世纪英、法唯物主义哲学和自然科学。他的社会契约说是近代社会契约论的直接先驱，而他的伦理思想则对英国的边沁、密尔等的功利主义思想产生了重要影响。

二、近代哲学

近代哲学（从15世纪中期至19世纪40年代）是从封建主义到资本主义的过渡时

① 赵敦华：《西方哲学简史》，北京：北京大学出版社2001年版，第55页。
② [古希腊]亚里士多德：《形而上学》，吴寿彭译，北京：北京出版社1991年版，第5页。
③ [英]罗素：《西方哲学史》（上卷），何兆武、李约瑟译，北京：商务印书馆1997年版，第309页。

期和自由资本主义时期的哲学。

（一）培根：知识就是力量

培根是英国著名的唯物主义哲学家和科学家，被尊称为哲学史和科学史上具有划时代意义的人物。马克思称他是“英国唯物主义和整个现代实验科学的真正始祖”。英国哲学史上在他之前的中世纪还有一位叫罗吉尔·培根的哲学家，曾提出过“没有经验，任何东西都不可能充分被认识”[①]的观点，反对空洞烦琐的经院哲学，强调依靠经验和实验获得知识，为自然科学的发展作出了贡献。弗兰西斯·培根的名言是“知识就是力量”。他说：“要命令自然，就要服从自然。”这就是说，人们只有认识了自然的规律才有改造自然的力量，才能获得自由。他还说：“人的知识和人的力量结合为一。”“达到人的力量的道路和达到人的知识的道路是紧挨着的，而且几乎是一样的。”[②]“知识就是力量”这句名言就是从这些话语中总结出来的。培根主张从知识中获取支配自然的力量，只有认识自然，才能改造自然，从而获得自由。这个命题的提出吹响了人类向自然进军的号角，而他为人类认识世界和改造世界提供的新工具，推动了科学事业的发展，改变了人类在地球上的位置，从而使人类居住的地球发生了天翻地覆的变化。

（二）笛卡儿：我思故我在

勒奈·笛卡儿是法国数学家、物理学家、哲学家，近代欧洲哲学的创始人之一。他提出以理性为标准，以“普遍怀疑”为手段，摧毁一切旧哲学和思想观念的基础，建立自己的哲学体系。在他看来怀疑不是目的，而是用以扫除错误的传统偏见的手段。普遍怀疑是他方法论的第一步。他指出：“凡是我从前信以为真的东西，没有一件我不能加几分怀疑；我的怀疑并不是由于漫不经心或轻率，而是有很强的、考虑成熟的理由的。”他认为：当我对一切普遍怀疑时，“我在怀疑”这件事本身是无可怀疑的。而怀疑乃是一种思想状态，因而“我在思想”这是确实无疑的。既然我在思想，那么必然有一个“在想这件事的‘我’”[③]，因为思想必须有思想的承担者——“自我”的存在。经过一番推论之后，他得出结论：“‘我思想，所以我存在’这条真理是这样确实、这样可靠，连怀疑派的任何一种最狂妄的假定都不能使它发生动摇，于是我就立刻断定，我可以毫无疑虑地接受这条真理，把它当作我所研求的哲学的第一条原理。”[④]他说的“我”或“自我”是指脱离物质的“心灵”而非人的身体。他认为“我”这个实体的全部本质或本性只是思想，它并不需要任何地点以存在，也不依赖任何物质性的东西。把心灵看作有一个完全独立于身体的本性，必然得出心灵不死和上帝存在的结论。黑格尔说笛卡儿事实上是近代哲学真正的创始人，因为近代哲学是以思维为原则的。他是一个彻底从头做起、带头重建哲学的基础的英雄人物，哲学在奔波了一千年之后，现在才又回到这个基础上面。笛卡儿对他的时代以及整个哲学文化所起的作用，主要在于他以一种自由、简

① 北京大学西方哲学史教研室编译：《西方哲学原著选读》（上册），北京：商务印书馆 1982 年版，第 287 页。
② 北京大学西方哲学史教研室编译：《西方哲学原著选读》（上册），北京：商务印书馆 1988 年版，345、347 页。
③ 北京大学哲学系外国哲学史教研室编译：《十六—十八世纪西欧各国哲学》，北京：商务印书馆 1975 年版，第 139-181 页。
④ 北京大学哲学系外国哲学史教研室编译：《十六—十八世纪西欧各国哲学》，北京：商务印书馆 1975 年版，148 页。

捷而又通俗的方式，撇开一切假定，从通俗的思想本身出发，从一些十分简单的命题开始，把内容引到思想和广延（即存在）上，给思想树立了它的这个对立面。[①]

（三）斯宾诺莎：一切规定都是否定

斯宾诺莎（Benedictus Spinoza，1632—1677年）是荷兰著名哲学家，也是近代欧洲哲学史上唯物主义唯理论的主要代表。他在哲学上紧接着笛卡儿，保持着非思辨的说法。黑格尔说："斯宾诺莎有一个伟大的命题：一切规定都是一种否定。确定的东西就是有限的东西：对于任何东西，包括思维（与广延相对立）在内，都可以说，这是一个确定的东西，所以自身中包含着否定；它的本质是建立在否定上的。"[②]这个命题中蕴含着深刻的辩证法思想。当说某物是什么时，就意味着否定它是另外的东西，一个肯定的东西自身中就包含了否定，否定是它的本质内容，在这里肯定与否定达到了对立统一。这个命题在黑格尔的辩证法中又得到了进一步发挥。斯宾诺莎关于事物的有限性与实体的无限性的论证，是黑格尔"否定之否定"规律的雏形，在西方哲学史上产生了十分重要的影响。

（四）洛克：绝对权力不能纯洁人们的品质和纠正人性的劣根性

洛克是唯物主义经验论哲学的著名代表，又是一位颇有影响的政治学家、经济学家、教育学家。他博学而多才，对人类社会发展影响最大的是他的政治哲学。他认为绝对权力不能纯洁人们的品质和纠正人性的劣根性，为了防止君主专制，必须实行国家分权。在洛克的整个思想体系中，其认识论思想无疑占有重要地位，但更为精彩的是他的社会契约论和分权理论，因为这些对人类社会发展产生的影响是不可估量的。洛克认为："谁认为绝对权力能纯洁人们的品质和纠正人性的劣根性，只要读一下当代或其他任何时代的历史，就会相信适得其反。"[③]孟德斯鸠说："一切有权力的人都容易滥用权力，这是万古不易的一条经验。有权力的人们，使用权力一直到遇有界限的地方才休止。"[④]正是基于这种人性分析，这些思想家构筑了理想化的权力分立制约与制衡的政治蓝图。洛克的分权理论虽然是在特殊的历史背景下产生的，但它揭示了人类政治实践的一般规律，是包含着普适价值的人类文明成果，直到今天仍然具有重要的意义。[⑤]

（五）莱布尼茨：单子是自然界的真正原子

莱布尼茨，德国哲学家、数学家，他和笛卡儿、斯宾诺莎并列为 17 世纪三位最伟大的理性主义哲学家。莱布尼茨以单子论、微积分和二进制方面的贡献而著称。尤值得关注的一点是，他对中国传统文化有很高的评价，他认为，中国阴阳八卦的模式与他创立的二进制数理符号系统不谋而合。[⑥]"单子是自然界的真正原子"是他在《单子论》

① [德]黑格尔：《哲学史讲演录》（第4卷），贺麟、王太庆译，北京：商务印书馆1997年版，第63页。
② [德]黑格尔：《哲学史讲演录》（第4卷），贺麟、王太庆译，北京：商务印书馆1983年版，第100页。
③ [英]洛克：《政府论》（下篇），叶启芳、瞿菊农译，北京：商务印书馆1981年版，第56页。
④ [法]孟德斯鸠：《论法的精神》（上册），张雁深译，北京：商务印书馆1961年版，第154页。
⑤ 王华编著：《见证永恒：西方哲学经典命题拾零》，济南：山东大学出版社2005年版，207页。
⑥ 陈乐民编著：《莱布尼茨读本》，南京：江苏教育出版社2006年版，第25页。

中提出的命题。按照原子论的看法，世界由原子的“充满”和“虚空”两种状态组成，没有物质“原子”，也就谈不上任何实体。由此可推出“整体”是由“部分”决定的，“部分”先于“整体”。莱布尼茨设想世界应该是充满了无数各自独立、自身不可分割的最基本的“单位”，他称之为“单子”。每个单子都是一个“简单实体”。《单子论》开篇指出了单子的本质特点：①单子不是别的，只是一种组成复合物的单纯实体；单纯，就是没有部分的意思。②既然有复合物，就一定有单纯的实体；因为复合物无非是一群或一堆单纯的东西。③在没有部分的地方，是不可能有广延、形状、可分性的。这些单子就是自然的真正原子，总之，就是事物的元素。单子不会分解，也不会自然地消灭；同理，它也不能自然地产生，或通过组合形成；因此它只能通过创造而产生，通过毁灭而消失。[①]如此一来，只能将创造它和毁灭它的终极原因归结为神。单子还有很多性质和功能，每一个单子具有固有的质的规定性，单子间的区别是质的程度的差别而不是量的大小的差别。单子的无形的特质是它的活动。它好像没有形体的自动机，被称为“隐德来希”（entelechy），即现实性、活动性。从科学的角度来看，“单子”这一概念与近代物理学中的“力”“能量”的概念是有联系的。

按照单子论的观点，自然界没有两个东西完全重复，“在一个花园中找不到两片完全相同的树叶”，这个来自莱布尼茨的说法启迪了很多人。分形理论所讲述的道理，就是世界上没有完全精确地重复的事物。不仅是两片树叶，世界上也没有两片完全相同的雪花，更进一步想：世界上会有两个完全相同的基本粒子吗？

（六）孟德斯鸠：自由是做法律所许可的一切事情的权利

孟德斯鸠是法国启蒙运动的著名思想家、自然神论者，是与伏尔泰、卢梭齐名的启蒙运动的先驱之一，也是资产阶级法学理论的奠基人。他从“法”的思想出发，对封建专制制度进行了无情的揭露和批判，并断言极不平等、极不合理的专制制度注定灭亡，因为它是与自然法赋予人们的自由平等权利相违背的。他主张要按照“永恒正义”的原则来改造社会，并提出了资产阶级的自由、平等观念。他说：“自由是做法律所许可的一切事情的权利”，“平等的真精神的含义并不是每个人都当指挥或者都不受指挥；而是我们服从或指挥同我们平等的人们。这种精神并不是打算不要有主人，而是仅仅要和我们平等的人去当主人”[②]。他耗费了25年时间将他的思想浓缩在《论法的精神》中，在书中提出了“三权分立”学说，因此受到欧洲反动统治阶级和教会的诽谤。这部表达了自由观和平等观的著作，反映了上升时期的资产阶级的要求和愿望。孟德斯鸠提出的命题是在特殊的历史背景下产生的，然而它却超越了时间和空间的界限，在现代依然具有不朽的生命力，是人类精神财富的重要组成部分。

（七）爱尔维修：人是环境的产物

克劳德·阿德里安·爱尔维修（Claude Adrien Helvetius，1715—1771）是18世纪法国唯物主义哲学的主要代表人物之一。马克思和恩格斯指出：“爱尔维修也是以洛克的

---

① 北京大学西方哲学史教研室编译：《西方哲学原著选读》（上册），北京：商务印书馆1982年版，第476-477页。
② [法]孟德斯鸠：《论法的精神》（上册），张雁深译，北京：商务印书馆1961年版，第114、154页。

学说为出发点的，他的唯物主义具有真正法国的性质。爱尔维修也随即把他的唯物主义运用到社会生活方面。”[①]爱尔维修认为人不像笛卡儿所说的那样有什么特殊的精神性的灵魂，而是和动物一样是一种有机体。他从唯物主义感觉论出发，把人的精神、才智和道德状况等都归结为后天获得的，是由环境造成的，根本不存在“天赋观念”，由此而提出“人是环境的产物”命题。在他看来，人的智力和品德天生都一样，人都是自然的产物，具有同样的身体结构，都有肉体的感受性，也都具有认识事物的同等能力。因此“人生而无知，并非生而愚蠢”[②]。要让人变愚蠢和让人变聪明同样要费很多的工夫。由此可推想，从某种程度上说，教育也并非总能提供正能量，让所有人都变成同样的人的教育，就是让人变愚蠢的教育。他指出，在文明民族中，如果愚蠢是人们的共同状态的话，那也是后天造成的，是一种传染性的教育的结果，是因为人们在那里接受了伪学者们的宣传，读了愚蠢的书。他说：“我们在人与人之间所见到的精神上的差异，是由于他们所处的不同的环境、由于他们所受的不同的教育所致。”[③]他关于“人是环境的产物”这一命题集中体现了他的唯物主义认识论的基本原则。他提出的“终生教育”的思想也是以这个认识论原则为出发点的。马克思精辟地指出爱尔维修所说的教育，“不仅是通常所谓的教育，而且是个人的一切生活条件的综合”[④]，这在实质上就是最广义的大教育。

（八）康德：人是目的

康德有句脍炙人口的名言：“有两样东西，我们愈经常愈持久地加以思索，它们就愈使心灵充满日新又新、有加无已的敬仰和敬畏：在我之上的星空和居我心中的道德法则。”[⑤]自然与自由、感觉世界与理智世界是康德哲学的两大主题。他的重要贡献也在这两个领域：一是自然科学，二是哲学。康德认为形而上学虽然作为科学是不可能的，但是它却体现了人类精神终极关怀的最高理想，即超越自身的有限性，通达至高无上的自由境界。对人类精神来说，形而上学是远比科学更重要的东西。康德钟情于形而上学的深层原因在于终极关怀即体现人类价值尊严的自由问题。他在《道德形而上学基础》中提出了“人是目的”的命题。他说：“人，总之一切理性动物，是作为目的的本身而存在的，并不是仅仅作为手段给某个意志任意使用的。我们必须在他的一切行动中，不管这行动是对他自己还是对其他理性动物的，永远把他当作目的看待……如果没有人，就根本没有什么具有绝对价值的东西了。”[⑥]“人是目的”这一命题高度概括了人与动物的根本区别，是指人的精神性的存在，也就是人的价值和尊严之所在。一个人如果一味地追求物质利益，为满足欲望而不要人格，他实际上就是把自己当手段了。“人是目的”这一命题，体现了人类精神终极关怀的最高理想，即人类价值尊严的自由问题，而这正是形而上学的精髓和灵魂之所在。在康德看来，“形而上学”是“本来的、真

①《马克思恩格斯全集》（第2卷），北京：人民出版社1957年版，第165页。
② 北京大学哲学系外国哲学史教研室编译：《十八世纪法国哲学》，北京：商务印书馆1963年版，第480页。
③ 北京大学哲学系外国哲学史教研室编译：《十八世纪法国哲学》，北京：商务印书馆1963年版，第468页。
④《马克思恩格斯全集》（第2卷），北京：人民出版社1957年版，第169页。
⑤ [德]康德：《实践理性批判》，邓晓芒译，北京：人民出版社2003年版，第220页。
⑥ 北京大学哲学系西方哲学史教研室编译：《西方哲学原著选读》（下册），北京：商务印书馆1982年版，第317-318页。

正的哲学”[①]。他发动了哲学上的哥白尼革命和伦理学上的卢梭革命，通过为形而上学寻找新的出路深刻揭示了理性与自由的矛盾，阐明了“人是目的”这一命题，捍卫了人的道德和尊严。康德以“三大批判”（《纯粹理性批判》《实践理性批判》《判断力批判》）实现了他理想中的真、善、美的统一，构筑起三位一体的神圣的哲学殿堂。他终生都在思索天上的星空和心中的道德法则。

（九）黑格尔：凡是合乎理性的东西都是现实的

黑格尔的哲学被认为是德国哲学中由康德起始的唯心主义哲学运动的顶峰，尽管他对康德时有批评，但没有康德的哲学，也不会有黑格尔哲学。[②]黑格尔的哲学的最大价值在于建立了历史上最庞大、最全面的唯心主义哲学体系，主要讲述绝对精神自我发展的三个阶段：逻辑学、自然哲学、精神哲学。而他的哲学的最大特点和优点是它的整体性，这成就了黑格尔成为哲学史上集大成者。黑格尔的学说犹如思想的深渊，这里只能从一个狭缝中略作探视。

黑格尔在《法哲学原理》“序言”中提出的“凡是合乎理性的东西都是现实的，凡是现实的东西都是合乎理性的”这个命题，也在《小逻辑》和《历史哲学讲演录》等中反复提起，在其《逻辑学》（下卷）中对现实性与必然性进行了详细的论证。可见该命题在黑格尔思想体系中的重要性。这是一个具有严格的逻辑必然性的命题，它体现了理性的力量，使人看到事物发展的必然性，意识到规律的支配地位和决定作用。但这一命题也常常引起人们的误解和现实中的困惑。黑格尔自己说，这两句简单的话曾引起许多人的诧异和反对。人们并不一定都能理解“现实”的含义。“在日常生活中，任何幻想、错误、罪恶以及一切坏东西、一切腐败幻灭的存在，尽管人们都随便把它们叫做现实。但是，甚至在平常的感觉里，也会觉得一个偶然的存在不配享受现实的美名。因为所谓偶然的存在，只是一个没有什么价值的、可能的存在，亦即可有可无的东西。”[③]人们必须得知道并区别开什么是真正的现实的东西，“在日常生活里一切都是现实的，但现象界与现实性之间却存在着区别。现实的东西也有其外部的存在；这表现出武断性和偶然性，如像在自然界中树木、房屋、植物杂凑在一起那样。伦理生活中的表面现象，人的行为有着很多坏东西，在许多情形下这些东西本来可以更好一些。如果我们要认识实体的话，那就必须透过表面深入去观察。世间老是有邪恶的、堕落的人，但那不是理念。在表面上各种情欲斗来斗去；这却不是实体的现实性。时间性的、暂时性的东西的确存在着，甚至能给人造成不少的苦恼，但是尽管如此，那绝不是真正的现实性，正如一个主体的特殊性、愿望、嗜好等不是他的真正的现实性一样”[④]。“凡是”命题看上去似乎“把现存的一切神圣化”，黑格尔却是以辩证法赋予它全新的革命意义：“凡在人类历史领域中是现实的，随着时间的推移，都会成为不合理性的，就是说，注定是不合理性的，一开始就包含着不合理性；凡在人们头脑中是合乎理性的，都注定成为现实的，

---

① [德]康德：《逻辑学讲义》，许景行译，北京：商务印书馆 1991 年版，第 23 页。
② [英]罗素：《西方哲学史》（上卷），何兆武、李约瑟译，北京：商务印书馆 1997 年版，第 275 页。
③ [德]黑格尔：《小逻辑》，贺麟译，北京：商务印书馆 1980 年版，第 44 页。
④ [德]黑格尔：《哲学史讲演录》（第 2 卷），贺麟、王太庆译，北京：商务印书馆 1997 年版，第 248 页。

不管它同现存的、表面的现实多么矛盾。”[①]黑格尔论述每一个概念、事物和整个体系的发展都自始至终贯彻了这种辩证法原则。恩格斯高度评价说：“近代德国哲学在黑格尔的体系中达到了顶峰，在这个体系中，黑格尔第一次——这是他巨大的功绩——把整个自然的、历史的和精神的世界描写为处于不断运动、变化、转化和发展中，并企图揭示这种运动和发展的内在联系。”[②]马克思则说：“我公开承认我是这位伟大思想家的学生。”[③]当然黑格尔并不是完美的，马克思还说在黑格尔那里辩证法是倒立着的。这是说，黑格尔是建立在唯心主义基础上的，它颠倒了思维和存在的关系，也就是颠倒了人和自然的关系，把第二位的东西当作了第一位的。

黑格尔的“凡是”命题就其强调现实与必然的联系、把现实与现存加以区别来说，是包含着丰富的辩证法思想的。“凡是”命题中的“理性”指必然性或客观规律性。客观规律是事物发展过程中本质的、内在的、稳定的、必然的联系，是事物发展的根本趋势。然而，必然与偶然之间，也是辩证统一的。事物发展过程中也存在着偶然因素的作用，特别是当我们审视历史的时候，偶然性更是不可忽视的因素。马克思指出“如果‘偶然性’不起任何作用的话，那么世界历史就会带有非常神秘的性质。这些偶然性本身自然纳入总的发展过程中，并且为其他偶然性所补偿。但是，发展的加速和延缓在很大程度上是取决于这些‘偶然性’的，其中也包括一开始就站在运动最前面的那些人物的性格这样一种‘偶然情况’”[④]。从实质来看，黑格尔的“凡是”命题是个逻辑命题，而用语言表达的逻辑与历史的真实是有差距的。我们也得看到，历史发展更多地呈现出个别性、独特性、非线性、不确定性，有着高度的复杂性，如果用黑格尔的“凡是”命题直接还原历史，也会造成逻辑与现实的脱节。

（十）费尔巴哈：新哲学以饱饮人血的理性为基础

费尔巴哈是宣告了德国古典哲学之终结的著名唯物主义哲学家。他通过批判统治德国哲学界达数十年之久的康德哲学和黑格尔的唯心主义，恢复了唯物主义的权威。费尔巴哈把自己的新哲学称为人本学，他说新哲学的认识原则和主题并不是自我，也不是绝对的亦即抽象的精神，简言之，并不是抽象的理性，而是实在的完整的人的本质。实在、理性的主体只是人。是人在思想，并不是自我在思想，并不是理性在思想。因此新哲学并不是以仅仅自为的理性的神圣性亦即真理性为基础，而是以整个人的神圣性亦即真理性为基础的，换句话说：新哲学诚然也以理性为基础，但是这种理性的本质乃是人的本质；所以新哲学并不是以无本质、无色彩、无名称的理性为基础，而是以饱饮人血的理性为基础的。因此，如果旧哲学说：只有理性的东西才是真实的和实在的东西，那么新哲学则说：只有人性的东西才是真实的实在的东西；因为只有人性的东西才是有理性的东西；人乃是理性的尺度。他认为：“新哲学将人连同作为人的基础的自然当作哲学唯一的、普遍的、最高的对象——因而也将人本学连同生理学当作普遍的科

①《马克思恩格斯文集》（第4卷），北京：人民出版社2009年版，第269页。
②《马克思恩格斯全集》（第25卷），北京：人民出版社2001年版，第390页。
③《马克思恩格斯选集》（第2卷），北京：人民出版社1995年版，第112页。
④《马克思恩格斯文集》（第10卷），北京：人民出版社2009年版，第354页。

学。”[①]自然界和人——这就是哲学唯一的对象。在费尔巴哈新哲学看来，人既是自然界的一部分，又是自然界的本质；既是自然的产物，又是自然的创造者。人是这样的自然物，他可以通过自然完善自身的本质，并使之成为“人化自然的本质”。人的本质又是什么呢？人的本质是如何成为自然的最高的本质的呢？他说：“一个完善的人，必定具备思维力、意志力和心力。思维力是认识之光，意志力是品性之能，心力是爱。理性、爱、意志力，这就是完善性，这就是最高的力，这就是作为人的绝对本质，就是人生存的目的。”[②]费尔巴哈把人看作感性的、自然的人，这是其唯物主义的一面。但他的唯物主义的特点是直观性，未能揭示出人的社会性，在人的本质和人性特征生成问题的认识上，并未能将其唯物主义理念贯彻到底。正如马克思所说：“当费尔巴哈是一个唯物主义者的时候，历史在他的视野之外；当他去探讨历史的时候，他绝不是一个唯物主义者。”[③]尽管费尔巴哈有“半截子唯物主义”之称，还有很多不足之处，但他对旧的哲学体系的揭露和批判，摧毁了概念的辩证法（即仅仅为哲学家们所熟悉的诸神的战争）以及作出了其他诸多贡献，足以使其哲学成为马克思主义哲学的重要来源之一。

三、现代西方哲学

从19世纪40年代起，西方哲学史进入了现代哲学的发展时期。随着欧洲工业革命的完成，许多西方国家的社会经济进入了资本主义高度发展的阶段。资本主义大工业生产促进了自然科学的发展。细胞学说、能量守恒和转化定律、生物进化思想等的提出，极大地推进了人们的认识发展进程，但是资本主义固有的矛盾也日益暴露，特别是无产阶级和资产阶级的矛盾日益尖锐。面对社会的各种矛盾和自然界新的现象以及科学上的新发现，人们迫切需要理论的解释和哲学的概括。到了19世纪40年代，黑格尔学派已经解体，德国古典哲学已失去了它原有的光彩，但是这一古典哲学仍然被后来的哲学家所继承、利用、改造和发展。马克思和恩格斯批判地吸取了黑格尔哲学的合理内核和费尔巴哈哲学的基本内核，在以往哲学成果的基础上实现了哲学史上的伟大变革，创立了辩证唯物主义和历史唯物主义。19世纪40年代和19世纪后半叶，是马克思主义哲学形成以及在欧洲传播和发展的时期。20世纪，马克思主义哲学在世界各国得到了广泛传播和迅速发展。在马克思主义哲学形成和发展的同时，西方资本主义国家也逐渐产生了其他的哲学派别，如唯意志论、实证主义、存在主义、结构主义等。这里择要列出有代表性的哲学家及其重要的哲学命题。

（一）尼采：重估一切价值

弗里德里希·威廉·尼采（Friedrich Wilhelm Nietzsche，1844—1900年），德国著

① 北京大学哲学系西方哲学史教研室编译：《西方哲学原著选读》（下册），北京：商务印书馆1982年版，第489、491页。

② 北京大学哲学系西方哲学史教研室编译：《西方哲学原著选读》（下册），北京：商务印书馆1982年版，第468-469页。

③《马克思恩格斯全集》（第3卷），北京：人民出版社1960年版，第51页。

名哲学家、语言学家、文化评论家、诗人、作曲家、思想家，被认为是西方现代哲学的开创者。他提出的“重估一切价值”，指的乃是对基督教精神以及传统道德理性的重新评价。他认为欧洲思想文化与道德观念基于一种肇始于苏格拉底的理性传统。根据苏格拉底命题“知识即美德；罪恶仅仅源于无知；有德者即幸福者”可得，德行与知识、信念与道德之间有一种必然和显然的联结。[①]求知是人生最高的目标与最高的道德准则，而知识实质上是通过理性获得的。这就奠定了自古希腊以来西方文明中的理性传统。尼采对苏格拉底以来的理性传统价值观如此评价：“我们只要看清楚，在苏格拉底这位科学秘教传播者之后，哲学派别如何一浪高过一浪地相继而起；求知欲如何不可思议地泛滥于整个有教养阶层，科学被当作一切大智大能的真正使命汹涌高涨，从此不可逆转；由于求知欲的泛滥，一张普遍的思想之网如何笼罩全球，甚至奢望参透整个太阳系的规律。我们只要鲜明地看到这一切，以及现代高得吓人的知识金字塔，那么，我们就不禁要把苏格拉底看作所谓世界历史的转折点和旋涡了……因此，从苏格拉底开始，概念、判断和推理的逻辑程序就被尊崇为在其他一切能力之上的最高级的活动和最堪赞叹的天赋。甚至最崇高的道德行为，同情、牺牲、英雄主义的冲动，以及被日神的希腊人称作‘睿智’的那种难能可贵的灵魂的宁静，在苏格拉底及其志同道合的现代后继者们看来，都可由知识辩证法推导出来，因而是可以传授的。”[②]理性无疑对于人类认识世界具有重要的作用，但不能因此而否定人类感知和认识世界的其他途径。过于重视理性，将理性看作唯一可靠的认识途径，就会将人类固有且更为古老而根本的直觉、本能等非理性忽略，甚至彻底否定。这就是抛弃了苏格拉底以前的更为古老的、重视本能与直觉的非理性的希腊文化。人类如果想要拥有真正的创造力与激情，就必须抛弃自苏格拉底以来唯理性马首是瞻的价值观，抛弃过去那些为理性派思想家所制定的各种旧观念，转而强调非理性的新观念，也就是弘扬人的生命力与本能的冲动，从这里出发去创造新观念与新标准。尼采对宗教神学和传统道德理性的批判及对生命和创造力的张扬有积极的意义，影响了后世的思想家和哲学家。但他自身也是个充满矛盾的人，他批判理性所运用的，说到底不也正是理性的工具？他的学说既有积极的影响也有消极的影响。后人一幅漫画中的对白颇耐人寻味：

尼采说：“上帝死了。”

上帝说：“尼采死了！”

（二）柏格森：生命是绵延的

亨利·柏格森（Henri Bergson，1859—1941年），法国哲学家，生命哲学的主要代表人物之一，曾获诺贝尔文学奖。他的哲学与叔本华、尼采一脉相承。在他看来，19世纪末至20世纪上半叶所盛行的理智崇拜和以理智为工具的科学是有局限性的，其主要缺陷是不理解生命与自我，从而难以把握世界的真实脉络。他在《创造进化论》序言中说：“我们以纯逻辑形式出现的思维，却不能阐明生命的真正本质，不能阐明进化运动的全部

---

① [德]尼采：《悲剧的诞生》，周国平译，北京：生活·读书·新知三联书店1986年版，第60页。

② [德]尼采：《悲剧的诞生》，周国平译，北京：生活·读书·新知三联书店1986年版，第64-65页。

意义。我们的思维被生命所创造，处于确定的环境当中，旨在作用于确定的事物，它（它只是生命的一种发散或者一个侧面）又如何能够把握生命呢？……说实话，我们确实感到：在我们思维的各种范畴当中，例如单一性、多样性、机械因果关系，以及智力的目的性等等，没有一个能被准确地用来说明有生命事物，谁能说清个体性始于何处、终于何处？谁能说清生物究竟是一个还是许多个？谁能说清究竟是细胞自动联合为有机体，还是有机体自行分解为细胞呢？我们将生命体装进这个或那个模式，却全遭失败……生命的运作方式却恰恰是我们从未想到过的。”如此来说，“理智的特点就是生来没有能力理解生命。”生命是什么？在他看来，生命就是没有断点的绵延之流。他发现人总是从一种状态过渡到另一种状态，温暖与寒冷、欢乐与悲哀、做事或不做事、观看或思考事物等诸行为状态之间的变化，常被以表达感觉、感情、意念的概念所划分，每一种状态都被描述成一个片段，仿佛是分割出来的整体。对于每个分割出来的状态，人往往认为在它作为当前状态的全部时间里一直就是这样，然而事实上，每个瞬间都在变。倘若一个精神状态停止了变动，其绵延也就终止了。实际上，我们是在一刻不停地变化着，而状态本身不是别的，正是变化……从这种状态过渡到那种状态与保持在同一种状态中，两者之间并不存在本质上的区别……因此，我们就不能将如此界定的各个状态看作明确的元素。它们在一种无尽的流动中相互绵延。在柏格森的生命哲学中，“绵延”是个核心的概念。生命是绵延的，宇宙和有机体是绵延的，绵延就是进化，绵延意味着创造，由低级到高级，由简单到复杂，过去绵延到当下，当下又绵延地伸向未来。生命也像意识活动那样是创新、是永不停息的创造。[①]在柏格森的哲学中，到处都是与科学相对立的横冲直撞的生命，他的学说是最典型的生命哲学。

（三）杜威：真理就是工具

杜威，美国哲学家、教育家，实用主义的集大成者。有评论家说“人们都认为他是实用主义神圣家族的家长”。他的著作很多，涉及科学、艺术、宗教伦理、政治、教育、社会学、历史学和经济学诸方面。实用主义成为美国特有的文化现象，成为美国的国家哲学，杜威起了重要的作用。马克思曾经说过，哲学家只是以不同的方式解释世界，而真正的问题是改变世界。杜威的哲学是推动现实发生实质性变化的学说，充分体现了它改造社会的功能，这在哲学家中是不多见的。杜威否定思想、理论等是客观对象的反映，认为它们不具有客观真理的意义，而只能作为有用的假设。他强调，思想、概念、理论等不过是人们为了达到某种目的而设计的工具，只要它们对实现目的有用或对有机体适应环境有用便是真理，它们并无真假之分，只有有效或无效、适当或不适当、经济或浪费之别。他在詹姆士的“有用的就是真理”命题基础上，提出“真理就是工具”的新命题，倡导“工具主义”认识论。主张一切科学理论都是个人用以应付环境的“工具”，他们的价值在于其“效用”[②]。他把自己的哲学称作工具主义或实验主义。之所以称为工具主义，是由于一切观念、思想、理论、学说、真理都是人用以应付和改变环境的工

① [法]亨利·柏格森：《创造进化论》，肖聿译，北京：华夏出版社 1999 年版，第 2-26 页。
② 陶银骠、邹铁军、朱铁生主编：《当代西方哲学思潮述评》，长春：吉林人民出版社 1987 年版，第 33 页。

具。[①]值得提及的是，实用主义所主张的“有用即真理”并非指对个人来说的有用，而是指对于所要解决的问题有用，能够满足解决问题所需要的条件。这可用杜威的真理即工具来解释。工具是用来解决问题的，只要能用来解决问题它就是有效的，就是真理。有用也是指真理对于大众和社会有用，而不是满足个人利益。一个观念系统或一种学说之所以被视为真理，那是因为它能够满足公众对之提出的要求，能对社会发展有用。这与今天我们倡导的“实践是检验真理的标准”有相通之处，也是人们批评“空谈误国”的道理所在。

（四）罗素：哲学从命题分析开始

罗素，英国哲学家、数学家、逻辑学家、历史学家、文学家，分析哲学的主要创始人。罗素在哲学上的最伟大创造之一就是“摹状词理论”。“摹”就是模仿、描述，“状”就是状态、形状，所谓摹状词，就是模仿、描述某种东西的状态和形状等特征的词，它并不是直接地表述对象的名称，而是用描述的间接手法来表达对象，如“当今的法国国王”“金山”“第45任美国总统”等。摹状词不一定在现实中存在，但由之构成的判断句却能成立。罗素以“当今的法国国王是秃子”为例，论证了关于“假命题”的问题。由此可以使人想到，以语言表达的哲学命题，可能都会存在“假命题”问题。他的摹状词理论试图把传统形而上学的存在问题转变为摹状词的意义问题，他把外部世界的实在归结为感觉材料的逻辑结构，其理论为分析哲学的发展开辟了一条道路。当时很多哲学家相信，只要经过对语言意义的适当分析，很多传统哲学问题都会迎刃而解，或被消解为没有答案的伪问题，或者得到明确无误的答案。在他看来，所有健全的哲学都应从命题分析开始，这是一个无须证明的自明真理。任何哲学问题经过必要的分析和净化，或将不再称其为真正的哲学问题，或将成为我们所说的那种意义上的逻辑问题。罗素的摹状词理论为日常语言的逻辑分析提供了一个样板。这一理论成功地说明了这样一个道理：一个命题的逻辑结构不同于它的语法结构，它蕴含的意义也不同于它表达出的意思。语法结构和表面上的意思往往会造成思想上的矛盾和困惑。命题的真正意义是由逻辑结构决定的，需要经过逻辑分析才能揭示其结构和意义，这是避免日常语言的表达所引起的矛盾和混乱的有效途径。[②]语言分析的方式对20世纪西方哲学产生了重大影响，摹状词理论被称为“哲学的典范”，其价值是不容低估的。

（五）维特根斯坦：语言的意义就是用法

维特根斯坦，20世纪最有影响力的哲学家之一，其研究领域主要在数学哲学、精神哲学和语言哲学等方面。他的前期哲学与罗素的方向一致，研究的是关于世界的逻辑结构。而他的后期哲学的一个主要命题是：“一个词的意义就是它在语言中的用法。”他从“语言游戏”开始对这个命题进行论证。语言游戏的想法来自他观看足球时突然萌发的念头，他把语言和那些与语言交织在一起的活动所组成的整体称为“语言游戏”。“语

---

① 陶银骠、邹铁军、朱铁生主编：《当代西方哲学思潮述评》，长春：吉林人民出版社1987年版，第48页。
② 赵敦华：《现代西方哲学新编》，北京：北京大学出版社2001年版，第70-72页。

言游戏”不仅仅是一个比喻，它深刻地揭示了语言的本质，强调语言和日常生活的联系以及在生活中运用语言的多样性。根据“语言—游戏”的实践性和多样性，维特根斯坦主张要用动态的观点来观察语言的意义。哲学家虽然也承认语言现象的多样性、复杂性和差异性，但他们总是企图给语言下一个完整的定义，以便通过定义把握住所有语言现象所共有的本质特征。对此维特根斯坦说：我没有指出所有被我们称为语言的那种东西的共同点，我要说的是，这些现象没有一个共同点使我们能把一个同样的词适用于一切现象，——不过，它们以许多种不同的方式互相联系着。正是因为这种联系或这些联系，我们才会把它们都称为“语言”。他列举了一些游戏的例子，证明它们之间存在着错综复杂、重叠交错的类似性，却没有所有游戏都必须具备的共同特征。他总结道“游戏是一个复杂的重叠交错的相似性的网络：有时是整体的相似，有时是细节的相似。”他把这种相似性称为“家族相似”。在一个家族中，每个成员都和另外的成员之间有各种各样的相似之处：身材、相貌、眼睛的颜色、步态、性情等。①语言像这些游戏一样，没有共同的本质，只有家族的相似。在我们日常语言中，一个显而易见的事实是：概念的运用不是被规则严格地规定了的。这并不是什么缺陷，恰是其长处。有时候在某些环境中，模糊的概念或者概念的模糊用法正是人们所需要的。不同语境、不同场合需要不同程度的精确概念来表达思想，决定如何运用概念的是具体的生活和语言环境，而不是精确的规则。

（六）胡塞尔：生活世界是永远事先存在的世界

胡塞尔，奥地利哲学家，现象学创始人，被誉为近代最伟大的哲学家之一。他的哲学影响了马丁·海德格尔、让·保罗·萨特及莫里斯·梅洛·庞蒂等著名哲学家。生活世界是胡塞尔的重要哲学理论。他认为科学的最初前提是在科学之外的生活世界里。他认为，生活世界是永远事先给予的、永远事先存在的世界……一切目标以它为前提，即使在科学真理中被认知的普遍目标也以它为前提。生活世界的基本内容是个人、他人、社会存在于和生活于其中的具体环境。它有几个重要特征：其一，它是一个非研究课题的世界，也就是说，我们将它的存在看作不言自明的，而不是像哲学的通常做法那样，去拷问事物为什么存在，或将它看作一个尚待研究的问题。如果我们想认识我们置身于其中的这个生活世界，首先必须抛弃这种考问。其二，生活世界是科学与哲学之基础，因而对它们的所有探讨都必须以生活世界本身不言自明的存在为前提。其三，生活世界是一个主观的、相对的世界，它随着个体的运动而变化，每个人的生活世界都是各不相同的，因而生活世界的真理都是个人的真理，其情感、态度、价值观以及审美取向，都依个人的标准来评价。其四，生活世界乃是一个直观的世界，它是原则上可以直观到的事物的总体。直观可以近似地理解为直接感知，如视听、触摸等。生活世界是被一个生活主体从他的角度所体验的世界，它是主观的、相对的，然而却是科学唯一可能的起点，客观性来源于主观经验。他认为真正的哲学应该致力于改善人类，而不是只关心与人类具体福利有关的科学真理。胡塞尔的现象学从“严格科学”开始，终结于“生活世界”。

---

① [奥地利]维特根斯坦：《维特根斯坦全集》（第8卷），涂纪亮译，石家庄：河北教育出版社2003年版，第8-47页。

这不仅是他的个人历程，也反映了整个现象学运动的走向。其后的现象学所关注的，实际上都是他所谓的生活世界。

（七）海德格尔：语言是存在之家

海德格尔，德国哲学家，存在主义哲学的创始人。海德格尔自己申述他的思想主题乃是“语言与存在”，在他的后期研究中直接切中的是语言主题。他将语言视为成就存在之本质的圣殿。他说：“存在作为存在本身穿越它自己的区域，此区域之被标划，乃由于存在是在词语中成其本质的。语言是存在之区域——存在之圣殿；也即是说，语言是存在之家。”[①]“当人思索存在时，存在也就进入了语言。语言是存在之家，人栖住于语言之家。”[②]语言的复杂性、多样性、开放性和流动性正是存在显示出的既敞开又隐匿的意义，这个功能是以逻辑规范为特征的哲学语言所不具有的。应从逻辑和语法中解放出来，恢复语言的原始意义。语言与存在的内在关联应当这样来理解：不是“人说语言”而是“语言说人”，“语言才是人的主人”。海德格尔有段话详细地阐释了这一观点：“语言乃是人的所有物。人支配语言，用以传达各种经验、决定和情绪。语言被用作理解的工具。作为适用于理解的工具，语言是一种‘财富’。不过，语言之本质并不仅仅在于成为理解的工具。这一规定全然没有触着语言的真正本质，而只是指出了语言之本质的一个结果而已。语言不只是人所拥有的许多工具中的一种工具；相反，惟语言才提供出一种置身于存在者之敞开状态中间的可能性。惟有语言处，才有世界。这话说的是：惟在有语言的地方，才有永远变化的关于决断和劳作、关于活动和责任的领域，也才有关于专断和喧嚣、沉沦和混乱的领域。惟在世界运作的地方，才有历史。在一种更源始的意义上，语言是一种财富。语言足以担保——也就是说，语言保证了——人作为历史性的人而存在的可能性。语言不是一个可支配的工具，而是那种拥有人之存在的最高可能性的居有事件。”[③]语言不是人的工具，反倒可以说，人是语言的工具。语言通过人表现出来。语言是如何发生的？语言从根本上发生于对话，语言就是在说和听中实现的。海德格尔认为西方哲学两极独立的思维方式已经穷尽了一切继续发展的可能性，应该让位于思和诗。能够表达真正思想的语言是诗的语言。在其后期的思想中，他把技术视为一种自我扩张的、人所不能控制的“框架”。技术的无限制的扩张已成为非人的力量，人已经被技术所吞噬。人所创造的技术反过来也在毁灭着人自身。虽然人们意识到了技术的危险后果，但哲学和人的一切思索都不可能引起世界的任何直接改变。他最后把人类的希望寄托于神。

（八）萨特：存在先于本质

萨特是 20 世纪法国最重要的哲学家之一，存在主义的主要代表，优秀的文学家、戏剧家、评论家和社会活动家。他信奉马克思主义，支持中国的社会主义，赞扬中国的

① [德]海德格尔：《林中路》，孙周兴译，上海：上海译文出版社 2014 年版，第 298 页。

② 转引自赵敦华：《现代西方哲学新编》，北京：北京大学出版社 2000 年版，113 页。

③ [德]海德格尔：《荷尔德林诗的阐释》，孙周兴译，北京：商务印书馆 2000 年版，第 40-41 页。

“我为人人，人人为我”的精神是一种“深刻的人道主义”。他曾拒领1964年诺贝尔文学奖，理由是“不愿接受官方的任何荣誉”“不愿被改造成体制中人”。

萨特提出的重要哲学命题之一是“存在先于本质”。这是从对自为的存在的探讨出发得出的结论。与自为相对的概念是自在。自在的存在是没有什么意义或者本质的，它作为外部世界，只是一种荒谬的、偶然的存在。自在存在的特性是“存在存在，存在是自在的，存在是其所是”。所谓“存在存在”是说自在的存在纯粹地、绝对地存在，不以人的意识是否显现它为转移。所谓“存在是自在的”，是说其存在完全在其自身之中，不包含任何关系，既不与他物发生关系，也不与自身发生关系。因此其存在没有原因，没有理由，没有必然性或可能性；它不可能被其他存在、意识、精神或实体或上帝所创造，也不为它本身所创造；它既不是被动的（消极的），也不是主动的（能动的），既不是内在的，也不是外在的；处于肯定和否定之外。因为内在外在、肯定否定都意味着某种关系。所谓“存在是其所是”，是说其存在没有任何变化和发展。无所谓过去和将来、以前和以后。这就是说它“脱离了时间性”。如此来看，自在的存在只是一种僵死的、无任何区别和变异的、绝对同一的形而上学的王国，是一个绝对抽象、纯粹偶然的王国。而显现这种自在的存在的意识，就是自为的存在，其特性与自在的存在相反：它不是存在，而是对存在的否定，即非存在、虚无；它不是自在的，而必然超越自身；它不是其所是，而是其所不是。自为不是别的，只不过是自在的纯粹虚无化。这是因为意识作为存在的缺乏却又趋向存在，它永远不是什么，但又趋向于成为什么。这种趋向性的结构是一种虚无化或者说否定性活动。意识只能是某物的意识，它必然是对某物的显现。而意识的显现正是一个虚无化、否定的过程。自在的存在本身是充实的、没有裂缝的，因而它本身不可能分割开和虚无化。然而意识活动可以只涉及其中一部分，将其显现出来而将其他一切隐去，而隐去就是化为虚无。人们平常所谓认识某物实际上正是将此物的背景虚无化，从而将此物突显出来。意识对存在的显现过程实际上就是虚无化的过程。自为的存在是一种超越性、否定性，它不能作为现成已有的东西而存在，换言之，它“是其所不是且不是其所是”，自为作为存在的缺乏总是追求、趋向存在，这种不断地追求和趋向使自为（人）不断地超越、否定自己和世界，不断地使自己和世界获得新的价值和意义。人总是处于这个过程之中。自为永远是悬而未决的，因为它的存在是一种永恒的延期。这种不断地超越和创造就是人的自由，因此作为自为存在的人从其内在结构来说就注定是自由的，以致他认为，人的追求和选择，或者说人的存在本身就意味着自由。萨特提出“存在先于本质”的命题，这指的是人的本质出于人的自由创造。只有在自为的存在（意识）指向外部世界之后，存在才有可能具有本质与意义。正是基于此，萨特得出存在先于本质的结论。在这里，存在并不是作为万物的存在（即存在物），而是人的存在，是具有意识的人的存在，更具体地说，指的是个人的存在，是自我。而本质就是显现，显现也就是现象，现象即本质。人的自由先于人的本质，并使本质成为可能；人的存在的本质悬置于人的自由之中，因此我们称为自由的东西是不可能区别于“人的实在”之存在的。人并不是首先存在以便后来成为自由的，人的存在和“他是自由的”这两者之间没有区别。[①]这里所谓“人的本质”，泛指人的各种有质的规定性的特征（包括人的才能、专长、职业、地位等）。存在先于本质，自由先于本质，意思都是说人一开始只是作为纯粹的主观性、虚无而存在，至于人的各种规定性，则是出于纯粹主观性、虚无的创造。人的一切特性不是与生俱来的或上帝之类外力给予的，而是作为自由的人按照自己的意愿造成的。首先是人存在、露面、出场，然后才说明自身。假如说人在存在主义者看来是不可能给予定义的话，这是因为人之初，是空无所有，只在后来人要变成某种东西，于是人就照自己的意志而造成他自身。所以说，世间并无人类本性，因为世间并无设定人类本性的上帝。人，不仅就是他自己所设想的人，而且还只是他投入存在以后，自己所志愿变成的人。人不外乎是由自己造成的东西，这就是存在主义的第一原理。这原理，也即是所谓的主观性。[①]

肯定人的存在先于本质就是不把人当作一种现成的、确定的存在，而当作一种不断把自己推向将来的存在，将人的命运交付于自己的设计、谋划、选择、造就，从而使人的能动性和创造性得以强调，人的主体性得以张扬。正如萨特所说：人不外是人所设计的蓝图。人实现自己有多少，他就有多少存在，因此，他就只是他的行动的总体，他就只是他的生活。[①]萨特是存在主义的集大成者，他的哲学不仅是存在主义文学的核心，还成为后现代主义文学各个流派的基础。

第三节　中国哲学

中国哲学与西方哲学是完全不同的话语体系，不使用精确界定的概念是其一大特色。即使有“一阴一阳之谓道”之说，也还有“仁者见之谓之仁，知者见之谓之知”（《易经·系辞上传》）的巨大的认识和解释空间。也许从“文化哲学”视角来认识中国哲学，更能挖掘出有时代价值和意义的精神宝藏。

中国哲学的源头可追溯至《易经》，而《易经》的成书则跨越了漫长的历史时期，即《易经》是由一个年代久远的历史文化存在孕育出来的。先秦时代是中国哲学基本定型的时代。诸子百家，争相鸣放。然而，很多学说只是显学于一时，随着时代的演进和文化价值观的变迁，一些学说便失去辉煌时期的光彩，成为一种历史的回忆。系统而完善且时至今日仍具有重大意义和当代文化价值的哲学思想，体现在老子和孔子的学说中，它们可谓中国哲学之大本，其后的魏晋玄学、宋明理学等都是它们的末节。至新文化运动时期，中国传统文化受到沉重打击，哲学也随之沉沦。然而，一种文化之强大，并不在于打不倒，而在于被打倒了又站起来。随着中国的崛起，中国传统哲学也在焕发出新的生机。它抖落身上的败絮和糟粕，在融入时代精神并从文化交流中获取新的营养之后，让坚实的腰杆和身躯重新挺直和站立起来。“重返东方”成为当今时代涌动的一种世界文化潮流。

一、《易经》与中国的形而上学

传统的易学理论把《易经》作为“人更三圣，世历三古”的最终结果。三圣指伏羲、

① 刘放桐等编著：《新编现代西方哲学》，北京：人民出版社 2000 年版，第 371-375 页。

周文王、孔子，三古指上古、中古、下古。新文化运动以来的易学研究基本上推翻了“圣人作易”之说，将易经的成书与中华文明史前时期的历史文化存在联系起来。

《易经》分为《经》和《传》两部分。《经》的部分指六十四卦，它始于没有文字，也没有数学概念的蛮荒之世，是先民关怀命运的对象化手段，采取的是巫性的占筮方式。《传》的部分指的是《系辞》《彖辞》《象辞》《文言》《说卦》《序卦》《杂卦》七篇（又称“十翼”，其中《系辞》《彖辞》《象辞》各有上、下两篇）。《易经》的成书经历了从西周中期直到春秋战国的数百年时间，这是一个理性成长和巫性消亡的过程，也是中国哲学特有的“象思维”和形而上学母体的确立时期。

所谓“象思维”指的是运用带有直观、形象的符号或语言描述的事象来揭示事物中蕴含的道理。直观而形象的符号易理解，所谓事象指的是用语言描述的事情。《易经·系辞上传》有云：“书不尽言，言不尽意，然则圣人之意其不可见乎？子曰‘圣人立象以尽意，设卦以尽情伪，系辞焉以尽其言。’”《易经》的卦辞和爻辞都采取这种形式，象思维的长处是能弥补语言难尽之意，将天地人看作一个整体合一的系统。太极图、阴阳五行、八卦、六十四卦、河图洛书、天干地支等就是象思维的符号系统。

所谓形而上学母体，指的是“形而上者谓之道”“一阴一阳之谓道”的最高原理。天地、日月、山水、寒暑、男女、左右、进退、上下、刚柔、动静、曲直、伸缩、攻守、取舍、内外、明暗、方圆等，天地时空古往今来的一切，无不可以用阴阳互变、此消彼长的道理来解释。这个形而上学的文化之根延伸到各个时代各学派的学说观点之中，渗透到中国人灵魂的深处。把握天地人关系及安身立命的智慧都来自这个形而上学母体。中国形而上学所描述的宇宙模型，将混沌与秩序、有限与无限、不变与可变、虚无与实有等在西方哲学看来对立与相悖的概念用相互关联的法则纳入一个统一体中，其丰富的思想内容和智慧宝藏，有待我们用新时代的认识工具去挖掘。

二、老子学说及其时代价值

老子哲学思想的核心是“道”与“德”。

何谓“道”？老子不明说，这正是他的高明之处。脍炙人口的经典名句是“道可道，非常道”①。尽管不曾明说，但老子《道德经》中也给人们指出了探究“道”的各种途径：“道之为物，惟恍惟惚。惚兮恍兮，其中有象；恍兮惚兮，其中有物。窈兮冥兮，其中有精；其精甚真，其中有信。”“有物混成，先天地生。寂兮寥兮，独立而不改，周行而不殆，可以为天地母。吾不知其名，强字之曰道，强为之名曰大。”“视之不见，名曰夷；听之不闻，名曰希；搏之不得，名曰微。”“道”化生万物，却“生而不有，为而不恃，长而不宰”。区区五千余言的《道德经》皆以如此短小精辟的语句揭示天地万物的道理，具有深不可测的思想深度。

何谓“德”？循“道”而行的积蓄即为“德”，于是有“道生之，德蓄之，物形之，势成之”的道理。德愈厚则愈不以有德者自居，“上德不德，是以有德，下德不失德，是以无德”。这就是日常生活中说的“缺什么吆喝什么”所表达的“道”理。西方哲学

① 老子《道德经》第一章，本段下列引语皆出自《道德经》，不再作注释。

家萨特用“不是其所是，是其所不是”表达了同样的思想。“上善若水”“柔弱胜刚强”，因而“知其雄，守其雌……知其荣，守其辱”。“江海所以能为百谷王者，以其善下之”，所以要“虚怀若谷”。由此可见，遵循着“道”，方能达到“德”。最高的“德”达到与天地合一，所以有“为学日益，为道日损”的至高境界。老子的《道德经》中蕴含着丰富的智慧，需要用当今时代最深刻的思想与之碰撞，方能迸射出耀眼的光芒。譬如，老子说，“治大国如烹小鲜，以道莅天下，其鬼不神”，在现代治国理政甚至处理国际关系中都具有重要的现实意义；“人之道，损不足以奉有余”，则是“非平衡是有序之源”“报酬递增率”等科学原理的中国话语表述；“有物混成，先天地生”的思想则可与混沌理论相互印证；老子话语中诸如“不言之教”“不行而至”“不疾而速”“不为而成”“不言自明”等可用“不（或无）‘A’而‘B’”来表示，这与前文提到的科学前沿方法论中的自组织原理有异曲同工之妙；而“有无相生”“难易相成”等章句中则包含了丰富的辩证法思想，甚至比西方哲学中的“概念辩证法”更深刻，更接近真实世界的脉络；从老子思想衍生出的道家养生文化在现代也与生命科学有了共同话语。老子哲学思想中的精华远不止这些，有待我们进一步认识。从一定意义上说，老子留下的精神遗产是取之不尽、用之不竭的思想宝藏，因为他的学说不是封闭的哲学体系，而是充满了生命力的活水之源，它向着未来无限的时空全方位开放。

三、孔子伦理道德哲学及其社会建构意义

孔子是中国历史上最有影响力的思想家之一，然而记载他言行的《论语》并没有以理论的方式来探讨天道、性命这些具有本体论意义的问题，因而曾被黑格尔贬低为“老练的、道德的教训”和“散文式的理智”[①]。这显然是黑格尔接触的资料限制并误导了他。孔子最重要的贡献在于编订六经。他是先秦以前华夏文明的集大成者。后人说他“熔钧六经，必金声而玉振”[②]，这是说他将诗、书、礼、乐、易、春秋六种不同的文本以天经地义为纲领贯连起来，而这些文本都是孔子之前漫长的历史时期前人知识、经验、智慧所结出的硕果，它们原本是一些碎片化的知识，经孔子之手，成为系统而完整的知识体系。这可以被视为中国古代文化的“百科全书”。孔子深刻的思想就蕴含在六经之中。拿《易经》来说，它之所以成为中国哲学经典中的经典，与孔子的贡献是密不可分的。孔子晚年读《易经》，“韦编三绝”成为佳话。孔子晚年为完成《易经》从占卜之书向道德哲学经典的转换作出了巨大的贡献。孔子对《易经》所持的价值理念体现于帛书《要》篇：“子曰：‘《易》，我后其祝卜矣！我观其德义耳。’幽赞而达乎数，明数而达乎德，又仁守者而义行之耳。赞而不达乎数，则其为之巫，数而不达于德，则其为之史。史巫之筮，鄉（乡）之而未也，好之而非也。后世之士疑丘者，或以《易》乎？吾求其德而已。吾与史巫同涂而殊归者也。君子德行焉求福，故祭祀而寡也；仁义焉求吉，故卜筮而希也。祝巫卜筮其后乎！”依靠道德理性而不靠卜筮来

① [德]黑格尔：《哲学史讲演录》（第 1 卷），贺麟、王太庆译，北京：生活·读书·新知三联书店 1956 年版，第 119、132 页。

② 刘勰：《文心雕龙·原道》。

把握命运，是中国由巫性文化向理性文化的重大转型，而这一转变集中体现在《易经》由占卜之书经由孔子之手向哲理之书的升华。《易经》中有“子曰”词句的地方，都直接表达了孔子的思想。如子曰：“同声相应，同气相求。”[①]子曰：“危者，安其位者也；亡者，保其存者也；乱者，有其治者也。是故君子安而不忘危，存而不忘亡，治而不忘乱，是以身安而国家可保也。”[②]凡此种种，不胜枚举。孔子的文化哲学思想在六经之教中得以充分地体现，六经各以不同的内容和文本形式为其后华夏文明的演进奠定了文化根基，成为中国传统社会秩序化建构的思想基础。孔子之后由他所开创的儒家学派，将四书五经列为修身、齐家、治国、平天下的必读经典，儒家学说也成为中国两千多年来占统治地位的思想。

老子与孔子的哲学思想对中国文化来说具有“根”的意义，后世枝繁叶茂的发展，总会遇到时代变迁带来的盛衰之变数。细枝末节处有一岁一枯荣的变化，是生死交替的边缘地带。然而，文化之根是不朽的精神家园，它原本就来自天地系统。向着根的回归，是循环流动的生命感产生的根本机制。“原始反终”很精辟地表述了这一超循环的原理。中国文化博大精深、源远流长，具有永恒的价值意义和强大的生命力。讲中国故事，重新构建中国话语体系成为当今时代的文化强音。

四、中国哲学的当代发展

近现代以来中国哲学受到西方文化冲击在长时间里处于低谷，这一方面体现了西方精神文化的力量，另一方面也反映了我们自我更新的现实需要。不健康的文化心理会严重地阻碍中国哲学的发展，这主要是指对外来文化所采取的敌视态度和封闭心理。既要保持自身的特色，又要从西方哲学中汲取新的营养，这才是我们应有的博大胸怀。海纳百川就是我们的文化自信，而抵制外来文化，则是软弱者的表现。文化如同其他生命系统一样，自身越强大，越能吸收外来文化；吸收外来文化越多，自身生命力越强大。在当今时代，封闭就是自取灭亡。我们提出重新构建中国话语体系，其核心当然是思想体系。“中国话语”为什么在当代中国显得如此重要？《易经·系辞上传》有言：“鼓天下之动者存乎辞”，其中蕴含着“文以载道”的深刻道理，引领世界需要话语权。当然，中国话语绝非自说自话，而是在更高层次上连贯古今、融通中西、整合科学与人文的话语体系。何为重构？“‘重构’意味着以一种与古人之真实意图相应的方式——如果我们对于这些意图的理解是正确的话——对其思想加以重新整合，而取代复述他们那些相当庞杂的立论；并且要根据我们今日所面临的伦理学问题而加以充分利用。”[③]重新整合，意味着得用更为开放的胸怀和更为包容的思想体系，去挖掘那深藏于文化之根中的崇高道德精神和智慧资源。那是我们取之不尽、用之不竭的宝藏。当然，重构需要有锐利的思想武器和真正有效的方法，让古典与现代对话，让东方与西方对话，这是通过思想碰撞涌现真理的现实途径和方法。

---

①《易经·文言》。

②《易经·系辞下传》。

③ [德]罗哲海：《轴心时期的儒家伦理》，陈咏明、瞿德瑜译，郑州：大象出版社 2009 年版，第 7 页。

中国的政治哲学与马克思主义最为亲近。马克思主义作为西方话语，为中国思想界的精英所接受并拿来指导中国社会的实践，并取得了卓越的成效，迄今仍以坚定的自信沿着这条道路前行。然而，值得深思的是，在世界范围内，也只有中国的政治哲学与马克思主义最亲近，这里面是有着深刻的思想渊源的。中国儒家理想社会是大同世界，“圣人之叹”成为后世儒家思想的一个终极关怀：“大道之行也，天下为公，选贤与能，讲信修睦。故人不独亲其亲，不独子其子，使老有所终，壮有所用，幼有所长，矜寡孤独废疾者皆有所养，男有分，女有归。货恶其弃于地也，不必藏于己；力恶其不出于身也，不必为己。是故谋闭而不兴，盗窃乱贼而不作，故外户而不闭，是谓大同。”[①]中国社会的精英不热衷于西方自由资本主义，而选择了马克思主义，从根本上讲，与数千年文化孕育的价值观有着内在的联系。当然，这也并不排斥对现代西方哲学研究的积极意义，许多现代中国思想家都是通过先接触西方哲学（例如鲁迅之通过尼采）而进一步走向马克思主义的。如何从更深的历史文化根源入手探讨马克思主义中国化也是当今中国哲学发展的一个重要方面。

中国是一个有着数千年历史的文明古国，经过历史的长期积淀，形成了有着自己鲜明特色的哲学传统。这一传统将全部社会基础和上层建筑融合在一起，形成维系中国社会稳定的秩序结构的核心力量。然而也应认识到，中国传统哲学是在农耕文化的基础上发展起来的，尽管它们具有非常丰富和优秀的文化品质，但与现代社会所倡导的精神文明和价值取向仍有差距，在一定程度上其高度稳定性和保守性会成为阻碍社会发展的力量。因此，为了适应当代中国社会的剧烈变革和时代转型，我们既要回归传统，又要超越传统；既要继承和发扬，也要更新和创造。继承和发扬必须符合我国社会发展中面向世界、面向未来的要求。中国哲学要能够与西方哲学对话和沟通，首先要解决的问题是让中国哲学重新站立起来。

第四节　当代西方哲学思潮及发展趋势

当代西方哲学发展的新变化及今后的发展趋势是有必要关注的话题，然而，究竟哪些变化和趋势代表未来发展方向，哪些只是昙花一现的表面现象，持不同理论视野、不同价值取向、不同立场观点的人，从不同的角度看问题，也会提出不同的意见和看法。这里仅提出一些参考意见。

思潮就是思想的潮流。每个时代都会涌现出那个时代特有的思想潮流。社会思潮、文化思潮、哲学思潮都是密切关联的，其核心都是思想之倾向性，社会、文化、哲学只是不同的视角而已。哲学思潮体现的是哲学领域涌动的大势，每种思潮又融汇了不同的学派观点，每个学派也会有更细的区分。当代西方哲学可从科学主义、人本主义和新马克思主义三大思潮来认识。

① 《礼记·礼运》。

一、科学主义思潮

20世纪以来科学飞速发展，爱因斯坦的相对论拉开了当代科学发展的序幕，在数学、几何学、力学等学科之后，化学、生物学等诸多学科也向精密科学转化，数学和数理逻辑方法应用到科学的各个领域，推动了以电子计算机为标志的新技术革命。“老三论”（系统论、控制论和信息论）、“新三论”（耗散结构论、协同论、突变论）、横断学科理论以及复杂理论研究层出不穷。随着自然科学的新变化，当代一些西方哲学流派抛弃了传统哲学内容，只留下认识论一个领域，而在认识论中又只限于科学方法论和科学发展规律性的研究，在研究中重视当代科学的最新发展和科学经验事实，把数理逻辑的方法运用到哲学分析中去，这些流派的具体方法论观点各不相同，但都以“科学哲学”的面目出现，因此也被称为“科学主义思潮”。

哲学上的科学主义思潮的主要特点是将哲学科学化，用科学理性的观点来解释人，强调哲学与科学的联系，甚至把哲学和科学相提并论，否定哲学具有超越科学的世界观意义。实证主义、经验批判主义（马赫主义）、逻辑经验主义等各派分析哲学、当代各种科学哲学以及结构主义等都属于该思潮的阵营。美国的实用主义竭力倡导科学精神，并强调哲学应成为科学方法论，从这个意义上说，它也可归为科学主义。这些哲学流派大都与某些具体科学有一定联系，尊重和相信科学，把科学视为一切真理的依据，当然也是哲学的依据。它们把科学方法（如实验、分析、系统方法等）视为哲学方法的重要事实根据，而哲学则要为各个专门科学的方法提供理论根据。由此，哲学被当作科学方法论和认识论。试图超越形而上学以及主观与客观、心灵与物质、思维与存在等二元分立，从而也超越传统唯物主义和唯心主义、经验论和唯理论的对立，是该思潮大多流派的特点。

二、人本主义思潮

科学技术的发展促进了物质文明进步，但精神文明并不总是与之同步。两次世界大战是人类历史上空前的大灾难，特别是第二次世界大战，它是当代西方社会政治、经济危机的深刻表现，给西方各国和全世界人民心中留下深刻影响和巨大创伤。社会变革与科技文明带来的却是人的价值被践踏，传统道德破灭，心理意识被压抑，人的精神陷入麻木、绝望、无所适从的境地，有失去精神家园的感觉。这时，以人类终极关怀为己任的思想家认为哲学研究的对象是人而不是物，对人的存在、人的本质及人的精神世界诸方面的研究和分析是哲学的中心任务。哲学流派内部虽有很大差异，但都标榜以人作为哲学研究的对象，因此被称为“人本主义思潮”。

人本就是以人为本，人本主义思潮强调人是哲学的出发点和归宿，反对把人归结为科学理性的存在，要求揭示人的生命、本能、情感、意志等非理性或超理性存在的意义，并认为只有后者才是人的本真的、始源性的存在，应为哲学研究的根本任务。叔本华和尼采等的意志哲学、德法生命哲学、存在主义、弗洛伊德主义、哲学阐释学等都属于人本主义思潮。现象学强调理性，要求把哲学建设作为严密的科学，但总体不属于科学主义思潮，它不回避对形而上学问题的研究，并强调哲学应以人的意向活动作为出发点，这实质上也就是人本主义。有着人本主义倾向的哲学家大都不反对对形而上学和本体论问题的研究，且试图赋予这种研究新的意义。他们认为应当超出主观与客观、心灵与物质、思维与存在等二元对立的界限进行哲学研究，否则就会陷入二元论，在主客等之间建立一道屏障，不能达到真正的、本真的存在。因此，人本主义思潮主张从未被科学和理性扭曲的本真的人的某种存在出发来进行哲学思考。作为人本主义哲学思潮的出发点的人，不仅仅被视为具有理性的存在，更是具有情感、意志或意向性的存在，从某种意义上说，非理性也是人的本质的一部分，因此，非理性主义思潮也属于这个阵营。

三、新马克思主义思潮

新马克思主义也称为当代马克思主义，它与西方马克思主义并不是同一个概念。按照中西学界的共识，一般把以卢卡奇、柯尔施和葛兰西为代表，产生于西欧地区。它发展至法兰克福学派时盛极而衰，而后再到存在主义、结构主义时偃旗息鼓，到了 20 世纪 70 年代许多激进的西方马克思主义学派都退出了历史舞台。西方马克思主义是一个特殊的称谓，并非泛指一切西方的马克思主义思潮或流派。从 20 世纪 70 年代末开始一直延续到现在的西方马克思主义哲学诸形态，如分析的马克思主义、生态的马克思主义、后现代主义的马克思主义、后马克思主义、市场社会主义、女性主义的马克思主义、新批判理论、法国的批判主义等，则是在狭义的“西方马克思主义”之后产生的西方新马克思主义诸流派。从广义上说，新马克思主义仍属于西方马克思主义范畴。还有学者认为，西方马克思主义尽管流派纷呈，科学主义与人道主义并杂其中，但其核心问题是西方的现代性问题，而 20 世纪 70 年代后，由于受到后现代主义或后结构主义思潮的冲击，西方马克思主义的议题转向后现代领域，是对现代性的反思、批判和质疑，于是才产生了“后马克思主义”或“晚期资本主义的马克思主义”。此外，20 世纪 90 年代全球化问题的凸显，更使得西方的马克思主义研究呈现出不同于以往的形式和特点，如对生态问题、全球化问题、全球争议问题的关注。在这种情况下，很多学者认为狭义的“西方马克思主义”已经终结于 20 世纪 70 年代。当然，对西方马克思主义的概念和范围还存在很多争议，它反映了相关学者对西方马克思主义发展史中的断裂性与连续性的不同认识。但一般都认为 20 世纪 70 年代是西方马克思主义发展史上的一个重要分水岭。20 世纪的后 30 年，西方社会的剧烈变动和冷战后的全球化进程，使得西方马克思主义研究学者开始对传统马克思主义、现实社会主义进行反思和总结，并对处于“后现代化”过程中的西方资本主义制度和价值观进行了以“解构、多元、异质”等为特征的文化批判和理论颠覆。这种具有后现代取向的、多元的新马克思主义思潮因此应运而生。

前期的西方马克思主义流派强调无产阶级意识、哲学批判、文化领导权对于实现社会革命的重要作用，坚持马克思主义基本原理，并在肯定唯物史观重要作用的基础上补充和丰富了马克思主义理论。而具有后现代取向的马克思主义则明显更为激进和“叛逆”，他们厌烦了马克思主义的宏大历史叙事，质疑和批评马克思主义的“经济决定论”“科学主义”“历史目的论”，注重社会的微观基础，主张从个人出发，研究资本主义后工业社会中现代人生存状态所表现出的各种新异文化现象。因此他们有与马克思主义“决裂”或“告别”的意义，德里达称是通过“哀悼”马克思主义的方式来使马克思主义的“幽灵”重新显形、在场。后期的新马克思主义的主要特点：一是受后现代主义影响，以解构、多元、异质、碎片化等为特点向现代哲学提出质疑和发起挑战。其中产生较大影响的是福柯（M. Foucault，1926—1984 年）和德里达。二是回归个体生活世界。个体在当代资本主义社会中遭遇的诸多困境——社会控制、意识形态的质询、消费异化、种族和性别歧视等——都成为人们反抗和批判资本主义社会的现实基础。三是立足全球，以一种国际化、全球化的视角审视、反思和探讨全球化时代的社会问题和国际正义格局。发展模式、南北差距、贫富悬殊、移民问题、生态问题、国家主权、全球治理、文化冲突等都是其所关注的问题。四是突显政治诉求。在新自由主义盛行、马克思主义面临危机之时，西方新马克思主义者强调政治相对于经济的积极作用，主张展开各种激进民主和反抗统治的政治活动，试图提出一种非阶级的、去总体化的、多元的、激进的民主政治方案。

总的来说，西方新马克思主义既秉承了马克思主义理论中对资本主义社会进行批判的精神，又继承和发展了马克思主义理论中的某些部分，同时还对未来的理想社会抱有同马克思一致的价值观，努力寻找替代资本主义社会的未来社会主义方案。正如德里达在《马克思的幽灵：债务国家、哀悼活动和新国际》中所说：“不能没有马克思，没有马克思，没有对马克思的记忆，没有马克思的遗产，也就没有将来；无论如何得有某个马克思，得有他的才华，至少得有他的某种精神。因为这将是我们的假设或更确切地说是我们的偏见：有诸多个马克思的精神，也必须有诸多个马克思的精神。”[①]马克思主义作为一份世界遗产，像幽灵一样已经异质化为多种马克思主义。但是无论如何演变，只要它们具备上述所列出的一些基本特征，就可以将这些多元的新马克思主义形态归入“马克思主义哲学形态”发展史中。

四、当代西方哲学发展趋势

第一，从反形而上学转向重建形而上学。对传统哲学的本体论和形而上学的批判和拒斥，曾经是划分近代和现代西方哲学界限的重要标志之一。有的现代西方哲学家和哲学派别（特别是“科学主义”派别）甚至把拒斥一切形而上学当作其哲学的出发点。这种拒斥对于摆脱传统哲学的思辨性和独断性，促进哲学和科学领域内的思想解放的确起过相当积极的作用。然而，随着许多现代西方哲学家和派别在理论上纷纷陷入相对主义和虚无主义等困境，他们越来越发觉如果继续沿着这个道路走，他们的理论，特别是社会道德规范就会失去确定的支持；更重要的是，从古代以来，哲学所必然蕴含的对具有绝对、无限、永恒意义的理想的形而上学的追求都将被完全排斥。简单地拒斥形而上学的缺陷越来越暴露出来，因而在西方哲学界许多人陆续发出了重建形而上学的呼声。除

① 转引自贺翠香：《20 世纪 70 年代后西方新马克思主义的发展特点和趋势》，《国外理论动态》2015 年第 9 期。

了现象学、存在主义等人本主义思潮的哲学家早已较为普遍地提出过要重建与传统形而上学不同的新形而上学外，一些有科学主义倾向的哲学家也早已在不同程度上意识到不宜坚持简单拒斥的立场。最近几十年来这种重建的呼声越来越高。新实用主义、科学实在论等当代科学主义哲学流派更是明确提出要重新研究形而上学的问题，甚至提出重建一种作为其哲学理论基础的形而上学。值得关注的是，重建形而上学已发展成为一种范围相当广泛的潮流。它不仅存在于一般哲学领域，在伦理学、美学和社会哲学等各个较专门的领域都有所表现。各派重建的具体内容、途径与方法不尽相同，但总的说来，都不是简单地回到传统的形而上学。

第二，从抽象思辨转向现实生活。哲学作为一种精神活动，其主要特点是从整体上来观察和认识人及其所处的世界。为了达到对人和世界有更为清晰和完整的了解，往往有必要暂时偏离具体和现实的事物和人的生活，而当这种偏离超越了一定的限度时，又必然造成哲学脱离客观实际和人的现实生活的局面。这一点正是近代哲学陷入思辨形而上学和绝对理性主义的重要原因之一。现代西方哲学虽然曾揭示过并企图克服近代哲学的这种弊病，然而它后来却又走上了与近代哲学类似的道路。在科学主义哲学思潮中占有重要地位的分析哲学在其后期发展中越来越使语言分析抽象化和思辨化，以至成了仅仅为少数哲学教授所关注的学院派哲学，哲学外表上的语言很接近人的日常生活，实际上同样把哲学研究变成了对语言和文字的玩弄，脱离了人的现实生活。以面向本真的人为主旨的存在主义等流派原本是以关注人的现实生活为己任的，最后却使人抽象化而成为脱离了现实的人，从而同样陷入难以继续存在的困境。有鉴于此，近年来西方哲学界不断重新响起转向现实生活的呼声。除了一般的哲学研究越来越转向现实的问题外，过去被忽视甚至被否定的应用哲学也受到重视。这表现为社会哲学、政治哲学、历史哲学、法哲学、道德哲学、教育哲学、文化哲学、经济和技术哲学等涉及现实社会生活的各个具体领域的哲学研究得到了很大发展。各派哲学在对认识论和方法论等传统哲学问题的研究中越来越注重它们在科学技术和现实生活中的应用。例如，对古老心智哲学问题的研究在今天成了西方哲学研究中的热点问题。它涉及神经和脑科学、生理学、应用心理学、语言学、逻辑学、计算机科学等许多具体领域和应用科学领域，往往具有应用认知科学的意义。即使是那些研究较为抽象的所谓“元”问题的哲学家也同样在考虑如何尽可能地避免与现实距离过远的问题。

第三，各种不同哲学派别和思潮融合。以欧洲大陆为主要阵地的“人本主义”哲学思潮和以英美等英语国家为主要阵地的“科学主义”哲学思潮在某些情况下处于互相对立的地位，这在西方哲学界曾经得到相当普遍的认可。当前在西方各国，一些哲学家仍在强调这种对立，甚至认为二者之间依然难以找到共同语言。但是，有越来越多的哲学家在努力结合或超越二者之间的对立。例如，当代哲学解释学的主要代表、法国哲学家利科就不仅试图将解释学、现象学和精神分析学融合在一起，还特别重视研究和借鉴分析哲学的成果。他认为，为了使自己的哲学研究赶上时代的潮流，必须学会将欧洲大陆的话语和语言理论同英美的语义学结合起来。著名美国哲学家罗蒂的所谓后哲学文化更是超越欧陆哲学和英美哲学对立的一个突出例证。这在一定程度上是当代西方哲学的一个重要趋势。

对于西方哲学在当代发展中所表现出的倾向，人们还可以从西方哲学与当代西方社会及科学技术和文化发展的联系、它们彼此之间的关系等方面加以探讨。西方现代哲学尽管在某些方面抛弃了近代哲学的许多积极方面，但总的说来是对近代哲学的超越，标志着西方哲学进入一个新的发展阶段。

第四章　文　　学

文学是最古老的人类精神产物，其源头可追溯至遥远的史前时期。在没有文字的时代，人类生存中的发明创造、英雄事迹、生产生活经验等，都会以传说、古歌、民谣、诗词等方式通过口头语言代代相传。如中国的《尚书》所记载的就是没有文字的上古时代口头流传的史迹。最早的书面文学，如中国的《诗经》、印度的《罗摩衍那》、古希腊的《伊利亚特》等，都是诗的形式。远古时代人的想象力丰富而理性思维能力尚处在初始阶段，用诗性的语言表达深刻意义的行为被称为"诗性智慧"。现代文学形式多样，小说、诗歌、散文、剧作等都是最常见的文学形式。文学作为人的精神营养，将会永远伴随着人类生活。随着人类社会的发展，生活世界全面展开，生活内容丰富多彩，新媒体及传播工具不断涌现，文学形式也日益新颖和多样化。走进文学，了解文学，认识文学，是人类丰富内心世界、提高生存质量的有益途径。

第一节　文学概说

文学是一种语言艺术，它运用富有文采的语言表情达意、塑造艺术形象、反映现实生活、描写人生命运、表现时代精神。文学同哲学、政治、法律、宗教等一样，属于上层建筑。它建立在一定的社会经济基础之上，受经济基础的制约，又对其具有反作用。

一、文学是什么

文学笼统地说，包括作者、创作、作品、读者、欣赏、批评等部分。对文学本质的认识，可由多种视角出发。一般说来，认识文学的存在，要以人的本质和人的生存作为出发点。我们试从以下方面对文学进行初步的认识。

第一，文学是一种独特的生存体验。人的生存活动不仅包括维持有机生命体基本生存需要的生产活动，还包括在物质基本需要之上的精神活动。这里提到的文学，不仅指文学作品，还指文学活动，包括作者—作品—读者之间的全部关系以及创作、阅读、鉴赏、评价等全部活动。生产、工作、学习等都只是生活的一部分，而文学则是一种完整的生活。在文学活动中，主体全身心地投入到作品展开的生活中去，同作品中的主人公同呼吸、共命运。当然，作者与读者各以不同的途径和方式进入作品描述的世界。文学活动不仅吸引了全部的自我，还展现了全部世界。这是一种非常独特的生存体验，社会生活的各个领域都能进入人们的视界。人身在世界之中，精神又在世界之外，人的精神遍历了在真实的生存世界里难以接触的方方面面。

第二，文学是精神的营养。文学创作体现着作者的生活阅历和精神境界。越是具有深刻人生体验的作者，越能在作品中展现精神的至高境界。文学活动不仅使作者得以自我提升，还可以使读者得到人生的启迪，使人的精神从现实中超脱出来，隔一定的距离再来反观生存世界，就会有深刻的洞察力和精神解放的感觉。文学正是以它独特的语言艺术魅力，为人提供了这样一个超越现实的条件。当人在现实中遭遇困境、悲观失望、焦虑彷徨、郁闷纠结、精神消沉之时，文学活动能使人从更深的层面和更广阔的意义上认识人生的价值和意义，获得精神上的提升，丰富和充实内心世界；文学活动将人从现实的泥淖中解脱出来，给人以生存的力量。在此意义上可以说，文学是人的精神食粮。

第三，文学是现实的反映。生存实际是文学活动的基础。人首先要活着，然后才能从事文学活动。从形态发生的观点来看，先有生活后有文学。现实生活是第一性的，精神活动是第二性的。马克思指出："物质生活的生产方式制约着整个社会生活、政治生活和精神生活的过程。不是人们的意识决定人们的存在，相反，是人们的社会存在决定人们的意识。"[①]因此，文学离不开生活，现实生活影响着文学活动。文学作为上层建筑和社会意识，要受到社会存在的制约和影响。作者和读者都是现实社会中的人，主体的生存状况一定会体现于文学活动之中。文学的内容是人的命运和人的追求，而这只能来源于现实生活。作家的想象力和创造力必是从现实生活中生发出来的。古今中外的文学作品都是时代的产物，体现了特定时代的精神风貌、历史环境、社会矛盾。

第四，文学是虚拟的现实。文学以现实生活为基础，但这并不等于文学就是现实生活。文学以虚拟的世界表现现实，比现实更深刻，更能反映本质，更符合理想。在现实世界里，人受自然法则和社会法则的压迫，不是自由的主体，而只有在审美活动中才能获得解放，成为自由的主体。在现实世界中，自然与人对立，社会与个体对立，人不能自由地支配世界，世界还不是人所理想化的世界。文学提供了一个审美的世界，它不再是与人对立的、冷冰冰的现实世界。文学活动创造了审美关系，消除了主体与客体的对立，对象充分人化，人充分对象化，主客同一，世界成为真正的人的世界，即马克思说的"属人的世界"。文学形象成为主体的化身，即审美个性的对象化。作家可以自由地创造文学形象，读者可以充分地进入主人公的生活，在文学形象上倾注主体的全部思想感情、理想愿望。这意味着，人在文学活动中找到了自己的归宿，创造了自己的世界，实现了自由的生存，进入了理想的境界。文学是自由的生存方式，还在于它能使人的创造力得以充分发挥，特别是想象力。在现实生活中，人的创造力受到现实条件的限制，也受逻辑规范的制约，难以得到充分发挥。而在文学活动中，主体在审美理想的推动下，克服了物质条件的束缚，突破了自觉意识的限制，想象力获得解放，可以进行自由地创造。

第五，文学是文化生命形态发生和发展的展现。文学依靠形象的塑造来反映现实，而形象是依审美理念演进的文化生命。文学创作是一个生命的形态发生和发展的过程。文学形象一旦获得了最初的生命形态，它就会按照自己的逻辑发展，作者需要依循它的发展逻辑，按照审美的标准，使发展的一切环节在理想与现实的矛盾统一之中展开。所以从某种意义上来说，真正有生命力的作品，一开始就是生命自身的演进。由之所涌现

---

① 《马克思恩格斯选集》（第2卷上），北京：人民出版社1972年版，第82页。

出的新奇性和丰富性，常常出乎创作者的意料。喜剧有喜剧的逻辑，悲剧有悲剧的逻辑。有一个很简单的道理：林黛玉要死，曹雪芹也是阻止不了的。由此可知，文学需要虚构，但虚构不是毫无根据地胡编乱造；文学需要审美和理想，也必须符合现实的逻辑；文学须遵循必然性，更须追求精神的自由。没有矛盾就没有世界，而文学正因其体现了生命和生活世界中一切真实的矛盾而富有艺术的魅力。

第六，文学是一种审美意识形态。文学是对生活的审美反映，这是其与非文学的语言作品的根本区别。审美是文学存在的特质，而这种语言艺术的特质也与其他方面的审美意识有所区别。我们知道，美是无处不在的，并不属于文学专有。人的生产生活、人的社会化的器官的形态发生及其对象化的发展，以及人与自然的关系，都存在着按照人的审美需要而展开的意向性行为。不仅是人的身体按照美的理念生长发育，整个属人世界的一切，都是按照美的规律来塑造的。但生产生活领域中的审美要求只是一个方面，并且可能还不是主要的、决定活动性质和事物存在的根本性质的方面。譬如，房子造得不美观并不影响居住，家具制作得不精美并不影响使用，等等。就是说，在有些方面，审美的要求并不决定事物的根本性质，所以审美不是这些事物的特质。但在文学艺术中情况就完全不同了，审美因素是决定文学艺术之所以为文学艺术的根本依据。审美是文学的必要条件、基本依据和特殊本质。文学之所以是文学，就在于它是生活的审美反映。文学的崇高目的是要按照一定的审美理想改造人的生活，提升人的本质，丰富人的内心世界，提高人的生存质量。

客观地说，文学的本质远非上述方面能够概括。可以这么说，世界有多丰富，文学的本质就有多丰富。在文学活动中，由于超越了现实的羁绊和约束，我们能以自由的审美主体的身份，从一个精神文化的制高点上反观我们的生存世界，重新审视生活领域发生的一切，思考人生的价值和意义，探寻生活世界的真谛，从而在更高的境界上把握自己的人生命运。我们重新品味歌德在《莎士比亚命名日》一文中所说的那番话，当能切实对文学进行深度理解：

> 他的著作我读了第一页，就被他终生折服；读完他的第一个剧本，我仿佛像一个天生的盲人，瞬息间，有一只神奇的手给我送来了光明。我认识到，并且最强烈地感觉到，我的生存向无限扩展；我感到一切都很新鲜，前所未闻，而那异乎寻常的光亮把我的眼睛刺得疼痛难忍。我渐渐地学会了观看，我要感谢给我智慧的神灵，至今我依然能清楚地感觉到我当时所获得的东西。①

二、文学的特性

文学作为一种语言的艺术，与其他艺术形式之间既有共同性也存在差异，其主要特点可从以下方面来认识。

（一）形象性

“形”与“象”是用来表达事物的，“形”指通过艺术的方式再造的形态，而“象”

① [德]歌德：《歌德文集》（第十卷），范大灿、安书祉、黄燎宇等译，北京：人民文学出版社 1999 年版，第 2 页。

则是象征事物本身的，形象与其所代表的事物之间必然具有某种相似性。它不是事物本身而是一种虚构，却反映了事物的本质。艺术的共同特性首先是创造形象：绘画是以色彩和线条来创造形象；音乐是以节奏和旋律来创造形象；文学则是以语言来创造形象。诉诸听觉和视觉的艺术形象有直观性和直感性，而诉诸语言的艺术形象则具有间接性，需要通过对语言的理解、运用与把握来感悟艺术形象。形象源于生活，高于生活。形象性可指对事物和人物的形象描绘，也指运用语言塑造的事物和人物形象。如《红楼梦》中曹雪芹笔下的警幻仙子形象：其素若何，春梅绽雪；其洁若何，秋菊被霜；其静若何，松生空谷；其艳若何，霞映澄塘；其文若何，龙游曲沼；其神若何，月射寒江。

用语言塑造有血有肉、栩栩如生的人物形象，是小说和剧作的主要特征。中外经典名著中那些鲜活生动的人物形象不胜枚举。他们仿佛真的曾经在世间活过一遭，并永久地留在人们的记忆中。很多文学艺术塑造的人物形象符合人性的真实，能形成震撼人心的力量，具有刻骨铭心的艺术感染力。

通过物象和事象的描绘，形成深刻反映事物本质的意象，也是语言艺术所擅长的。《易经·系辞上传》有言："书不尽言，言不尽意……圣人立象以尽意。"这一方面是说语言有其局限性，难以完全陈述言说者欲表达之意，另一方面是说可以用描述意象的方式达到直白语言的难尽之意。《易经》可谓运用象思维表达哲理的经典，如"鼎折足，复公餗，其形渥，凶"。此象用来揭示"德薄而位尊，知小而谋大"将会带来的后果。这是从广义上来理解的"形"与"象"。艺术语言描绘的意象，能表达出远超于字面的意义。如马致远《天净沙·秋思》描绘的意象："枯藤老树昏鸦，小桥流水人家，古道西风瘦马。夕阳西下，断肠人在天涯。"人从诗词中感悟到的东西永远比能够说出的要多。意象是一种含有特定意义的语言形象，是作者"寓情于物"的艺术手段，也是精神内容和物质形式的统一体。

（二）虚拟性

文学作为一种审美活动，须采用特殊的艺术手段，通过想象和联想，构造不同于现实生活的虚拟情境。文学世界本质上不是真实的世界，它不是现实的复制，不是历史的记录。虽然要以现实为基础，需要采用生活素材，融合生活体验，但又必须得按照审美的理想选择，改造这些素材和体验，塑造审美意象。文学作品中的人物、事件、情节大多都是作家虚构的，不是对事实的报道。即使是历史题材的作品，虽然主要人物、主要事件要大体符合史实，但人物性格和内心活动以及细节必须虚构，进行想象创造，而且对历史事件和人物的评价和解释，作者有很大的自由度。所以《三国演义》中的曹操不同于《三国志》中的曹操，前者是文学形象，作者有权把他丑化为白脸奸臣；后者是历史人物，必须给予客观评价。抒情文学的世界也是虚拟的，虽然抒发的情感必须具有真实的基础，但它已经被审美化了，不同于现实的情感，它更深切、更纯洁、更美好。由于审美理想的作用，文学描绘的世界偏离了现实世界。古典主义的世界，是崇高与卑下对立的理性世界；浪漫主义的世界，是反叛的、幻想的、激情的世界；现实主义的世界，是非人道的悲惨世界；现代主义的世界，是陌生的、异化的、非理性的世界……文学的虚拟性又给人以真实感，让人们对虚构的世界信以为真，为之感动。在艺术欣赏过程中，由于主体与客体的融合，对象意识成为自我意识，这才会有共情。人们会相信作品中的主人公是活着的人，甚至会与作品中的人物同悲欢、共命运。

（三）典型性

“典型”（model）一词来自拉丁文modus，其词根mod表示模型、式样。文学形象是通过某一单个的形象反映某一类人或某一类环境的，因此个别的典型中蕴含着“类”的存在。文学典型指的是艺术作品之中那些具有高度典型性的形象体系，是寓共性于个性、寓普遍性于特殊性、寓必然性于偶然性的艺术形象。典型人物和典型环境都属于文学典型。文学塑造的典型形象来自生活又高于生活。它不同于哲学的抽象，也不同于科学的归纳，它是以“一”来体现“多”的。歌德说：“人是一个整体，一个多方面的内在联系着的能力的统一体。艺术作品必须向人的这个整体说话，必须适应人的这种丰富的统一整体，这种单一的杂多。”[①]别林斯基认为没有典型化，就没有艺术。黑格尔在《精神现象学》中使用“这一个”[②]来表达对个别事物具体的感性认识。恩格斯给敏·考茨基的信中引用这一概念说明文学典型的特点：“对于这两种环境的人物，你都用你平素是鲜明的个性描写给刻画出来了；每个人都是典型，而又有明确的个性，正如黑格尔老人所说的‘这一个’，而且应当是这个样子。”[③]文学典型有别于“类型”，前者的普遍性符合事物本质的规律性，后者的普遍性只是数量上的总结或统计的平均数，其中不免带有许多偶然的、非本质的东西。典型作为“一般与特殊的统一”这条大原则之下的一种事例，近代以来将其重点放在特殊性上。而关于典型化应该从一般出发还是从特殊出发，近代美学家有不同看法。歌德和车尔尼雪夫斯基主张从特殊出发，黑格尔和别林斯基主张从一般出发。首先提出这个问题的是歌德：“诗人究竟是为一般而找特殊，还是从特殊中显示一般，这中间有一个很大的分别。由第一种程序产生出寓意诗，其中特殊只作为一个例证或典范才有价值，但是第二种程序才特别适宜于诗的本质，它表现出一种特殊，并不想到或明指到一般，谁若是生动地把握住这特殊，谁就会同时获得一般而当时却意识不到，或只是到事后才意识到。”这里指出了从概念出发与从现实出发的区别。在特殊中显出一般，即从现实生活出发。但是否一切特殊都可以显出一般？歌德说，“我们应从显出特征的东西开始”，“诗人须抓住特殊，如果这特殊是一种健全的东西，他就会在它里面表现出一般”。所谓“显出特征”就是排除偶然，见出本质；所谓“健全”就是“达到自然发展的顶峰”，是一个事物本质的“完满显现”。显然，歌德的观点是排除了自然主义，而站到现实主义方面。[④]文学典型所揭示的真理、真相十分深刻，不仅与读者尚处于感性状态的生活体验相一致，还能帮助读者把他对生活的体验提高一步，从而在更深层次上理解和把握本质意义。从某种意义上说，文学所塑造的典型更真实，而有些生活在实际中的人，常常给人以虚假的感觉。

---

① 转引自朱光潜：《西方美学史》，北京：人民文学出版社2002年版，第677页。

② [德]黑格尔：《精神现象学》，贺麟、王玖兴译，北京：商务印书馆1979年版，第63-73页。

③ 朱光潜：《西方美学史》，北京：人民文学出版社2002年版，第691页。

④ 转引自朱光潜：《西方美学史》，北京：人民文学出版社2002年版，第686页。

（四）特征性

文学语言追求美感，要形象、具体、鲜明、生动，具有情感力量，要绘声绘色、声情并茂，力戒苍白而无生气的表述，这些特点通常落实在具体特征的描写上。“特征”或“特性”是最重要的艺术表现手段。黑格尔在《美学》中谈到，要对艺术美作出判断，必须把一切注意力投注于构成本质的那些个别标志上去，因为正是这些标志组成那个别事物的特性。特征性作为艺术原则，通过形式、运动、姿势、仪容、表现、地方色彩、光和影、浓淡对照等具体细节来体现。特征性包含着这样的内容：某种情感、境界、事件、行动、个别人物等，还包含表现内容的方式。特征是组成本质的那些个别标志，是艺术形象中个别细节把所要表现的内容突出地表现出来的那种妥帖性。[①]也就是说文学典型既要具有贯穿其全部活动的、统摄其整个生命的总特征，又要通过局部特征反映和形成总特征。特征可以是一句话、一个细节、一个场景、一个事件、一个人物、一种人物关系等。特征是能够揭示本质的那些性质，一个特征就可以代表整体。如陆游的《示儿》把临终的一句遗言变成千古名篇；契诃夫把“打喷嚏”这个细节生发成一篇名扬四海的小说——《小公务员之死》；杜甫的《兵车行》通过一个场景，留下了大唐帝国穷兵黩武给人民带来严重灾难的历史画卷；鲁迅通过人血馒头治痨病这件事，揭示了中华民族深刻的历史教训和悲剧命运的根源。任何一个特征，经过作家的独特表现都可以产生不朽之作。

（五）生命性

这里所说的生命性，是指文学创造的艺术形象具有生命的活性，即它是独特的，有个性和主体性，是与具体时空密切相关的有机整体。黑格尔把每一个人都看作这样的整体。他还提到艺术形象的所谓“普遍的有实体性的力量”，“这些力量需要人物的个性来达到它们的活动和实现，在人物的个性里这些力量显现为感动人的情致。但是这些力量所含的普遍性必须在具体的个人身上融会成为整体和个体。这种整体就是具有具体的心灵性及其主体性的人，就是人的完整的个性，也就是性格”[②]。谈到《伊利亚特》中的阿喀琉斯，他这样说：“关于阿喀琉斯，我们可以说：‘这是一个人！高贵的人格的多方面性在这个人身上显出了它的全部丰富性。’荷马所写的其他人物的性格也是如此，例如俄底修斯，第阿莫德，阿雅斯，阿伽门农，赫克忒，安竺罗玛克，每个人都是一个整体，本身就是一个世界，每个人都是一个完满的有生气的人，而不是某种孤立的性格特征的寓言式的抽象品。”[③]生命从本质上说，就是整体关联的生态系统，人与生存世界有着千丝万缕、错综复杂的关联性。人的本质就是社会关系的总和。文学作品，尤其是小说中的人物，尤具这一根本特征。文学作品的生命性可以从不同的维度和层面来认识。从人物形象来看，其生命性体现于他和生存世界的全部联系上。他有自己的情感、态度、价值观，有丰富的内心世界，有灵魂，有意志，有自己特定的生活方式，也有着与生存世界里的人和事之间各种各样的复杂关系，其思想情感和言行举止，都体现着其

① [德]黑格尔：《美学》（第1卷），朱光潜译，北京：商务印书馆1979年版，第22页。

② 朱光潜：《西方美学史》，北京：人民文学出版社2002年版，第689页。

③ 伍蠡甫、胡经之主编：《西方文艺理论名著选编》，北京：北京大学出版社1985年版，第522页。

作为一个主体性的生命所具有的本质特征。从另一个层面看，文学作品的生命性指它作为一个文化生命而活着，当然这指的是获得了生命力的文学作品。它跨越遥远的时间和空间，永远活在人们心中。哈姆雷特、罗密欧与朱丽叶、林黛玉、保尔·柯察金等，他们作为一种文化生命，他们都活着，并获得了永恒的意义。生命性的一个重要特征是绵延和连续性，复制和再生就是生命的绵延。文学作品能从遥远的古代流传至今天，能从遥远的国度流传到中国，不知已经复制了多少次，这足以证明它获得了生命，并且是能够跨越遥远时空的强有力的生命。

（六）文学语言的自由度

语言艺术刻画艺术形象的手段是非常灵活的，它所反映的生活也是丰富多彩的。与其他艺术形式相比，文学较少有时间和空间的限制，它不局限于具体的直感的形态，因而可以从多方面以多种方式来展示广阔而复杂的社会人生。复杂的社会关系和丰富的内心世界都可以通过艺术形象得以表现。可与其他艺术形式作一比较：绘画和雕塑提供的是绝对静止的平面和立体的瞬间形象，尽管作者选择的是神情和动作最富有生发性的瞬间，纵然是巨幅画卷，用以表现流逝的时间、发展的事物和变化的生活，难度仍然很大；音乐和舞蹈长于抒情，拙于叙事和刻画人物；戏剧、电影、电视剧在时空方面优于造型艺术和表演艺术，但作为综合艺术，最终是要在舞台上、银屏上塑造艺术形象的，不能不受到时间、空间的约束。而文学所使用的语言文字是最自由灵活、最具可塑性、使用最方便的一种材料。语言可以用来描述生活世界的一切联系，它不受时间和空间的限制，不受听觉和视觉的限制，能从宏观、微观，动态、静态，实存、虚拟，确定、模糊，以及色、形、声、味、神等各个方面和各种角度全方位地描述世界。它能叙事，也能表情。勾勒广阔多变的社会生活、立体地刻画各种人物及个性、深入人复杂微妙的内心世界、表达丰富的思想感情等都是语言艺术自由驰骋的领地。当然，使用和欣赏文学语言要经过一定的体验，要有语言功底，还要有丰富的生活。

（七）作者与读者的共创性

对文学语言的解读是感知艺术形象的基础，而解读文学语言是一个很复杂的过程，既需要逻辑思维，也需要形象思维，既需要想象力和丰富的内心世界，也需要生活。用语言创造的艺术形象，在阅读的过程中可以被再创造。解读本身就是一种再创造。再好的语言，也有言不尽意的时候。而好的语言艺术，通常会给人留下巨大的想象空间。因此同一部文学作品，不同的读者会有不同的理解。正如鲁迅所说："一部《红楼梦》……单是命意，就因读者的眼光而有种种：经学家看见《易》，道学家看见淫，才子看见缠绵，革命家看见排满，流言家看见宫闱秘事……"[①]作者选取某一生活原型作为文学创作的来源，其中反映了作者的人生观、价值观、思维方式、情感、生活阅历等，这一系列可以视作个体特定文化过程之结果的个体素质，都参与了文学创作的过程。但是，当一幅文学情景呈现于读者面前时，他所看到的、想到的、感受到的，与作者的原意是有

① 鲁迅：《鲁迅全集：集外集拾遗补编》（第 8 卷），北京：人民文学出版社 1981 年版，第 145 页。

极大的差别的，有时甚至大相径庭。

文学还有很多重要特性，如意识形态性、阶级性、民族性、党性、人性等。有人认为文学就是“人学”，人是文化塑造的，文学则以活的整体性形象再现了人的文化过程。它与那些被理性分割的原理和道德说教等意识形态的根本不同之处，就在于其生命感与整体性。文学所创造的情景是一个活的生境，具有多维度、多向度、多层次的丰富性，又具有生命联系的有机性、随机性、复杂性和不确定性，而这一切也正是文学作品的魅力所在。

三、文学作品的内容和形式

文学作品的内容指的是文学作品的内在本质和意蕴，是作家审美理想和思想情感的体现，也是文学作品所反映的客观生活和作家审美评价的有机统一。文学作品的内容与对象要加以区别。文学的描写对象可以是全部人类社会生活。这是一个如汪洋大海般广阔的领域，任何个人都无法企及全貌，作者只能反映自己所体验到的社会生活和人类思想情感的某个方面。文学作品的内容就是作品所反映的社会生活的某个方面。内容不只是一定客观现实生活的再现，还蕴含着主体对其所体验到的文化过程的价值判断。因为作品是通过作家主观意识的加工而呈现出来的，因此，文学作品的内容要从两方面考察：一是现实生活，二是作者的观念。两者之间是相互联系和渗透的。譬如作者对素材的选取，是在一定价值观引导下进行的，而作者所看到的现实生活，也正是其价值观形成的影响要素。两者之间在一个互动的过程中统一起来。

（一）文学作品的内容

文学作品的内容要素包括题材与素材、主题、情节等。

1. 题材与素材

作家在生活中积累起来而未经加工的文学创作原始材料称为“素材”。这些素材是作家亲自经历过、体验到或见过和听过的人和事。鲁迅曾说过：“作者写出创作来，对于其中的事情，虽然不必亲历过，最好是经历过……我所谓经历，是所遇，所见，所闻，并不一定是所做，但所做自然也可以包含在里面。”（《且介亭杂文二集》）素材是丰富的、生动的，但也是比较粗糙的和原始的，或是片段的、零碎的、不系统的东西。随着进一步的思考和认识，现象之间的意义关联不断加强，再通过对积累的生活素材进行选择、集中、加工、改造等之后，就会成为文学作品的题材。所以，题材就是作品中所描写的社会生活，它是作家在一定世界观的指导下，通过选择和加工而在作品中呈现的主题材料。素材是没有经过加工的原始材料，题材是加工创造的产品。

2. 主题

主题是作品描绘的社会生活现象所显示的贯穿全部作品的中心思想或基本情感。主题是作品的主要题旨，正如李渔在《闲情偶寄》中所说，是“作者立言之本意”。作家描写某一生活现象，总要表现一种态度：赞扬、歌颂或反对、揭露。这种态度、感情和思想贯穿在全部作品之中，它把作者所理解的生活世界的意义连接到一个中心，一切都是围绕它而组织起来的。主题不能简单理解为只是主要事实、主要事件或主要生活现象，它包含着作者意识形态的渗入和价值与情感的表达。

主题是作品的头脑和灵魂，题材是作品的血和肉，主题是通过一定的题材展示出来的。作品所描绘的生活情景、事件的选择、人物的刻画、结构以及时空序列安排等，都是以主题为根据的，服从主题表达的需要。高尔基在《和青年作家谈话》一文中说："主题是从作者的经验中产生，由生活暗示给他的一种思想，可是它积蓄在他的印象里还未形成，当它要求用形象来体现时，它会在作者心中唤起一种欲望——赋予它一个形式。"主题带有深刻的意识形态烙印。有人认为，超阶级、超时代的"永恒主题"不存在，这是个可以讨论的问题，不能绝对化。譬如，爱情、生命、战争与和平等。

3. 情节

情节是展示人物性格、表现人物间相互关系的一系列生活事件的发展过程。高尔基说："文学的第三个要素是情节，即人物之间的联系、矛盾、同情、反感和一般的相互关系——某种性格、典型的成长和构成的历史。"[①]

情节是人物性格在时间和空间中展开的过程，有什么样的人物和人物关系，有什么样的人物性格，就会产生什么样的情节。情节发展的结果就是人物性格发展的结果。情节不是随意编造的，是由事物发展的必然逻辑所支配的。鲁迅在《〈阿Q正传〉的成因》一文中谈道："其实'大团圆'倒不是'随意'给他的，至于初写时可曾料到，那倒确乎也是个疑问。我仿佛记得，没有料到。"由此可见，作品中的人物是按照自己性格的逻辑发展着、变化着，于是就出现了各种各样的情节。文学作品中的矛盾冲突主要表现为性格冲突，一是人物自身性格的成长和形成；二是特定人物之间的性格冲突，即透过一定的人与人之间的社会关系展示复杂而尖锐、隐伏或显露的形形色色的性格冲突。

情节展开的过程可从起始、酝酿、高潮、结局来认识。情节还有如下特点：情节可以虚构，但要求有真实性，这可以说是一种现实性；忌讳千篇一律、情节雷同、平淡无奇，那样就会陷入公式化和概念化的泥淖；新颖、奇特才有个性，有个性才有生命；善于运用巧合，"无巧不成书"，情节的巧合之妙就在于其"出乎意料，又在情理之中"；情节应具有引人入胜的效果，要生动、耐人寻味，这样才会具有魅力。

（二）文学作品的形式

文学作品的形式指的是内容的组织方式和外在表现，包括结构、语言、表现手法等。

文学作品的结构是指作家对作品中人物、事件、场面等所作的整体安排，也就是作品内容的组织形式。艺术形象是一个生命整体，结构必须服从于生命整体性特征。柏拉图指出："每篇文章的结构应该像一个有生命的东西，有它所特有的那种身体，有头尾，有中段，有四肢，部分和部分，部分和全体，都要各得其所，完全调和。"[②]结构安排所遵循的原则：一是层次性，有主次、详略、虚实、先后、隐显等不同的形式；二是服务于主题，要为塑造人物形象服务；三是结构要完整和统一。

---

① [苏]马克西姆·高尔基：《论文学》，孟昌、曹葆华、戈宝权译，北京：人民文学出版社1980年版，第335页。
② [古希腊]柏拉图：《文艺对话集》，北京：人民文学出版社1980年版，第150页。

文学作品的语言指作家用以塑造艺术形象所使用的语言，作为一种表达形式，其特点首先是形象性，给人以如闻其声、如见其人的具体实感；其次是情感性，文学作品重在以情动人，慷慨悲歌、闲情逸致、喜怒哀乐等情绪的表达，通常使用能引起人相应的心理反应的语言；再次是表达通感，运用语言在不同的感觉之间架设意义的桥梁，如描绘色彩和线条中的节奏和旋律、节奏和旋律中的色彩和线条等；最后是语言自身的节奏和韵律，这主要用于诗词曲赋等。文学作品的语言有人物语言和叙述人语言之分，前者指作品中人物的对话或独白，尤能体现人物个性特色；后者指作者叙述故事情节、描写场景，以及抒发感情、发表议论的语言。

文学作品的表现手法多种多样，从语言修辞的角度来看，有比喻、象征、反讽、比拟、借代、摹状、夸张、对偶、婉转等；从语言的音律角度来看，节奏、格律、反复、押韵等都是常用手段；从内容和形式来看，有描写、叙述、抒情、议论等。

（三）文学作品的体裁

文学作品的体裁通常指一些具体样式，如诗歌、散文、小说、戏剧、影视文学等。较古老的体裁分法为韵文和散文。国外根据塑造形象的不同方式把文学体裁分为叙事类、抒情类和戏剧类三种。五四时期以来国内曾通行四分法，根据形象构造、结构形式、语言运用、表现方法的不同特点，把文学体裁分为四大类。影视文学是文学形式在当代的拓展，它正以迅猛的发展凌驾于以往一切形式之上。

诗歌的基本特征是抒情言志、凝练精美、富于节奏和韵律等，其主要种类可从不同的视角来认识：从内容表达方式来看，有叙事诗、抒情诗；按照作品语言的韵律和结构形式，可分为格律诗、自由诗和散文诗。

散文泛指一切不讲究骈偶和押韵的文章，包括无韵的文学作品和非文学类的其他著述。散文的特点如下：一是取材广泛，内容丰富，可寄情山水，托物言志，也可描写凡人小事，以见大义；二是自由灵活，手法多样，可叙述、可议论、可抒情，也可夹叙夹议，不拘一格，挥洒自如；三是形散神聚，饶有诗意；四是语言简洁，短小精悍。散文可分记叙性散文（报告文学、传记文学、游记等）、抒情性散文、议论性散文等。

小说的最大特点是不受时间、空间的限制而反映广阔的社会人生。小说有三个基本要素：人物、情节、环境。小说的基本特征如下：一是丰富细致的人物刻画；二是复杂完整的故事情节；三是具体生动的环境描写。小说可分为长篇小说、中篇小说和短篇小说，当前还流行微型小说（微型小说也称"微观小说""超短小说""一分钟小说""袖珍小说"。它是随着时代节奏的加快和现代媒体的发展而出现的一种新兴的小说形式。不超过一千五百字，却要具备小说的一切要素。它篇幅微小，摄取生活中的一个片段、一个镜头、一个插曲、一个瞬间，深刻反映社会意识形态，表达思想感情。它不求全面，只选取一个侧面，"以一目尽传景山"。它构思巧妙，情节单一，具有内在节奏，为读者提供联想的广阔天地。它以白描为主，语言简洁、生动、精练）。

戏剧文学是指供舞台演出的剧本，它可供阅读，但更主要的是根据演出需要而创作，必然受表演艺术的条件制约。戏剧文学的基本特征如下：一为高度集中地反映社会生活；

二为强烈的戏剧冲突；三为动作、语言的有机结合；四为舞台艺术的综合运用。戏剧文学按照内容的性质可分为悲剧、喜剧和正剧（又称悲喜剧、严肃戏剧）；按篇幅大小分为独幕剧和多幕剧；按表演形式分为话剧、歌剧、舞剧和戏曲；按地域分布有京剧、评剧、豫剧、晋剧、越剧、湘剧、粤剧、川剧、滇剧等。

影视文学是电影文学和电视文学的合称，主要指电影剧本和电视剧本。两者有相对独立的艺术形式，但也有着共同的本质特征。影视艺术的基本特征是：第一，高度综合性（包括建筑、雕塑、音乐、美术、工艺、摄影等多种要素和空间的要素的整合），具有极为丰富的艺术表现手段，可突破时间和空间限制反映广阔的社会生活；第二，通过银幕和屏幕展现动态画面，塑造视觉形象，具有鲜明的直观性；第三，电影和电视影像可大量复制，受众面广，具有高度的普及性和大众性；第四，电视连续剧更有容量大，可表现波澜壮阔的宏大场景等特征；第五，蒙太奇艺术手法的运用（“蒙太奇”来自法语，原是建筑术语，意味着结构、装配。在电影艺术中指影片镜头的剪辑与组合，可以最大限度地发挥想象力的作用）。

四、文学欣赏与文学批评

文学欣赏与文学批评是文学活动中的两个重要方面，两者之间有区别也有联系，审美认识是文学欣赏和文学批评的共同基础。对文学欣赏过程来说，除了审美认识，还有对作品的创造性理解；对文学批评过程来说，在审美认识的基础上还要对作品作出鉴别和评论，对其价值和意义作深度的挖掘。因此，两者都需要以认识的深度和广度作为基础。与欣赏相近的概念是鉴赏，鉴赏是批评的基础，批评又能使鉴赏深化和提高。文学批评是文学活动中最活跃的部分，它从欣赏和鉴赏出发，又反作用于它们。它能影响作家认识或再认识文学创作的本质意义，也能通过对作品的分析、评论，影响读者对文学的鉴赏和理解，从而使作品充分发挥其社会功能。体现了时代精神的、有思想深度和艺术高度的文学批评，不仅对同时代个别作家、作品起到支持、鼓励和指导作用，还对同时代作家的创作思想、创作倾向产生很大影响，甚至能改变一代人的文学风尚和创作风格；不仅能提高读者的接受能力和艺术趣味，还能帮助和促进一定时代审美理想的形成和建立。

（一）文学欣赏的性质和特征

文学欣赏是人们在阅读文学作品、把握艺术形象的过程中，通过感知、情感、想象和理解等一系列心理机能的活跃而形成的认识、体味、玩赏的审美活动，是一种特殊的精神活动。文学欣赏的这种审美认识活动的性质，表现在以下三个方面。

第一，文学欣赏是一种审美享受。审美享受是一种精神上的愉悦，是读者在阅读作品过程中，通过解读艺术形象，其感知、想象、理解等心理功能被调动起来，在对形象的体味、认识、理解中，获得精神上的自由、超脱和逾越。感同身受是这一审美活动的重要特点。

第二，文学欣赏是一种再创造。文学塑造的形象之所以有生命，是因为那形象所存在的环境是一个生境，生境是一个生态的环境，所有具有适应性的生命都可以存活其中。这是一种虚构生命的自由空间。语言所塑造的形象，本有言不尽意的时候，情景所引发的想象就是再创造。

第三，文学欣赏须有悟性。通过文学语言塑造的形象，需要一种领悟的能力方能欣赏其美与高雅。对一个作品“读不出味道”的情况是常有的，一方面可能作品本身枯燥乏味，另一方面是读者本人存有缺憾，生活体验缺乏和知识面狭窄、悟性差等都可能是重要原因。如果在经典名著的阅读中出现读不出味道的情况，就要检查自身的问题了。

（二）文学批评的含义和标准

文学批评就是以一定的文学观念、文学理论为指导，以文学欣赏为基础，以各种文学现象和文学活动（文学作品、文学创作和文学接受等）为对象的评价和研究活动。“批评”一词来自西方，原意为判断和评论，后来引申为批评、鉴定、审定等意思。

在中国，先秦时期人们阅读文学作品开始偏重于好坏、美丑、爱憎等方面的直感判断。孔子从文学社会功能方面提出了“兴、观、群、怨”说，孟子总结我国初期的文学批评经验时提出了“知人论世”“以意逆志”等批评原则。魏晋南北朝时期，文学创作进一步繁荣发展，文学批评经验不断积累，出现了曹丕的《典论·论文》、陆机的《文赋》、刘勰的《文心雕龙》和钟嵘的《诗品》等著作，为建立完整的文学批评理论作了理论准备。唐宋以后，文学批评领域出现了大量的对诗话、词话、曲话以及对小说、戏曲等的评点，形成了中国特色的文学批评。西方的文学批评始于古希腊时期，从柏拉图的《理想国》、亚里士多德的《诗学》到古罗马贺拉斯的《诗艺》、朗吉努斯的《论崇高》等，再到文艺复兴时期但丁的《论俗语》，对史诗戏剧等文学在作用、类型、结构、语言等方面提出了影响深远的理论观点。在18～20世纪初期，涌现了大批重要的文学批评家，如布瓦洛、狄德罗、莱辛、歌德、席勒、黑格尔、泰纳、波德莱尔、别林斯基、尼采等，在此期间，马克思、恩格斯的文学批评是19世纪现实主义历史批评发展的高峰。20世纪至今，又出现了精神分析批评、现象学批评、结构美学主义批评、解释学批评、解构主义批评、新历史主义批评、后殖民主义批评等理论，持有这些观点的人，他们或从重要的作品出发，或从自己的创作实践出发，提出了深刻的理论见解，创造了影响至今的批评思想及批评模式。

由此可见，文学批评有着悠久的历史，它既来源于文学实践，又指导着文学实践。而且，从中外古今众多理论家的论述来看，文学批评和文学评论可以说是一个意思，都指的是对作家、作品的分析与评价。

文学批评有两个标准：第一，思想标准。文学作品的思想性是指文学作品所蕴含的思想意义和作者价值观。思想标准总体要看是否真实地反映了某一时代、某一特定文化背景中的现实生活，是否深刻揭露了社会生活的本质，是否体现了人类进步与发展的方向。如评价以往时代的作品，要看其是否具有进步的意义，是否体现了时代精神，其中民族性、人民性总是首先要看重的。第二，艺术标准。艺术标准是衡量文学作品艺术性高低优劣的尺度。艺术性是看它是否成功地创造了艺术形象或意境，在艺术上所达到的完美程度和对读者的感染力。艺术形象应是生动的、有真实感的。生动真实是艺术性的标准。

艺术性还体现在独特性和创造性上，这些是与生命的本质特征相关联的，没有生命的作品也就失去了艺术性。如果一部作品没有自己的独特性和创造性，只不过是按照某种模式或者公式制造出来的，那就成为虚假的生命，就如当今的文化工业，按照技术的标准所制造出来的作品一样。

第二节　文学的形态发生与发展

对于文学的形态发生与发展，不同立场观点的人看问题的视角相异，得出的结论也大相径庭。康德从德国古典唯心主义立场出发，认为文学艺术是不涉及欲望和利益的“自由的艺术”，是“出自天才的艺术”，而天才具有“天生的心理的能力”和“天生的创造功能”。对文学的形态发生学考察会使我们看到，最早的文学作品，亦即文学最初的形态发生，并非来自某个天才，而是史前漫长的世纪里无数无名作者的共创。黑格尔在《美学》中把美定义为“理性的感性显现”，文学的发展在他的学说中自然毫不例外地也是“绝对理念”的显现，这是一种头足倒置的发展观。虽然他对美学理论有不可磨灭的历史贡献，但他难以揭示文学发生发展的真实脉络。马克思和恩格斯创立的辩证唯物主义和历史唯物主义理论，在人类历史上第一次科学地阐明了社会存在和社会意识、生产力和生产关系、经济基础和上层建筑之间的关系，发现了人类社会发展的基本规律，为正确地阐释文学的本质和发展规律奠定了理论基础。基于这样的立场和观点，才有可能正确地认识文学的形态发生与发展。

一、文学的形态发生

关于文学的形态发生，我们能够知道的事实就是，史前时期在没有文字的时代，借助口头语言代代相传的神话故事和民间古歌的存在。文学存在的发生学考察，不同于关于艺术源头的推理，后者没有确切的证据可考，只能靠逻辑推理。而文学因其是语言艺术，其源头自然与言说有关。口语是人类演进的活化石，因此，借口头语言得以流传的故事、古歌、民谣等，无疑是最可靠的证据。

如前所述，人类文化经历了从巫性文化向理性文化的过渡，这是一个漫长的历史时期，到了所谓“人类文明的轴心时代”，人类才告别巫性文化，进入理性的时代。中国最早的传说、故事可追溯至上古时代，“上古、中古、下古”之说从野蛮时代到文明定型跨越数千年的时间。有些说法认为最初的文学是从巫术和神话脱胎而来，然而人类不可能一开始就有巫术，我们需要拷问的是，巫术又是怎么产生的？可以合理推知的是，在巫术尚未发展起来之时，一定有传说存在。传说的内容可以是族群中某个成员的一项发明创造，它使族群因那项发明创造而获得生存与发展的便利；或是某个聪明睿智的个体率领族群与入侵的敌人进行英勇战斗从而获得了胜利；或者是某个成员为族群的繁衍生息作出了贡献，等等。这一切都会赢得族群的爱戴与敬仰，并被当作英雄的事迹来传颂。以至于经过了一代又一代口口相传之后，传说就会变成神话。中国最远古的传说有

“燧人氏钻燧取火”“有巢氏筑巢为穴”“神农尝百草”等，尽管年代无法确定，但这些传说是可信的并且可以作出合理的解释。而完全被当作神话的传说如“盘古开天地”“女娲抟土造人”“羿射九日”“精卫填海”“共工怒触不周山”等，今人已经无法想象这些文化符号究竟是如何产生的，也难以给出合理的解释。然而若说这些全然是虚构的、空穴来风的无稽之谈，似也有不妥。这些被神化的传说显然不能被视为巫术。事实上，它们是由生存的现实而生发的联想，具有隐喻的意义，而隐喻，正是我们赖以生存的思想和行为所依据的概念的基础。《我们赖以生存的隐喻》一书指出：“我们的概念系统大部分是隐喻——如果我们说的没错的话，那么我们的思维方式，我们每天所经历所做的一切就充满了隐喻。”[①]隐喻的价值只是在最近的一些研究中才被充分认识到，而隐喻的源头则可追溯到远古人类生存世界的各种关系——人与人、人与自然的关系。再看西方最著名的《荷马史诗》，其原始材料是公元前几千年的漫长世纪里积累起来的古代歌谣、神话传说和英雄故事，是在口头文学的基础上形成的，它反映了古希腊史前时期的生活面貌，具有极大的艺术价值和文化研究价值，其中同样充满着隐喻。由此来看，文学的形态发生，源头之一就是传说故事。传说一开始可能是极其简单的事件描述，但在传递和传播的过程中，不断被人们以理想化的内容和细节进行再加工，不断地加以丰富和完善,人们的审美理念和价值追求都通过再加工的过程附着在传说故事的原型之上，如此一来，理想的故事最终发展成为神话。马克思《政治经济学批判》导言中有段经典的论述：“任何神话都是用想象和借助想象以征服自然力，支配自然力，把自然力加以形象化”，是“透过人民的幻想用一种不自觉的艺术的方式加工过的自然和社会形式本身”。任何想象必须有现实的基础，离开生存现实，人是无法凭空想象和编造出那些神话来的。这就是说透过那些神话，我们可以知道那个时代的人们在想什么。而他们所想的也正是他们所缺乏的，他们所缺乏的也正是在那个时代生存所面临的挑战。上古神话是人类“童年”时代生存状况的反映，是后来发展起来的文学艺术的萌芽。

诗歌的源头也是口头流传的古歌，而那些古歌通常直接就来自生产、生活中的知识、经验和智慧。中国古代典籍中记载了很多来自民间口头流传的古歌。如《吴越春秋》中提到的《弹歌》：“断竹，续竹；飞土，逐宍。”这是一首源于劳动的原始歌谣，说的是砍断竹竿，弯连成弓，弹出土石，逐击禽兽。用“飞土”来射击禽兽，可见歌谣所描述的事象发生在弓箭发明之前，而弓箭的发明意味着蒙昧时代的高级阶段。《易经》六十四卦中的卦辞也是来自古歌，如《易经·屯卦》六二：“屯如，邅如，乘马班如。匪寇，婚媾。”屯如，邅如，班如，都是逡巡不前的样子。一伙人乘着马逡巡不前，他们不是来抢劫，而是来求婚的。再如《易经·贲卦》六四：“贲如，皤如，白马翰如。匪寇，婚媾。”贲，意为装饰、文饰。初九“贲其趾”，六二“贲其须”，意指青年人文饰脚趾，老年人文饰胡须。“皤如”是洁白的样子，“翰如”是飞奔的样子。一伙人文饰彩色，骑着白马飞奔。他们不是来抢劫，而是来娶亲的，意在告诉人们不要误会。

表述和合之境的如《易经·中孚》九二：“鹤鸣在阴，其子和之。我有好爵，吾与尔靡之。”

① [美]乔治·莱考夫、马克·约翰逊：《我们赖以生存的隐喻》，何文忠译，杭州：浙江大学出版社2015年版，第1页。

有学者考证，六十四卦每卦都用了古歌做卦爻辞。如《需卦》为“等待之歌”，《比卦》为“亲近之歌”，《履卦》为“慎行之歌”，《大有卦》为“丰收之歌”，《随卦》为“追捕之歌”，等等。[①]这些卦爻辞古朴凝练，句末多以同字或同韵相押或相和，尽管由于年代久远很难复现原始的发音，但其语言魅力仍耐人寻味。这些古歌是比《诗经》更早的口头文学，古歌的发现颠覆了“圣人作易”的传统认识，也是对唯心主义文学史观的批判。

通过上述对文学的形态发生学考察，当能意识到，尽管艺术的源头不止一个，但最早的文学艺术形式无疑是古歌和故事传说，它们来自民间，从生产和生活的实际中生发，是集体的创作，经由口头流传，承载着远古时代人类生存的价值和意义，也体现着语言艺术的审美意蕴。虽然它们还不是后来严格意义上的文学，但无疑那就是文学的起始点。

二、文学发展观

文学的发展首先体现为其从所产生的文化母体中分离出来并发展为一个独立的领域。中国文学独立的途径主要是从现实文化（历史、政治、伦理等）中分离出来，而西方文学的突出特点是从宗教的统治下解放出来。中国早期的叙事文学与历史文学是一体的，历史文学本身也带有文学性质，只是后来叙事文学独立了出来。先秦、两汉纯文学与实用文体未分化，晋代始有文笔之分，即纯文学与实用文体的区分。但文仍然不是指纯文学，而是杂文学，它包括一切具有审美特征的语言作品。纯文学的概念直到五四时期才从西方引进并确立，而纯文学的实践，从庄子散文、《左传》的历史事件描写和《史记》的人物传记，发展到《三国演义》《西游记》《水浒传》《红楼梦》等。早期的抒情文学也未与现实文化相分离，它并非专门的艺术创作，而首先是实用的手段，也没有专门的职业作家。《诗经》中的“国风”是民歌，是民间交往的手段，而情歌就是吸引异性的手段；“颂”则是庙堂礼仪的一部分，具有政治、宗教的功能。周代有采风制度，说明统治者更注重诗歌的政治、教化功能，并不把它当作纯粹的艺术品。随着人们审美要求的日益提高，文学就逐步与实用性相分离，而突出其审美功能。中国在晋代始有文笔之分，又经六朝文学的唯美主义反叛，文学才真正走向独立，其主要特点，一是出现了以文学创作为主要活动的作家群，文学家与史学家、政论家、学者有了较明确的区分，这在唐代已经很明显。作家成为职业是资本主义生产关系确立以后的事。二是文学体裁与实用文体分离，形成独立的团体。中国小说发端于历史传记、文人笔记，经由唐代传奇、宋元话本等诸形态，至明清定型为长篇的章回小说和短篇的笔记小说两种主要体裁。诗歌也脱离了实用性，成为一种审美作品，经文人加工演变得格律严整。三是雅文学从民间文学中分离出来，使文学摆脱了初级形态，汉代的乐府就是由民间歌曲经文人加工而成为雅文学的实例。小说、戏剧也是由民间形式转化而来的。

西方文学独立的途径是从宗教中分离出来。古希腊戏剧就与宗教仪式有关，如喜剧就发源于酒神节的宗教活动。中世纪文学更成为宗教的婢女。随着社会的发展，宗教的统治崩溃，文学才脱离宗教而独立。文艺复兴之后，出现了世俗文学，它们以强烈的人

---

① 黄玉顺：《易经古歌考释》，成都：巴蜀书社 1995 年版，第 3-10 页。

文精神反抗宗教蒙昧，开始了文学独立发展的历史。中国文学较少受到宗教的影响，但也有类似现象。如佛教传入我国初期，出现了宣扬宗教观念的“佛本生”故事，后来演变为世俗性的“俗讲”，并成为中国小说的渊源之一。

文学的发展也表现在内容和形式的发展上。文学既然是源于生存实际的艺术形式，就与社会的生产与生活密切关联，其内容和形式也会随着社会生活的发展变化而有相应的变化。

从内容上说，文学的内容是不断变化的社会生活内容的反映。原始社会生活的主要内容是生产（包括物质资料的生产和生命自身的生产），所以原始文学的内容都是表现人和自然的斗争，或捕猎动物，或种植农耕，而婚姻是关系种群繁衍生息的生产活动，自然也是原始文学要反映的现实。奴隶社会的文学内容则体现了遭受苦难和反抗剥削、掠夺及社会不公，如《诗经》中以大量篇幅体现的内容。封建社会则有揭露封建统治者丑恶面目、同情人民疾苦、歌颂人民反抗精神的作品，人物多样，表现手法复杂，如《水浒传》等。推翻封建制度的资本主义时代，其上升时期及其没落时期都出现了大量经典的文学作品，上升时期的作品主要表现人性的张扬，宣扬自由和人的解放，而后则又出现大量揭露资本主义罪恶的不朽经典。

从形式上讲，文学也随着人类社会生活的日益丰富而呈现多样化的表现形式。就诗歌来说，从原始诗歌的二言诗，发展为四言、五言、七言、自由诗，这都是为适应不断丰富的社会生活内容而发生的变化。从文学样式来看，由故事传说、诗歌，发展到散文、小说、戏剧、电影文学、网络文学等。形式的变化还体现在文学媒介随着技术的发展而产生的变化。最早的文学媒介是通过口头语言实现的，创作通过口头，传播通过口头，复制和再生产也通过口头。之后文字的发明使文学转为书面形式，文学也开始发生质的变化。随着印刷术的发明，文字大为普及和流行，极大地促进了文学的发展。而当今时代，随着全球化进程和数字媒体的出现，大众媒介和网络媒介又为文学提供了更大的发展机遇和空间。总的来说，随着社会的发展，文学的内容和形式都在不断地变化。不断丰富的内容呼唤着新的表现形式，新的表现形式也促进着文学内容在人类生活的广度和深度上进一步拓展。

文学发展的历史很难有一个统一的描述模式。不同的文学传统和随着时代演进而来的文学思潮，使文学的连续性不断地被分割和中断。每个民族都有不同于其他民族的文学传统，这些文学传统由不同的文学模式构成。在同一个传统内，文学延续发展，而在不同的传统内，文学连续性中断。例如西方文学传统有古希腊文学传统和希伯来文学传统，二者转换互补。古希腊文学传统具有人本主义的、理性的、客观的、写实的倾向，表现为古希腊罗马文学、文艺复兴及古典主义文学、现实主义文学等。希伯来文学传统具有超世俗的、非理性的、主观的、幻想的倾向，表现为中世纪文学、浪漫主义文学、现代主义文学等。很明显，两种传统互相交替，不同思潮不断更迭，文学历史的连续性就因此中断。不能简单地说中世纪文学延续并发展了古希腊罗马文学，文艺复兴及古典主义文学延续并发展了中世纪文学，浪漫主义文学延续和发展了古典主义文学，现实主义文学延续和发展了浪漫主义文学，现代主义文学延续和发展了现实主义文学，等等。恰恰相反，各自属于不同文学传统的文学思潮互相对立，文学历史就表现为一个思潮对另一个思潮反叛、取代的过程，如中世纪文学是对古希腊、罗马文学的反叛，文艺复兴及古典主义文学是对中世纪文学的反叛，浪漫主义文学是对古典主义文学的反叛，现实主义文学是对浪漫主义文学的反叛，现代主义文学是对现实主义文学的反叛，它们之间的连续性、继承性关系是跳跃式的。同样，中国文学也存在着两种文学传统的对立互补、交替转化，如由《诗经》开创而至汉唐确立的北方文学传统或平民文学传统，以及由《楚辞》开创而至六朝确立的南方文学传统或贵族文学传统，两者之间的关系也不是连续和继承的关系，中国文学的历史也不是连续发展的。

然而，文学的历史发展是连续性与非连续性的辩证统一。不同文学思潮之间的转化，在对立、反叛的同时，也有着某种连续性和继承性，只是它表现为跳跃式而非直线式的关联。还有，文学历史受社会发展的制约，社会发展的规律也必然影响和制约着文学的发展，在这一点上，突出地体现了文学历史的共时性。从社会历史中可以找到文学发展的线索，如前所述各个不同历史时期的文学内容的共同特点，就是共时性的体现。由古典文学到现代文学的演变，总体是受社会历史发展的规律制约的。

三、中外文学史略要

（一）中国文学

中国文学已经走过的历程，不能以有文字记载为准。如前所述，早在没有文字的时代，就已有口头流传的故事和民间歌谣，那是文学的最初形态。最先发展和完善起来的文学形式之一就是诗歌。约在公元前6世纪，相传由孔子编订了诗歌总集《诗经》。其特色是：四言句式为主，重叠反复。公元前4世纪在楚地兴起了一种新诗体——楚辞，其形式为杂言体，句末多以感叹词“兮”字结尾，以屈原的《离骚》为典范。“风”“骚”（《诗经》中的《国风》和《离骚》）开创了中国文学现实主义和浪漫主义的诗歌传统。汉魏六朝，乐府诗步入诗坛，五言诗成熟，七言诗兴起，在声律和丽辞方面取得了长足的进步。到了唐代，诗歌发展进入鼎盛时期，五言、七言律诗成熟，出现了李白、杜甫、白居易等闻名后世的大诗人。到了宋代，诗歌又取得了显著的成就，出现了苏轼、陆游、辛弃疾等一大批诗人。在南宋时期民族矛盾尖锐的情况下，爱国主义成为诗歌的基调。元明两代诗歌相对衰落，明代诗歌创作流派众多，提出了“复古”“独抒性灵”等创作主张。清代诗歌注重借鉴前代，追求创新，使古典诗歌又有所发展。

词，原被称为“曲”或“曲子词”，是一种音乐化的文学样式。它起源于民间，中唐以后逐渐流行。五代十国时，中国第一部文人词选集《花间集》问世。到了宋代，词受到社会各阶层的普遍欢迎，达到了可以和唐诗并列的中国文学的另一座高峰，出现了苏轼、辛弃疾等一大批词人。宋词分婉约和豪放两派。南宋后期，词逐渐失去了和乐的能力。

散文也是中国文学的正宗，其渊源可以追溯到商代的甲骨卜辞与稍后的铜器铭文。随着巫官文化向史官文化的转变，出现了专门记录商周时代王公言辞、政令的《尚书》，它标志着散文的开始。《尚书》之后，散文分别向偏重于记述的历史散文（如《左传》《国语》《战国策》等）和偏重于论说的诸子散文（《论语》《老子》《孟子》《庄子》

等）发展，形成了蔚为壮观的先秦散文，这一时期散文形式已基本确定。汉代散文继承战国时期散文的传统，又有着辞赋化的倾向，司马迁的《史记》达到了史传文学的高峰。汉以后散文在形式上发展为古文与骈文两大类，魏晋六朝骈文兴盛，散文式微，而自中唐古文运动后，古文渐渐确立了它的统治地位，代表作家有“唐宋八大家”。到了明清，沿着散文发展的轨迹而产生的小品文，颇有独特的魅力。

小说、戏曲是在元明清时代迅速发展起来的。中国古典小说的源头可推至上古神话和史传，但真正的文学创作则始于魏晋小说。魏晋南北朝小说有志怪、志人两大类，它们对后代的笔记小说有深远的影响。到了唐代，传奇小说奇峰突起，作家开始有意识地虚构作品。唐传奇在情节结构、人物描写等方面已达到很高的成就。与此同时，民间的说话艺术也开始发展，到宋代产生了成熟的话本小说。经过上述发展阶段，明清时代出现了《三国演义》《水浒传》《红楼梦》等优秀的长篇章回小说，标志着古典小说达到了高峰。戏曲的萌芽通常被认为是在先秦，经过唐参军戏和宋杂剧、金院本的阶段，到元杂剧而臻于成熟，涌现出关汉卿、王实甫等戏剧大师，出现了《窦娥冤》《西厢记》等一批不朽的作品。之后进一步演变为明清传奇，代表作家及作品有汤显祖的《牡丹亭》、孔尚任的《桃花扇》等。清末以迄近代，传奇、杂剧衰落，代之勃兴的是民间地方戏曲。

中国现代文学是指从1917年开始倡导文学革命到1949年7月第一次中华全国文学艺术工作者代表大会（简称“文代会”）召开这一时期的文学。五四时期是现代文学的发端，“民主”与“科学”是新文化运动的两面大旗。在文学上提出“反对旧文学提倡新文学、反对文言文提倡白话文”，反封建成为鲜明特色。鲁迅短篇小说集《呐喊》和《彷徨》、郭沫若的《女神》、胡适的《终身大事》等都是具有代表意义的作品。1928～1937年是无产阶级文学运动期，中国左翼作家联盟（简称“左联”）与右翼作家有激烈的斗争。茅盾的《子夜》、巴金的《家》、老舍的《骆驼祥子》、沈从文的《边城》等小说，以及曹禺的《雷雨》《日出》等剧作是这一时期最有影响的力作。从1937年“七七事变”到1949年中华人民共和国成立，由政治形势的影响而区分为国统区文学和解放区文学。钱锺书的《围城》、丁玲的《太阳照在桑干河上》、周立波的《暴风骤雨》等长篇小说影响较为突出，郭沫若的话剧《屈原》和解放区的歌剧《白毛女》也有较大影响。

中华人民共和国成立后文学发展经历了三个时期：

1949～1966年为第一个时期，在“大跃进”“三反”“五反”等政治运动的影响下，文学的发展也左右摇摆、曲折反复。产生广泛影响的作品，长篇小说有梁斌的《红旗谱》、杨沫的《青春之歌》、罗广斌和杨益言的《红岩》、曲波的《林海雪原》等；著名的散文作品有杨朔的《荔枝蜜》和《雪浪花》、刘白羽的《长江三日》等；戏剧创作有老舍的《龙须沟》和《茶馆》等。

1966～1976年为“文化大革命”时期，代表“革命文艺”的八个样板戏：京剧《红灯记》《沙家浜》《智取威虎山》《奇袭白虎团》《海港》，还有芭蕾舞剧《红色娘子军》、《白毛女》，交响音乐《沙家浜》，追求艺术形象的高、大、全，从而极大地限制了文学艺术的发展。手抄本是这一时期汹涌的暗流。据说“文化大革命”中后期有上百种手抄本流行，《一只绣花鞋》《绿色的尸体》《金三角的秘密》《第二次握手》《别墅魔影》《少女之心》等都是流传较广的手抄本。手抄本的流行有许多值得深思的意义，它折射出社会的深刻矛盾，反映出意识形态的高度复杂性，也在一定程度上体现了文学顽强的生命力。

1979 年 10 月第四次文代会的召开是中国文艺发展史上的重要转折关头。随着改革开放和思想解放的浪潮，文艺开始复苏并出现繁荣景象。诗歌方面有三次浪潮：现实主义诗歌兴起，如艾青的《光的赞歌》、雷抒雁的《小草在歌唱》等；朦胧诗崛起，代表作有北岛的《问答》、舒婷的《祖国啊，我亲爱的祖国》和《致橡树》等；新生代涌现的作品有廖亦武的《情侣》、韩东的《有关大雁塔》、李亚伟的《硬汉们》等。小说方面的发展最为活跃，出现了新时期伤痕小说、反思小说、改革小说、寻根小说、知青小说、探索性小说等多种题材的作品，如刘心武的《班主任》、王蒙的《布礼》、古华的《芙蓉镇》、蒋子龙的《乔厂长上任记》、冯骥才的《神鞭》、张承志的《黑骏马》、莫言的《红高粱》等。

（二）外国文学

外国文学中主要讲解西方文学，其发展历史一般可分为古代文学、近代文学和现当代文学三个时期。古代文学包括上古文学和中古文学两部分，从原始社会末期到文艺复兴之前，主要包括原始时代、封建时代的文学。近代文学的发展从 14～16 世纪文艺复兴时起，到 1914～1918 年第一次世界大战止。这是资本主义时代的文学，主要内容为五大潮流的更替。现当代文学是 1917 年十月革命以后的文学，主要包括 20 世纪批判现实主义文学、无产阶级文学和西方现代派文学三个方面。

古希腊文学是欧洲文学光辉的开端。古希腊是人类发展最典型、最完美的童年时代。希腊神话想象瑰丽，丰富多彩。荷马史诗《伊利亚特》《奥德赛》是欧洲叙事诗的典范。喜剧、文艺理论也都有创新和发展。古希腊悲剧和喜剧理论至今仍是戏剧家和文艺理论家经常谈论的话题。其后的罗马文学几乎全盘继承了古希腊文学，它虽然很少创新，但它是古希腊文学与后世欧洲文学的桥梁。

到了中世纪，在基督教神学的精神统治下，文学成了神学的婢女，教会文学占了统治地位。民间英雄史诗、骑士文学、城市文学虽有所发展，但整个文坛显得萧条。

从中世纪后期开始，世界文学发展出现了影响深远的新变化。欧洲掀起了延续两百多年的波澜壮阔的文艺复兴运动。其后又出现了一个接一个的文化运动和文学潮流——古典主义、启蒙运动、浪漫主义、批判现实主义，这些文化运动和文学潮流在欧洲各国此伏彼起、互相应和，哺育了一批又一批的文学巨人和巨著。

意大利是文艺复兴的发源地。但丁是意大利中世纪文学的伟大代表，又是文艺复兴的先驱，代表作有长诗《神曲》等。继但丁之后，彼特拉克的“十四行诗”《歌集》、薄伽丘的短篇小说集《十日谈》，共同为意大利文学增添了光辉的一页。

法国在文艺复兴时期虽然只产生了少数几位举世闻名的作家拉伯雷，其代表拉伯雷作有长篇小说《巨人传》，但此后勇于革新，不断突破，成了西欧文学的佼佼者：古典主义在这里产生，启蒙运动在这里的声势最大，浪漫主义在这里硕果累累，批判现实主义也是在这里发轫。如莫里哀的古典主义戏剧，孟德斯鸠、伏尔泰、狄德罗和卢梭的启蒙主义作品，雨果、乔治·桑、大仲马的浪漫主义小说，从司汤达、巴尔扎克到福楼拜、梅里美，再到左拉、莫泊桑的批判现实主义文学，都为人类文学作出了巨大的贡献。

英国是西方近代文学的另一代表，它在文艺复兴时是后起之秀，但后来居上。莎士比亚以《威尼斯商人》《哈姆莱特》等多部戏剧杰作使人文主义文学跃上高峰。近代作家从斯威夫特、菲尔丁到拜伦、雪莱直到伏尼契，作品体裁多样、思想深刻。值得一提的是，19 世纪在产生大批杰出的现实主义作家如狄更斯、勃朗特姐妹、萨克雷、盖斯凯尔夫人的同时，英国又最早出现了工人文学——宪章运动文学。

西班牙文学在文艺复兴时进入了黄金时代，塞万提斯的长篇小说《堂吉诃德》与维加的戏剧《羊泉村》交相辉映。

德国也发生了“狂飙突进运动”，出现了歌德、莱辛、席勒等作家，进入了文学的光辉时代。

当西欧文学的发展开始放慢时，中、南欧和北欧文学带着裴多菲、安徒生、乔万尼奥里和易卜生的名字步入世界文坛，尤其是俄国文学方兴未艾。19 世纪俄国文学是世界文学史上的一大奇迹。在不到百年的时间里，出现了普希金、果戈理、别林斯基、冈察洛夫、屠格涅夫、车尔尼雪夫斯基、陀思妥耶夫斯基、托尔斯泰和契诃夫等一系列光辉的名字，这些作家把批判现实主义文学逐渐推向了高峰。

美国文学历史最短，但它奋起直追，带着霍桑、惠特曼、马克·吐温、欧·亨利、杰克·伦敦等一批作家的名字跻身世界文学先进之林。

到了近代，十月革命开辟了文学的新时代，高尔基所奠基的苏联社会主义文学取得了伟大的成就。在 20 世纪，与无产阶级文学并存的，还有以法国的罗曼·罗兰、德国的托马斯·曼、英国的萧伯纳和美国的德莱赛为代表的批判现实主义文学。此后，在当代西方，又涌现了许多形形色色、标新立异的现代派文学。

四、20 世纪西方现代文学流派

现代文学流派并非泛指所有现代西方文学，而是指 19 世纪以来的反传统文学，主要有后期象征主义、意识流小说、表现主义、超现实主义、未来主义、存在主义、垮掉的一代、荒诞派戏剧、新小说派、黑色幽默文学等流派。

（一）现代文学流派形成的新特点

第一，用表现代替再现。现代派文学认为艺术是表现和创造而不是再现和模仿。表现手法的特点是打破正常的时空顺序，运用自由联想、隐喻和象征的方法，曲折地表现自己的思想感情。

第二，注重瞬间的、复杂多变的情绪和印象，挖掘深层次的、潜在的意识世界。主观性与内向性是其最重要的标志，以表现人的意识见长。

第三，追求新奇的表现形式。语言上，一反传统语言习惯，运用自然的、不连贯的、即兴写出的语句，用口语、成语、熟语，尤其是作家杜撰的语词，蓄意对抗普通语法，如生造词汇、歪曲拼写等。情节安排上，一反传统的思维习惯，如把从外界得来的一个形式的格局强加在叙述者身上；撷取“生活的片段”；开头突如其来，结尾猝不及防；用意识的延续代替形式的延续等。

（二）文学流派简介

1. 后期象征主义

20 世纪 20～40 年代盛行于欧美，其特点是重主观幻觉而轻客观描写；重艺术想象而轻现实再现；重暗示启发而轻直意抒情；强调把人们的视线从外部物质世界引向内部的精神世界，并用象征的方法暗示作品的主题和事物的发展，表达作者隐蔽的思想情绪和抽象的人生哲理。代表作家及作品有英国艾略特的长诗《荒原》、法国瓦雷里的长诗《海滨墓园》等。

2. 意识流小说

以表现意识流动为主的小说，20 世纪初兴起于西方。以直接表现人物的各种意识过程，特别是潜意识过程为主要特征，多采用“自由联想”和“内心独白”的方式，带有较大的主观随意性、跳跃性，讲求语言、文体和标点的创新。代表作家及作品有爱尔兰乔伊斯的《尤利西斯》、法国普鲁斯特的《追忆逝水年华》、美国福克纳的《喧哗与骚动》等。

3. 表现主义

20 世纪初至 30 年代流行于欧美，特别是德国和奥地利。该流派提出艺术应是艺术家先于经验的主观表现和潜意识的发泄，要用主观感受的真实去代替客观存在的真实。因此，在艺术上常任意扭曲客观事物的外部形态，用以外化和强化主观的思想感情，或采用象征、隐喻的手法去表现某种抽象的观念，具有内在性、抽象性和力度感的特点。代表作家及作品有奥地利卡夫卡的小说《变形记》、美国奥尼尔的剧本《毛猿》等。

4. 超现实主义

20 世纪 20 年代兴起于法国。主张超越现实，超越理性和传统的文艺规范。主张“无意识的书写”，强调对幻觉和梦境的记叙，常常打破语言常规，随意排列和转移意象等。代表作家及作品有法国布勒东的小说《娜嘉》、阿拉贡的小说《巴黎的农民》、艾吕雅的诗《痛苦的都城》《爱与诗》等。

5. 未来主义

20 世纪初出现于欧洲。该流派从物质生成角度观察社会，将都市化、工业化和高速度视为现代和未来社会的时代精神，声称要建立一种赞美运动、速度、音响和力量的“新的、未来的艺术”，为此它否定传统文化，赞美机器文明，提倡“城市动力学”，着重表现主体的“直觉”和“下意识”，在形式上刻意求新。代表作家及作品有意大利马里内蒂的戏剧《他们来了》、俄国马雅可夫斯基的《穿裤子的云》等。

6. 存在主义

第二次世界大战后广泛盛行于欧美各国，思想基础为存在主义哲学，有精神的哲理性、直觉的真实性、环境的规定性、奇特的新人性等特点。代表作家及作品有法国萨特的小说《恶心》、加缪的哲理小说《鼠疫》等。

7. 垮掉的一代

第二次世界大战后美国出现的第一个现代派文学流派，其成员蓄长发、穿异服、吸毒、乱交、反对一切传统，要求个人的绝对自由，其作品多反映这种混合着消极反抗与自暴自弃的思想情绪。该流派在艺术形式上打破各类文学体裁的限制，取消诗歌的格律，抛弃小说的情节结构，强调感觉的自发流露、“自发写作”。代表作家及作品有凯鲁亚克的小说《在路上》、巴勒斯的小说《裸体午餐》等。

8. 荒诞派戏剧

20 世纪 50 年代起源于法国、流行于西欧。该流派常常以喜剧的方式表现悲剧的主题，表现人的荒诞感、异化感、幻灭感，其总体艺术特征是反戏剧。常用破碎的舞台形象、奇特的道具功能、语无伦次的梦呓语言、荒诞夸张等表现手法。代表作家及作品有法国尤涅斯库的《秃头歌女》、贝克特的《等待戈多》等。

9. 新小说派

20 世纪 50 年代兴起于法国，后遍及欧美。该流派反对以往一切小说的传统，追求技巧上的革新。只注重写物，不塑造人物，不构思情节；打破时空观念，叙事方式相互交替、复杂多变；借用绘画法来创作小说；作品只给暗示，不给答案，让读者参与创作。代表作家及作品有罗布-格里耶的《橡皮》《窥视者》、娜塔丽·萨洛特的《陌生人肖像》等。

10. 黑色幽默文学

20 世纪 60 年代风行于美国。艺术风格上的突出特色是一种特殊的幽默，即在绝望中发出笑声，在嘲讽中含有寓意，它寓真实、哲理于荒诞之中，以表现批判荒谬社会的主题；其作品常常移用自然科学理论作题材，着重塑造非英雄化形象；用时间旅行法等反小说的形式，讲求语言的革新。代表作家及作品有约瑟夫·海勒的《第二十二条军规》、托马斯·品钦的《万有引力之虹》等。

第三节　当代文学热点话题及发展趋势

文学是一个巨大的文化存在，全面了解和把握文学领域的现实状况及未来发展趋势是很难的。我们只能从一些侧面或某个方面的讨论中来认识当代文学的一些特点。

一、中国当代文学概念讨论

“中国当代文学”这个概念本身引发了无数讨论。三个核心概念——“中国”“当代”“文学”成为议论的焦点。首先，“中国文学”概念的自足性受到质疑，传统意义上的“中国文学”甚至并不包括“现代文学”和“当代文学”。我国港澳台文学怎样入史，华文文学能否入史，少数民族文学如何入史，这些都是文学史编撰要考虑的问题。其次，“当代文学”起点时间存在不确定性，学者根据特定时间观念或者特定文学形态标准，提出了不同的“当代文学”时间起点，从最早的“革命文学”（1928 年）至最晚的新世纪文学（2000 年），这些起点以 1949 年为界不断地“前行”或“后移”。最后，在文学书写、传播、阅读方式发生深刻变革之后，人们对“文学”概念的认识也变得日益丰富，因而不仅出现了“通俗文学”“非虚构作品”“网络文学”是否“入史”的争议，还出现了中国当代文学“通史”与“分类史”关系问题的探讨。以至于有学者认为，只要“中国当代文学”概念存在，那么对这个概念的假设、辨析、求证、追问就不会终结，甚至当这个概念为其他概念所取代后，先前“中国当代文学”概念及其所指代对象的相关研究也会继续。①

二、文代会制度与文学事业发展

人们一般将 1949 年 7 月第一次文代会当成“中国当代文学”的起点，并将之视为“现代文学”与“当代文学”的分水岭。第十次文代会于 2016 年 11 月在北京召开。几十年来文代会制度直接地影响了中国当代文学观念的变迁、当代文学体制建构、文学创作以及文学研究的理论方法。文代会结束之后，经过与会代表的一致表决形成的大会报告、大会决议成为指导文学艺术创作的方针政策。中国当代文学的发展经历了革命、建设与新时期的多个阶段，要全面了解其发展过程，可从历届文代会资料得到相关信息。当前中国社会发展已经进入一个全新的历史时期，第十次文代会达成的共识充分体现了文学事业与国家物质文明建设和精神文明建设目标的高度一致性。“文运同国运相牵，文脉同国脉相连。”以人民为中心的文学创作导向得到确立；坚持为人民服务、为社会主义服务，坚持百花齐放、百家争鸣，坚持创造性转化、创新性发展等原则得到强化；振奋民族精神，复兴民族文化，反映时代精神等主体意旨突出而鲜明。可以预见，一批反映中国现代化建设和最新时代精神的作品将会如雨后春笋般涌现出来。

三、文学创作和文学研究中的“70 后”和“80 后”

当今活跃在文学领域的，主要是由“70 后”和“80 后”构成的文学研究者群体和创作群体。文学批评领域中大量的期刊文章出自“70 后”和“80 后”，他们的意见和观点成为文学批评的时代最强音。在作家群体中，“70 后”的文学创作渐渐为文坛所瞩目，闫海田的《徐则臣获奖引发 70 后热潮》指出了这一现象。“70 后”很有可能成为未来十年内中国文学创作的中坚力量。“80 后”的文学创作则一直刺激着文学市场的兴奋点和文学批评的神经。“80 后”青春写作在文坛中出现最早是在 20 世纪末期，指的是出生于 20 世纪 80 年代的从事写作的年轻群体，其代表人物为韩寒（《三重门》）、许佳（《我爱阳光》），之后是郭敬明和张悦然，他们在网络文坛中拥有的读者数量和市场份额甚至和一些著名作家平分秋色。“80 后”作品的主要改变之一是中国人形象发生了变化。对于国内以往文学作品中的中国人形象而言，大多是农民形象、阿 Q 形象、朱老忠形象和陈奂生形象等，但是“80 后”作家中具有乡土经验的年轻作家较少，因此描绘乡

① 罗长青：《理解“中国当代文学”概念的三个维度》，《江苏师范大学学报（哲学社会科学版）》2015 年第 5 期。

村故事的越来越少，转而对中国城市进行描写，使得“乡土中国”逐渐转变成为“城市中国”。改变之二是借用传统文学的思想和艺术资源，特别是对于底层文学而言，如曹征路的《那儿》和《问苍茫》、胡学文的《向阳坡》和《命案高悬》等，就是从底层的视角来看待整个世界的变化；再如方方的《涂自强的个人悲伤》、石一枫的《世上已无陈金芳》、文珍的《录音笔记》等，对于“失败的青年”予以了高度的关注，这也是当代文学中具有症候性的现象之一。[①]文学舞台上的“70后”和“80后”引起人们的广泛关注，不仅是因为这个群体年富力壮、精力旺盛、事业心强，还因其经历了中国社会巨大转型所积聚的精神财富而显示出事业上的成熟且富有的经验，充满着时代精神并具有深刻的洞察力。他们在一定程度上代表着中国文学的未来。

四、网络文学及其未来走向

1998年各大中文网站上都在转载一篇名为“第一次亲密接触”的小说，书中两位主人公“痞子蔡”和“轻舞飞扬”的故事一时被广为流传。这篇小说被人们视为网络文学的开端。20多年的时间，网络文学以迅猛的势头得到了飞速发展，并以其广泛的传播力影响着人们的生活。

据有关资料统计，截至2016年底，中国网络文学用户规模已达3.33亿人，国内各文学网站的签约作者超过了250万人。[②]网络文学正在改变着我国文学发展的总体面貌，且可能成为未来文学的主流，正成为与美国好莱坞、日本动漫、韩国演艺并驾齐驱的“世界级文化产业现象”。由网络文学衍生出的产品带来的经济效益非常可观，在首届中国“网络文学+”大会上，公布了这样一组数据：国内40家主要网络文学网站发表的作品已达1400余万种，并有日均超过1.5亿文字量的更新。支撑上述数字的写作者超过1300万人，其中相对稳定的签约作者已近60万人。由网络小说改编的影视、游戏、动漫、有声读物及其他衍生品带火了文化娱乐市场，打造出以网络文学为源头的“互联网+”产业。网络文学呈现井喷式的繁荣景象，成为互联网新的经济增长点。[③]与此同时，传统文学界也以积极主动的姿态和网络文学展开“对话”。2017年，第一家网络文学研究院、第一个中国网络作家村相继诞生，各省市网络作家协会纷纷出现。中国作家协会网络文学中心宣告成立，被认为是网络文学“主流化”的标志性举措，预示着原创网络文学将迎来全新的发展机遇。

网络文学是以互联网为展示平台和传播媒介，借助超文本链接和多媒体演绎等手段来表现文学作品、类文学文本及含有一部分文学成分的网络艺术品。它是随着互联网的普及而发展起来的。网络文学可从三个层面理解：第一，从广义上看，网络文学是指经电子化处理后所有网上的文学作品，即凡在互联网上传播的文学都是网络文学，这种网络文学同传统文学仅仅只有媒介和传播方式的区别；第二，网络文学是指发布于互联网

① 肖颖：《当代文学学术前沿问题研究》，《散文百家（新语文活页）》2017年第5期。

②《网络文学产业步入红利期：用户超过3亿，市场规模达90亿元》，http://www.xinhuanet.com//2017-08/14/c_1121481917.htm。

③ 李若冰：《网络文学：数字出版时代的舞者》，《学周刊》2018年第3期。

上的原创文学，即用电脑创作、在互联网上首发的文学作品，这个层面的网络文学不仅有媒介载体的不同，还有创作方式、作者身份和文学体制上的诸多改变；第三，最能体现网络文学特点的是网络超文本链接和多媒体制作的作品，这类作品具有网络的依赖性、延伸性和网民的互动性等特征，不能下载作媒介转换，一旦离开了网络就不能生存，这样的作品与传统印刷文学完全区分开来，因而是真正意义上的网络文学。[①]由于借助强大的网络媒介，所以网络文学具有多样性、互动性和知识产权保护困难等特点。

网络文学的发展趋势，从内容上看，现实题材创作逐步增多。相关数据显示，从题材分布数量来看，主流网络文学平台的现实类作品占到总内容的半数以上，而在起点中文网和网易云阅读的占比甚至高达60%。在这一类型的作品中，最受读者欢迎的有都市生活类、现代言情类和悬疑推理类。[②]一些研究者认为，这意味着原本奇幻类作品“一家独大”的现象开始改变，多元化格局正在形成。预计在后续的发展中，基于读者不同需求的新题材、新类型的增速还会进一步加快。

网络文学的作者队伍呈年轻化趋势，新一代“大神”的崛起及新人作家的快速成长，已成为不容忽视的现象。有研究者认为，从创作规律和逻辑来看，“新生代”作者与已是“大神”级的作者并没有太大不同。“‘90后’‘95后’新作家更注重个性化表达，互联网文化对他们的影响也更深。他们的成长过程带给自身的体验和感悟，与‘70后’‘80后’是有明显差异的。”[②]而传统文学作家也在不断调整自己对网络文学的认知和心态。莫言曾多次提到，网络文学虽然仍有语言粗糙等缺点，但在情节上所下的功夫造就了它的可读性，“想象力永远是文学的翅膀”。在有关专家看来，网络文学就是今天的“通俗文学、大众文学”。还有评论者认为，网络文学与传统文学融合发展的趋势将越来越明显。

中国网络文学走向世界要靠两大要素支撑，一是优秀的原创平台，二是优质的原创内容。当前网络文学最大的问题是在资本加速进场之后，“过度商业化”对作品内容产生了干涉和干扰，“例如作品同质化、跟风严重，过度追求娱乐性迎合读者以及口水化、内容注水”，而长期的过度商业化更会造成网络文学最可贵的创新能力的缺失、创作活力的降低。过于哗众取宠的作品，也容易误导青少年读者，甚至出现“三观不正”的问题，例如，某些火爆网络的“霸道总裁文”，就被一些读者批评为存在拜金倾向和价值观扭曲问题。有专家强调：“正因为网络文学影响着如此广大的人群，它也担负着重大严肃的社会责任。必须把社会效益放在首位，必须把传播社会主义核心价值观作为根本追求。”[②]

当前，以数字化、网络化、机器自组织为标志的新技术革命，与蓬勃兴起的全球化运动交相呼应，展现出无比巨大的转型力量，推动着社会的深刻变革。新技术的浪潮冲击着一切领域业已建立的秩序，文学也毫不例外地面临着解构与重构。网络文学是智能集成（intelligent integration）、通俗文化（popular culture）与增值服务（value-added services）的统一体（简称IPV），这就是说，它集成人类智能与人工智能来满足大众日益增长的

① 欧阳友权：《网络文学前沿问题的学术清理》，《湖南师范大学社会科学学报》2005年第3期。

② 刘长欣、陶明霞：《网络文学20年：从“杂牌军”变身“国家队”？》，《南方日报》2018年1月11日。

精神文化需要，通过网络运营商所提供的平台产生增值服务。此前的文学都以人类智能为主导，无论口头文学、书面文学、印刷文学或广播电视文学都是如此。随着第四次工业革命带来的跃迁式突变，未来发展在很大程度上将与人工智能息息相关。网络文学所依托的信息网络将智能化当成自己的目标，人工智能技术所支持的写作实验已经有部分成果融入网络文学之中，写作可谓最需要创造性的工作之一，而今自动写作的技术已经开发出来，可以根据读者的特点和口味，生成相应风格的文章。据美国自动写作技术公司联合创始人克里斯蒂安·哈蒙德（Kristian Hammond）预测：到21世纪20年代中期，90%的新闻将通过算法生成，且其中大部分内容将完全不需要人的参与。①在未来的发展中，人机共同体协作发展将成为新的创作思路。②

2017年，国务院正式印发《新一代人工智能发展规划》，提出“三步走”目标，力争到2030年把我国建设成为世界主要人工智能创新中心。该规划明确提出在自然语言处理技术领域“重点突破自然语言的语法逻辑、字符概念表征和深度语义分析的核心技术，推进人类与机器的有效沟通和自由交互，实现多风格多语言多领域的自然语言智能理解和自动生成”。可以预料，人工智能对网络文学的颠覆性影响已成必然趋势，不但由机器自动生成的作品数量达到可观的比例，而且由机器来进行的自动化程序将涵盖查找、筛选、摘要、评价、排榜、推广、改编等文学作品生产的各个环节。

文学艺术向来属于上层建筑领域和意识形态范畴，文学创作也总是被视为高贵的精神劳动。然而，网络文学则降低了文学创作的门槛，不受题材和体裁的限制，不受传统文学范式的制约，文字和内容方面也有很大的自由度，只要不违背相关的法律法规，任何人都可以通过网络发表自己的作品，展示自己的才华，实现成为作家的梦想。新媒体的出现使文学进入了一个全民创作的新时代。

① [德]克劳斯·施瓦布：《第四次工业革命》，李菁译，北京：中信出版社2016年版，第43页。

② 黄鸣奋：《网络文学观念的多维性及未来走向——基于IPV、IPM和IPI的考察》，《徐州工程学院学报（社会科学版）》2018年第1期。

第五章　史　学

从广义来看，任何系统都有自身发展的历史，宇宙间万事万物的发生、发展、灭亡的过程，都有一个在时间上相互关联的序列。一般来说过去的就是历史，今天的存在就是以往全部历史的结果。然而，并非所有经历过的都能沉淀在我们的记忆中。时间去了哪里？记忆只能将生命中极小的一部分拾起来，逝去的生命中的大部分时光仿佛流进永远不可知的黑洞。在自然状态的生活中，我们记住了什么，也就以什么方式存在。记住仇恨，心中就隐藏着恶念；记住恩德，心中就长存仁爱。记忆什么是每个人自己的存在哲学。人类整体与人类个体对历史的记忆，相似之处是都受意向性作用的影响，不同之处在于：整体的记忆是一种不可用个体意志来解释的涌现现象。人类记住了什么，什么应该被记住？智者们的思考，铸就了人类的历史。然而，正是那些书写历史的人，在将那些有意给人看的东西呈现给人们的同时，也遮蔽了无数真实发生了的事情。历史中深深隐藏着人类思维的玄机。古往今来，最优秀的思想者的一切有价值的建树都基于对历史的思索，人类最高的知性也体现为对历史的觉悟。中国的哲人老子说：“执古之道，以御今之有。”思想巨人马克思告诉我们：只有历史才是真正的科学。史学所要做的，就是科学地解释历史。

第一节　历史、历史学、历史科学

历史学，简称史学，它是关于历史的学问，从根本上说，就是科学地解释历史存在。因此，对历史、历史学、历史科学三个核心概念的理解，是一个必要的逻辑起点。

一、历史

何为历史？中国原生语境中的“历”与“史”本非一词，繁体的“歷”字下部的“止”在甲骨文和金文中的字形为一只脚，整个字的合意表示人穿过一片树林。《说文解字》：“历，过也，传也。”“过”有空间位移之感，“传”有时间流动之意，因此，“历”表示经历时空的移动。“史”在《说文解字》中被解释为：“记事者也。从又持中，中，正也。”中国古代“史”字有三义：一为作史之人，二为事迹本身，三为事迹之记载。如《左传》有“楚左史倚相‘能读三坟、五典、八索、九丘’”；《礼记》有“动则左史书之，言则右史书之，不敢为非也”，《汉书》有“然自刘向，扬雄，博极群书，皆称迁有良史之材”，此皆为载笔之史家。又如李延寿之《南史》《北史》，脱脱和阿鲁图之《宋史》《金史》，皆是对一代事迹之记载。清末以来的新词“历史”一词的宽泛理解基本上包含了“历”与“史”的原有意义，同时“历史”的概念还表达了更多的意义。

我们今天常说的“中华文化有悠久的历史”，“鸦片战争，乃近世史中之大事”。这里的“史”，并非指某人表述的历史，也非历史书记载的历史，而是指事件本身。“史迹一经发生，即已存在，无法更正之，无法挽回之，故无须待史家之记载而始存在也。此所谓史，应包括所有曾发生之事迹（events），即以事件为本位之古今事迹之全体也。”①这里涉及一种对历史的深刻理解。历史有两重含义，一是系统本身演化的真实过程，是实实在在发生的事情；二是为具有某种文化背景的人所表述的历史，是对已经发生的事情所做的记录、陈述和对往事的思考。这就是说，在史籍之外，还有另外一种史迹存在。

对历史本质特性的认识，还可从学者们各种不同的看法中得到更多启示。

我国马克思主义史学先驱李大钊指出：“吾人自束发受书，一听见‘历史’这个名词，便联想到二十四史，二十一史，十七史，史记，紫阳纲目，资治通鉴乃至Herodotus，Grote 诸人作的希腊史等等。以为这些便是中国人的历史，希腊人的历史。我们如欲研究中国史，希腊史，便要在这些东西上去研究；这些东西以外，更没有中国史希腊史了。但是历史这样东西，是人类生活的行程，是人类生活的联续，是人类生活的变迁，是人类生活的传演，是有生命的东西，是活的东西，是进步的东西，是发展的东西，是周流变动的东西；他不是些陈编，不是些故纸，不是僵尸，不是枯骨，不是死的东西，不是印成呆板的东西。我们所研究的，应该是活的历史，不是死的历史；活的历史，只能在人的生活里去得，不能在故纸堆里去寻。”②这段话表达的核心思想是“著述的历史”与“真实的历史”是两种性质和意义完全不同的东西。

英国历史学家爱德华·霍列特·卡尔（Edward Hallett Carr，1892—1982 年）在其《历史是什么？》一书中表达了他的历史观，他“把历史当作一个不断前进的过程，历史学家则在这个过程之中随之前进”，认为历史学家的著作是他所生活于其中的那个社会的反映，是“由时间与地点在内的环境塑造成的”，“历史是历史学家跟他的事实之间相互作用的连续不断的过程，是现在跟过去之间的永无止境的问答交谈”。由于历史学家对于过去的解释，对于有意义的和有联系的东西的选择，是随着新目标在前进中不断改进的，因此他又说，历史是“过去的事件跟前进中出现的将来的目标之间的谈话”，“历史就意味着解释”。他的说法与荷兰历史学家盖尔（P. Geyl）所说的“历史是一场永无止境的辩论”一样，都充满了智慧且很精辟。卡尔的观点蕴含着辩证法：只有借助于现在，我们才能理解过去；也只有借助于过去，我们才能充分理解现在。③

意大利著名历史学家、哲学家、文艺批评家贝奈戴托·克罗齐（Benedetto Croce，1866—1952 年）提出了这样一个观点：一切真历史都是当代史。这句有名的格言的上下文是这样的：“作为每一历史判断的基础的实际要求，使得一切历史具有‘当代史’的性质，因为，不管这样详加记述的事件年代看来有多么久远，而实际上，历史所涉及的是当前的需要以及这些事件活动于其中的当前的局势。”④也就是说，历史主要在于以现

① 齐思河：《齐思河史学概论讲义》，天津：天津古籍出版社 2007 年版，第 4 页。

② 李大钊：《李大钊史学论集》，石家庄：河北人民出版社 1984 年版，第 197-198 页。

③ [英]爱德华·霍列特·卡尔：《历史是什么？》，吴柱存译，北京：商务印书馆 1981 年版，序言第 7 页。

④ [英]爱德华·霍列特·卡尔：《历史是什么？》，吴柱存译，北京：商务印书馆 1981 年版，序言第 17 页。

在的眼光，根据当前的问题来看过去。历史学家的主要任务不在于记载，而在于评价，因为如果没有评价就不知道什么是值得记载的。他的思想对科林伍德产生了重大影响。

英国哲学家兼历史学家科林伍德[①]（R. G. Collingwood，1889—1943年）对20世纪历史哲学作出了重大贡献，他的主要观点在《历史的观念》一书中进行了阐释。他在克罗齐历史观念的基础上提出："一切历史都是当代史，但并非在这个词的通常意义上，即当代史意味着为期较近的过去的历史，而是在严格的意义上，即人们实际上完成某种活动时对自己的活动的意识。因此，历史就是活着的心灵的自我认识。因为即使历史学家所研究的事件是发生在遥远的过去的事件，但对它们历史地加以认识的条件也还是它们应该在'历史学家的心灵中荡漾'，那就是说，它们的证据应该是此时此地就在他的面前而且对他是可理解的。"[②]"当代"是对历史作出叙述时所出现的一种思考状态。这种思考无疑是思想的现实化和历史化，并通过思想的历史化进而发现了历史学的真谛所在，即一切历史都是当代史。他认为："历史学家所研究的过去不是一个死的过去，而是在某种意义下仍然活在现在之中的过去。"这就意味着历史学家要去理解过去的行动背后的思想，在此意义上，"一切历史都是思想史"，"历史就是一个对这种思想的历史进行研究的历史学家，在自己脑子里把这种思想重新加以组织的过程"。而重新组织的过程支配着对事实的选择和解释:这的确就是使这些事实成为历史事实的关键所在。奥克肖特跟科林伍德在这一点上很接近，他说，"历史是历史学家的经验。历史不是别人而是历史学家'制造出来'的：写历史就是制造历史的唯一办法"[③]。

波普在《历史有意义吗？》一文中认为，"既然每一代都有它自己的困难和问题，因而也都有自己的兴趣和自己的观点，那么每一代就有权按照自己的方式来看待历史和重新解释历史，而这种方式是补前代之不足的……而且没有一种解释是最后的解释，每一代又有权来作出自己的解释"[④]。

英国历史学家汤因比（A. J. Toynbee，1889—1975年）说：历史是胜利者的宣传。我一直非常相信，有必要削弱胜利者所作的宣传的重要性。[⑤]此话不无道理，历史是由胜利者书写的，中国有句熟语：胜者为王败者寇，讲述的也是这个道理。梁启超认为"二十四史非史也，二十四姓之家谱而已"，说的也是同样的道理。

德国兰克学派开创者利奥波德·冯·兰克（Leopold von Ranke，1795—1886年）的治史名言是"陈述实际发生的事情"[⑥]，就是说要如实直书。他认为历史研究的目的就在于弄清事物的真相，还历史以本来面目。在他看来，客观上存在着一个不以人的意志为转移的历史客体，而这个历史客体是可以被认识的。但是，兰克不可能真正达到弄清历史真相的目的，原因在于他的社会历史观是唯心主义的。他虽然承认历史个体的客观

① 因译法不同，本书正文中采用"科林伍德"，脚注中以原书译法为准。

② [英]柯林武德：《历史的观念》，何兆武、张文杰译，北京：商务印书馆1997年版，第286页。

③ [英]爱德华·霍列特·卡尔：《历史是什么？》，吴柱存译，北京：商务印书馆1981年版，第18-19页。

④ 张文杰等编译：《现代西方历史哲学译文集》，上海：上海译文出版社1984年版，第184-185页。

⑤ [英]汤因比、[英]厄本：《汤因比论汤因比——汤因比与厄本对话录》，王少如、沈晓红译，上海：上海三联书店1989年版，第10-12页。

⑥ [德]兰克：《教皇史》，施子愉译，北京：商务印书馆1962年版，第3页。

实在性，却不承认人类社会历史发展有规律可循，不承认事物、现象之间存在着因果联系。相反，他认为历史只不过是精英人物的思想或动机表现出来的结果，而且最终是由上帝意志决定的，他认为冥冥之中有只看不见的“上帝之手”在操纵、主宰着人类的命运。上帝的旨意通过帝王将相等杰出人物来实现。所以在兰克的史书里，到处充塞着英雄和杰出人物的历史活动，而一般民众的社会活动却难以见到。可见，资产阶级客观主义史学虽承认客观历史的存在，但由于其唯心史观的局限，仍不能正确地认识历史客观性，从而不能揭示人类社会历史进程的真相。[①]

尽管历史学家对历史的精辟见解都有一定的道理和思想的深度，但都难免有其不足或偏激之处。历史相对主义会过分夸大人的认识的相对性以致陷入不可知论，从而导致否认客观历史的存在；历史客观主义也会因过分地夸大精英人物及其思想的历史作用，抹杀作为历史主体的人民大众的社会实践的作用，从而导致对历史的客观性作片面的理解。在史学认识论上极力强调排除自我，否认历史研究者的主观因素，这实际上是做不到的。

恩格斯以“合力论”来表达他的历史观：“历史是这样创造的：最终的结果总是从许多单个的意志的相互冲突中产生出来的，而其中每一个意志，又是由于许多特殊的生活条件，才成为它所成为的那样。这样就有无数互相交错的力量，有无数个力的平行四边形，由此就产生出一个合力，即历史结果，而这个结果又可以看作一个作为整体的、不自觉地和不自主地起着作用的力量的产物。因为任何一个人的愿望都会受到任何另一个人的妨碍，而最后出现的结果就是谁都没有希望过的事物。”[②]个体主观意志的作用不等于零，无数具有自主行为的个体间的相互作用融入了形成历史结果的合力之中。由此来看，历史也是一种“涌现”，由人与人之间相互制约和相互适应的关系发展出超越任何个体意志的社会秩序结构，这是可以用自组织动力学来解释的科学发展原理。将这个原理用于和谐社会建设，其逻辑起点必然要定位于构成社会的基本要素——个体成员身心素质的提高和完善。儒家倡导“格物、致知、正心、诚意、修身、齐家、治国、平天下”，这也是“以人为本”构建和谐社会的逻辑秩序。

马克思主义认为：“历史可以从两方面来考察，可以把它划分为自然史和人类史。但这两方面是密切联系的；只要有人存在，自然史和人类史就彼此相互制约。”[③]一方面，人从根本上是自然的一部分，必然要受自然规律制约；另一方面，人类活动也影响自然过程，这就是当今地球史被称为继“更新世”之后而到来的“人类世”的原因。一般来说，历史有广义和狭义之分，广义的历史包括自然史和人类史，狭义的历史仅指人类社会发生、发展的过程。历史学所研究的历史，指的是狭义上的历史。

二、历史学

历史学是一门关于人类社会以往运动发展过程的学问。一般说来，它包括历史过程的记录、历史经验的总结、历史规律的探讨和历史发展趋势的预见。人类所处的外部世

① 庞卓恒主编：《史学概论》，北京：高等教育出版社 1995 年版，第 9-10 页。

②《马克思恩格斯选集》（第 4 卷），北京：人民出版社 1995 年版，第 697 页。

③《马克思恩格斯全集》（第 3 卷），北京：人民出版社 1960 年版，第 20 页。

界是历史的存在，人类自身也是历史的存在。人类为了生存和发展，必须认识自身和周围的世界，而认识世界就是认识历史。于是，历史记忆、历史诠释、历史反思，对于历史资源自觉与不自觉的利用由此诞生，历史学亦由此源起。史学研究的永恒主体是“正确地和准确地描绘真实的历史过程”①。“寻找事实真相，也就是找一面反映历史的科学明镜。”②当然，至于记述的是不是真实的历史，无论谁的说法，都无法避免无休止的争论。科学的本质是要求客观，而历史的描述往往带有主观的印记。

历史学一般由史料、论述和理论三部分构成，史料部分是指那些为研究客观历史过程提供研究资料的学科，论述部分是指借助各种资料研究客观历史的通史、断代史或专史等，理论部分则是对史学本身进行理论性研究的学科，如史学概论、历史哲学、史学方法论等。

（一）以客观历史为研究对象的分支学科

按研究的空间范围来划分，有世界史、国别史和地区史。

按研究的时间跨度来划分，有通史、断代史。

按研究的历史活动领域来划分，有经济史、社会史、政治史、军事史、外交史、科技史、文化史、宗教史等。

分支系统的历史相互之间，它们与整体之间都存在着有机的联系。

（二）以历史资料为研究对象的分支学科

历史资料是我们间接认识以往发生的事件的载体，是解读历史的密码与符号。历史资料主要包括文字史料、实物史料、口碑史料与风俗习惯等，它们都是研究客观历史不可缺少的资料。历史研究必须建立在真实可靠的史料基础上。缺乏史料或史料不可靠，都不可能得出正确的结论。以文字史料为研究对象的史料学，在先秦和秦汉时期已有萌芽，后发展成为包括目录学、版本学、辨伪学、校勘学、辑佚学、考据学、训诂学等各门更为专门的学科在内的学科群。此外，与史料学关系最密切的交叉学科，还有历史文献学与考古学。

（三）以历史学本身为研究对象的分支学科

这些分支学科主要有史学史和史学理论。史学史是研究史学自身发生、发展历程及其规律的科学。它从纵向描述和总结史学领域内的各种现象，从而为史学勾勒出一个清晰的、有规律可循的轨迹，主要内容有以下几点。

1）历史意识、历史思想发生、发展和演变的过程的研究，主要研究历史观的演变；

2）史学认识方法论与方法论的纵向考察，包括历史学家对史学实践的理论探讨、方法论的总结；

3）对史学家及其著作的研究，涉及对史学家的生平、治学理念、史学成就、史学

① 《列宁选集》（第1卷），北京：人民出版社1972年版，第30页。

② [美]乔伊斯·阿普尔比、林恩·亨特、玛格丽特·雅各布：《历史的真相》，刘北成、薛绚译，北京：中央编译出版社1999年版，第59页。

思想的介绍和评说，对史著的体例、方法、理论、价值等的评价；

4）对史学思潮及史学流派的研究。

史学理论是史学对自身的理论和方法进行反思和认识的理论产物。它不是探讨具体的历史过程，而是对历史学的理论思考，包括史学本体论、史学认识论、史学方法论三个方面。

史学本体论又称历史本体论或历史理论，是关于人类社会历史的一般性质和特点的理论。核心问题是社会历史观。诸如，历史的客观性及发展规律，历史发展的动力及历史发展中的因果关系，评价经济、政治、思想、文化等因素在历史发展演变过程中的作用，阶级、个人及人民群众在历史发展中的作用，人与自然的相互影响，历史的多样性与统一性，历史的前进、曲折与反复，等等，都是历史理论涉及的主题。对于此类理论问题是否能作出科学的回答，从根本上决定着历史研究是否能反映客观历史真相。

史学认识论又称历史认识论，是人们对历史认识、历史知识的性质、特点等进行的理论探讨。关注的中心问题是：历史研究者的主体如何体现在史学认识之中以及它与客观历史的关系。一般说来，历史认识论要回答下列问题：历史认识怎样形成及如何成为可能，历史认识的特殊性，历史认识中主体与客体的关系，历史认识获得的真理的绝对性与相对性，历史认识的形式，历史认识与时代的关系，历史认识的检验标准，作为历史认识结果的历史著述对社会的影响，历史研究成果的社会功能，等等。

史学方法论是关于史学研究方法的理论探讨。它并非对具体的研究方式、方法的个别描述，而是从整体出发，对比各种史学方法的优缺点，弄清各种方法之间的内在联系，从而为史学研究提供方法论上的指导。它研究的问题主要有：史学方法的特性及其与其他社会科学方法、自然科学方法的关系；各种史学方法的适用范围、局限及其相互关系；历史写作的方式、方法或体裁、体例与研究内容的关系，等等。历史研究者只有对这些问题有了正确认识，才能提高研究工作的效率和研究成果的社会效益。

总的来说，史学研究包括历史本身、历史研究、对历史研究的研究。历史即人类走过的历程，须要对人类起源的形态发生及其后来的全部过程进行客观的描述。但究竟是否客观，是历史研究所要关注的。历史研究是对已有的记载进行研究，这些研究包括社会的、文化的、经济的、政治的视角，要赋予那些已经发生的事件意义，这些意义就是其对后来的连续过程究竟产生了什么影响。对历史研究所进行的研究，是以哲学高度思考历史研究中提出的一些理论性问题，在这个意义上，历史哲学、历史思想与史学理论所关注的是同样的问题。

三、历史科学

历史科学与历史学有所区别。在马克思主义产生以前，历史学对于历史过程的记述或对历史现象的解释从根本上说，并没有超出历史唯心论的范畴。以往的各种历史学著作要么囿于唯心史观而忽略客观的历史存在，要么过分强调客观性而忽略主体价值观和意识形态对历史表述的影响和渗透，或者鼓吹英雄创造历史而忽略人民大众在历史发展过程中的作用。唯物史观的创立使历史研究真正建立在科学的基础之上。历史科学概念特指马克思主义历史学，它之所以是科学，关键在于它是以科学的唯物主义历史观作为理论指导来研究人类社会历史。马克思在《资本论》中论及机器和大工业时提到，分析人对自然的能动关系，人的生活的直接生产过程，以及人的社会生活条件和由此产生的精神概念的直接生产过程，能够揭示“人类史”是人类自己创造的，这种认识方法“是唯一的唯物主义的方法，因而也是唯一的科学的方法”[①]。

我们可从两个方面来认识这种唯一的科学方法。

首先是学科划分意义上的“历史科学”。任何一门科学研究都有历史的研究，即对象的形态发生和发展过程的研究。马克思、恩格斯在其合著的《德意志意识形态》中指出：“我们仅仅知道一门唯一的科学，即历史科学。”[②]这个意义上的历史科学包括我们所说的自然科学、社会科学和人文科学。另一种作为学科划分的“历史科学”是狭义的。恩格斯在谈到马克思的唯物史观“对于一切历史科学都是一个具有革命意义的发现”的时候，补充说，“凡不是自然科学的科学都是历史科学”[③]。恩格斯在《反杜林论》中反驳杜林时曾经指出存在三种类型的科学：“第一个部分包括所有研究非生物界的并且或多或少能用数学方法处理的科学，即数学、天文学、力学、物理学、化学”；“第二类科学是研究活的有机体的科学”；第三类是“按历史顺序和现今结果来研究人的生活条件、社会关系、法的形式和国家形式及其由哲学、宗教、艺术等等组成的观念上层建筑的历史科学”[④]。而恩格斯晚年在致梅林的信中说：“历史在这里应当是政治、法律、哲学、神学。总之，一切属于社会而不是单纯属于自然界的领域的简单概括。”[⑤]可见，在学科划分的意义上，马克思、恩格斯的历史科学观念更多的是指我们今天所说的人文社会科学（哲学社会科学）。在恩格斯那里，偶尔也将历史科学与自然科学、社会科学相对，其实相当于我们今天理解的人文科学。例如，“在研究经济范畴的发展时，正如在研究任何历史科学、社会科学时一样，应当时刻把握住……”[⑥]

其次是从科学原则和方法意义上讲的“历史科学”。通观马克思、恩格斯的论述，历史科学更为主要的是一种基于唯物史观的统一的科学研究原则和方法。如果说学科划分只是马克思、恩格斯在厘清自己所从事工作的领域的话，世界观和方法论意义上的历史科学则是马克思、恩格斯着意创造的新的理论，是马克思、恩格斯首次开创了历史科学。这是广义的历史科学，正是在这个意义上，我们才能更好地理解为什么马克思、恩格斯说他们仅仅知道一门唯一的科学，即历史科学。列宁曾经指出，历史唯物主义不是假设，而是经过科学检验的理论，这种方法必然也适用于其他各种社会形态，正如达尔文的“种变说所企求的完全不是说明‘全部’物种形成史，而只是把这种说明的方法提到科学的高度，同样，历史唯物主义也从来没有企求说明一切，而只企求指出‘唯一科学的’说明历史的方法”[⑦]。

历史科学与以往的史学既有明显的区别，又有着千丝万缕的联系。马克思主义历史

①《马克思恩格斯全集》（第 23 卷），北京：人民出版社 1995 年版，第 410 页。
②《马克思恩格斯全集》（第 3 卷），北京：人民出版社 1960 年版，第 20 页。
③《马克思恩格斯选集》（第 2 卷），北京：人民出版社 1995 年版，第 38 页。
④《马克思恩格斯选集》（第 3 卷），北京：人民出版社 1995 年版，第 428-429 页。
⑤《马克思恩格斯选集》（第 4 卷），北京：人民出版社 1995 年版，第 726-727 页。
⑥《马克思恩格斯选集》（第 2 卷），北京：人民出版社 1995 年版，第 4 页。
⑦《列宁选集》（第 1 卷），北京：人民出版社 1995 年版，第 13 页。

科学的产生，是人类社会进步的必然结果，它批判地继承了以往史学的优秀遗产，又在此基础上对其进行了拓展和完善。以往的史学为历史科学提供了某些历史观点与史料考证、史书编纂的形式及语言文字的运用等方面的借鉴材料。马克思主义史学是在吸收前人的一切科学研究成果，其中包括非马克思主义历史学在一些具体问题研究中的科学成果的基础上发展起来的。

第二节　史学方法

历史方法本身就是一种研究方法，这是从其外用方面来说的，即它具有方法的功能，可以用来研究其他事物。而对于历史的研究，也需要有方法，并且还需要坚持一些根本原则，这是将历史当作一种客观存在时，对这个特殊对象的研究所应用的方法。一般的科学方法如归纳与演绎、分析与综合、具体与抽象、类比与假设等对于历史研究来说都是必要的，除此之外，在对历史的研究中，还有一些特殊的方法。这些方法是不同层面的方法，有哲学层面的，也有一般科学方法层面的。

一、认识历史的基本原则

（一）实事求是原则

历史认识是史学家通过史料认识历史的过程，历史认识过程包括认识中介的主观性与认识客体的客观性，历史现象的无限性与历史资料的有限性，历史事件的偶然性、随机性与历史学科的规律性、系统性等多方面的矛盾。因为历史过程的不可重复性，对史学研究成果的检验更多的是通过理论研讨来进行的。也正因为如此，世界观和方法论是历史认识过程中极为重要的问题。每一个时代都有自己的历史认识。历史学学科发展的过程，既是人类重新认识历史的过程，又是史学认识论和史学方法论进步的过程。

不管在东方还是西方，如实直书，真实地再现历史之本来面目，几千年来都一直是正直的历史学家追寻的理想境界之一。由于时代背景、文化背景、学术背景等因素的不同和历史学学科本身的发展变化，不同时期、不同民族、不同学派的史学家的学术实践存在着巨大的差异，关于历史著作真实性和客观性的看法也不尽一致。但是，力求真实地记录和再现历史的思想始终存在，而且被许多史学家视为最基本的学术道德准则之一。

人类社会历史的客观性是不存在任何问题的。从理论上说，历史认识应服从科学认识的一般规律，必须具有客观性和真实性，而认识的客观性和真实性应以认识对象的客观存在为前提。唯物史观也告诉我们，历史是人类社会经历客观存在的过程，是独立于历史认识者主观意识之外的客体，不管人们是否认识到它或如何认识它，它都是客观存在的。这是在历史研究中坚持实事求是原则的认识论基础。

（二）历史主义原则

历史主义思想在史学方法论体系中占有特别重要的地位。作为一种对待历史的方法和态度，历史主义有其深刻的学术渊源，但它作为一种系统的方法论思想，是在 19 世纪初期才形成的。后来经过马克思主义创始人的批判和改造，才发展成为马克思主义的历史主义。也就是说，马克思主义的历史主义是对 19 世纪初期历史主义思想批判地继承的结果。

历史研究中的历史主义方法，就是在深刻的历史辩证法的基础上，从客观的历史实际出发，具体问题具体分析，在特定的历史条件下，理解历史人物的思想与行为，以及各种历史事件和历史现象得以存在的理由。在具体的研究实践中，要把具体的历史问题放到一定的历史范围之内，从具体的历史环境出发考察问题，一切以条件、地点和时间为转移；要重视基本的历史联系，既要把问题放到历史发展的时间脉络中考察其前因后果，又要注意其与周围事物的联系，特别是与一定的政治制度、经济制度和社会制度的联系；同时，要反对历史虚无主义的态度，批判地继承一切优秀的历史文化遗产。然而，这一切又一定要建立在对历史发展总体趋势的辩证的、宏观的把握之上。

（三）整体研究原则

在历史研究中坚持整体研究的原则，就是要在历史过程各种因素的普遍联系和相互作用中，把握历史发展的脉络。历史学的研究对象不同于人文社会科学的其他学科，并非人类社会生活的某一方面或某一特定的领域，而是包含了人类过去生活的所有方面。所以，整体研究的原则根植于历史学科发展的内在要求。坚持整体研究的原则，在时间的序列上，要把人类历史和文化的发展看成一个有内在脉络的连续过程，不因为后来的偏见割裂历史。就空间范围而言，历史研究中的整体性原则，还表现为对近代以后的世界历史进行整体研究的努力。①

二、一般方法

根据不同的标准，史学方法从内容上可以分为两个各成系统但又彼此交错的结构体系。首先，根据不同方法的性质、作用和适用范围的大小，可以把史学方法分为普遍方法、一般方法、专门方法三个不同层次。普遍方法是最高层次的方法，是具有普遍指导意义的方法。辩证唯物主义和历史唯物主义就是这个层次上的方法，不仅适用于历史研究领域，当然也适用于其他社会科学领域。同时，在每一项具体研究过程中，普遍方法始终都发挥着根本的指导作用，从课题的选择到材料的收集与整理，直到最后得出结论，都离不开它的指导。所谓一般方法，通常是指那些既区别于研究政治史、思想史、文化史、经济史等专门历史学科的方法，又广泛适用于一切历史科学领域的研究方法，如分析与综合、具体与抽象、归纳与演绎、历史与逻辑等。专门方法则指那些仅适用于历史学中某个专门分支学科的个别研究方法，如阶级分析法用于研究阶级社会历史，历史计量法用于经济史、人口史研究，心理分析法用于研究历史人物和社会集团行为，等等。一些重要方法列举如下。

---

①《史学概论》编写组：《史学概论》，北京：高等教育出版社 2009 年版。

（一）还原法

这是一种将事物进行还原的思维过程，其操作程序是从整体到局部、由连续到离散。人类思维是在一种连续与离散的矛盾中进行的。列宁曾经指出："如果不把不间断的东西割断，不使活生生的东西简单化、粗糙化，不加以割碎，不使之僵化，那么我们就不能想象、表达、测量、描述运动。思维对运动的描述，总是粗糙化、僵化。不但思维如此，而且感觉也是这样；不但对运动是这样，而且对任何概念也都是这样。这里也有辩证法的本质。对立面的统一、同一这个公式正是表现这个本质。"①

历史事实指已发生过的事件或过程，是客观存在，不依赖于人的意志。所谓"历史的必然"，指的是事物的发展一定会经历和成为现实的确定性。构成历史事实的必然的要素是什么？对这个问题的追问实质上就是一种还原。史学家通过各种史料，了解历史事实，发现真相，找出使其成为必然的那些要素，然后，有选择地选取材料，编写历史，这就是重构。在这个过程中，史学家的话语中呈现的历史是否真实，就取决于还原法的运用。

（二）逻辑与历史相结合的方法

关于逻辑与历史相结合的方法在第二章人文社会科学研究方法中已有所涉及，这里需要加以详述并强调的，首先是历史研究中的"历史"方法，指的是考察客观过程，就是对客观事物发生发展的自然过程进行追踪描述，从中揭示某种规律的方法。

逻辑方法中的"逻辑"，指的是思维规则。作为思维方法的逻辑方法，就是运用概念进行判断、推理，用以揭示事物本质和发展规律、证明必然性的方法。运用逻辑方法，首先要明确概念。明确概念，就是对经验性材料加以研究分析，揭示出事物的属性、本质等。下一步就是要建立概念之间的联系，以形成理性认识的体系，这就要运用判断和推理。逻辑规则存在于人类思维的过程中，也存在于事物的演进过程中。二者在本质上是一致的，思维的规律性是客观事物发展的规律性在人们头脑中的再现，但逻辑与历史毕竟不是一回事。按照恩格斯的意见，逻辑方法是"摆脱了历史的形式以及起扰乱作用的偶然性"的那种历史方法；逻辑方法所展示的思想进程，已经对实在的历史进行了修正，当然，这是"按照现实的历史过程本身的规律修正的"。经过修正以后，"这时，每一个要素可以在它完全成熟而具有典范形式的发展点上加以考察"①。逻辑方法就是这样以纯粹抽象的形式从本质上去研究对象，从本质关系的展开中再现对象发展过程的。这样，它就可以排开客观过程中那些偶然的因素，也可以避免客观过程跳跃发展时线索的间断。它以逻辑的形式展示了客观事物发展的内在的、必然的过程，这样的一个过程不但没有歪曲也没有脱离客观历史，而且使客观历史变得更加清晰和容易了解。但仅仅只使用这种方法是不够的，因为现实是生动的、不断发展和变化的，范式和规则也是在过程中生成着和发展着的。

逻辑与历史相结合的方法是将事物间的因果关系和连续性结合在一起的方法。如前

①《列宁全集》（第38卷），北京：人民出版社1959年版，第285页。

所述，历史是纵向的联系，逻辑是横向的联系。在纵向的联系中，主要是一个传统的连续性，横向则是现实的因果关系。历史与逻辑两种方法需要互补，二者之间的关系不是简单加和，而是一种有机的结合，它实际上可以看作另一种方法。这种思维方式，并非一会儿采用这种方法，一会儿又采用另一种方法；在这里采用这种方法，在那里又采用那种方法。逻辑与历史相结合的方法，从整体上呈现出来的是符合逻辑的过程描述，历史是外部的客观事实，其内在结构是依照逻辑展开的过程。

（三）解释学方法

解释学方法也在前面有所述及，这里尚须进一步作补充说明。历史研究离不开解释，但解释不能随意，不可曲解。了解解释学的原则与方法，对解读历史事件是有益的。解释学最有名的一条原则是“解释学循环”，就是说要理解整体就要理解部分，而要理解部分又要理解整体，正是在这种“部分—整体”的循环中，整体的意思和部分的意思才变得清楚起来。

历史过程的解释原则，最根本的就在于了解构成这个过程的要素间的各种联系。本质的联系和非本质的联系、必然因素和偶然因素、时间—空间要素，都应当在一种循环的互动关系中加以考察，不能全面和客观地反映历史真实的历史阐释，根源于一种静态的分析式思维范式，而循环与互动的解释则是一种能够反映世界的真实脉络的方法。

解释总难免有解释者的偏见，但在哲学解释学看来，偏见也有其合理性，它表明我们在一定处境中对世界持开放态度的倾向，它是经验的历史条件。伽达默尔说，我们的偏见构成了我们的存在。文本解释与文本原意之间的时间间距是不可能克服的。文本作者的意图或作品的社会背景是当代人不可能客观再现的。文本的原意也是不可能恢复的。时间间距不但是不可能克服的，而且也是不应当克服的。伽达默尔指出，理解是人存在的基本模式，理解是从文本（指包括书籍在内的一切历史遗迹）中接受有意义的东西，并把它们解释成自己理解世界的方式。理解不是对作者意图的心理揣想，而是读者与文本的沟通。对历史文本的理解之所以可能，是因为文本的读者与作者的“界域”的融合。任何解释都是基于现在对过去的理解，都是一种偏见。

（四）现象学方法

现象学的口号是“回到事物本身”（go back to things themselves）。现象学方法要求面向事实本身，以扩大直接经验的范围。这种方法是一种对传统偏见的批判。在历史学的研究中，一味承袭传统，将承袭下来的一些凝固的信仰和理论当作出发点，这是一种先入为主的偏见。在所有的偏见中，“思维的经济原则”是最有害的一种。这个原则可以远溯至“奥卡姆剃刀原则”，即若无必要，切勿增加实体。这是为实证主义者所拥护的一个信条。按照这种原则，在实际的操作中就会忽略那些他们认为没有必要的材料，这就会缩小经验的范围。现象学方法主张不要将现象缩减到少于直观所呈现的东西。这是有积极意义的，它要我们转向那些在视线上被它们面前的理论模型遮盖住的现象。

上述方法都属于一般方法，专门方法主要有以下几种。

心理史学方法：运用现代心理学理论与方法，通过分析人物的心理活动和个性特征，对历史作出合理解释的研究方法。

口述史学方法：既是指史学家搜集和利用口头史料的方法，又是指史学家全部或部分依据口头史料撰写历史的方法，在民族史、妇女史、家庭史、地方史、城市史、社会史等领域研究中是非常有效的方法。

比较史学方法：通过对不同时间、不同空间条件下的复杂历史现象进行对比研究，分析异同，发现事物本质，从而探寻历史共同规律与特殊规律的史学方法。

史学研究的特殊方法：这主要是指史料搜集、整理与鉴别方法，主要包括实物资料和文献资料。实物资料是历史的遗存，包括遗址、墓葬和遗物等。文献资料是用文字记载下来的关于人类历史活动的资料。搜集、辨伪和校勘都有一些具体的方法。

三、史著体裁和体例

每一项历史研究成果，都需要通过一定形式的论著表现出来。专门研究史学论著编写方法的学问就是历史编纂学，它是史学方法总体结构中的一个重要组成部分。体裁和体例是历史编纂学中的两个最基本的概念，它们都是史著的形式范畴，两者联系密切，各有侧重。所谓体裁，是指史著的编写形式和外在表现形态；所谓体例，是指史著内部的组织结构和编写技巧。一般说来，一部史著的体例安排应当与它的体裁相适应，因此，不同体裁的史著往往具有各自的体例特点。但是，有时二者也不是完全一致的，如不同体例的史著，有时采取同一体裁；而不同体裁的史著，有时在体例上又相互渗透。我国史著的主要体裁有以下几种。

1. 编年体

编年体是以时间为线索，按年、月、日顺序记述史事的一种体裁。我国第一部编年体史著是《春秋》，继之又有《竹书纪年》《左传》等。北宋之前，所有的编年体史著都属于断代史，而司马光的《资治通鉴》则开创了编年体通史先例，并进一步丰富了编年体的表现手法。编年体以时间为经，以史事为纬，能比较容易地反映同时发生的各种史事之间的横向联系，从时间上给人以完整的历史概念，又可避免叙述上的重复，这是它的突出优点。

2. 纪传体

纪传体是以人物传记为中心的一种体裁，由西汉司马迁开创。在《史记》中，司马迁按“本纪”“世家”“列传”“书”“表”分述各类人物和史事，容量广阔，纵横有序，点、线、面紧密结合。《史记》属纪传体通史。东汉班固的《汉书》，又创纪传体断代史先例。此后，这种纪传体成为我国历代正史的主要体裁。纪传体记述的内容范围广泛，人物选点密集，所以能反映出一个时期的历史全貌，但也常常出现重复叙述的问题，不容易展示历史发展的时间顺序和各历史事件、各历史人物的相互联系。

3. 纪事本末体

纪事本末体是以纪事为中心，将某一时期的历史分为若干大事，每事自成一篇，按时间顺序，集中叙述其发生、发展和终结的全过程。它克服了编年体和纪传体的“年不一事，事不一人”的弊病。如明代陈邦瞻的《宋史纪事本末》《元史纪事本末》，清代谷应泰的《明史纪事本末》，高士奇的《左传纪事本末》等。

4. 典制体

典制体又称政书体，即分门别类地记述历代典章制度的一种史著体裁。它始于唐代杜佑编撰的《通典》，该史著上起传说中的唐虞时代，下迄唐玄宗天宝末年，分食货、选举、职官、礼、乐、兵刑、州郡、边防八类，记载了历代的典章制度。其后，还有南宋郑樵撰《通志》、宋末元初马端临撰《文献通考》，上述三书合称“三通”。再后还有明代、清代“续三通”和清代的“清三通”，上述典制体史著合称“九通”，再加上近代刘锦藻撰《清续文献通考》，合称“十通”，它们构成了我国典制体史著中的一个系列。典制体史著中的另一个系列是会要，它专记某一朝代或某一时期的典章制度。第一部完整的会要体史著是宋代王溥的《唐会要》，共 100 卷。

5. 学案体

学案体是专门记述学术史的一种体裁，大致包括学者专记、言行录、著作摘要、评论、学派的师承关系等内容。开山之作当推明末清初黄宗羲的《明儒学案》，其后有《宋元学案》《国朝学案小识》《汉学师承记》《宋学渊源记》《清儒学案》等。

6. 演义体

演义体是为适应普及历史知识的需要而产生的一种体裁。它用通俗文学演说历史，“以正史为经，务求确凿，以轶闻为纬，不尚虚诬”（蔡东藩《唐史通俗演义》）。它的写作形式是以一代或数代的历史大事为中心脉络，注意场面铺陈，突出人物活动，强化细节描写，讲究语言通俗，以回目式的标题将全书分切成若干段落，有时还在正文中加入作者自己的“夹批”、“夹注”或“回后批”，以解释某些典章制度，甄别史料，评论史事，如《东周列国志》《罂粟花》《中国历史通俗演义》《中国上古史演义》等。

7. 章节体

章节体是以章节为顺序来组织内容的一种史著编写形式。这种体裁出现于近代，是随着传统史著体裁的局限性日益被人们所认识，以及近现代学校教育的兴起和外国文化的传入而产生的。我国最早的用此类体裁编写的史书是历史教科书，随后这种体裁被用于编写各种历史著作，包括通史著作和叙述某一历史现象的专著。章节体兼取古代三种主要体裁之长，以编年为线索，以纪事本末为主干，辅之以纪传的史著编写方式。它按篇（或编）、章、节、目的结构形式，层层设题，使重点突出，眉目清晰。在每一层次中，既可以传人，又可以纪事；既可以述史，又可以议论；既可以考订史料，又可以论辩史事。这种体裁的最大优点是便于在分析的基础上加以综合叙述，可以从纵的方面反映历史发展的趋势，从横的方面展示历史结构的多维侧面，从更深度方面逐级挖掘历史的内涵。

8. 史论体

史论体不同于上述各种以叙述历史为主的体裁，而是以评论史事、史书或史家为主的一种史著体裁。我国古代的史论大多散见于各类书籍的只言片语或前序、后赞之中。西汉贾谊的三篇《过秦论》是史论专文出现之始。到了唐代，随着刘知几《史通》的问世，史论才从文人的散论和史籍的附论中独立出来，形成专著。史论和其他学科的论文一样，必须“弥纶群言，而研精一理”，即突出一个中心论题，组织若干论据加以论证。论证方法一般也采取立驳兼用等形式。

9. 地方志

地方志是以各级行政区域为范围，反映一个地区政治活动、经济发展和文化流传等方面情况的专书，可分为统志（全国性的区域志）、通志（即省志）、县志、乡镇志等。我国早在西周时代就有了地方志的雏形，以后历代有书，并且越分越细，先后出现了山志、水志、人物志、风俗志、图志、物产志、寺观志、金石志和艺文志等。如周秦之间的《山海经》、北魏郦道元的《水经注》、西晋裴秀的《禹贡地域图》和唐代的《沙州图经》等。综合性的地方志则有东汉袁康、吴平合著的《越绝书》和东晋常璩的《华阳国志》等。宋代以前，大多数地方志的内容没有超出地理学的范畴，宋代以后，内容普遍扩大到人文、历史等方面，体例上也开始吸收纪传体的特点，提出了地方志编纂学的新课题。

上述几种主要史著体裁各具特色，互有长短，常常相互补充，取长补短。历史上采用单一体裁的史著是极其罕见的，多数史著都同时综合运用几种体裁。

第三节　史学源流

一、中国史学

中国史学自古在世界史坛上独树一帜。商朝的甲骨文中已经有了“史”字，字形为人手握笔记事。西周时的太史、内史，春秋时的外史、左史、南史，都是专掌记事的史官。史官所记都是后人研究历史的重要依据。孔子“述而不作，信而好古”，体现了他对历史的看重。最具历史学意味的著作是《春秋》，它是孔子依据当时鲁国史官所编《春秋》加以整理修订而成的一本春秋时代的编年史。《春秋》由“史”成为“经”之后，又派生出注释《春秋》的“三传”——《左传》《公羊传》《穀梁传》，大大丰富了这部春秋时代编年史的内涵。西汉时司马迁所写的第一部纪传体通史《史记》出现后，中国的历史学进入了一个新阶段，史学成为显学，蔚为大观。从此历史著作连绵不绝，规模宏大、品种丰富、卷帙浩繁、衔接紧密，真可谓“汗牛充栋”，在世界上也是绝无仅有的。

鸦片战争前后，中国史学开始把眼界扩大到整个世界，但最初仍抱有以华夏为中心的历史观。五四运动前后中国历史研究观念发生了具有现代意义的大转折。20 世纪 30 年代起，现代中国史学发展经历了又一次大转折，马克思主义历史学取得了主流地位。20 世纪 50 年代和 60 年代初期，中国史学理论研究在广度和深度上取得很大的成就。20 世纪 70 年代与 80 年代之交，中国历史学界反思“文化大革命”，迎来现代中国史学又一次大转折。当代中国史学的鲜明特点，首先是“回到马克思，发展马克思”，在强调坚持马克思主义基本原理的同时，认识到历史唯物主义并不等同，也不能代替史学理论，阶级的观点不能脱离更不能超越历史的观点。20 世纪 80 年代以来，中国马克思主义史学理论研究十分活跃、成果丰硕，对中国和世界历史的编纂、史料的发掘和利用起了积极作用。

当代中国史学的另一个鲜明特点是从封闭型研究走向开放型研究。具体的表现如下：一是在宏观、中观、微观历史和传统热点课题的研究上，展示了更为开阔的视野；二是注重对现代国际史学方法的借鉴；三是重视跨学科研究，通过相关学科理论、对象、方法的移植和融汇，扩大研究领域，强化理论力度；四是发扬中华民族史学的优良传统，自觉培育和弘扬高尚的人文精神，通过文化复兴，振兴中华文化。

二、西方史学源头及其发展

西方史学源头在古希腊。历史往往从传说开始。上古有很多先民的传说，《荷马史诗》最为著名。

上古传说中叙述的历史事件大体是真实的。公元前 6 世纪后半期，伊奥尼亚出现了将传说用散文形式记载下来的“纪事家”，他们有闻必录，还说不上什么严格的史学方法，然而却有一种竭力使自己的记载与事实相符的倾向，之后这种求真的精神得到进一步发扬，成为西方史学中最宝贵的传统。被称为“史学之父”的希罗多德（公元前 480—前 425 年）所著的《历史》（亦称《希波战争》）是西方最早的一部历史巨著；修昔底德（公元前 460—前 400 年）写的《伯罗奔尼撒战争史》是古代罕有的专史；雅典人色诺芬（约公元前 430—前 355 年）写有《希腊史》，为修昔底德所著的续编。波里比阿（Polybius 又译波里比奥斯，约公元前 204—前 122 年），他所著的《通史》据说多达 40 卷（仅存 5 卷），他是世界历史发展整体观念的创立者，他指出：“只有将各事件之间千丝万缕的联系一起解释出来，指出其相似点和不同点，才有可能认识历史的全貌。”①

中世纪史学成为“神学的一个卑贱的女侍”，主要以圣·奥古斯丁（St.Augustine，354—430 年）和托马斯·阿奎那（Thomas Aquinas，约 1225—1274 年）的神学史观为代表。奥古斯丁认为整个人类的历史行程只不过是在实现上帝预先制订的计划，体现上帝的意志，人类历史是统一的总体，是不断进步的过程。他的经典名作《上帝之城》，是“一部有关过去、现在和未来的全部基督教历史纲要”。②整个中世纪，在教会与世俗的斗争中，这本书曾产生过重大影响。

文艺复兴和启蒙运动时期的历史观则突出了人性和理性。从前人们一般把文艺复兴以前的一段历史看成是罗马史的继续，人文主义史学观的出现改变了这种看法，西罗马帝国的灭亡，也结束了古典时代。比昂多（Flavio Biondo，1392—1463 年）在《罗马衰亡以来的千年史》中，正式把公元 5～15 世纪这一千年叫作“中世纪”，意为古典文化与文艺复兴这两个文化高峰之间的一段历史时期。“中世纪”这个概念提出后，逐渐为

① 陈勇、罗通秀编著：《西方史学思想导论》，武汉：武汉大学出版社 1995 年版，第 21 页。
② [英]罗素：《西方哲学史》（上卷），何兆武、李约瑟译，北京：商务印书馆 1997 年版，第 437 页。

大多数历史学家所接受。

马基雅维利（N. Machiavelli，1469—1527年）是文艺复兴时期意大利影响最大的人文主义历史学家，他的史学观有着新兴资产阶级政治家的眼光，力图通过研究人的世俗活动来寻求社会历史的因果。18世纪启蒙运动时期西方最杰出的历史学家首推英国的吉本（E. Gibbon，1737—1794年），他用20年心血完成了巨著《罗马帝国衰亡史》。法国启蒙思想大师、历史学家孟德斯鸠（Montesquieu，1689—1755年），在其《论法的精神》中指出，“一个国家的地理环境和气候条件，决定了其政治体制、法律性质和道德观念的演变，从而决定了一个民族的历史发展。一个民族的历史发展，是由其地理环境和气候条件决定的”[①]。伏尔泰（Voltarire，1694—1778年）则强调以理性精神探讨历史发展的因果关系，提出要写“有哲学意味的历史”，在其影响下，出现了一大批试图解释人类历史发展的一般规律的历史哲学著作。

（一）历史哲学的兴起

第一位历史哲学家是意大利的维科（G. B. Vico，1668—1744年），其代表作为《关于民族共同性的新科学原理》。他认为，人类各民族的发展都毫无例外地要经历三个时代：神的时代（一切由神谕支配）；英雄的时代（贵族统治，贵族优越于平民）；人的时代（人在本性上是平等的，民主国家和君主国家都是人的政府）。这三个时代相互衔接，有时又周而复始。维科的历史观是进步的，又是循环的。他说：“人类事物的次序是这样的：首先是森林，接着是茅屋，再下去就是村庄和城市，最后是学院。人类首先感到必需，接着追求效用，再接下去就是讲求舒适、寻乐，然后在奢侈中变得淫逸，最后发狂，浪费他们的资产。各民族的性质是粗野，接着是严峻，接着是慈祥，再下去是精巧，最后是淫逸。”[②]

康德对历史哲学也有独立的建树，他在《从世界公民的立场来看普遍历史的观念》一文中指出，当目光投向个别人事时，历史充满混乱与邪恶，当目光转向历史整体时，混乱而无意义的人事变成了有秩序、可理解的过程，并服从于一个宏大的目标，即历史的理性目标。这种微观混乱而宏观合理的过程基于人的天性：人的合群的天性和对抗的天性，后者即人的“非社会的社会性”。正是人类个体的恶成就了整体的善。树木只有在茂密的森林中为争取阳光而竞相生长，才能长得高大笔直；如果孤立地生长在空旷的田野上，让它任意伸枝，反而长得低矮弯曲。同理，人只有在群体中同他人竞争、对抗才能得到发展，从而推动社会发展。康德的学生赫尔德（J. G. Herder，1744—1803年）从康德那里接受的观点是：历史学家的职责是在大量混乱、多变的事实中发现统一，通过变化看出发展的规律。赫尔德在其所著的《人类历史哲学要义》中指出：“各有其最确定的个性的积极力量在起总的协调作用，支配着人类中发生的一切事情，正像自然界中发生的一切那样”“活动着的人的力量是人类历史的原动力”[③]。

① 转引自徐浩、侯建新：《当代西方史学流派》，北京：中国人民大学出版社1996年版，第1页。
② 转引自徐浩、侯建新：《当代西方史学流派》，北京：中国人民大学出版社1996年版，第11页。
③ 转引自徐浩、侯建新：《当代西方史学流派》，北京：中国人民大学出版社1996年版，第12-13页。

黑格尔和孔德代表了浪漫主义史学家赫尔德之后历史哲学的两种倾向。黑格尔在其《历史哲学》中，把人类的历史看作是绝对精神的展开，精神的本质是自由，“世界历史无非是‘自由’意识的进展，这一种进展是我们必须在它的必然性中加以认识的”[①]。自由意识的发展是由世界各民族相继完成的，世界历史分为四个阶段：第一阶段是东方世界（包括中国、印度等国），只有专制的君主是自由的，相对于君主，人人都平等地是奴隶。君主是放纵自身情欲的奴隶，所以他的自由是外在的，不能从情欲的束缚中得到解放，在精神上也是不自由的。第二阶段是希腊世界。第三阶段是罗马世界，在这里，有一部分人是自由的。第四阶段是日耳曼世界，通过中世纪的发展，以至文艺复兴、宗教改革、启蒙运动、法国大革命等历史运动，意识到一切人都应当是自由的。

（二）实证主义史学和兰克学派

孔德（A. Comte，1798—1857年）把实证主义哲学运用于人类社会历史研究。他认为人类认识的发展普遍经历三个阶段：“神学阶段”，人们对事物根本性质和终极原因的探求与解释归之于超自然的力量；“形而上学阶段”，人们把超自然的神灵换成一些抽象力量（仍未改变问题的实质）；“科学阶段”亦为“实证阶段”，人们放弃绝对观念、宇宙起源等因果必然性探讨，认为只靠思辨是徒劳的，神学家和形而上学家靠想象和推敲不能证明知识，只有运用实证的方法，从经验事实出发来观察和研究社会，才是可行的。他主张把观察到的现象，“按相继和相似的自然关系”加以联系，从而归纳出共同的“恒定趋势”。

19世纪前半期浪漫主义思潮弥漫西方思想界，以兰克为代表的19世纪西方史学家对文艺复兴、启蒙运动时期的史学家和历史哲学家进行了反叛。历史哲学家总是企图证明历史事实符合他们所想象出来或推演出来的理论体系，这就造成对事实的强暴，以普罗克鲁蒂斯（Proscrutes）[②]方式割弃某些最重要的事实，并对被接受的事实加以歪曲。对于哲学家的越俎代庖，历史学家决心效法19世纪取得重大突破的自然科学，摆脱历史同哲学的暧昧关系，使历史成为一门独立的科学。他们崇尚历史考据，以忠实的态度搜集史料，一改那种思辨之风，推崇“客观主义”方法，开创了史学研究的新方向，形成代表时代主流的学派——兰克学派。

兰克学派的基本特征有以下几点。

1. 持客观态度

超然事外、不偏不倚，谨守历史“是这样发生的就这样叙述”的信条。尽量避免评判和议论。

2. 重原始资料

对史料要穷本溯源，研究原始资料。“要让亲临其境者说话”，看那些“目击其事

---

① [德]黑格尔：《历史哲学》，王造时译，北京：生活·读书·新知三联书店1956年版，第57页。

② Proscrutes，古希腊强盗，常捕人使其卧床上，比床长者割短，比床短者拉长。同“削足适履”。

的人”是怎样记载的。回忆录、日记、信件、档案和当事人的原始陈述都可作为可靠的依据。

3. 对史料严密考证

通过考察史料来源，并对作者的心理进行分析，从其不同的动机中分析史料的可靠性，对史料进行批评性考证，估量史料的可靠程度和适用范围。

4. 公正选择原始资料

对经过辨伪的原始资料进行适当的选择，舍去无意义事件和情节。对选中的材料还要进行正确的理解。无论是取舍材料还是理解材料，都强调不偏不倚的公正态度。

5. 历史发展未必总是从低级走向高级

各民族自身并不总是在进步，尤其在社会的道德和文化方面，并不必然存在由低到高的发展公式。在特定的时空环境中，社会历史的发展都有自身的特殊形式，历史学家的责任是如实记叙事实，揭示其发展的趋向和基本的精神。

6. 上帝是终极原因

各民族的历史未必是相互衔接的或进步的，但也不是混乱无序的。一代人的生活，乃至一个民族的生活，无论能否解释，都是和上帝相通的。如实地通过对个体的研究，体现其趋向，以认识无限，认识上帝，此为终极关怀。上帝是人类社会一切冲突和演变的终极原因。

总的来说，西方史学经历了几个阶段的演变：第一阶段为公元前 5 世纪前后的希腊时代；第二阶段为公元 5～15 世纪前后的中世纪史学；第三阶段为文艺复兴时期的史学；第四阶段为 20 世纪初以来的史学。现代史学研究的主要特点：其一，“欧洲中心论”和“欧美中心论”失去了统治地位；其二，传统的“政治史”模式被打破；其三，现代历史学研究的主体性得到了充分的肯定和张扬；其四，史学研究方法和技术手段得以更新，历史学借鉴了其他人文社会学科方法以及系统方法、比较方法等，并开展计量研究，改变了传统史学研究方法单一、技术手段陈旧的格局。

第四节　当代史学状况及发展趋势

20 世纪随着科学哲学的兴起，其对科学研究方法的研究对 19 世纪以来的史学观念产生了冲击。世界大战、经济危机等社会的巨大动荡，也对这种传统的看法产生动摇——历史是在“人性”“理性”“神意”的推动下不断进步的。“看不见的手”所操纵的经济生活、复杂性和不确定性在各个领域中凸显出来，人们对一切事物具有规律性、必然性、因果制约性的决定论产生怀疑，不确定性成为很多人能够接受的话语。历史学家曾引以为豪的历史学的客观公正性受到挑战。世界政治格局的根本性变迁，使“西方中心主义”“人类中心主义”逐渐丧失话语霸权，人类曾经生活过的一切领域、普通人的历史、日常生活与文化心态、欧洲文明圈以外的国家和地区的历史等都成为历史学所关注的领域。

一、有较大影响的学派

（一）历史哲学复兴

20世纪以探讨人类历史发展终极原因为目标的思辨的历史哲学复兴，代表人物为德国历史学家施本格勒①（O. Spengler，1880—1936年），英国历史学家汤因比。他们的研究有些新特点：其一，反对传统史学把民族国家当作历史研究的主线或基本单位，过分强调各民族历史的相对独立性，缺乏用相互联系和整体的观点观察与分析各国历史，坚持历史是相互联系和相互影响的。单就一个国家是不足以说明全部问题的，历史研究的单位不是民族国家而是文明或文化。其二，他们不赞成自文艺复兴以来，西方学者把西方自古希腊罗马到文艺复兴时代的历史分成古代、中世纪和近代三个阶段。他们认为这是毫无意义的体系。汤因比说："一切所谓文明类型的社会的历史，在某种意义上都是平行的和具有同时代性的。"②其三，反对长期以来在史学界占统治地位的"欧洲中心论"和"欧洲文明优越论"，施本格勒以"历史的托勒密体系"和"历史领域中的哥白尼发现"为隐喻，对其进行了批判。③汤因比也指出各种文明"在哲学上是价值相等的"④。他们有大致相同的结论：历史研究可以自行说明问题的范围是文明社会；从哲学意义上讲，各个文明社会既是平行的、同时代的，又是等值的，因而历史学家完全可以从形态学的角度对各文明的历史进行比较研究。两人正是以此为基石构造他们的宏观文明比较体系的。⑤

（二）分析的历史哲学

德国现代哲学的奠基人狄尔泰认为，人文科学讨论的是具体的个体，方法是理解；而自然科学则描述抽象的一般，方法是观察。不存在与人无涉的纯客观的历史。狄尔泰不同意传统史学所认为的：只要做到客观，就可真实地再现历史原貌。历史知识是一种主观的东西，历史学家是根据个人的经验来研究过去的事件，不同的研究者有不同的经验。史学与科学的研究对象不同，历史完全是偶然的、特殊的、不重复的东西。历史学只和生动的、具体的个性打交道。他否认历史发展有其规律性。历史即体验与理解，一部人类史就是精神发展史。

如前所述，英国史学家科林伍德主张的"一切历史就是思想史"⑥表达了他的历史哲学观点，历史是过去思想的重演，是历史学家以他自己的全部能力在其已有的知识结构中的重新组合。

英国哲学家、现代西方逻辑实证主义的代表人物卡尔·波普尔在历史哲学领域致力

① 又译斯宾格勒，本书正文采用"施本格勒"，脚注中以原书译法为准。

② 田汝康、金重远选编：《现代西方史学流派文选》，上海：上海人民出版社1982年版，第119页。

③ [德]奥斯瓦尔德·斯宾格勒：《西方的没落》，齐世荣、田农、林传晶等译，北京：商务印书馆1963年版，第14-15页。

④ [英]汤因比：《历史研究（上册）》，上海：上海人民出版社1959年版，第53页。

⑤ 徐浩、侯建新：《当代西方史学流派》，北京：中国人民大学出版社1996年版，第63页。

⑥ [英]柯林武德：《历史的观念》，何兆武、张文杰译，北京：商务印书馆1997年版，第244页。

于抨击历史决定论，他不认为历史过程遵循着客观规律，人们可以据此预知未来。他用“历史主义”指称历史决定论的历史观。他继承狄尔泰和新康德主义的基本观点，认为历史研究的对象是特殊的、个别的和一次性的事物，他说，“历史学的特征与其说是对规律或概括化的兴趣，还不如说是对实际的、单一的或特定的事件的兴趣”[①]。他主张历史是没有意义的，但我们却能够给它一种意义。[②]

（三）年鉴学派

年鉴学派为法国学者马克·布洛克（Marc Bloch，1886—1944 年）和吕西安·费弗尔（Lucien Febvre，1878—1956 年）于 1929 年所创建，费弗尔的史学专著的特点，首先，表现为地区史的研究，他把 16 世纪下半叶弗朗什-孔德省的地理与工业化前的地区社会史结合起来进行相对孤立的个案考察；其次，历史与地理、时间与空间研究的高度结合与完美统一；再次，总体历史观；最后，多元历史决定论。他们所创办的《年鉴》杂志，旨在成为批判传统史学的坚强阵地和鼓吹新史学的喉舌。他们对传统史学的批判主要集中在以下两个方面：首先，历史是什么？它具有怎样的性质？新的历史学是“全体部分构成的历史”，新史学关注全人类的活动，而不只是杰出人物。研究人以及与人相关的一切方面，那些属于人类、取决于人类、服务于人类的一切，那些表达人类及说明人类存在、活动、爱好和方式的一切。其次，历史认识从何处来？这包括两个方面，一是如何看待主体（研究者）和客体（研究对象）之间的关系，二是如何认识历史与现实的关系。

（四）马克斯·韦伯的历史理论与史学方法

20 世纪 60 年代以来，德国著名史学家、经济学家、社会学家马克斯·韦伯（Max Weber，1864—1920 年）的史学理论和独特的方法日益受到重视。他的主要观点如下：第一，受实证主义、新康德主义和狄尔泰思辨的历史哲学观点影响，把近代资本主义的发展理解为世界历史的理性化进程的产物。社会生活中的各个领域——经济生活、技术、科学研究、军事训练、法律和行政管理等都可以理性化。其理性概念包括三个方面：工具理性（指行动的主体通过有计划地干预客观世界的发展进程来达到既定的目的）；规范理性（指按照某种价值标准或信仰力量来把握自己的行动）；选择理性（指行动的主体在准确地理解价值、提出方法的条件下正确地规定行动的目的）。第二，其文化比较历史研究偏重考察各种宗教力量和伦理力量对社会经济发展的影响。第三，在史学方法论上主张价值无涉，用社会学与史学交融的方法研究历史，使用理念型方法。

二、当代史学发展特点

第二次世界大战后，随着实证主义史学的衰落和“新史学”的崛起，史学研究方法发生了重大变革，其发展特点有以下五个方面。

---

① [英]卡尔·波普尔：《历史主义的贫困》，何林、赵平译，北京：社会科学文献出版社 1987 年版，第 161 页。

② 田汝康、金重远选编：《现代西方史学流派文选》，上海：上海人民出版社 1982 年版，第 166 页。

（一）整体化取向

近代史学一直沿着十分细密的分支化和专业化方向发展。第二次世界大战爆发对分支细密的历史研究形成了很大冲击，全球性战争使人们更为明晰地感到只从一个角度去看问题，对于理解社会作用有限。同时，世界上各国的经济联系日趋紧密，信息传递速度不断加快，也推动着世界历史的一体化进程。史学研究者普遍认识到不改变烦琐和徒劳无益的专业化就会使历史研究失去意义。宏观总体性和综合性的历史研究工作，必然要求形成与之相适应的研究方法。于是，系统史学研究方法、结构史学研究方法、比较史学研究方法开始受到学术界的重视。

（二）历史研究的深化

克服历史研究中笼统和空洞的缺陷，在社会历史的结构内开始研究家族、家庭、婚姻关系、社会组织形式；在社会历史群体方面，开始重视默默无闻却对历史发展过程起巨大作用的底层群众；在国家政治制度史领域，开始重视不同地区的区域史和社区史。这种状态导致心理史学与社会史学研究方法大量吸收社会心理学、精神分析学、社会学以及行为科学的理论与方法，这比其他史学研究方法有更大作用，不仅会加深人们对某种历史现象的认识，还会使史学显得更加丰富多彩，从而有助于从总体上深化历史研究工作。

（三）跨学科研究

随着人们思维方式由单向思维转向多向思维，历史研究也开始关注多向联结的研究渠道。人类历史绵延几百万年，具有包罗万象的高度复杂性，没有多向度的跨学科的研究难以揭示历史的真实脉络，史学研究需要不同领域研究者的共同合作和史学研究方法与理论的多样化发展。跨学科研究已成为国际史坛上引人注目的重要趋势。跨学科研究的具体方法多种多样，通常采用的主要方式有两种：一是多学科的合作研究，二是历史学家利用其他学科的成果和方法来进行历史课题的研究。跨学科研究不仅开拓了历史研究的新领域，形成了历史人口学、地理历史学、社会历史学、心理历史学、历史人类学、历史民族学等新兴学科，还有助于对历史进行综合考察，揭示历史过程和事物的本质。

（四）量化研究日趋盛行

随着自然科学向社会科学的渗透，现代自然科学的新方法论如信息论、控制论、系统论，特别是数量分析法，开始被大量运用于历史研究。以往史学研究中，初级描述性统计数字的运用并不罕见，但一般都没有超出算术统计范围。当代史学数量研究作为一种日臻完善和完备的史学研究新方法，则是伴随着数字技术的发展和运用而产生的。数量分析法在各领域的应用，很快形成了“新经济史”“新政治史”“新人口史”“新城市史”等史学流派。数量分析法的迅速崛起，不啻为一场来势迅猛的“历史悠久的计量革命”。目前各国史学家普遍采用的历史数量分析法主要包括三个方面的内容：其一，利用计算机系统地搜集、整理、储存资料；其二，运用统计学和数学理论，对数据进行数量分析；其三，制作数理模型，开展对历史现象和进程的模拟研究。20 世纪 80 年代，欧美一些数量史学家还曾试图采用模糊数学、博弈和决策理论、曲线拓扑理论等数学方法来分析历史研究中所遇到的复杂结构，与此同时数量模型也开始被采用。

（五）口述史兴起

兰克学派认为，史学研究的最高目的在于叙述清楚历史过程的来龙去脉，因此，这个流派及其影响下的当时欧洲史学界撰述的史学著作基本上都是经过精心考订的资料汇编。这个研究传统导致了史学表述方式的单调、枯燥。20 世纪美国的“新史学”流派和法国“年鉴史学”流派提出历史研究应当考虑人民群众的需要，这就导致“口述史”（又称“口碑史学”）的萌生。史学研究者根据不同阶层、不同群体、不同个体的谈话录音整理成口述史学著作，使普通民众也参与到写作历史的过程中。形象化的语言——包括某些口语、俚语、行话、暗语等非书面性语言也在史学著作中出现，从而增强了史学的魅力。

三、中国史学发展趋势

当前中国史学发展的趋势和存在的问题可以概括为：唯物史观面临新的考验和挑战。对于愿意用唯物史观来指导历史研究的人来讲，这个挑战可以用坚持和创新来回应。这就是说，在唯物史观基本原则的指导下有所创造，并非把唯物史观看作不变的体系，而是看作发展的体系。坦率地说，我们大量的历史著作中渐渐淡化了唯物史观。这对历史学的发展是很不利的。当今具有中国作风和中国气派的历史学，不能没有唯物史观的指导。以唯物史观为指导，继承马克思主义史学的遗产和中国古代的史学遗产，同时借鉴西方一些有益的成果，在此基础上形成中国气派，才能和外国学者对话。否则，只能是亦步亦趋地跟在别人后面。唯物史观的问题是一个不可回避的问题，如何既能坚持又能创新？希望有更多的史学工作者用自己的研究成果表明，用唯物史观来研究历史的必要性和不可替代性。具体说来，当代中国史学的发展趋势有以下几点。

（一）大数据时代史学发展的多元化

随着移动互联网、物联网、云计算、云存储等技术的发展，21 世纪已经迈进了大数据时代。大数据的兴起，使得科学研究的各个领域不可避免地受到巨大冲击，历史学也不例外。在大数据时代，史学研究日益呈现出多元化的发展趋势，体现为历史学的史料样态、研究主体、研究方法、史学传播形态等方面的多元化态势。

史料呈现多样化。其一，史料的种类与数量大幅度增加，其样态更加多元。除了传统的文献、考古资料外，举凡保留过去信息的文字、实物、图像、影像、口述等资料，都有可能进入史学家的视野。特别是过去不被注目的官方或民间资料被源源不断地发掘出来，如法庭记录、公私账本、病历档案、交通信息、学籍档案、婚姻登记、死者遗嘱、家谱、日记、书信等，都可以成为新的史料。其二，纸质史料被大规模数据化、信息化。迄今为止，历史资料数据库建设已经取得了令人瞩目的成果，各种大型的历史文献综合数据库、中小型或专题的史料数据库、新史料的数据库层出不穷，为更大规模的史料数据库建设奠定了基础。

史学研究的主体是指从事史学研究实践活动的史学家个体或集体。传统史学的研究主体是接受过历史学专门训练的专业人员，研究工作也多以个体研究的形式进行。在大数据时代下，海量史料的分析与处理，以及呈现历史的多维度特征，客观上要求史学家与其他学科专家交流合作，形成跨学科研究集体。同时，大数据史料的跨地域、跨国界共享性，也有助于研究人员组成跨界研究团队，分工合作完成大规模的专门课题，集群研究将成为史学研究的一大趋势。此外，在大数据时代下，非专业人员也能便捷地获取历史资料，以不同形式参与史学研究活动。

大数据将使史料检索、分析的手段与方法发生重大改变。史料检索方面，"初步掌握大数据技术的研究者，可以通过使用一组标签编组、分类和检索史料，并可以通过合并多个搜索标签有效地过滤用于历史研究的资源"[①]。史料分析方面，各种大数据分析法将被更加广泛地运用到史学研究中，如关联分析法、预测分析法、非线性分析法、量化比较法等。研究者通过大数据的检索、分析方法，可以从海量信息中获得常规方法无法得到的新史实与新认识。当然，大数据分析并不能代替常规的史学研究，计算机完成的只是基于数据的概率与趋势分析，研究者还需要进一步运用历史学的理论与方法对相关命题进行分析与研究。大数据时代的史学研究方法趋于多样化，特别是微观与宏观相结合研究、长时段研究、跨学科研究、比较研究等越来越得到重视。

史学传播形态的多元化。大数据时代的史学传播，以网络媒介为主。传统媒介与网络媒介以不同的方式呈现史学信息，构成了大数据时代史学传播的多元格局。[②]

（二）新的社会史研究受到普遍关注

新的社会史研究成为史学潮流中一个强劲趋势。这里所说的新社会史与传统意义上的社会史是不一样的。有两种社会史观，一种是郭沫若、吕振羽、侯外庐等所研究的社会史，他们认为社会发展的进程和规律是和社会发展的阶段和一定的社会形态相结合的。另一种是新社会史，新社会史是研究社会的各个方面、各个层面的状况如风俗、时尚、人群、社区、城镇等。新的社会史研究拓展了历史研究领域，有新的气象，但不应忽视、更不能轻易否定以往的社会史研究，也不应把以往的社会史研究和现在的社会史研究对立起来。我们应该提倡两种社会史研究都要发展。在一定意义上讲，历史学如果不对社会历史发展进程作出解释，不对社会发展阶段作出解释，这种历史研究或许是没有抓住根本。有了马克思主义史学以后，我们才知道中国历史是怎么走过来的。20世纪的新历史考证学取得了重大的成就，但我们要知道中国历史是怎么发展过来的，还是要读郭沫若等老一辈马克思主义史学家的著作。尽管他们在对有些问题的说明上还有待研究，但在大的方向上是正确的。当然，传统的社会史研究确有需要改进和创新的问题，关键是尊重事实，而不是恪守教条。

---

① 吴玲：《大数据时代历史学研究若干趋势》，《北方论丛》2015年第5期。

② 马卫东：《大数据时代史学的多元发展趋势》，《史学月刊》2017年第5期。

（三）中外史学交流不断加强

中国史学走向世界是一个渐进的过程。隋唐时期，中国史学已经大规模地走向朝鲜半岛和日本。至晚在 18 世纪，欧洲人已经开始了解和评论中国史学。20 世纪以来，中外史学交流日益活跃。尤其是二十世纪八九十年代以来，随着中国改革开放事业的发展，中外史学交流也进入了历史上的黄金时期。许多外国史学著作涌入中国，大批外国同行来到中国作学术交流；与此同时，中国学者尤其是青年学者也纷纷走出国门，或访学，或深造，中国史学著作也不断地被介绍到世界各国。中外史学家共同参与的各种学术会议更是不胜枚举。[①]进入 21 世纪，借助网络技术和大数据，史学交流非常便捷通畅。新思潮的萌发、新学派的诞生、新思想的出现、新方法的运用，无不与外来的思潮、学派、思想和方法有着千丝万缕的联系。“往来不穷谓之通”（《易经·系辞上传》），中外史学文化的交流，是使史学保持生命力的重要途径。目前中国史学面临着前所未有的开放形势，为了使更多的外国同行、外国公众全面地认识中国历史、中国史学，促进中外史学交流，推动中国史学发展，中国史学应当确立起进一步走向世界的意识和要求。为此，中国史学应把不断提高自身的品格作为进一步走向世界的前提，即坚持和发展马克思主义史学的方向，在继承优秀史学遗产方面作更多的努力，认真对待和借鉴外国史学的有益成果。同时，中国史学还应进一步明确走向世界的目标和路径，即推进中外史学家的对话，加强中外史学的比较研究，促进优秀的史学成果走出国门、走向世界。

① 瞿林东：《前提和路径——关于中国史学进一步走向世界的思考》，《北京师范大学学报(社会科学版)》2006 年第 5 期。

第六章　艺　术　学

艺术是人类精神文明的一个重要领域，对艺术的追求贯穿于人类生活的一切方面。不仅是那些用色彩和线条、节奏与旋律的形式来表达的东西是艺术，同时不仅是园林有艺术、建筑有艺术、服装有艺术，所有语言交流、问题处理、生命表达、知识传授、文章写作、生产制造、身体运动等，都讲求艺术。艺术几乎是无所不在的，它渗透到人类活动的方方面面，跨越所有的学科，遍及一切知识领域。我们能够从中体验到和谐之美的所有活动和对象，都因艺术而显得精彩。当然这是指广义的艺术，我们这里需要了解的，主要是作为艺术学对象的艺术，并试图通过它们窥见艺术世界的真谛。

第一节　艺术学概说

一、艺术学的研究对象及其与其他学科的关系

按照前述的观点，作为学科的艺术学，就是关于艺术的科学，或者说，艺术学是研究艺术现象及其规律的科学。有关艺术的所有重大问题都是艺术学的范畴，如艺术的本质、艺术的起源、艺术的类型、艺术的发展、艺术的价值和功能、艺术的生产和消费、艺术的鉴赏和评价，还有艺术家、艺术活动、艺术作品及其相互关系等。一般把艺术学分为三大块：一是艺术原理研究，二是艺术历史研究，三是艺术批评研究。

艺术学的研究对象是艺术，而艺术是人类所创造，为人类所独有，是人类生命的独特表现形式，是人的本质的体现。艺术是精神性的，因此也必然属于意识形态领域，它的建立有三个层次的基础。首先，它建立在经济基础之上，受经济基础的制约，又对其产生反作用；其次，艺术学发展的基础是艺术的发展，只有当艺术发展到一定的阶段，才会有艺术学；最后，艺术学的产生和发展也是一个与社会的经济基础和上层建筑的性质及状态相适应的过程，它是在 19 世纪下半叶的工业化时代，随着社会政治经济与科学领域的迅猛发展而独立出来的。相对于其他人文学科，艺术学的发展较为落后，它在本质上具有极大的交叉性和跨学科性，各门类的自然科学、社会科学、人文科学都相对发展才可能为它的独立创设条件，因此，艺术学与其他各门科学之间有着十分密切的关系。

艺术学与哲学的关系：哲学是关于世界观和方法论的科学，是关于自然、社会、思维的一般规律的科学。因此哲学为艺术学的产生和发展提供了世界观和方法论基础。艺术学研究者有什么样的世界观和方法论，就有什么样的艺术学观点、理论和体系。一个时代流行什么样的哲学思潮和流派，同样也会产生相应的艺术学流派和思潮。19 世纪与

20世纪之交时西方的唯意志主义、直觉主义、非理性主义、精神分析哲学、符号论哲学、价值论哲学等流派和思潮盛行，相应地也有德国叔本华、尼采的唯意志主义的艺术学，法国柏格森、意大利克罗齐和英国科林伍德的直觉主义的艺术学，奥地利弗洛伊德的精神分析的艺术学，瑞士荣格的分析心理的艺术学，德国新康德主义的价值论艺术学（李凯尔特、文德尔班）和符号论艺术学（卡西尔）。

艺术学与美学的关系：美学是以艺术为中心来研究人对现实的审美关系的，因此美学与艺术学必然纠缠和交织在一起，二者存在着千丝万缕的交叉关系。然而，美学显然并不等于艺术学，美学除了把艺术作为研究的中心，还要研究艺术之外的自然和社会之中的美学问题。再者，美学主要研究自然、社会和艺术之中的人与现实的审美关系，一般不涉及人与现实的其他关系，而艺术学除了研究艺术与现实的审美关系之外，还必须研究艺术与现实的实用关系（艺术与生活）、认识关系（艺术与科学）、伦理关系（艺术与政治、道德），艺术与宗教的关系也在其列。但无论如何，美学原理对艺术学至关重要，因为不管艺术要研究多少问题，艺术对现实的审美关系、艺术的美学问题始终是艺术学最核心的、最重要的、最关键的和根本性的问题。

艺术学与心理学的关系：心理学是研究人的心理现象及其规律的，其对艺术的重要性是不言而喻的。艺术的创作和欣赏都是人的一种心理活动，审美心理、审美经验、审美活动的心理特征的揭示需要普通心理学原理和普遍规律来支撑，普通心理学是艺术心理学的基础和出发点。19世纪末以来“自下而上”的心理美学和艺术心理学的蓬勃发展，以及“移情说”“本能升华说”“完形心理学美学”“实验美学”等艺术学研究，都是在普通心理学研究的基础上得以实现的。心理学美学和艺术心理学等研究在20世纪成为一种时尚和主潮流。

艺术学与伦理学的关系：伦理学是研究人的行为规范及其规律的科学，其与艺术学的关系极为密切。艺术所表现的对象主要是人，或者说是以人为中心的，即使是专门描绘和表现大自然的艺术作品，其人文意蕴和人的情志也是不可或缺的，这在中国艺术精神中尤其突出。像中国绘画之中的梅、兰、竹、菊“四君子”，“比兴说”“比德说”也都是以自然之物来比喻、象征、寄托人们的崇高精神境界和理想人格。以人为中心表现对象的艺术，必然要研究如何用艺术的方式弘扬道德精神。事实上，口号、公式、概念化的宣传，未必真能建构人们所需要的道德规范，真正有效的途径常常是运用艺术形象的感染力，潜移默化地达到教化的目的。文学、美学和艺术学常被视为“人学”，充分体现了艺术学与伦理学的密切联系。强调艺术的“审美自律性”的康德、席勒等人也都把文学艺术当作使人成为真正的人，使人性完整，使人成为自由的人的必不可少的途径，甚至是唯一的途径。

艺术学与自然科学的关系：数学中的“黄金分割率”、数的比例、几何图形的结构原理，物理学中的光和色的基本原理、透视现象的规律、声音振动的频率、静力学和动力学的基本原理，生命的节律、解剖学等，在艺术学研究中都具有重要的原理性意义，对建筑、雕塑、绘画、音乐、舞蹈、书法、摄影、电影等各门类艺术的产生和发展具有直接或间接的影响。在此意义上，从传统来讲属于人文学科的艺术学，比别的人文学科更有资格称得上是一门科学。

与艺术学关联和交叉的学科远不止上述方面，当今时代，学科之间的交叉和跨学科研究已经十分普遍，催生了很多新学科。传统学科的形成常常要经历漫长的历史过程，而今，在每个学科的边缘地带，稍有碰撞和交流，就会有新的学科形成。像音乐人类学、色彩人类学、艺术生态学、分形艺术等，早已成为人们所熟悉的新兴跨学科艺术研究领域。

二、艺术概念溯源

从汉语艺术词源来看，“艺”字的甲骨文形象为“”，从艹乙声，繁体作“藝”。甲骨文的字形像一个人跪在地上，小心地捧着小树栽种；金文开始在木下加上土字，表示种植在土中；篆文由金文发展而来；隶书又在上部加艹表义，加云表音，就变成会意兼形声的字。艺本义是指种植。“艺，种也”（《说文解字》）；“树艺五谷”（《孟子·滕文公上》）；“不能艺稷黍”（《诗经·唐风·鸨羽》）。夏商周时代的教育内容礼、乐、射、御、书、数，被称为“六艺”，盖因其都属于技艺，与农者的“树艺”有同样的巧思和技术的运用。今天所说的“艺术”，其内涵的丰富性已经远非原始语境中的“艺”字所能表达的，但了解字源对本质的把握是必要的。

英文 art 源于拉丁文 ars，原意也指技术。诸如木工、铁匠、外科手术之类的技艺或专门形式的技能都可用这个词语来表示。文艺复兴时期的艺术家，也会把自己看作是工匠。①这就是说，欧洲在 16 世纪以前，人们观念中仍然未把艺术和技术区别开来。直到近代，人们才逐步确定了艺术现在的含义，开始用 art 和 technique 将两者加以区别。

科林伍德指出：“古拉丁语中的 Ars，类似希腊语中的‘技艺’，意指完全不同的某些其他东西，它指的是诸如木工、铁工、外科手术之类的技艺或专门形式的技能。在希腊人和罗马人那里，没有和技艺不同而我们称之为艺术的那种概念。我们今天称为艺术的东西，他们认为不过是一组技艺而已，例如作诗的技艺。依照他们有时还带有疑虑的看法，艺术基本上就像木工和其他技艺一样。如果说艺术和任何一种技艺有什么区别，那就仅仅像任何一种技艺不同于另一种技艺一样。”②中古拉丁语中的 Ars，很像早期现代英语中的 Art，它意指任何形式的书本学问，如语法、逻辑等。但在文艺复兴时期，人们又重新恢复了“艺术”一词的古老含义。文艺复兴时期的艺术家，就像古代艺术家一样，确实把自己看作工匠。科林伍德认为，“一直到 17 世纪，美学问题和美学概念才开始从关于技巧的概念或关于技艺的哲学中分离出来”。在 18 世纪，才把“优美艺术”与“实用艺术”区别开来。按科林伍德的解释：“优美的艺术并不是指精细的或高度技能的艺术，而是指美的艺术。”③法国美学家阿贝·巴托于 1747 年把艺术分成“美的艺术”与“机械的艺术”，这是用艺术分类学的方法把艺术区别为审美的（即五种艺术形态——诗、音乐、绘画、雕塑、舞蹈）与实用的两种存在形式。这种区分构建了西方现

① [英]罗宾·乔治·科林伍德：《艺术原理》，王至元、陈华中译，北京：中国社会科学出版社 1985 年版，第 6-7 页。
② [英]罗宾·乔治·科林伍德：《艺术原理》，王至元、陈华中译，北京：中国社会科学出版社 1985 年版，第 6 页。
③ [英]罗宾·乔治·科林伍德：《艺术原理》，王至元、陈华中译，北京：中国社会科学出版社 1985 年版，第 7 页。

代意义上的艺术体系。康德对巴托的贡献作了智慧性的补充，将艺术划分为“自由的艺术”与“报酬的艺术”。而我们习惯上使用的“艺术”一词在理论上完全从技艺中分离出来是在19世纪，人们去掉了Art的形容词属性，并以单数形式代替表示总体的复数形式，最终压缩概括成art。

综上所述，“艺术”一词无论在中国，还是在西方，在其词源上，都有一定的相似性。从强调“术”到注重“艺”有一个漫长的历史过程。今天所使用的“艺术”是包含“术”在内的“艺”。因为最高、最完善的意念与想法，是要用最精到的包括技巧在内的多种表现手法来展现的。人们当下对艺术的理解、研究和界定，较从前有了重大而深刻的变化。人们不但在认识、把握的广度上，对艺术有了全面的体悟、界定和实践，而且在艺术发展的深度上，也有了更新的、更深的发掘和实践。

如今人们所使用的“艺术”概念，可供参考的定义主要有以下几种。

《辞海》（1999年版）：通过塑造形象具体地反映社会生活、表现作者思想感情的一种社会意识形态。

《不列颠百科全书》（修订版）解释为：用技巧和想象创造可与他人共享的审美对象、环境或经验。艺术一词亦可专指习惯上以所使用的媒介或产品的形式来分类的多种表达方式中的一种，因此我们对绘画、雕刻、电影、舞蹈及其他许多审美表达方式皆称为艺术，而对它们的总体也称为艺术。

对艺术的理解还有多种表达方式，如“艺术是情感的表现”“艺术是社会生活的反映”“模仿说”“客观精神说”“主观精神说”“主客统一论”等，都是从不同角度来阐释艺术概念，不一而足。艺术概念有无穷多的说法，这也说明了艺术现象本身的丰富性和永远不可穷尽的新奇性。美的感觉体验、一种创造活动、一个文化过程、一种文化符号、与人共享的资源、和谐与秩序的体现、生命意志的表达方式等，都可以表达艺术的某些特征，但美学的、社会学的、心理学的、哲学的甚至还有几何学的定义等，所有的定义加起来也未必能给出令人满意的解释。“反本质主义”者反对探讨艺术的本质，因为抽象的概念界定并不能将艺术限定。无论你怎么界定，艺术都会超出已有的理性所能够认识和阐释的范围。艺术中有太多语言难以表述的成分。尽管人们说不清楚，但是否为艺术，人们大致可以感觉到。总要符合了某些方面的特征，人们才将其视作艺术。既然不可能给出完美的定义，我们也只能从某个方面，或者某个重要特征来讨论艺术。

我们认为，艺术是人类以审美的方式认识和表达自然本质的过程，作为结果的创造物，以符号化形式负载着价值与情感，以美的形态体现着和谐与秩序，影响着人类审美意识的不断重构。

这个关于艺术的定义突出强调以下几点。

第一，艺术的核心是美，而美的事物是符合大自然根本法则的存在物。歌德有句名言：“存在是永恒的；因为有许多法则保护了生命的宝藏；而宇宙从这些宝藏中汲取了美。”[①]这并不是说，艺术就是美。一个自然的存在物可能是美的，但认识其中的美，需要人的艺术感，审美是一个包含主体的创造性的活动。艺术是为创造美而存在的。以

① [奥]埃尔温·薛定谔：《生命是什么》，罗来鸥、罗辽复译，长沙：湖南科学技术出版社2003年版，第17页。

"丑"的形式出现的作品，能够称为"艺术"，是因为它以"美"的毁灭来宣示一种价值。

第二，艺术是一个过程，是一个对象性的活动。从认识自然事物的本质，用丰富的想象力夸张地创造艺术形象，到艺术作品的欣赏，是一个人类精神文化在其中相互渗透、循环互动的过程，审美意识就在这个过程中不断升华。

第三，作为艺术过程之结果的创造物的艺术作品，具有符号化意义。它负载的是创作主体和欣赏主体共同创造的价值观和思想感情，并以富有魅力的形态提升着人的审美意识。

三、艺术的本质

艺术学的研究对象是艺术，对艺术本质的认识成为首要的问题。涉及对一事物本质的认识，不同的认识主体会有不同的观点和看法，对艺术本质的认识不能依赖于一个完满的定义。再者，人们对事物本质的认识是不断发展的，对艺术本质的揭示也不会有一个终结性的定义，就是说，随着实践的发展和认识的深入，艺术的更多新意义会不断被揭示出来。这里试从一些有影响的艺术哲学思想来对艺术的本质做一些初步了解。

西方第一个较为全面地阐释艺术本质理论的是亚里士多德。他从艺术形式论、艺术整体观和艺术创作论三个方面阐述了他对艺术本质的理解。他把艺术活动称为创造性的活动，认为艺术不同于自然生成的东西，它必须经由人的创作活动才能产生。他说："一切技术都与生成有关，而运用技术也就是研究使某种可以生成的东西生成。这种东西生成的始点在创制者中，而不是在被创制物中……凡是由于必然而存在的东西，或是顺应自然而生成的东西，都与技术无关。"又说："运用技术就是去研究使可以生成的东西生成，它可以存在，也可以不存在。"[①]艺术创造性活动有两个特点：一是艺术可以使一种可存在也可不存在的东西变为存在，这不是指无中生有，而是指艺术可以使潜在的艺术材料变成现实的艺术作品；二是艺术作品的创造来源在于艺术家而不在于所创造的对象本身。他的艺术观主要有：其一，一切艺术都是模仿，这是说艺术是一种创造，模仿即生成，即创造；其二，艺术活动既然离不开艺术创造者的"灵魂"和对艺术本质的理解，那么对艺术家来说，不但要对所用的材料和表现的对象熟稔于心，而且还要对创造的规律和原则有自觉的把握；其三，艺术的目的在于促进整体艺术形式的形成，使散乱的材料按照既定的创作规律和原则变成现实，那么艺术的模仿不过是达到此目的的手段，它服务于、服从于这个目的，而它又必须以现实存在为参照物，以现实的真实性和规律性为模仿原则。亚里士多德的艺术观念深刻地影响了德国古典美学，尤其是康德、席勒的美学思想。康德认为美感是对形式的审美观照；席勒提出的艺术材料和形式的关系都与亚里士多德的美学思想有着直接的联系。

用语言表述的定义，由于语言的局限性，在面对像"艺术"这样充满了混沌和不确定性的事物时，显得很笨拙。科林伍德说这是"语言的不幸"。他指出：美的意识是一切艺术的起点和顶点、预想和目的。画家开始作画所遵从的最初的冲动就是他的美的意识。根据这种意识，他决定着创作过程的每一时刻对他的画还要做什么。要理解艺术的本质，必须从研究最基本的美的意识开始，然后必须研究自然的和人造的之间的区别。

---

① [古希腊]亚里士多德：《尼各马科伦理学》，苗力田译，北京：中国社会科学出版社 1990 年版，第 118 页。

"艺术是科学、历史和'共同感觉'等的基础。艺术是最初的和基本的精神活动，所有其他的活动都是从这块原始的土地上生长出来的。它不是宗教或科学或哲学的原始形式，它是比这些更原始的东西，是构成它们基础并使它们成为可能的东西……我们发现，那些完全不会进行高深的科学和哲学思维的孩子，经常地显示出高超的艺术才能。大多数孩子都能比长辈更好地即兴表演诗歌，他们虚构出许多优秀的故事，并采用特别有说服力和富于表情的方式进行表演。因此，他们毫不例外地都精通于想象的假装领域。成熟的精神认为它自身在某种程度上脱离了那个领域。在野蛮和原始人中，这个情况也是存在的。原始人的歌曲、故事、绘画、雕塑和舞蹈是和这些人对他们周围世界的认识和控制完全不相称的优点。这些都是人们所熟悉的事实。但是，那种把艺术看作是高度专业化活动的哲学明显的是和上述情况相冲突的，那么只有认为艺术是相对原始的精神活动，上述情况才是可理解的……所谓艺术是最初的精神活动，是指艺术是自行产生的，它不依赖于先前任何其他活动的发展。它不是一种变化了的知觉，也不是一种变化了的宗教。相反，知觉和宗教则是它的变形。……此外，艺术不是建立在以前的真实对象知觉基础上。最初，我们无法确定对象真的是什么，然后通过让我们的想象利用它来对它作出规定。最初我们只是想象，而企图确定对象真的是什么，则包含着企图批评我们自己的想象，这已假定我们想象了。"[①]想象是与生俱来的元初本能，不需要其他更高级的知识或经验的支撑，而人的存在，正是在想象的导引下得以实现。"原始的"（人类）或"元初的"（个体）想象应当被理解为最基本的或基础的人类精神活动，它是一切更高级的精神活动的起始点。要回答艺术是什么这个问题，只能在人与他所处的世界之间的关系中去寻找。

想象是艺术之美的起点，艺术美高于自然美，是因为"艺术美是由心灵产生和再生的美，心灵和它的产品比自然和它的现象高多少，艺术美也就比自然美高多少。从形式看，任何一个无聊的幻想，它既然是经过了人的头脑，也就比任何一个自然的产品要高些，因为这种幻想见出心灵活动和自由"[②]。认识艺术的本质，需要有哲学的深度，黑格尔的艺术哲学思想丰富而深邃，是认识艺术本质的重要思想资源。他在《美学》中提到三种流行的艺术观念：一是艺术作品不是自然的产品，而是由人的活动所创造的；二是艺术基本是为人而作的，而且是诉之于人的感官的，多少是从感性世界汲取源泉的；三是艺术本身有一个目的。黑格尔运用辩证法分别对这三种观念进行了批判。在关于目的的论述中，他批判了几种流行的看法：摹仿自然说；激发情绪说；更高的实体性的目的说（譬如拯救人类道德等）。他不同意那种将艺术视为"一个有用的工具，去实现艺术领域之外的一个自有独立意义的目的"的观点，而是十分肯定地说：艺术的使命在于用感性的艺术形象的形式去显现真实，去表现上文所说的那种和解了的矛盾，因此艺术有它自己的目的，这目的就是这里所说的显现和表现。至于其他目的，例如教训、净化、改善、谋利、名位追求之类，对于艺术作品之为艺术作品，是毫不相干的，是不能决定艺术作品概念的。所谓"那种和解了的矛盾"，他指的是理念上的统一，是将普遍的理

① [英]罗宾·乔治·科林伍德：《艺术哲学新论》，卢晓华译，北京：工人出版社1988年版，第1-10页。
② [德]黑格尔：《美学》（第1卷），朱光潜译，北京：商务印书馆1979年版，第4页。

念与感性现象"融成一体"。他在批判艺术目的在于道德说教的基础上，从辩证法的角度提出了他的基本论点：艺术自有内在的目的，即通过具体感性形象显现普遍性的真实，亦即理性与感性的矛盾统一。他的观点通常被视为"为艺术而艺术"论。

在黑格尔看来，艺术是一种精神活动，是普遍理念与感性形象的对立统一，是内容和形式的对立统一。理念既然是这样具体的统一体，这个统一体就只有通过理念的各特殊方面的伸展与和解，才能进入艺术的意识，就是由于这种发展，艺术美才有一整套的特殊的阶段和类型。理念和形象的三种关系代表了三种类型，也体现着三个发展阶段。

一是象征型。在这一阶段，人们不能将朦胧认识到的理性观念用合适的感性形象来表现，只能用带有神秘色彩的象征符号来代替。象征型艺术的产生原因是人类精神内容本身是抽象的，理念尚未达到主客体统一，其一般特征是用形式离奇、体积庞大的事物来象征理念，因而往往产生的是崇高感，而非内容与形式和谐统一的美感。原始时期，人们用木与石塑造的形象多暗示了某种理念在其中，诸如图腾的象征就是原始崇拜与早期图腾艺术。

二是古典型。在这一阶段，精神达到主客体统一，精神内容与物质形式完满契合，理性观念可以通过感性形象来明确表达。就内容与形式一致的方面来说，古典艺术是最完美的艺术。典型的古典艺术是希腊的雕刻。希腊雕刻所表现的神不像象征型艺术那么抽象，神总是作为人来表现，因为人是自在自为的，是理念最适合的表现形式。在人体形象中，神的普遍性转化为个别性，但神还要维持其普遍性，即"静态"。因此，古典艺术最大的特点在于静穆和悦，"单纯的高贵，静穆的伟大"，而雕刻最适合于表现这种静穆，因为雕刻只表现静态而不表现动作。

三是浪漫型。精神是无限的，而人的形体是有限的，因此导致了古典艺术的解体。有限的物质形态无法继续完满表现精神，所以精神又回到了心灵世界。它与象征型艺术是两个极端：象征型艺术是物质溢出精神，而浪漫型艺术则是精神溢出物质，是较高水平地回复到内容与形式的失衡。典型的浪漫型艺术是近代欧洲的基督教艺术。由于精神回到心灵世界，即人回到自我，因此浪漫型艺术主观性很强，主要体现个人的意志和愿望，表现人内心的冲突，是动作和情感的冲动，与古典艺术的静穆相反。浪漫型艺术表现分裂的灵魂，因此古典主义所力求避免的痛苦、丑陋、罪恶等事物反而成为浪漫型艺术的主要内容。浪漫型艺术典型的代表是绘画、诗歌这些艺术形式。这也暗示了在黑格尔的哲学体系里诗歌的地位是非常高的。

这些类型与具有具体形式的各门艺术的关系是这样的：各门艺术组成了艺术类型的真实存在。象征型艺术在建筑里实现它最适合的现实和最完善的应用，能完全按照它的概念发挥作用；古典型艺术在雕刻里得到完满的实现，它把建筑只看作围墙，但是还不能发展绘画和音乐，来作为表现它的内容的绝对形式（绝对的即完满的，有永久价值的）；浪漫型艺术把绘画和音乐作为它独立的绝对的形式，诗也包括在内。①各个时期的艺术作品代表着各个民族在不同的历史发展阶段最丰富的见解和思想，它是解读民族文化心

① [德]黑格尔：《美学》（第1卷），朱光潜译，北京：商务印书馆1997年版，第94-114页。

理的一把钥匙，而且对很多民族来说，有可能是唯一的钥匙。黑格尔说："艺术之所以异于宗教与哲学，在于艺术用感性形式表现最崇高的东西，因此，使这最崇高的东西更接近自然现象，更接近我们的感觉和情感。思想所穷探其深度的世界是个超感性的世界，这个世界首先就被看作一种彼岸，一种和直接意识和现前感觉相对立的世界；正是由于思考认识是自由的，它才能由'此岸'，即感性现实和有限世界，解脱出来。但是心灵在前进途程中所造成的它自己和'此岸'的分裂，是有办法弥补的；心灵从它本身中产生出美的艺术作品，艺术作品就是第一个弥补分裂的媒介，使纯然外在的、感性的、可消逝的东西与纯粹思想归于调和，也就是说，使自然和有限现实与理解事物的思想所具有的无限自由归于调和。"①

克罗齐对艺术即"表现"的表述广为人知，而且在很多人看来是非常正确的。但是对克罗齐的这种说法务必谨慎对待，虽然观察入微、论说精辟、发人深省，但隐含着武断与不确定性。他为观念规定含义，常常自说自话。②克罗齐在其《美学原理》一书中论述了几个观点：把艺术作为心灵的活动；把艺术作为认识的活动；把艺术作为一种特殊的认识活动（直觉的）。他提出"艺术是诸印象的表现，不是表现的表现"③。印象即事物印在心中的象，它起于感受。事物刺激感官，所起作用称"感受"，感受所得为印象。感受与印象都还是被动的、自然的、物质的。心灵观照印象，于是印象才有形式（即形象），并为心灵所掌握。这个心灵活动即为直觉，印象由直觉而得形式，即表现。表现是在心内成就的工作。一般人以为表现是把在心内的已经综合掌握的印象（即直觉品）外射出去，即借文字等媒介传达给旁人。克罗齐反对此说法，认为印象经心灵观照、综合、掌握、赋予形式，即已得到表现。传达则是下一步的事。

杜卡斯在《艺术哲学新论》中提出：艺术并非事物的一种特性，而是人类的一项活动；艺术并非一项旨在创造美的活动（他认为艺术不能用美来界定，因为当今有很多名副其实的艺术品非但不美，反而异常之丑），许多艺术品是丑的；艺术家的目的不在于创造美，而在于客观地表现自我；有目的地创造美并非艺术；艺术品是永存的，而美则是变化的。他认为艺术和美之间不存在本质的联系，即便存在某种关联也纯属偶然。在阐述"艺术即情感语言"的观点时，他提到欧仁·佛隆（Eugène Véron）是最先发现艺术确实不能以美来界定的作家之一。杜卡斯认为艺术本是语言，语言源于呼喊姿势，"艺术是人类个性的情感表现"；任何艺术品都是具有表现性的，它表明艺术家对一种感受或情趣的理解方式，提供一种衡量艺术家感受印象和自我情感力量的尺度。艺术即情感语言以及艺术与美无关等学说，都是通过托尔斯泰才得以广泛传播的，并且产生了真正的影响。杜卡斯说艺术"是人与人相互交际的手段之一"，艺术与讲演的区别在于"前者凭借艺术向他人传达情感，而后者则是借助辞令向他人传达思想"④。

马克思主义艺术观内容丰富，主要有：第一，艺术是一种社会意识形态，是建立在经济基础之上的上层建筑之一。人首先必须得满足基本的生存需要，然后才有更高的精

① [德]黑格尔：《美学》（第1卷），朱光潜译，北京：商务印书馆1997年版，第11页。

② [美]C. J. 杜卡斯：《艺术哲学新论》，王柯平译，北京：光明日报出版社1988年版，第33页。

③ [意]克罗齐：《美学原理》，朱光潜译，北京：人民文学出版社1983年版，第22页。

④ [美]C. J. 杜卡斯：《艺术哲学新论》，王柯平译，北京：光明日报出版社1988年版，第17页。

神追求。经济基础决定上层建筑，有什么样的经济基础，就有什么样的上层建筑，艺术归根结底是由经济基础决定的。艺术受经济基础的决定和制约，同时反作用于经济基础。第二，艺术来源于社会生活，是社会生活的反映。作为观念形态的艺术作品，是一定的社会生活在人们头脑中反映的产物。生活是艺术赖以产生的资源环境，那是取之不尽、用之不竭的艺术源泉。没有生活就没有艺术。第三，艺术是一种精神生产。艺术家的创造性劳动是一种精神劳动，艺术创作是一种精神生产，马克思用“非物质生产”来表述，不仅指那些能够离开生产者而独立存在的产品，如书、画等艺术作品，还指同生产行为不能分离的艺术创作，如表演艺术家、音乐家、演员等的生产。[①]在马克思看来，精神生产是社会生产的特殊形式，连“宗教、家庭、国家、法、道德、科学、艺术等等，都不过是生产的一些特殊的方式，并且受生产的普遍规律的支配”[②]。非物质生产是用来满足人们的精神需要的，商品性不是艺术的本质属性和主要属性，审美属性才是艺术的本质属性。由于在资本主义社会中一切劳动都被异化，作为精神劳动的艺术生产也毫不例外，这是对艺术创造的自由精神的压抑和窒息。第四，艺术是主客观的统一体。艺术是客观存在的现实世界在艺术家头脑中的反映，艺术作品是这种反映的物态化。艺术对现实的反映有极大的积极的能动作用。艺术所反映的生活比现实生活更高、更强烈、更真实、更典型、更集中、更理想，因此富有极强的感染力。它是客观现实和主观认识相互作用、相互统一的产物。没有客观基础，不可能产生艺术作品，没有主观表现，也不会有艺术。世界上原本没有艺术，艺术是人类特有的创造。有了人类，才有人类的艺术，也只有人类才了解艺术，懂得艺术的价值。

第二节　艺术功能

艺术功能指艺术在满足人的精神需要方面所发挥的作用。艺术的教化功能在中国古代典籍中多有记载。儒家倡导并践行六经之教，“乐教”是其中重要的一个方面。《论语·泰伯》：“兴于诗，立于礼，成于乐。”《礼记·经解》：“广博易良，乐教也。”《礼记·乐记》对音乐的教化功能有详尽的论述，如音乐能影响人的心理和情感：“乐也者，情之不可变者也……礼乐之说贯乎人情矣。”“乐者，音之所由生也，其本在人心之感于物也。是故其哀心感者，其声噍以杀；其乐心感者，其声啴以缓；其喜心感者，其声发以散；其怒心感者，其声粗以厉，其敬心感者，其声直以廉；其爱心感者，其声和以柔。”“夫民有血气心知之性，而无哀乐喜怒之常，应感起物而动，然后心术形焉。是故志微噍杀之音作，而民思忧；啴谐慢易繁文简节之音作，而民康乐；粗厉猛起奋末广贲之音作，而民刚毅；廉直劲正庄诚之音作，而民肃敬；宽裕肉好顺成和动之音作，而民慈爱；流辟邪散狄成涤滥之音作，而民淫乱。”这说的是人有感情冲动和认识的本能，但人之情绪和情感受外在事物影响而变化无常。微弱而充满焦虑的音乐使人产生忧心忡忡的情感；舒畅、和谐、缓慢、平易，内容丰富且富有节奏的音乐，则使人健康快

---

①《马克思恩格斯全集》（第26卷），北京：人民出版社1972年版，第442-443页。

②《1844年经济学哲学手稿》，北京：人民出版社1985年版，第53-54页。

乐；粗壮、威严、生猛且充满激情的音乐使人刚强而有毅力；庄重、正直、真诚的音乐使人产生严肃崇高的情感；舒畅、洪亮、流畅、柔和的音乐使人产生慈爱的情感；邪僻、散乱、淫佚泛滥之音使人产生淫乱的情感。中国古代哲人关于人文精神的深刻思想，很大程度上得益于对音乐艺术的思考，从一定意义上说，这就是最早的“音乐人类学”。关于音乐艺术的道德教化作用，《礼记·乐记》还有一段经典的表述：“是故君子反情以和其志，广乐以成其教。乐行而民乡方，可以观德矣。德者，性之端也；乐者，德之华也；金石丝竹，乐之器也。诗，言其志也；歌，咏其声也；舞，动其容也。三者本于心，然后乐器从之。是故情深而文明，气盛而化神，和顺积中，而英华发外，唯乐不可以为伪。”天地之“文”能够彰显于天下，是由于艺术力量感人之深，从而孕育化生出崇高的精神气质。这里有着对“文”“化”意义的最深刻理解。

美国著名哲学家、符号论美学代表人物之一苏珊·K. 朗格（Susanne K.Langer，1895—1982 年）在《情感与形式》一书中表达了与《乐记》相同的看法：“音乐的音调结构，与人类的情感形式——增强与减弱，流动与休止，冲突与解决，以及加速、抑制、极度兴奋、平缓而微妙的激发、梦的消失等等形式——在逻辑上有着惊人的一致。这种一致恐怕不是单纯的喜悦与悲哀，而是与二者或其中一者在深刻程度上，在生命感受到的一切事物的强度、简洁和永恒流动中的一致。这是一种感觉的样式或逻辑形式。音乐的样式正是用纯粹的、精神的声音和寂静组成的相同形式，音乐是情感生活的音调摹写。”

西方对艺术功能的系统研究起于 15～16 世纪。比利时作曲家、音乐理论家廷克托里斯（J. Tinctoris）列举了音乐的 20 种功能，如“驱忧解闷”“引起狂喜”“使人愉快”“治愈病人”“减轻劳累”“鼓舞斗志”“唤起爱意”“增加筵席的欢愉”“使乐师驰名”等，“装饰对上帝的赞美”无疑也是艺术的重要功能。①国外对艺术功能的研究可择要归为几类：①与艺术有关的反映客观现实的认识功能；②教育功能；③艺术特有的审美娱乐功能；④与艺术作为人的精神世界的表现有关的功能；⑤与艺术的社会效用有关的功能。艺术的功能影响艺术的结构，艺术的结构也决定着其发挥的功能。

艺术的功能可从各种不同的视角和层面来看，基于教育与社会发展的视角来看艺术的功能，可从认识社会、促进个体发展等方面来认识。

一、认识社会

艺术是社会生活的反映，它通过塑造形象提供了一个认识社会、认识现实、认识历史、认识文化、认识生活的窗口。艺术作品的作者基于不同的价值立场和情感态度来表现他对世界的认识，也为人们从多种视角认识世界提供了丰富的途径。另外，由于艺术保存了以往时代各个不同民族的杰出智慧、优秀品格、民族风貌、崇高精神，那些体现着永恒价值的艺术品获得了跨越遥远时空的存在，我们也由之能够认识遥远时代、遥远国度的历史文化背景。

从敦煌艺术宝库中，我们能比较全面地认识从十六国及唐代以来各个历史时期的社

① [俄]斯托洛维奇：《生活·创作·人：艺术活动的功能》，凌继尧译，北京：中国人民大学出版社 1993 年版，第 53 页。

会生活、风土人情以及政治、经济、军事、文化、宗教、民族生活的情景，获得丰富的历史知识。欣赏风情画特别是外国风情画，能使人领略不同的异域风光，做到“不出户，知天下”（《道德经》）。欣赏原始岩画和壁画，我们可以了解原始社会的狩猎和农牧状况。欣赏宗教艺术，人们可以了解有关宗教的知识，譬如达·芬奇《最后的晚餐》能告诉人们很多有关《圣经》和基督教的知识。尤为重要的是，这种形式诉诸直观而通达理性，具有重要的认识功能。

艺术的认识功能首先体现在信息的保存和传递上。艺术可以沟通思想、传递信息，实现文化的交流与互通，在这一意义上，艺术是跨民族的，它可以强化人类精神中具有共同性的那些品质。用音乐、舞蹈、绘画、建筑、雕塑等具体形象表达的人类共同情感，具有凝聚人类精神的作用。欣赏艺术作品能使人提升认识的能力，因为人的精神世界和文化素质，是在自身经验与他人经验的交往和互动之中形成的，超越自身的局限性，超越时空的局限性来认识世界，正是通过对传世的艺术作品的欣赏实现的。

其次，艺术之所以能开阔视野、增长见识、丰富知识，是由于它不是简单地、直观地、照相般地临摹现实生活，而是提炼了生活，挖掘了真谛，在更高的意义上反映现实生活。不朽的艺术作品之产生是建立在作者对世界的深刻理解上，不深入生活是不能有此见地的。

最后，艺术的社会认识功能与具体的社会历史条件相关联。一般来说，在社会矛盾尖锐，社会经济、政治、道德问题成为人们最为关切的主要问题时，艺术作品的认识功能就会受到更多的重视、强调与发挥。

总之，艺术不仅反映生活，还包含着艺术家对生活的思考，积淀了艺术家对生活的体验与感受。它不仅能帮助人们获得知识，还使思维超越了自身的局限性而有了更为广阔的领域和丰富的对象，从而能在获得知识的过程中提高人们的认识能力。

二、促进个体发展

个体的发展包括身体、心理和认知的发展。艺术与身、心、知的发展有着密切的关系。

首先，艺术能有效地促进个体左右脑和谐均衡地发展。现代脑科学研究表明，左右脑有明确的分工，也有密切的配合。左脑控制身体右侧感觉与运动，是处理语言、梳理概念信息，进行抽象思维和连续学习，分析性机能的中心，有“数字脑”之说。右脑控制左侧机体感觉和运动，主要功能是图形识别、视听信息感知、空间想象和接受其他非语言的信息，侧重形象思维功能，有“艺术脑”之称。大脑两半球之间，由约两亿条神经纤维组成的胼胝体联结，使左右脑息息相通、互动互补。左右脑的开发是使一个人成为一个健全和完善的人的重要途径，或者说是必要途径，脑是人体的控制系统，左右脑的和谐发展是一个人身心和谐发展的根本基础。要实现左右脑的和谐发展，艺术教育是不可或缺的，其中艺术教育的主要功能是开发右脑，提高人的形象思维能力。

其次，艺术润泽人心。人的情感和情绪状态属于心理的机能。情感的丰富性是身心和谐之所以产生的基础。情感的贫乏与精神的贫乏，都会导致人的片面性和极端行为，从而由个体身心的不和谐导致与他人关系的不和谐。艺术润泽人心指的是它能以丰富的资源为人的心灵提供滋养。艺术的形式根据它所使用的物质媒介可归结为“言”“声”“象”。言是指艺术语言塑造的形象，声是指听觉形象，象是指感性的视觉形象。绘画是通过色彩、线条描绘具体的可感知的形象来表达感情。音乐是通过节奏与旋律的组合来表达世界。诗人把许多抽象无形的东西借用现实生活中可感知的景物形象来表达，使读者能够理解和感受到诗人所体验到的感情。舞蹈是以人体的姿态动作来展示某种价值事物及其情感反应。欣赏艺术的过程就是一种情感交流与互动的过程。正是这种互动和交流，像细雨春风润泽心田，使人的心理情感得到升华。

最后，艺术促进身体健康发育。借助色彩和线条的艺术形式如绘画、雕塑和借助节奏与旋律的艺术如音乐、舞蹈等，都有物理的基础，如声音振动和光谱的原理等，它们都能对人体产生影响。众所周知的胎教，采取的主要形式就是音乐艺术。人类身体发育依循美学原理是很多当代学者关注的话题。“文化塑造的身体”“教化身体”“身体文化”“肉体性的社会建构”等概念体现着这一研究趋势。以往人们只是把身体看作来自遗传素质的一种东西，但是最近的研究使人们认识到，不仅个体的知识结构与文化心理是文化的结果，人的身体也因文化的影响而发生着变化。“对身体的行动而言，没有与生俱来的形式，对于像走路、游泳、吐痰、挖掘、行军、甚至注视或是分娩等行为而言没有泛人类的、前文化的、普遍的或遗传的形式。相反，身体的行为是因为历史和文化条件而不同的，是后天获得的属性，这种属性只能证明具有文化特殊性的特定社会成员身份。”根据这种观点，人的一切行为不只是由自己身体的构件装配组合起来的，而是由他所接受的全部教育、他所归属的整个社会，以及他在社会中存在的位置装配组合在一起的。[①]

从个体的社会化过程来看，由一个自然状态的生命体成长为适应社会化生存的、有独立人格的公民，从身体到心理再到认知，一切都是在一个漫长的文化过程中被塑造起来的。不光是“音乐的耳朵”和“欣赏形式美的眼睛”，整个现代人的身体也无不受文化的影响而发生着改变。

三、审美娱乐

艺术的审美娱乐功能主要是指人们通过艺术欣赏活动获得审美享受，使身心愉悦并得到休息。艺术的审美娱乐功能是艺术最基本的功能之一。日常生活中绝大多数人进电影院、剧院、音乐厅或美术馆，都是为了休息和娱乐，而未必是为了获取知识或接受教育。艺术如果不具备愉悦的能力也不足以有那么大的吸引力。只倾注于艺术的思想性，强化社会教化功能，忽略娱乐性，一味追求高深艺术，就会失去社会土壤。须知，即使是崇高的艺术，也得有基础和土壤，而一般民众的娱乐需求，也是艺术生长必不可少的资源和环境。

艺术家在倾力满足人们审美娱乐需求的过程中，也在提升着创作的艺术水平，这就

---

① [英]阿雷恩·鲍尔德温、布莱恩·朗赫斯特、斯考特·麦克拉肯等：《文化研究导论（修订版）》，陶东风等译，北京：高等教育出版社 2004 年版，第 267-293 页。

是说，受众在以另一种方式参与着艺术的创造。古希腊人早就注意到一种特殊的、什么也不像的审美快乐，并把它区别于感官的快乐。这种特殊的快乐是一种伴随着艺术的所有功能，使其别具色彩的精神享受。而且这种精神享受要求人们主动参与，去观察、倾听、想象和体会，可以说，艺术家完成了艺术品的基本创作，欣赏者在欣赏过程中主动参与，最终在心中完成艺术形象和情景，仿佛和艺术家一同工作。人的本能、情感和欲望有得到正当满足的权利，艺术应当使人得到快感。消遣是为了休息，休息往往是愉快的，因为可以消除劳苦工作所产生的困倦。精神方面的享受被人们公认为不但含有美的因素，而且含有愉快的因素，幸福和快乐正在于这两个因素的结合。理想社会的建构，不可能没有幸福和快乐，而幸福和快乐不是从抽象的理论中得来的。人们都会认同音乐是能够带来愉快心情的，当然它也能提供其他情感表达所需要的形式。人们聚会娱乐时，总是要选择音乐，这是很有道理的，它的确能使人心畅神怡。“寓教于乐”是艺术的一个重要功能，《乐记》有“乐者乐也”之说，其本义为音乐使人们得到快乐。艺术创作是一种自由自觉的活动，艺术欣赏也是如此。在欣赏过程中，读者、观众或听众也处在一种忘我状态，沉醉在艺术天地中流连忘返。优秀的艺术作品给人以极大精神满足和快乐，以至于“子在齐闻《韶》，三月不知肉味”成为人们乐道的佳话。

四、引领社会

优秀的艺术作品在使人获得快感并帮助人们领略精彩世界的同时，也发挥着精神引领和价值引导的作用。人们熟知的名言“作家是人类灵魂的工程师”，也可以用来说艺术。从一定程度上可以说，艺术是人类的灵魂工程。艺术家和作家一样，担负着重大的社会职责。塑造真善美的形象教育民众、唤醒民众，提高民族的凝聚力和自信心，以正确的价值观引导人们走精彩的人生之路，是艺术的最重要的也是最有价值的功能。艺术作品还能通过形象的塑造，揭露和鞭挞那些丑恶虚伪、自私自利、损人利己、腐败堕落的现象。

艺术能灵敏地感知时代前进的步伐，艺术家往往有深刻的洞察力以捕捉时代精神。历史上那些经典名作，无不代表着特定民族在特定历史时期的文化风貌，影响着那一代人甚至后世精神文化的发展方向。例如，古希腊产生了对人类文明影响深远的神话、寓言、雕塑、建筑艺术，埃斯库罗斯、索福克勒斯、欧里庇得斯、阿里斯托芬的悲剧和喜剧是希腊艺术的经典之作。“文变染乎世情，兴废系乎时序。”（《文心雕龙》）在欧洲文艺复兴运动中，但丁、彼特拉克、薄伽丘、达·芬奇、拉斐尔、米开朗琪罗、蒙田、塞万提斯、莎士比亚等文艺巨人，吹响了新时代的号角，开启了人们的心灵。恩格斯说文艺复兴是一个需要巨人而且产生了巨人——在思维能力、热情和性格方面，在多才多艺和学识渊博方面的巨人——的时代。欧洲历史上流传千古的艺术经典，都产生于时代变革的时期，它们之所以能成为经典，正是因为其引导了人类社会历史发展的进程。

鲁迅说，要改造国人的精神世界，首推文艺。举精神之旗、立精神支柱、建精神家园，都离不开文艺。当今时代，世界经济飞速发展，物质文明灿烂辉煌。然而，精神文明的发展相对滞后。精神文明与物质文明如果不能同步发展，物欲横流而道德沦丧就难以避免，而精神文明建设不是靠空洞的说教和煽情的口号就能实现的。从达·芬奇、米开朗琪罗、贝多芬、莫扎特等的经典名作在基督教文化中发挥的作用，就能体会到艺术震撼人心的巨大力量。真善美的事物之进入人心，须像春风化雨那样润物无声、潜移默化。而真正优秀的艺术作品，正像蓝天上的阳光、春季里的清风一样，能够启迪思想、温润心灵、陶冶人生，能够扫除颓废萎靡之风，提振人的精神，丰富人的内心世界，从而使生命的质量得以提升，引领社会的功能得以实现。

第三节　艺术的起源与发展

就发生学意义来说，艺术与技术是同源的。它们之间既有联系又有区别，离开技巧性，任何作品难以成为艺术品。艺术家与匠人的根本不同在于：匠人只要有技术就行，而艺术家是要有创造性的。

一、艺术的形态发生

在从动物到人的演化过程中，文化是最重要的催化因素。文化创造了人，人也创造了文化。从发生学意义上来看，两者之间相互催化，从而成就了人类。有证据可考的最早的文化形态，已有300万年左右的历史，东非大裂谷出土的那些打制的石头工具，人们一眼就能看出它们与自然物的不同。这在今天看来根本说不上是艺术品，但最早的艺术就从这里发端。在工具制造的过程中，像精致、细腻、光滑、平整、光泽、形状、对称等特性，是与工具的效用密切相关的，质料的选取及对造型的要求，逐渐发展为具有审美意味的形式。形式与功能的最初联系，可以说明艺术与生活的关系。形式与功能的分离是随着人类活动领域的扩展、精神力量的增长，超越直观而向符号化发展的过程中实现的。

旧石器制作有证据可考，但我们可以推想，并不只有石器的制作才是唯一的早期艺术萌芽，木制的工具中，哪怕是最简单的木棒，也有最初的形式要求。只是没有一件作品能保持上百万年。还有歌唱、舞蹈与游戏，应当是人类尚未形成之时就已有的，我们可以从当代生物学研究的成果中得到启示。这些最早的艺术形式，也是与生存的需要密切关联的。

具有符号化和形式化意义的艺术品出现在旧石器时代晚期，是近3万年来的事情。欧洲发现了距今约二三万年的大量洞穴壁画，同一时期中国也发现了带有装饰意味的器物，并发现了使用染料的证据。史前的洞穴壁画，多以动物为主要表现对象，西班牙的阿尔塔米拉（Altamira）以公牛为主，法国的拉斯科（Lascaux）涉及驯鹿、犀牛、山羊、猛犸、猫等。

史前陶器艺术以中国各地出土的遗物最具代表性，主要分布在黄河流域，有仰韶文化和马家窑文化两大类型。彩陶的艺术性不仅体现于器物造型，还体现于装饰纹样，前期纹样以动物纹、人面纹为主，是经过变形处理的符号式形象，出土于河南临汝阎村的《鹳鱼石斧图》很有代表性。后期纹样主要是抽象风格的波浪纹和漩涡纹，十分繁密，夹杂有人样纹，图案精美。螺旋形图案样式在同时代的爱琴海地区和中欧地区的壶罐中也能大量见到。1973 年，在青海大通上孙家寨墓葬出土的《舞蹈纹盆》，其图案描绘了“击石拊石，百兽率舞”（《尧典》）的原始歌舞场面，这就是歌舞初始形态最早的证据。以视觉形象保存听觉的艺术，这种表现方式肯定比歌舞最早出现的时间要晚得多。

原始艺术的特点，实用先于审美，功能早于形式，几乎所有原始艺术都遵循这个规律。

二、艺术起源的几种观点

关于艺术的起源，有如下一些说法。

（一）艺术起源于摹仿

摹仿说认为艺术起源于人类对自然事物的摹仿。在古希腊的哲学中，这种观点比较流行。德谟克利特说：“在许多重要的事情上，我们是摹仿禽兽，作禽兽的小学生。从蜘蛛我们学会了织布和缝补，从燕子学会了造房子，从天鹅和黄莺等歌唱的鸟学会了唱歌。”①柏拉图在《法律篇》中说过：音乐“摹仿善或恶的灵魂”。亚里士多德说：“音乐的节奏和旋律反映了性格的真相——愤怒与和顺的形象，刚毅与节制的形象，以及其他种种性格或情操的形象——这些形象在音乐中表现得最逼真。”②

中国古代典籍中记载音乐艺术的起源，也有类似模拟自然音律的说法，《吕氏春秋》中有黄帝命伶伦制乐，“听凤凰之鸣，以别十二律”，尧“命质为乐，质乃效山林溪谷之音以歌”。

（二）艺术起源于游戏

游戏说认为艺术起源于游戏。人类过剩的精力在非功利性活动中自由发挥便有了艺术。18 世纪德国美学家席勒和 19 世纪英国思想家斯宾塞前后阐述的观点是一致的。和席勒同时代的康德在其《判断力批判》中指出：“艺术还有别于手工艺，艺术是自由的，手工艺也可以叫作挣报酬的艺术。人们把艺术看作仿佛是一种游戏，这是本身就愉快的一种事情，达到了这一点，就算是符合目的；手工艺却是一种劳动（工作），这是本身就不愉快（痛苦）的一种事情，只有通过它的效果（例如报酬），才有些吸引力，因而它是被强迫的。”③因此康德把诗称为“想象力的自由游戏”，把音乐和图画称为“感觉游戏的艺术”。

---

① 伍蠡甫主编：《西方文论选》（上卷），上海：上海译文出版社 1979 年版，第 4-5 页。

② 黄宗贤主编：《从原理到形态：普通艺术学》，长沙：湖南美术出版社 2003 年版，第 10 页。

③《判断力批判》43 节，转引自黄宗贤主编：《从原理到形态：普通艺术学》，长沙：湖南美术出版社 2003 年版，第 11 页。

席勒对游戏论有更为系统的论述，他首先提出“过剩精力”对艺术活动的意义。他说：“狮子不受饥饿所迫，无须和其他野兽搏斗时，它的剩余精力就为本身开辟了一个对象，它使雄壮的吼声响彻荒野，它的旺盛的精力就在这无目的的使用中得到了享受。”[①]按席勒的解释，现实中的人总处在理性和感性的矛盾状态之中，感性使人冲动，理性使人谨慎，但在游戏时，人们摆脱了全部的强迫和束缚，两者达到和谐与统一。因此，游戏是感性和理性有机结合所唤起的第三种状态，是人性的最高状态，也是人的本质。他说：“只有当人在充分意义上是人的时候，他才游戏；只有当人游戏的时候，他才是完整的人。”[②]席勒认为，想象力的自由发挥，本身并不能创造艺术，只有当其借助游戏，企图创造一个自由的形式时，游戏才能升华为审美的或艺术的活动。

（三）艺术起源于情感表现的需要

表现说认为艺术起源于人类情感表现的需要。托尔斯泰在《艺术论》中写道：“艺术起源于一个人为了把自己体验的情感传达给别人，就重新唤起自己心中这份情感，并用某种外在的标志传达出来。”[③]意大利美学家克罗齐列出了一个公式：“直觉=表现=抒情的表现=成功的表现。”[④]直觉就是用心中的意象对情感加以组合，使其明晰，从而表现出自我的功能。苏珊·朗格提出艺术是“情感的符号”的命题，认为概念性的语言文字无法真切地表达出变幻莫测的情感体验，而用线条、色彩、声音、动作、个性化语言等诉诸感觉的符号的特殊组合来把握和表现情感的活动，才是合适的形式，这被称为“情感的形式”。

（四）艺术起源于巫术

巫术说认为艺术起源于原始民族的巫术仪式活动。英国人类学家爱德华·泰勒、弗雷泽，以及法国史前学家雷纳克为其代表。

巫术的核心围绕以下几点：第一，万物有灵论，大自然中的一切都有灵魂和思想，可通过一定的方式与人交流和沟通；第二，巫术就是人与万物沟通的方式；第三，巫术总是以一定的仪式来完成的，巫术需要特殊的、加以渲染的神秘气氛，要排除人已有的经验、语言和逻辑的干扰，才能进入非人的世界。正是在这最后一点上，有了巫术与艺术最初的结合。

（五）艺术起源于劳动

劳动说认为艺术起源于物质生产活动。19世纪俄国马克思主义理论家普列汉诺夫是这一观点的代表者。鲁迅对艺术与原始劳作的关系也有一番阐述：“我们祖先的原始人，原是连话也不会说的，为了共同劳作，必需发表意见，才渐渐地练出复杂的声音来，假如那时大家抬木头，都觉得吃力了，却想不到发表，其中有一个叫道‘杭育杭育’，那

---

① [德]席勒：《美育书简》，徐恒醇译，北京：中国文联出版公司1984年版，第140页。

② [德]席勒：《美育书简》，徐恒醇译，北京：中国文联出版公司1984年版，第90页。

③ [俄]托尔斯泰：《艺术论》，张昕畅、刘岩、赵雪予译，北京：中国人民大学出版社2005年版，第40页。

④ 转引自黄宗贤主编：《从原理到形态：普通艺术学》，长沙：湖南美术出版社2003年版，第12页。

么，这就是创作；大家也要佩服的，应用的，这就等于出版。倘若用什么记号留存了下来，这就是文学。”[①]其实在《淮南子·道应训》中早有类似的说法：“今夫举大木者，前呼邪许，后亦应之。此举重劝力之歌也。”这是劳动与节奏和旋律的形态发生密切相关的原初情景。劳动号子在内容上的发展通向诗歌，形式上的发展通向节奏和旋律。而舞蹈则是节奏、旋律在烘托的气氛中再现捕猎和劳作的形体艺术。

（六）艺术起源于集体无意识

精神分析学派的创始人弗洛伊德把艺术看作个人无意识的象征表现，是某种被压抑的性意识的表现，艺术活动是摆脱苦闷的一种“诱惑的奖赏”。史前艺术中有关性爱与生殖的形象占有相当的比例，确可看作一种重要的动因。他的学生——瑞士心理学家荣格用“集体无意识”的概念解释文化现象。他认为由遗传继承而来的心理倾向是一种集体的无意识。原始文化形态都与这种集体无意识相关联，一些披上神话外衣的深不可测的经验都会积淀在集体无意识之中。伟大诗人和艺术家的创作活动深受集体无意识的影响，这使艺术活动总包含着难以言说的秘密。

关于艺术起源，还有很多其他说法，多元论是较为合理的解释。总的来说，艺术起源是一个复杂的过程，不同形态的艺术形式可能来自不同的源头，不能一概而论。上述几种说法可以看作从不同的角度来谈论艺术的形态发生，从内在动力、表现方式、内容来源等视角来考察艺术的起源，都有一定的合理性，但也需要容纳各种观点以便形成整体的看法。劳动技术传递、知识记忆、性爱与生殖、战争、祭祀是早期艺术内容的主要来源。

三、艺术的发展

艺术是随着人类社会的进步而发展的，物质生产方式和生产力发展水平是这个过程中的重要影响因素。恩格斯在马克思墓前有段话：“人们首先必须吃、喝、住、穿，然后才能从事政治、科学、艺术、宗教等等。所以，直接的物质生活资料的生产，因而一个民族或一个时代的经济发展阶段，便构成为基础，人们的国家制度、法的观点、艺术以至宗教观念，就是从这个基础上发展来的。因而也必须由这个基础来解释，而不是像过去那样做的相反。”[②]中国古代哲人们认为“食必常饱然后求美，衣必常暖然后求丽”[③]。物质的需要总是先于精神的需要。物质生产水平还从技术条件上制约和影响艺术的发展，决定着艺术形态所负载的价值、情感与态度。

（一）初始形态

原始社会艺术形态大致有三类：第一类是以人体为媒介的艺术，表现为文身装饰和舞蹈。用以文身的色彩图案是一些神秘的符号，具有象征意义。原始舞蹈总与祭祀、祈

① 鲁迅：《门外文谈》，载《鲁迅全集》（第6卷），北京：人民文学出版社1981年版，第75页。
②《马克思恩格斯选集》（第3卷），北京：人民出版社1972年版，第574页。
③《墨子佚文》，载《中国美学史资料选编》（上），北京：中华书局1980年版，第83页。

祷活动联系在一起，表达对大自然的敬畏与祈求恩典的心理。第二类是表现在外界物体上的空间艺术，雕塑、壁画、工艺器物装饰、建筑等造型艺术盖属此类。这些艺术形态大都表现对神灵或偶像的膜拜、原始社会劳动和生活和情景、对大自然的探索。第三类是与听觉有关而具有时间特征的艺术，如原始音乐和诗歌等，对情感的模仿、交换信息、祭祀等都是原始音乐所要表现的内容。

随着人类社会发展和文化的繁荣，文明时代的艺术有了更快的发展。有了专门从事创作的艺术家，形式与内容逐渐分离，艺术形态不断分化，丰富多彩的艺术形式反映了人类生活世界的方方面面。每个时代的作品都有其突出的艺术风格，通过艺术亦可窥见一种时代精神。在中国古代，文学艺术在实质和形式方面此消彼长的变化被称为“质文代变”。刘勰在《文心雕龙》“时序”篇中对长达一千多年的文学艺术的发展做了“十代九变”的简要描述，总结出带有规律性的现象“时运交移，质文代变”“歌谣文理，与世推移，风动于上，而波震于下”“文变染乎世情，兴废系乎时序”等。社会历史文化大背景下的艺术形态，总与其所处的时代有着微妙的对应关系。奴隶制鼎盛时期的古希腊以史诗、戏剧和雕塑著称。有荷马的咏史诗，以及以埃斯库罗斯、索福克勒斯、欧里庇得斯为代表的悲剧创作，雕刻艺术的代表作《掷铁饼者》《拉奥孔像》《米洛的维纳斯》等都是文学艺术史上的传世名作。

（二）西方艺术

欧洲中世纪艺术以宗教特色为主。大量绘画、音乐、文学、建筑等艺术作品都以圣经故事为题材，充满着神秘、庄重、威严的气氛和色彩，同时也使人感到压抑。

文艺复兴和启蒙运动时期，人文主义思潮得到广泛传播，以人为中心，倡导“人性”，反对“神性”，精神文化的价值导向转向人生和现实世界。这是一个创造艺术的辉煌时期，产生了一批艺术巨匠和伟大作品。但丁的《神曲》，达·芬奇、拉斐尔、米开朗琪罗的绘画与雕塑作品，莎士比亚的文学和戏剧作品，都是这个时代的代表。

19世纪西方艺术出现大师辈出、名家荟萃的局面。浪漫派音乐和印象派绘画风靡全球。贝多芬、肖邦、约翰·施特劳斯父子、塞尚、凡高等一大批艺术大师都留下了不朽的传世名作。

20世纪以来，西方艺术表现为多元的、无中心、无主流的景观。19世纪浪漫主义和现实主义的遗风尚存，而更多艺术流派则有新的探索。竞相登上历史舞台的有象征主义、表现主义、唯美主义、新印象主义、形式主义、未来主义、存在主义、结构主义、新现实主义、超现实主义、魔幻现实主义、后现代主义以及荒诞派戏剧、意识流小说、黑色幽默文学等。全面了解众多的流派和主义并对之作出评价对非专业人士来说是困难的。这也正是我们这个时代的重要特点之一。

（三）中国艺术

中国古代艺术源远流长，有据可考的音乐已有近万年的历史，最早的管乐器贾湖骨笛有九千多年的历史。夏商周时代的青铜艺术有大量遗存，古代典籍中也记载了有关音乐艺术的丰富资料。秦汉以后，大一统的封建王朝的建立使文化艺术的发展具有了新的规模和特质。秦朝的兵马俑，汉代的帛画、壁画、画像石等各种艺术形式迅速发展，很多作品体现出神话和仙道之风；西乐东渐使汉代音乐出现了与西域音乐相互融合的局面。

魏晋南北朝时期，儒道发展，佛教输入，玄学兴起，时代精神及人们的审美趣味发生变化，宗教及崇尚自然之美的艺术是这一时代的特色。最为突出的成就是敦煌莫高窟的石窟艺术，还有雕塑、绘画和书法等作品，顾恺之的画和王羲之的字都是不朽名作。具有美学意义的理论阐释见于陆机的《文赋》、刘勰的《文心雕龙》、钟嵘的《诗品》、阮籍的《乐论》等。

隋唐时期，政治强盛、经济繁荣、文化发展、技术进步的社会背景，加之文化上兼收并蓄的政策，不同的思想体系、艺术形式得以相互交融和渗透，促进了艺术的发展。唐代著名的“十部乐”（《燕乐》《清乐》《西凉乐》《天竺乐》《高丽乐》《龟兹乐》《安国乐》《疏勒乐》《康国乐》《高昌乐》）中，《燕乐》是唐代贞观年间创制的乐舞，《清乐》是流传在江南一带的汉族传统乐舞，其余均属于边疆民族乐舞或域外乐舞，这些乐舞基本上是以地域的名称来命名的。诗歌、散文和绘画水平在中国历史上达到了很难逾越的巅峰。音乐、舞蹈、雕塑、书法、建筑等都达到极高的水平，其中吴道子的画是绘画艺术发展的突出代表。

宋、金、元时期，理学兴起，儒释道三教进一步融合，对艺术的发展产生重大影响。杰出的画家相继出现，山水画、人物画都有突出成就。绘画的发展在元代达到新的高度，元杂剧成为与唐诗、宋词并驾齐驱的艺术精品。张择端的《清明上河图》是古代绘画中的传世名作。

明清时期戏剧艺术有较高的发展，李渔的戏剧美学思想独树一帜。绘画艺术方面以董其昌、石涛、郑板桥等的美学思想为主导，以文人画为主流的中国画创作达到一个新的高峰。

近代以来，一大批先驱者在艺术上做出了新的探索。康有为、黄遵宪、梁启超、王国维、鲁迅等都在那个剧烈动荡的时期对艺术的发展作出了贡献。真正具有科学意义的文艺理论和伟大的艺术作品产生于五四运动前后，它标志着一个新时代的开端。

20 世纪以来中西方艺术在各自的发展历程中，都经历了与他文化的交流与碰撞，冲突与融合交相作用，其形态都发生了显著的变化，呈现多元化趋势。百年来中国艺术的发展历程是难以用简单的语言加以描述的。在中国当代艺术形态之中，有着中国传统艺术的厚重积淀，也有从西方艺术中汲取的精华。19 世纪批判现实主义和浪漫主义艺术对中国艺术产生了重大影响，成为 20 世纪中国艺术创作中占主导地位的流派。在艺术形态上，话剧与歌剧、油画与版画、现代音乐与舞蹈、电影、电视等都是一些新的品种。随着数码技术和信息时代的到来，还会有更多新的艺术形态不断涌现。

第四节　几种主要的艺术形式

艺术形式的分类依据和标准不同，就会有各种不同的分类方式，主要的分类方式有以下几种。

第一种是以艺术作品的存在方式为依据的划分，包括：①时间艺术（音乐、文学等）；②空间艺术（绘画、雕塑等）；③时空艺术（戏剧、影视等）。

第二种是以对作品的感知方式为依据的划分，包括：①听觉艺术（音乐）；②视觉艺术（绘画、雕塑等）；③综合艺术（戏剧、影视等）。

第三种是以艺术作品对客观世界的反映方式为依据的划分，包括：①再现艺术（绘画、雕塑、小说等）；②表现艺术（音乐、舞蹈、建筑等）；③再现表现艺术（戏剧、影视等）。

第四种是以艺术作品的物化形式为依据的划分，包括：①动态艺术（音乐、舞蹈、戏剧、影视等）；②静态艺术（绘画、雕塑、建筑、工艺等）。

综合上述各种分类方法，这里按照听觉艺术、视觉艺术、综合艺术三种类型来讲解。

一、听觉艺术

听觉艺术这里特指音乐，因为音乐是靠声音的振动来塑造形象的，因此它是与听觉功能有关的艺术。音乐也是一种时间艺术。时间艺术塑造的是具有动态感和连续性的艺术形象，是在时间中展开的艺术。这一概念最早为18世纪德国美学家莱辛提出，他在《拉奥孔——论诗与画的界限》中从媒介、题材和接受者的感官三个角度阐述了时间艺术与空间艺术的区别。他指出，时间艺术的形象存在于时间先后承续的关系中，并主要是靠声音来完成形象塑造的，诉诸欣赏者的听觉。音乐就是这种靠声音的流动组织形象的。一些以语言方式传达的形象也属于时间艺术，文学与艺术是紧密联系在一起的，在第四章文学已有介绍，这里主要对音乐艺术做重点介绍。

音乐是以发音材料和发音器官为媒介塑造形象和表达感情的艺术。它在本质上是对空气振动的方式在人类心灵中造成的印象和影响所进行的艺术化处理。节奏和旋律是其主要的结构性要素，和声与配器是主要手段。

（一）音乐艺术的分类

音乐可分为声乐和器乐，声乐可分为男声、女声和童声以及高音、中音和低音；从歌曲角度可分为颂歌、抒情歌曲、叙事歌曲、进行曲等。声乐除根据人们歌唱的特点，分成男声（包括高音、中音、低音三种）、女声（包括高音、中音、低音三种）和童声三类，还可以根据演唱的方式分为独唱、齐唱、重唱、合唱、对唱、伴唱等多种形式。近年来，我国声乐一般又被划分为民族唱法、美声唱法和通俗唱法三大类。民族唱法在演唱方法上大多比较自然质朴，具有浓郁的民族风格和地方特色；美声唱法源于意大利，它追求声音效果、讲究发声方法，注意运用华彩和装饰唱法；通俗唱法是现代社会电子传播技术广泛运用后出现的演唱方法。

器乐可分为弦乐、管乐、弹拨乐、打击乐等，还可以根据演奏方式的不同，分为独奏、重奏、齐奏、伴奏、合奏等多种形式。从体裁形式来划分，器乐作品可以分为序曲、组曲、夜曲、进行曲、谐谑曲、叙事曲、幻想曲、狂想曲、随想曲、舞曲、协奏曲、奏鸣曲、交响音画以及结构宏大的交响曲等。交响乐团主要包括弦乐器（如小提琴、中提琴、大提琴和低音提琴等）、木管乐器（如长笛、短笛、单簧管、双簧管、英国管、大管等）、铜管乐器（如圆号、小号、长号、大号等）、打击乐器（如定音鼓、大鼓、小军鼓、三角铁等），有时还需要弹拨乐器（如竖琴、吉他、曼陀林等）和键盘乐器（如钢琴、管风琴、手风琴等）。中国民族管弦乐队则是运用民族乐器来进行演奏，包括弦乐器（如二胡、板胡、高胡、低胡等）、吹管乐器（如笛、箫、管、唢呐等）、弹拨乐器（如琵琶、柳琴、月琴、三弦、扬琴、阮、筝等），还有打击乐器（如鼓、锣、钹、板等）。

（二）音乐艺术的特点

1. 音乐体现自然的结构与秩序

音乐是有结构和秩序的。节奏与旋律就体现着音乐的结构与秩序。这些结构与秩序总是与自然的结构与秩序保持一致。一些民族在劳动中唱的那些歌，通常与劳动的节奏存在某种关系。而旋律总会表达出某种情调，这些情调也与生存的时空存在着联系。西方的音乐家把音乐看成是“流动的建筑”。

2. 音乐就是精神

黑格尔说：“音乐就是精神，就是灵魂，直接为自己而发出声响，在听到自己的声响中感到满足。”[①]他还说，“音乐是心情的艺术，它直接针对着心情”[②]。欣赏绘画艺术，主体总是处于观照地位，而音乐则不同，它打动人的方式是与人的心灵或精神融为一体，灵魂被音乐所掌握和控制，并与它一起运动。描述音乐的语言不可能精确，灵魂、情感、心灵这些对象都是能融入流动的音乐之中的，因为从根本上来讲，音乐就是能够渗透到对象之中的精神。人会触景生情，也会闻乐生情，这是音乐的精神性的作用。

3. 音乐是崇高的启示

贝多芬说，音乐是世界通行的语言，是比一切智慧和哲学更崇高的一种启示。中国古代典籍中有“大乐与天地同和”之说。从音乐中不仅能窥见人类隐秘深幽的心灵，还能谛听大自然的美妙心声。

4. 音乐无边界

音乐所要表达的东西，语言是无法描述的，它超越民族、超越国界、超越语言的障碍而能沟通全人类。不同民族因语言障碍而交流不畅，却可通过音乐达到相互理解。音乐为人类提供了表达心灵的另一种交流方式。

5. 音乐超越理性

人类的理性是有限的，因此运用理性和逻辑来解说音乐，也是难以达到至高境界的。音乐所表达的，并非人类理性所能够界定得很清楚的那些事物，也就是说，它并不代表

---

① [德]黑格尔：《美学》（第3卷上册），朱光潜译，北京：商务印书馆1997年版，第389页。

② [德]黑格尔：《美学》（第3卷上册），朱光潜译，北京：商务印书馆1997年版，第332页。

那些有特殊规定性的事物、特定的意义，在这里一切变得含糊不清，似是而非，在不确定性之中又似乎有一种隐秩序。假如我们闭上眼睛倾听德彪西的《大海》，似乎能够听到海上的波涛并能想象出每一朵浪花飞溅时的色彩，但这一切都只是一种气氛，一种在想象力的幕布上时隐时现的朦胧的图画，而不可能有清晰的风景和完整的细节，所有的风景已经化成了情绪和感觉。

（三）音乐语言的构成要素

音乐语言由一些具体的要素构成，这些要素包括旋律、节奏、调式、曲式、和声与复调等。

1. 旋律

旋律是按照一定音高、时值和音量所构成的单声部乐曲，既可以独立构成一部乐曲的整体，又可作为多声部音乐的主要声部。旋律是组织音乐形态、塑造音乐形象的主要手段，在所有音乐要素中，旋律是最有表现力的要素，曾一度被视为音乐的灵魂。

旋律体现了音响构成的连续性，其运动方式的结构特点可从几个方面来分析。按照音程，可以分为级进和跳进；按照音的进行方向，可分为上行、下行、横行等。上升的旋律可体现情绪的兴奋或高涨；下行则表现情绪逐渐松弛或低落；横向运动会使人有安宁的感觉。

2. 节奏

旋律是靠节奏来运行的，旋律离不开节奏。节奏是用来组织音响的，是音乐形态发生的原初要素。没有节奏，旋律就不能存在，而没有旋律，也会有节奏，由最简单和无变化的声音发出有节奏的音响，也可以成为音乐。原始音乐中的“击石拊石”、非洲土著音乐、我国一些民族地区的鼓乐都是这种类型。

每一种乐曲都有一定的节奏类型，进行曲、圆舞曲、新疆舞曲、秧歌调等都属于不同节奏类型。爵士乐、摇滚乐、中国民间鼓乐是快节奏型；轻音乐则往往是慢节奏型。快节奏使人亢奋，慢节奏使人松弛。节奏主要由节拍构成，节拍按轻重强弱有规律地交替出现就构成节奏。不同的节拍表达不同的情调，如二拍常用于进行曲；三拍易于渲染快乐的情绪，常用于圆舞曲；四拍常用于节奏舒缓的颂歌和抒情歌曲。

3. 调式

调式是指一部乐曲中以一个基本音为主调，归纳若干基本音的组织序列，主要是音高关系的序列。所有其他音都围绕着有一定高度的中心音展开，并不断回到这个中心。所以，一般说来，调式受主音控制。在音乐形态发生与发展的过程中，形成了许多调式，不同的调式产生了不同的音乐风格和情感效果，如大调风格明朗、感情雄壮，小调风格淡雅、感情柔和。调式类别与主音高度总称为调性。比如，以 C 为主音的大调式叫作 C 大调；以 f 为主音的小调式叫作 f 小调。

4. 曲式

旋律是按照一定的曲式结构进行的。曲式是音乐作品的组合样式，也就是曲调在发展过程中形成的段落结构，包括乐句和乐段等成分。乐句是基于相对稳定的音调而形成的较为明显的音乐间歇，就像文章中的句子，可以表达一定的乐思，但不完整，不能构成一首独立乐曲；乐段由乐句组成，是最小规模的曲式结构，能够表达一个完整的或至少是相对完整的乐思。一个乐段可以构成一首乐曲，例如民歌，这种结构被称为一部曲式或一段体。舞曲的曲式也一般依靠一个乐段而重复构成。其他小型结构还有单二部式和单三部式等，中型和大型曲式有复二部式、复三部式以及变奏曲式、回旋曲式、奏鸣曲式、套曲曲式等。

5. 和声与复调

音乐变得丰富多彩并具有更强大的感染力，是由于和声与复调的运用。和声是不同的音在一定的调性基础上同时发声而构成的音响组合效果。复调则是几个声部按照对位法则的结合，以使两个或两个以上旋律的各声部既能保持其各自的特点，又彼此协调，构成完整统一的乐曲。如果说旋律构成了音乐时间长度，那么和声与复调就拓展了音乐的宽度。旋律与和声、复调的有机配合可以极大地丰富音乐的色彩和情感表现力。

（四）音乐的演变

音乐的源头是无据可考的，只可推想初始条件下的音乐表达，一定与人自身的器官有关联，嗓子和双手可能最早用来歌唱和控制节奏。之后有了管乐器，最初可能只是简单的传声筒，后来发展为像竹管、木管、铜管那样复杂的乐器。再后来是弦乐器，它们的发明与狩猎用的弓有关联，弓上的弦将箭矢弹出的一瞬间发出的声音，是一种重要的启示。人们曾在迦勒底（即希腊历史学家所称的巴比伦）发现一架竖琴，它产生的年代可能要追溯到公元前 30 世纪。中国发现的最早的管乐器贾湖骨笛有九千多年的历史。

人们最初是怎么确定管乐器的各孔之间的距离的？这涉及音阶的发现。中国、印度、埃及和希腊早已习用七声音阶，只是处理方式有所差异。西方古希腊时期的音乐主要是单声部音乐，希腊人并不认为两个不同旋律的同时进行是有音乐性的，他们还不懂“和声”这个词的含义。他们使用的主要乐器有里拉琴和基萨拉琴（它们在很长时间里一直是七根弦），以及奥洛斯（一种木笛）和西灵克斯（潘神排箫）。[①]

中世纪音乐在西方艺术中居于首位，被称为“七大文艺之冠”。按照经院学派的精神，音乐被视为一种理性的成果，更甚于想象或感性的产物。宗教音乐起了重要的推动作用。复调音乐的形态发生也在这个时期，遵循的是从民间到学者的演进路线。英国的吉美儿和复波东是两种来自民间的原始形态的复调音乐。吉美儿（即双声调）是一种两声部歌曲，其第二声部在下方或上方三度的地方。复波东则是三声部歌曲，在主要声部进行的同时，有另外两组在下方三度和五度平行旋律。复调音乐发展到圣・路易时代成为结构完善的艺术。与教堂音乐、学者音乐、复调音乐同时的还有法国行吟诗人[②]所代表的世俗音乐、民间音乐、单声部音乐。行吟诗人既是诗人又是作曲家。他们是贵族或

① 朱秋华：《西方音乐史》，香港：香港中文大学出版社 2002 年版，第 5 页。

② 行吟诗人也译作骑士诗人或游吟诗人，法国、德国和意大利各地都有，发祥于法国南方，在德国被称为恋歌诗人。

市民，让流浪艺人演唱他们的作品。这些流浪艺人身背维埃勒琴（小提琴的始祖），肩上搭着褡裢，从一个城堡到另一个城堡，从一处盛会到另一处盛会，去寻找那些乐于解囊的施主。演唱时先演奏过门，在歌曲每一节都有新的过门，然后用几个持续音伴奏自拉自唱。流浪艺人在各地周游，不仅到处传播音乐的知识和风尚，还传播新闻，连接乡土，描写乡土，促进了文化的交流。

从文艺复兴时期至近代，音乐焕发出新的生命。复调音乐获得惊人的发展。中世纪几乎不存在器乐，自16世纪起器乐与声乐才开始明显地区别开来，并从单纯作为歌唱伴奏的地位中独立出来。从改编舞曲和歌曲的过程中，音乐的想象和发展的领域极大地拓展，音乐可以不再依附任何歌词，又可以不受任何音乐之外的束缚。16世纪中期出现了小提琴。16世纪最常用的管乐是长号、短号（木制）、巴松、带有吹口的长笛以及德国长笛（即横笛）。17世纪前，我们当今所知的那种乐队尚不存在。音乐集会通常只是把大量乐器集中起来，按同类乐器合在一起进行演奏，未曾想到把不同音色的乐器组合为一个整体。在这方面具有开创性的壮观的表演，是由安德莱和乔瓦尼·加勃里利在威尼斯实现的，他们创作了几首祝圣交响曲，运用丰富多彩的手法，对主体加以润饰。他们是舒茨和巴赫取得更大成就的先行者。音乐艺术领域的真正革命发生在1600年左右，一种新的体裁——歌剧出现并取得重要的地位以至于所有已有的复调音乐的杰作很快就被人遗忘了。现代意义上的和声学得以发展，乐器制造大大改进，出现了一大批杰出的音乐家。在18世纪的艺术史上，西方可称得上伟大的音乐国度的是法国、意大利和德国。19世纪，由格林卡创立的“俄罗斯乐派”很快取得极其重要的地位并对欧洲其他国家，尤其是法国的音乐发展产生了极大影响。

20世纪以来激烈的社会动荡、科学技术的迅猛发展、个人主义与自我意识的增长、多元文化的现实等因素使音乐创作的变化空前剧烈。在内容、题材方面与以往有了很大的不同，出现了更多的表现自然科学或抽象概念的作品，还有描写非人间的幻想世界的作品。而最大的变化还在于作品的形式和表现手法的变化，如旋律、和声、复调、调性、节奏、配器、曲式等都有了很大变化。这些变化还只是限于使用传统的乐音体系和传统的音乐表现手段的音乐。除此之外还有很多难以用传统的音乐分析方法加以说明的新形式音乐，如电子音乐、音色音乐、非歌唱性的“新人声音乐”（New Vocalism）等，它们没有传统意义上的旋律、和声、节奏等。一些音乐家认为，音乐发展到19世纪末，已把各种表现可能性发挥尽了，必须另找出路。①20世纪西方音乐发展出现两次高潮，第一次在1945年以前，出现了无调性、节奏复杂化和新音色，但基本上是在传统音乐体系范围内。第二次高潮为五六十年代出现的新音乐。超出传统的那些新形式都是这个时期的产物。具体表现为：①任何声音都是有效的，都可以成为构成音乐作品的基本材料；②任何组织声音的方式都是有效的；③没有声音，也可以成为“音乐”作品。这些虽然是些极端的例子，但它们与音乐主流联系在一起，共同组成了现代音乐光怪陆离的种种现象。目前西方音乐的发展，一方面呈多样化，另一方面趋向综合。

中国音乐源远流长，从三皇五帝直至明清时期，中国音乐的发展一直循着与西方不

---

① 钟子林编著：《西方现代音乐概述》，北京：人民音乐出版社2000年版，第3页。

同的路径，其中虽有西域音乐的交流与渗透，但基本上是一个独立的体系。据古代典籍记载，黄帝时代伶伦用十二支竹管定音律①，被称为“十二律吕”，后来发展为中国古代的一种律制和记谱法。它将一个八度分为十二个不完全相等的半音，十二律又分为律和吕两部分。律也叫作阳六律，分别是黄钟、太簇、姑洗、蕤宾、夷则、无射；吕又叫作阴六律，分别为大吕、应钟、南吕、林钟、仲吕、夹钟。各律从低到高依次为：黄钟、大吕、太簇、夹钟、姑洗、仲吕、蕤宾、林钟、夷则、南吕、无射、应钟。高音开始为清黄钟，低音则为浊黄钟。十二律也称为正律，古人还把黄钟大吕作为音乐的简称。

中国古代另一种记谱法为五声记谱，约公元前七百多年，管子就从数理角度提出“三分损益”律，使宫、商、角、徵、羽五音有了精确的标准。五音还与人事相对应，宫为君，商为臣，角为民，徵为事，羽为物。

黄钟大吕、八音齐鸣是我国古代音乐中所用的两个成语，以“黄钟大吕”来形容音乐的庄严、文辞的庄重或场面的热烈等；以“八音齐鸣”来形容各种乐器一起热烈地演奏。“八音”（金、石、丝、竹、匏、土、革、木）是我国古代各类乐器总称。《国语·周语下》有对八音的表述：“金石以动之，丝竹以行之，诗以道之，歌以咏之，匏以宣之，瓦以赞之，革木以节之。”金即钟（青铜制），石即磬，丝即琴、瑟，竹即箫、管，匏即笙、竽，瓦即埙（土烧制），革即鼓，木即柷、敔（“雅乐”所用的打击乐器）。这是西周时期乐队的组合及各种乐器在“乐舞”中作用的概要描述，也是王侯所享用的宫廷音乐的具体写照。

夏代有《夏龠》②、侈乐，商代有巫乐和淫乐，周代有礼乐。周代统治者用于祭祀大典的礼乐被后世儒家奉为雅乐，其乐舞有六部，称为六代乐舞，它们是《云门大卷》（黄帝）、《大咸》（尧）、《九韶》（舜）、《大夏》（禹）、《大濩》（商）、《大武》（周）。春秋战国时期儒家认为“礼崩乐坏”，“郑卫之音”的影响被看作是一种因素。“郑卫之音”是郑、卫两国的民歌。郑国百姓每年阳春三月有祭祀、聚会的习俗，还有男女互赠香草表达爱情的活动，同时总伴有音乐和舞蹈。因此民歌中有不少男女逗趣的内容，流露出大胆炽热、奔放浪漫的情感。郑卫之音较多地保留了商代民间音乐的某些特点，在长达四百多年的时间里流传于各个诸侯国的宫廷中，对雅乐产生了很大的冲击，是先秦音乐繁荣的重要表现。但郑卫之音受到礼乐制度的维护者的排斥。孔子曾说：“恶郑声之乱雅乐也。”（《论语·阳货》）

《诗经》收集了西周至春秋中叶的民间歌曲、宫廷歌曲和祭祀乐舞三类不同的作品。所谓风、雅、颂原是因音乐的不同而分类的。《墨子·公孟》中说：“诵诗三百，弦诗三百，歌诗三百，舞诗三百。”《诗经》可以朗诵，可以演奏，可以歌唱，也可以舞蹈，遗憾的是《诗经》的音乐早已失传。孔子删定《诗经》，且“三百〇五篇，孔子皆弦歌之，以求合韶、武、雅、颂之音”。《诗经》中涉及的我国古代乐器有29种，如琴、瑟、笙、簧、磬、钟、龠、鼓、镛等。最能反映我国古代音乐文化发展水平的当是“曾侯乙

① 《吕氏春秋·仲夏纪·古乐》记载：“黄帝令伶倫作为律。伶倫自大夏之西，乃之阮隃之阴，取竹于嶰溪之谷……听凤凰之鸣，以别十二律。”

② 古称龠为苇龠，是古排箫的一种。

墓”出土的124件古代乐器。

西汉时期“乐府”得到统治者极大推崇，大规模收集、整理民间音乐。东汉时期琴艺术达到很高水平。秦汉以来，吹管乐器、古琴等弦乐器的发展引人注目，主要有：箫、笛、羌笛、茄、角、箜篌、秦琵琶、琴等。三国、两晋、南北朝时期的音乐上承秦汉、下启隋唐，音乐文化表现出大融合的特征和容纳、开放、多元的格局，如佛教音乐、文人音乐、清商乐（主要由山西曲、吴歌组成）、歌舞戏等。隋唐时代的宫廷音乐有宫廷燕乐（即宴乐）、多部乐、大曲、法曲等。民间俗乐有曲子、俗讲（说唱艺术）、参军戏、散乐和百戏等。宋元时期市民阶层文化得到发展，城镇中普遍设立“瓦子”“勾栏”等娱乐性场所，市民音乐盛行。音乐主流由宫廷转向民间，由贵族转向平民，歌舞转向戏曲。宋元戏曲音乐中宋杂剧、元杂剧、南戏等最为有名。明清时期，传统音乐中的民歌、说唱、戏曲、歌舞音乐、器乐五大类均形成自身特有的体系，城市音乐、民间歌曲、说唱音乐、戏曲音乐、歌舞音乐等都有丰富的形式。如说唱音乐有鼓曲、牌子曲、弹词、琴书、渔鼓道琴等；戏曲音乐有传奇、四大声腔、花部乱弹、梆子腔、皮黄腔等；歌舞音乐有秧歌、花鼓、二人转、二人台、木卡姆、囊玛、白沙细乐、福建南音等。

民国以后音乐呈现以下特点：第一，民族音乐的传统格局被打破，社会音乐出现多元发展局面；第二，学习西方音乐，以西方音乐价值观为标准，改造、重建中国音乐成为社会文化话语主调；第三，西方音乐教育成为流行模式；第四，民族传统音乐成为“新音乐”的改进对象，在社会生活中处于自生自灭的存在状态。

二、视觉艺术

视觉艺术诉诸人的视觉，是用一定的物质材料，塑造可供人观看的直观形象的造型艺术，包括绘画、雕塑、摄影、书法、建筑、园林、工艺和设计艺术等。

（一）绘画

绘画是使用一定的物质材料，运用色彩、线条和明暗的变化，通过构图、造型和设色等手段，在二度空间（平面）里创造出静态的视觉形象或情景的艺术。绘画在造型艺术中居于基础地位。根据使用材料的不同可分为中国画、油画、版画、水彩画、水粉画等；根据表现对象的不同，可分为肖像画、风俗画、风景画、静物画、历史画等；根据作品形式的不同，可分为壁画、年画、连环画、宣传画、漫画等。

（二）雕塑

雕塑是利用物质材料，运用雕刻或塑造的方法，在三度空间中创造的具有实体形象的艺术。

雕塑的种类和样式繁多。从制作工艺和制作方式与材料的不同来看，可以分为雕和塑两大类。雕类有石雕、木雕、玉雕等；塑类有泥塑、陶塑等。铸铜像时是先塑后铸。从体裁来区分，雕塑又可以分为纪念性雕塑、建筑装饰性雕塑、城市园林雕塑、宗教雕塑、陵墓雕塑，还有陈列性雕塑、展览馆室内雕塑等。从样式来区分，雕塑还可以分为头像、胸像、半身像、全身像、群像等。从表现手法和形式来区分，雕塑除圆雕、浮雕外，还有透雕。圆雕又称“浑雕”，是不附在任何背景上，可以从四面观赏的立体雕塑。圆雕的特点是立于空间中的实体形象，在塑造形象时必须照顾到人们从不同角度进行观赏的需求。浮雕又称“凸雕”，是在平面上雕出凸起的艺术形象。根据表面凸起程度的不同，浮雕又分为高浮雕（高低起伏大，凸起程度深）和浅浮雕（高低起伏小，凸起程度浅）。透雕则介于圆雕和浮雕之间，它是在浮雕的基础上，将其背景部分镂空制作而成，但又不脱离平面。

雕塑艺术的基本特征有以下两方面。

1）物质与技艺的整合。雕塑作品是立体的形象，又是可以触摸的实体艺术品，其物质特性突出，所以其物质媒介的材质对于雕塑有着很强的规定性和制约性。不同的材料有着不同的材质美，对材料的处理方式不同，其在人的视觉和触觉上会造成不同的感受。所以物质的处理与技艺存在着内在的关联，艺术家对材料的把握、工具的运用以及造型和雕塑的技艺，所有这些要达到有机统一，才有可能创作出有价值的雕塑作品。

2）造型与表情的统一。雕塑艺术一方面在造型上特别注重美的结构与形体，另一方面还注重观念与精神性内涵的渗入。人的姿态是一种形体语言，而表情则更能折射心灵的状态。一个有生命的雕塑作品，必然在形体动作和表情上有高度的统一。尽管它以浓缩的“一瞬间”的形式呈现，但表达的却是生命中具有永恒性的品质。

（三）摄影和书法

摄影艺术是一种光和影的艺术，它塑造的是视觉形象，特别重视纪实性。画面构图、光线和影调（指黑白照片上所表现的明暗层次）是其独特的造型手段。摄影艺术包括新闻摄影、肖像摄影、建筑摄影、风光摄影、静物摄影、生活摄影、舞台摄影等。

书法艺术是中华民族特有的一种传统艺术形式，它主要通过汉字的用笔用墨、点画结构、行次章法等造型美来表现人的气质、品格和情操，从而达到美学的境界。书法主要分以下书体：篆书，又分大篆和小篆，广义的大篆指甲骨文、金文、籀文，小篆由大篆籀文简化演变而成；隶书横笔首尾方中带圆，转角处多呈方折；草书最早是由隶书演变而成的“章草”，后发展为一般所指的草书，即“今草”；楷书也叫正楷或正书，字形方正，笔画平直，风格古雅，整齐端庄；行书字形流畅飞动、刚柔相济，其中侧重楷法的行书叫“行楷”，侧重草法的叫“行草”。书法创作是书法家运用这种形式将自己的思想感情、精神气质外化到作品上的实践过程。

（四）建筑和园林

建筑艺术是以物质材料为基础，将质料、形体、线条、色彩、光线等要素按照实用性和审美原理进行组合的艺术。它须满足实用和审美两种需要，首先要实用；其次，要达到物质功能与审美功能、技术性与艺术性的统一。

具有艺术性的建筑有如下特点。

1）形式服从功能。建筑是人为建造的生活和工作环境，因此实用功能总是第一位的。没有哪一座建筑物是单纯为审美需要而建造的，像纪念碑这样的建筑，是为满足专门的精神需要而建造的，这也就是它的实用性。许多宗教建筑所具有的繁复的装饰，是具有宗教的功能的。建筑的实用性必须处理好的问题是诸如坚固、耐用及有效功能，生理需要、心理需要、精神需要都可以成为功能性和实用性的内涵。如果只有美的形式而没有用处，就不能称为建筑艺术。

2）追求美的造型。建筑称得上艺术，必须符合审美的要求。建筑属于空间造型艺术，其审美特点主要表现为造型美。设计师常常通过一系列建筑设计的艺术处理，通过实体与空间的协调统一，构成建筑物总体的完美艺术形象。艺术化地处理空间关系是建筑师所必须具备的素质。结构、样式、质料、色彩、线条、光线、节奏、变化、整体性都是美的造型所必须考虑和安排的。

3）保持与环境的和谐。环境指的是自然和人文生态环境。就自然生态来讲，一座艺术性的建筑，必须与其所处的自然环境保持和谐，美的事物不可能与自然的本质相龃龉。从人文生态来讲，建筑之美总是与特定时空的文化背景密切关联。在这个意义上讲，建筑本身就是一种文化符号，它负载着特定的文化价值观，民族的、传统的与现代精神的协调与融合，是建筑艺术不能忽视的方面。艺术最本质的特征就是和谐，建筑之美要体现人与人、人与自然的和谐。

园林艺术指按照审美要求，利用草木、山石、水塘、建筑等物质材料和人文因素进行组合所创造的景观。园林艺术是为满足人们憩息、休闲、娱乐、游览等需要的空间艺术。园林艺术与建筑艺术有相同点，它也需要运用工程技术和艺术手段，设计的是具有实用性的空间环境。园林将人的生活环境艺术化，与建筑融为一体，对人的审美意识和情感具有熏陶作用，也因其为人提供了休闲的场所从而体现出人性关怀。

园林艺术从大的区分来看，有欧洲园林、阿拉伯园林和东方园林，东方园林以中国园林为主流。每一类型中又可分出许多不同的风格。

中国园林讲究亭、台、楼、阁、廊、榭等建筑形式的布局与造型，注重园林建筑与环境的和谐，并且通常将诗、书、画、工艺、雕塑等融为一体，既有自然之美，又有人文之美。中国古典园林中有两种突出的风格，一是北方大型皇家园林，二是江南小型私家园林。前者如北京的圆明园、颐和园，以及承德的避暑山庄等，有着皇家园林的华贵、典雅和大气；后者如苏州园林、扬州何园、上海豫园等，富有诗情画意，多有静谧恬淡、曲径通幽之感。

欧洲园林风格多样，以法国园林较有代表性。法国园林崇尚人工美，构图布局均衡匀称，井然有序。如著名的凡尔赛宫园林，呈规整性的几何图案，花坛、道路、水池、草坪等配合有致，平坦开阔，加之高雅的雕像，凸显其华丽与高贵。

（五）工艺和设计艺术

工艺与设计艺术一般是指在造型和外观上具有审美价值，与人类生活用品或生活环境相关的一类工艺美术的总称。

工艺包括的范围很广，分几个大类：一是经过艺术处理的日常生活实用品，这些物品是在实用的基础上兼有观赏的功能，多以实用为主，装饰为辅；二是民间工艺美术品，如竹编器件、草编器件、蜡染织物、泥塑、木雕、剪纸等，它们既可供实用，又可供观赏；三是特种工艺美术品，如景泰蓝器皿、象牙雕刻、瓷器玉雕等，它们采用的原材料比较珍贵，工艺非常精细，价格也比较昂贵，这些工艺品主要供观赏之用，已经不再具有实用价值，而是具有审美价值和收藏价值了。

设计艺术兴起于西方工业革命之后，是一门交叉性应用学科，主要包括以下三个方面：其一是产品设计，包括家具设计、服装设计、家用物品设计、办公用品设计以及工业产品设计等。在这些方面，设计艺术主要从事其实用功能以外的设计，如外形、样式、色彩的设计等。其二是环境设计，是指人类对于各种自然环境因素和人工环境因素加以改造和组织，对物质环境进行空间设计，使之符合人的行为需要和审美需要。环境设计包括室内设计、庭园设计、建筑设计、城市设计等。其三是视觉设计，是指人们为了传递信息或使用标记所进行的视觉形象设计。视觉设计范围十分广泛，包括装帧设计、印刷设计、包装设计、展示陈列设计、视觉形象设计、广告设计等。

三、综合艺术

综合艺术指的是综合运用视觉和听觉功能的艺术形式，包括戏剧、舞蹈、电影等。

戏剧艺术包括戏剧和戏曲，它是指以舞台表演为存在形式，以演员动作和声音为主要表现手段，为观众当场表演故事的艺术样式。从广义上讲，戏剧包括话剧、中国戏曲、歌剧、舞剧等。从狭义上讲主要是指话剧。戏曲是中国传统的戏剧形式，它既具有戏剧的一般特点，又具有独特的表现手段和审美特征。戏曲的主要表现手段是唱、念、做、打等。中国戏曲种类繁多，有代表性的主要有京剧、昆剧、豫剧、越剧、黄梅戏、川剧、秦腔、河北梆子等。

舞蹈艺术是以人体动作为主要表现手段，运用节奏、表情、动作、造型等要素，创造形象和表现情感的艺术样式。舞蹈也是最古老的艺术之一。舞蹈的种类主要有民族舞、民间舞、古典舞和现代舞。表演形式有独舞、双人舞、三人舞、群舞、组舞和舞剧等。

影视艺术包括电影和电视。电影是将艺术与科学结合而成的一门综合艺术，它以画面为基本元素，并与声音和色彩共同构成电影基本语言和媒介，在银幕上创造直观、感性的艺术形象和意境。画面、声音和蒙太奇是电影的主要艺术语言和表现方法。电视属于大众传播媒介，既有传播新闻信息的功能，同时也有艺术的功能和娱乐的功能。电视艺术与电影在审美特征上有许多相似之处。电视艺术主要是指电视荧屏上播出的各种文艺作品，其中主要包括电视剧、电视综艺节目、电视艺术片、电视专题文艺节目、音乐电视（MTV）等。影视艺术的特有魅力在于其运动的画面、重组的时空所产生的超越性体验，还有高科技手段与艺术的交融所创造的震撼人心的力量。

第七章 语 言 学

语言从广义来说是一切生命系统信息交流的工具，不只是人类有语言，鸟、兽、虫、鱼等各类生物，都有自己的语言。不同生物种类的语言是不相通的，人与动物的交流并非通过语言，只有同类之间才能用语言交流，人类的语言也只是人类社会系统内部相互交流的工具而已。生命系统之间的信息交流并非只有语言一种途径，但语言无疑是最重要的交际工具。当今时代人类语言已经发展出十分高级的形式，语言和算法甚至能创造出另一类生命系统。深刻认识语言的本质，了解语言的结构、功能及其运用规律，充分发挥语言的工具作用，是当今时代人类更高层次上的生存需要，而人们对语言学知识的学习则是通向这一目标的重要途径。

第一节 语言学概说

语言与人类的诞生有着同样久远的历史，对语言的研究可追溯到公元前300年前，中国、印度和希腊是三个最早研究语言现象的中心区。作为一门独立学科的语言学，则是从19世纪开始发展起来的。

一、语言学的学科性质

语言学是以语言作为专门研究对象的一门独立的科学，语言的性质、功能及结构，还有语言的发展规律等是语言学要研究的主要内容。

语言是一套结构复杂的符号系统，是人类重要的交流工具。语音、词汇、语义、语法是语言的基础要素。对语言从不同的层次、方面分别进行研究，构成了语言学研究的各个分支，如语音学、词汇学、语义学、语法学、词典学、文字学、修辞学等。

语言学的任务，按照瑞士语言学家索绪尔（Ferdinand de saussure，1857—1913年）的说法，其一是对一切能够得到的语言进行描写并整理它们的历史，那就是整理各语系的历史，尽可能重建每个语系的母语；其二，寻求在一切语言中永恒地、普遍地起作用的力量，整理出能够概括一切历史特殊现象的一般规律；其三是确定自己的界线和定义。[①]美国语言学家乔姆斯基（A. N. Chomsky，1928—）认为语言学理论的任务是发现各个规则系统的共同性特征，这些特征构成人类语言的基础。也就是说，语言学理论要详细说明传统用语中所谓一般语言形式，这种一般形式体现于个别之中，表现在各种自然语言之中。[②]

---

① [瑞士]费尔迪南·德·索绪尔：《普通语言学教程》，高名凯译，北京：商务印书馆1980年版，第11页。

② [美]乔姆斯基：《乔姆斯基语言哲学文选》，徐烈炯、尹大贻、程雨民译，北京：商务印书馆1992年版，第1页。

英国伦敦大学语言学教授罗宾斯（R. H. Robins）在他的普通语言学理论体系中，将语言学首先看作一门实证科学。在他看来，语言学处理的是一种特殊的材料，即口头语言和书面语言，并且运用可传授和描写的、可通过原理和系统的理论得到论证的方法来进行处理。语言学处理材料的方法和它的论述受科学的三原则的指导：一是彻底性，详尽地研究全部有关材料；二是一致性，整个论述的各部分不自相矛盾；三是简洁性，在其他条件相同时，宁要简短的论述或术语少的分析，也不要冗长的论述或术语多的分析。在他看来，语言学同时又是一门社会科学，因为构成语言学研究对象的现象是社会上人与人交际行为的一部分。语言的本质及语言的绝大多数用途，都关系社会交往。①

二、语言学的研究对象和内容

1. 具体语言学

以某一种具体语言为研究对象，包括一些分支学科，如以汉语为研究对象的汉语语言学，以英语为研究对象的英语语言学等。对具体语言的研究有不同的视角，依据索绪尔提出的“历时”和“共时”性的表述，有关语言的静态方面的一切都是共时的，有关演化的一切都是历时的。共时语言学研究语言在某个历史阶段横断面的状况，分析、描述处在一个时间平面上的语言结构，研究语言的共时规律。比如现代汉语、近代汉语、中古汉语、上古汉语等。而历时语言学研究语言的历史发展，研究语言从一个时期到另一个时期的演变方式以及这种演变在语言内部和外部的原因、结果，从而归纳出语言发展的内部规律。比如汉语史、英语史等。

2. 普通语言学

以一般语言为研究对象，它综合各种具体语言的研究成果，探索人类语言普遍性质和一般规律。其研究内容包括语言的起源、语言的本质、语言结构上的共同特点和一般原理、语言的发展等。

3. 应用语言学

有狭义和广义之分。狭义的应用语言学专指语言教学的研究。广义的应用语言学是指语言理论应用于同语言学相关学科的研究而形成的一些新的边缘学科，如社会语言学、心理语言学、神经语言学、数理语言学等。

三、语言学与其他学科的关系

语言学和每一个学科都有密切的关联，因为从根本上来说，任何一门学科的研究成果都需要用语言来表达，即使是自然科学，其概念和原理也是用最严谨的语言来表述。事实上，由于语言是思维的材料，凡需要思考的地方，就必然有语言，没有语言就没有思想。前文提到海德格尔的名言“语言是存在之家”，而早在他之前，马克思主义经典

① [英]罗·亨·罗宾斯：《普通语言学概论》，李振麟、胡伟民译，上海：上海译文出版社 1986 年版，第 18 页。

中就有过对语言的精辟阐释："思想、观念、意识的生产最初是直接与人们的物质活动，与人们的物质交往，与现实生活的语言交织在一起的。"[①]"'精神'从一开始就很倒霉，注定要受物质的'纠缠'，物质在这里表现为震动着的空气层、声音，简言之，即语言。语言和意识具有同样长久的历史；语言是一种实践的、既为别人存在并仅仅因此也为我自己存在的、现实的意识。语言也和意识一样，只是由于需要，由于和他人交往的迫切需要才产生的。"[①]意识一开始就是社会的产物，而这正是通过语言来实现的。

哲学是思维的科学，其与语言学的关系显而易见。语言哲学这个分支学科的形成集中体现了语言学与哲学密切交织的关系，它不仅要研究哲学对语言学的影响，即从哲学的层面研究语言学，而且要研究语言学对哲学的影响，即从语言学的角度研究哲学。这种对象性的双向互动体现了哲学与语言学相互联系的本质意义。语言哲学研究的内容至少包括语言与世界、语言与认识、语言与人、语言与社会等方面。前文提到哲学的语言学转向，它对思考语言与哲学的关系意义尤为深远。语言不仅是哲学思考的工具，还以其特有的结构与规则，在实质上影响和制约着哲学家的思维。哲学即使在批判的时候也需要使用批判对象的语言，譬如哲学家用形而上学的语言批判形而上学。20 世纪语言理论对哲学的影响十分突出，而哲学对语言研究的影响更大。一方面，哲学研究拓宽了语言学研究的视野，加大了语言学研究的力度；另一方面，哲学研究为语言学研究提供了批判性的前提与基础。另外，语言学的哲学研究还使语言学家认识到语言学研究的现实价值。

对于语言学与政治学的关系的理解，可从福柯关于权力与话语关系的论述中得到深刻的启示。知识与权力、话语与权力之间的密不可分的关系成为福柯话语学的理论基础。"如果没有话语的生产、积累、流通和发挥功能的话，这些权力关系自身就不能建立起来和得到巩固。我们受权力对真理的生产的支配，如果不是通过对真理的生产，我们就不能实施权力。"[②]"事实上，权力和知识是在话语中发生联系的……话语传递着、产生着权力；它强化了权力，但也削弱了其基础并暴露了它，使它变得脆弱并有可能遭受挫折。"[③]话语界定并生产着各种知识对象和言谈方式，采纳了以某种特定的方式谈论一个话题，同时也就限制、排除了其他的言谈方式，换句话说，话语是各种机构通过一种界定和排斥方式运用其权力的手段。由此可知，以什么样的机构或机制确保让什么人以什么样的方式说什么话，对于国家政治治理具有至关重要的意义。在一个推行人民民主的国家里，广开言路成为治国理政的法宝。实行人民代表大会制度，让人民说话，说人民的话，让人民成为话语权力的主体。这个看上去似乎只是一个话语权力的问题，实质上蕴含着语言与政治内在的本质联系。

语言与意识的关系既由马克思主义经典得以阐释，那么语言学与具有意识形态本质特征的人文社会科学领域各学科之间直接的、实质性的必然联系也就不言而喻。文学是

①《马克思恩格斯选集》（第 1 卷），北京：人民出版社 1972 年版，第 30、35 页。

② [法]米歇尔·福柯：《权力的眼睛——福柯访谈录》，严锋译，上海：上海人民出版社 1997 年版，第 228 页。

③ [法]米歇尔·福柯：《性史》，张廷深、林莉、范千红等译，上海：上海科学技术文献出版社 1989 年版，第 98-99 页。

语言的艺术，两者之间的相互关系在第四章已有详细的表述；语言学与历史学也密不可分，语言学要研究语言的历史发展，历史学把语言事实当作提供历史信息的重要源泉，历史是用语言来表述的；语言学与心理学也存在着密切联系，现代心理学认为，语言是调节高级心理过程的工具。比如，研究儿童的有意识活动的心理过程，研究人的语言的外部指令及外部言语怎样内化成内部言语的，等等。这些既是心理学的课题，也是语言学研究的重要方面。心理学与语言学的交叉，差不多从心理学建立之日就开始了。人的本质是社会关系的总和，语言是人与人相互联系的工具。社会学将语言视为人际交往的纽带；文化学将语言视为负载文明成果的符号系统；人类学视语言为民族的本质特征和主要标志之一；教育学把语言视为传递知识与信息的主要渠道。当今时代计算机语言的研究和应用，使人类社会一切知识的保存、传承、生产、应用等，跃升到一个全新的阶段。总之，研究语言现象的语言学，是一切学科的基础。

第二节 语 言

对语言本质的认识和阐释是语言学研究的最重要的方面，它要回答的根本问题是——语言是什么。这个问题可能有多种答案，可以从不同的层面、不同的方面、不同的维度来认识语言的本质，譬如，从语言的形态发生学视角来认识、从语言哲学视角来认识、从语言的特点来认识、从语言的结构与功能来认识等。

一、语言的起源

语言的起源旨在研究人类语言的初始形态是如何发生的，它要回答两个基本问题：原始人在什么情况下到了非说不可的地步？原始语言是不是一种语言？这是一些无法用实证研究来证实的问题。许多语言学家对此采取回避态度，有些语言学家甚至将语言起源问题排除在语言学的研究之外。但实际上，对语言起源的科学认识是理解语言本质的基础，对语言起源的不同看法也会导致对语言本质的不同阐释。对语言起源问题的研究基本上还都是假说，几种有代表性的观点如下。

（一）摹声说

摹声说认为语言起源于原始人对自然界事物发出的声音的摹仿，以事物所发出的声音作为事物的名称。如河流是流动的，希腊语就用颤音表示河流。布谷鸟因它的鸣声“布谷，布谷”而得名。语言为何起源于摹声？德国的语言学家赫德尔作了这样的解释：人的心境是一个不可分割的整体,它能够从感觉中把外界对心灵的打击变成打击事物的词。例如，羊可以给人许多感觉，而最能打动人的心灵的是羊的叫声，于是羊的叫声就成了羊的名称。我国也有“以其物自身所发之声为其物之名”的说法，但这只能用于摹声词产生的原因，而摹声词只是语言词汇系统中的一个很小的部分。摹声是一种造词的手段，跟语言的起源还不是一回事。摹声词所指示的事物并非必然地在所有语言中都相同，汉语“羊”（yang）和英语 sheep 的不同就是摹声说无法解释的。

（二）社会契约说

社会契约说认为语言是由原始人相互约定而产生的。事物原本没有名称，原始人经过认真地考虑后，规定了事物的名称，就产生了语言。这种观点的代表人物是法国的卢梭和英国的亚当·斯密。卢梭认为这种约定和社会制度的“民约”一样，都是社会秩序的基础。

社会契约说注意到了语言的社会性和约定性，语言不是个人的产物，是社会全体成员共同创造的。名称和事物之间没有必然的联系，而是社会约定的。但他们违反了一个基本的逻辑常识：在语言还没有产生的时候，原始人用什么来协商、约定呢？同时他们把语言和思维割裂开，认为思维先于语言，这种认识也是错误的。

（三）感叹说

感叹说认为原始人由于内心的痛苦、欢乐或感受到外界的刺激而发出呼喊，这声音后来就成为语言。所以，人类的语言首先是从叹词发展来的。这个说法如果拿来解释一些感叹词或许是有用的，但它根本无法解释语言对思想和思想交流的意义。

（四）手势说

在语言起源问题的讨论中，近百年来影响最大的是手势说，代表人物是德国的心理学家冯特（W. Wundt）和苏联的语言学家马尔。冯特认为原始人首先用手势和姿态来作为相互传达思想的工具，声音只表达感情，到了后来，人们才用声音表达思想，但手势语仍然是第一位的。马尔认为手势的语言不仅能使人表达自己的思想和形象化的概念并与集体中全体成员交往，还能够作为与别的部落交际的工具，使人有可能发展其语言概念。

（五）游戏说

游戏说认为语言在游戏中产生，也有一定的合理性，因为无论是动物还是人类的游戏，大多是模仿狩猎或其他生存方式的技能训练。在从猿到人的进化过程中，劳动无疑具有重要的作用，而在劳动过程中发出的叫喊声，或者群体捕猎时以呼喊方式自发形成组织结构，这些都使某种声音成为具有特定意义的信号，其后不断被完善并形成语言。游戏与劳动中的叫喊可以导致语言中某些词汇的产生，这也应当是一种合理的推想。

（六）劳动起源说

恩格斯在《劳动在从猿到人的转变过程中的作用》一文中对人类语言的产生过程作了详细的论述。他指出，在共同的劳动中，正在形成中的人渐渐感到彼此需要交换一些对事物的看法，交流一些对劳动方法的建议，以便协调劳动步调，获取更多的食物来满足生活的需要。他说：“这些在形成中的人已经到了彼此间有什么东西非说不可的地步了。”[①]他还论述了劳动决定了语言产生的可能。劳动不但使原始人需要语言交流思想、

① [德]恩格斯：《自然辩证法》，北京：人民出版社 1957 年版，第 139-140 页。

进行思维，而且给语言的产生创造了条件。首先，劳动改进了人类的发音器官，使原始人能够具备语言所必需的声音材料。劳动使原始人手脚分开、直立行走，肺和声带的运用更自由，口腔内的发音器官的活动也有了很大的余地，发音通道也由爬行时的平角变成了直角，便于构成种种阻碍，节制气流，发出各式各样的声音。这就为语言的产生准备了充分的条件。其次，劳动促进了人类思维的产生，为语言的产生创造了意义条件。

马克思主义关于语言起源问题的学说包含以下三个基本观点：第一，语言同思维、人、人类社会是同步发生的；第二，劳动创造了语言；第三，原始语言一开始就是有声语言。

马克思主义对语言的产生所做的阐释是合理的。但值得注意的是，原始人的劳动与今天的劳动有着很大的不同，在从猿到人的演进过程中，没有农耕，采摘草果充饥都是各自为之，而在狩猎时是需要协同动作的。所有那些为了营生而奔忙的事情也都可以看作劳动。

总的来说，上述对语言起源的各种说法都有一定的道理，但也都不是唯一的源头。譬如劳动起源说可以在很大程度上解释语言的起源，但我们也可以合理推想，除了劳动之外，生殖、生活、游戏都需要交流，逃避更强大的敌人、同类之间的战争等也不能归结为劳动，但显然在那些活动中也有“非说不可”的情景。研究者不同的思想理论体系、价值观和立场、认识的视角等，会导致不同的结论。真正合乎科学的解释，当是把所有解释综合起来看。可以作一个简单的比喻：语言是一条大河，它的源头来自无数细小的支流，每一个支流都通向人类生活的某个方面。而语言的本质则在那些众多的生活之流中得到诠释。

二、语言本质的哲学视角

语言是什么？语言学家有各种不同的看法。

德国语言学家威廉·冯·洪堡特（Wilhelm von Humboldt）说：“一个民族怎样思维，就怎样说话，反之亦然，怎样说话，就怎样思维。”①

马丁·海德格尔说“语言是存在之家”，汉斯·伽达默尔则说“能理解的存在就是语言”②。理解是一种心智活动，借语言得以实现。人与世界的一切关系以及人类的全部经验，都是用语言表达的，因此，人拥有世界的方式就是通过语言。每一个民族的语言都可以视为一种特殊的世界观。有多少民族就有多少种世界观。由此来看，语言的多样性和复杂性是世界的多样性和丰富性的体现。

英国语言学家帕默尔（Palmer）说：“语言就是发出语音，用以影响其他人的行为；反过来，语言就是听话者对这些声音的解释，由此可以明白说话者心里想什么。”他说明了语言的三种功能：它表示说话者的思想、感情等；它影响听话者的行为（最广义的），即有引起收效的功能；它把所指的“事物”符号化。前两个功能是靠后者实现的，所以符号化作用（音和义特殊的配合）是构成语言的因素。他给语言下的定义是：语言是一

① 赵维森：《隐喻文化学》，西安：西北大学出版社 2007 年版，第 136-137 页。

② 赵敦华：《现代西方哲学新编》，北京：北京大学出版社 2000 年版，第 119 页。

个符号系统，符号的材料是语音。①

美国的B. 布洛赫、G. L. 特雷杰在《语言分析纲要》中认为语言是一个任意的语音符号系统，社会集团依靠它进行协作。每个人在他所有的社会活动中都需要运用语言。语言是各个神经系统之间的纽带；语言是一种媒介，通过它，在某一个人身上受到的刺激，可以在另外一个人的身上或者在其所处集体所有成员的身上引起有效的反映。别的交际手段如手势、图画、旗语，特别是文字，不过是口语的辅助手段，就是说，“只有当反映口语时才能起作用”②。

现代语言学理论的奠基者、瑞士语言学家费尔迪南·德·索绪尔关于语言本质的观点影响最大，也最为深远。他认为语言是言语机能的社会产物，又是社会集团为了使个人有可能行使这机能所采用的一整套必不可少的规约；语言是一种社会制度，但有别于政治、法律等制度；语言是一种表达观念的符号系统，“可以比之于文字、聋哑人的字母、象征仪式、礼节形式、军用信号等等”；语言符号是任意的。索绪尔把“作为一个系统的语言”和语言在言谈和书写中的实际表现形式的“言语”做了区分。他说言语是讲话者个人的机能，是一种个人的活动，而语言是言语活动的社会产物，是集体所共有的。言语体现个人的自由，而语言是约定俗成的，它是个人进行言语活动时必须遵守的约规，它相对稳定，不会由言谈者的风格不同而有所改变。总之，言语是语言的表层结构，即可直接感知的、对象的外部关系，是多变的；而作为系统的语言是语言的深层结构，即不能直接感知的、对象的内部关系，是稳固不变的。而语言学应当研究的正是深藏于个人的言语之后的抽象的语言。他还区分了共时态语言学和历时态语言学。历时态语言学是从动态角度研究语言，着重研究各主要语种的某些语言现象在历史上的发展状况。共时态语言学则从静态角度研究语言，它着重研究同一时间内各种语言现象之间的相互关系及每一语言现象同整个语言系统之间的关系。他说：“共时态和历时态分别指语言的状态和演化的阶段。”“历时语言学研究的已不是语言状态中各项共存要素间的关系，而是在时间上彼此代替的各项相连续的要素间的关系。”③

美国语言学家艾弗拉姆·诺姆·乔姆斯基的《生成语法》被认为是20世纪理论语言学研究上最伟大的贡献。在他看来，“语言”这个词本身，是语言科学中一个尚未获得精确定义的概念。语言是说本族语的人理解和构成合乎语法句子的先天能力，是在某一时期内说出的实际话语。转换生成语法主要是回答：“说话的人怎么会说出并理解新的句子？”他反对把语言看成一种习惯，集中批评了言语行为通过刺激和反应才能建立的观点。他推崇唯理论的观点，把人类都具有的一种称为“语言习得机制”（LAD）的天赋能力，当作生成语言的生理基础。如小孩出生后从父母和周围人那里听到的句子是有限的，却能理解和说出无限的新句子，其中大多数是小孩以前从未听到过的。又如对外语的学习能够成功，说明语言必定具有普遍性。其他动物也有自己的“语言”，但它们都没有这种语言习得的机制，不能与人相比拟。他认为，正是因为人脑具备这种普遍

① [英]L.R.帕默尔：《语言学概论》，李荣、王菊泉、周焕常等译，北京：商务印书馆1983年版，第1-13页。

② [美]B.布洛赫、G.L.特雷杰：《语言分析纲要》，赵世开译，北京：商务印书馆1965年版，第1页。

③ [瑞士]费尔迪南·德·索绪尔：《普通语言学教程》，高名凯译，北京：商务印书馆1980年版，第30、35、37、100、119页。

的先天掌握语言的机能，所以当输入一定的语言材料时，就会自动加以识别和进行加工，运用规则系统生成新的句子。乔姆斯基还区分了“语言能力”和“语言行为”。所谓语言能力是指说话人和听话人对自己的语言所具有的潜在知识，而语言行为则是这种能力的具体运用。他的语言理论就是要说明人类生成语言的能力，他说：“语言能力最突出之处就是我们所谓的‘语言的创造性’：说话者能够造出许多新句子，虽然这些新句子表面上与大家‘熟悉’的句子并不相同，然而别人却一听就懂。”[①]语言生成的过程是通过一系列转换规则来实现的，这种以理性主义为基础创立的转换生成语法规则，与只注意语言实体描写的结构主义相比，更具有抽象性，因而也更具有普遍性。它把语法看作一种产生语言符号序列的信息装置，探讨了各种类型语法的形式特征和生成能力，这种形式语言理论被公认为数理语言学的一个重要成就，对计算机科学作出了积极的贡献。

法国结构主义代表人物之一，著名的符号学家、美学家和文学理论家罗兰·巴特（Roland Barthes）的独特建树，是把整个人类文化现象都纳入符号学分析的范围。继索绪尔等语言学家之后，巴特也对语言和言语进行了严格的区分。他从语言和言语、代码（句子、词、音位等话语的组成因素）和信息（话语）的二重结构指出：语言“既是一种社会习惯，又是一种意义系统。作为社会习惯，它绝不是一种规则，也不是某些预先策划的问题。它是语言的社会部分，个人既不能自己创造它，也不能自己改变它；它根本上就是一种集体的契约，假如一个人想要表达的话，他就必须遵守它的全部规则……一种语言是一种抵制来自某个个人任意改变的（在部分任意之中的，或者更确切地说，非诱导的）契约性意义系统，并且当然是一种社会习惯”。而言语则“和既是社会习惯又是意义系统的语言相对，言语根本上是一种选择性的和现实化的个人规则”[②]。这就是说，言语既是讲话者表达他个人思想的语言代码的结合（也就是我们通常所谓的“话语”），又由讲话者选择某种语言代码结合的心理—生理机能所构成。但作为个人规则，如讲话者讲话声音的高低、速度的快慢，不能改变社会习惯和意义系统。因而言语又不是一种纯粹的创造性活动。巴特把社会生活的各个方面都看作像语言那样的系统，他认为在今天的社会生活中，语言之外的符号系统大量存在，可以说我们处处都能碰到符号系统。因而仅仅从语言学、语义学范围探讨符号学已远远不够，必须把这种探讨扩展到非语言学的范围。这就引起了大部分人文科学观察问题角度的深刻变化，从这个新角度出发，客观世界的一切表达形式都被看成了符号，那么以往的符号学理论和观念就被推进到了一个新的阶段。

维特根斯坦用“语言游戏”说来揭示语言的本质，强调人的社会活动对于语言意义的决定作用，在他前期哲学提出的所谓“图象理论”的基础上前进了一大步（详见第三章第二节“现代西方哲学”）。

尽管语言学家对语言有各种不同的说法，但大致可从三个方面认识语言的本质：从结构方面看，语言是一种音义结合的符号系统；从功能上看，语言是人类最重要的思维与交流的工具；从语言与社会的关系上看，语言是一种特殊的社会现象。简要地说，语言是一种用于人类交际的音义结合的符号系统。语言不是个别人思维的产物，具有超越

① [美]乔姆斯基：《乔姆斯基语言哲学文选》，徐烈炯、尹大贻、程雨民译，北京：商务印书馆 1992 年版，第 2 页。
② [法]R. 巴特：《符号学美学》，董学文、王葵译，沈阳：辽宁人民出版社 1987 年版，第 7-8 页。

任何个人经验和体验的意义。语言在生活中发生，是一种可以依据自组织原理来阐释的文化现象，它的形态发生和结构稳定性是在漫长的时间由无数代人的实践结晶而成的社会化产物；它与特定时空中特定群体的文化活动和生产、生活密切关联；它的形态结构甚至与地理环境也有联系，与民族所经历的特定的历史事件有内在关联。世界的意义关联和秩序结构，是通过语言在头脑中被反映并被编码的。

三、语言的特点

（一）语言的社会性

语言的社会性可从两方面来看，一方面，人作为“类的存在物”（马克思语），彼此之间交往的主要工具和方式是语言；另一方面，语言是社会约定俗成的，虽然说语言能表达个人的思想感情，但个人在运用语言时首先要遵守语言的习惯。个人的言语风格是在遵守社会语言习惯和使用语言的基本词汇、语法构造的基础上形成的。违反社会公认的习惯，就达不到交际的目的。从语言和言语的差别可以明显地看出这一点。索绪尔说语言是言语活动的社会部分，是个体以外的东西。语言是一个整体系统，而言语是个别的、情景性的。语言潜存在一群人的头脑里，或者更确切地说，是潜存在一群人的头脑里的语法体系；因为在任何人的头脑里，语言都是不完备的，它只有在结构中才能完全存在。语言的社会性指语言规则不是任何个人主动的、有意识创造的产物，“下意识的集体原型”控制着语言。语言是已经选定的东西，即使个人想改变也不会有丝毫改变，就是大众也不能对任何一个词行使主权[①]。

（二）语言的工具性

按照马克思主义经典作家的理论，社会现象有经济基础和上层建筑之分，但语言却不能简单归到哪一类。经济基础是指社会发展的每一个阶段的经济制度，是生产关系的总和，显然语言不是基础。上层建筑是社会对政治、法律、宗教、艺术、哲学等的观点，以及和这些观点相适应的政治、法律制度及其机构等。语言也不属于上层建筑。因为上层建筑要与经济基础相适应，有什么性质的经济基础就有什么性质的上层建筑。而语言却不是这样，经济基础的改革并不能使语言发生质的变化。1949 年中华人民共和国成立，只是给汉语带来了一些新鲜的词语，并没有改变汉语的基础。在阶级社会里，上层建筑为一定的阶级服务，而语言却一视同仁地为全社会的各阶级服务。这是由语言的工具性所决定的。

（三）语言的生成性

根据转换生成理论，语言习得不能简单理解为学习的结果，它是存在于人脑中的语法在少量语言素材的诱发下创造性地生成的过程。语言是人类心灵中的一种潜在结构，这个潜在结构由于碰到具体语言经验而发展起来并固定下来。人类的语言与动物的语言

① [瑞]费尔迪南·德·索绪尔：《普通语言学教程》，高名凯译，北京：商务印书馆 1980 年版，第 35-36 页。

有着本质的区别。人们通过对猩猩、蜜蜂交流方式的研究，发现在它们的语言中不能分析出明晰的单位，音义结合大都是自然的，而且都是对情景刺激的感性反映，这种反映是与生俱来的，并不是后天习得的。一般来说，语言并不专属于人类，但动物语言远没有人类语言那样高度复杂，其中一个最重要的特点是人类语言的非特定性，动物生来就具有表达特定需要的特定语言信号，而人类的语言却可以用简单的语言材料构成无穷无尽的生命表达形式。

（四）语言的符号性

什么是符号？按最通俗的理解，用一种事物代表另一种事物，这就是符号的意义。符号有各种各样的形态。节日、仪式、风俗习惯可以负载文化，因此是文化符号。形体动作、器物等也都是符号，中国古代的“鼎”，西方的“王冠”“王杖”就象征着王权。颜色也是符号，中国古代的皇帝以“黄色”为专有。符号包括形式和意义两个方面，其作用是指称现实现象。符号的意义是人类给定的，凡是人类所承认的一切有意义的事物均可构成符号。符号与信号是不同的，“信号是物理的存在世界之一部分，符号则是人类的意义世界之一部分”①。全部人类文化都是以符号为载体的。卡西尔认为人是“符号的动物”，这就将人与其他动物从本质上区别开来。

语言是人类所创造的所有符号中最为重要的一种，文化存在方式的其他不同情形都需要用语言才能加以阐释。语言是由声音和意义构成的符号系统。声音是语言符号的形式，意义就是语言符号的内容，这两个方面是紧密地联系在一起而不可分割的。从形式上看，语言符号是一种听觉符号，是以人类的发音器官所发出的声音为物质形式的；从内容上看，语言符号的意义并不是它所指示的事物本身。意义是事物在人的头脑中的概括反映，属于概念的范畴。例如，汉语中的“人”这个词，表示“能制造工具并使用工具进行劳动的高等动物”的意义，它既可以指某个人，也可以指所有的人。语言符号的内容具有普遍性和概括性。一些非语言符号的内容与所代表的事物之间有着直接的联系，是事物本身的一种标记，因此使用的范围有限，是一个封闭的系统，而语言符号则根据简单而有限的规则，可有无限的使用范围，因此是一个开放的系统。

（五）语言的生命特性

语言系统既是一个开放的系统，又是一个不断生长的系统，而这正是语言的生命特性。从这个意义来看，语言也是一种生命现象。②词与词杂交能够繁殖后代并且不断进化。这种例子比比皆是，随手拈来就是一个大家族，例如，汉语中“合”字的后代，有合作、合伙、合同、合营、合击、合围、合欢、合葬、合流、合群等，还有磨合、耦合、整合、交合、化合、和合、组合、结合等，根本难以把它们全部罗列。它们有家谱、有渊源、有自己独特的生命，这在任何层面上都是显而易见的。词汇和句型有出生、有衰

① [德]恩斯特·卡西尔：《人论》，甘阳译，上海：上海译文出版社 1985 年版，第 41 页。

② [美] 刘易斯·托马斯：《细胞生命的礼赞：一个生物学观察者的手记》，李绍明译，长沙：湖南科学技术出版社 1996 年版，第 117 页。

老、有死亡，也有变异。在不同的环境中与不同的词类结合，会在一个新的语境中扎下根并生存下来，当然，它也会繁衍自己的后代，就像一种生物为自己的生存开辟了一个新的环境。外来词或俚语从一个语言迁徙到另一个语言，任何语言都会在几十年的时间里发生显著变化，一种语言甚至会在一两个世纪的时间里改变其语法形态，有时甚至改变其句法。即使是各种形式化语言，尽管它们不具备直接指称现象的词汇，但它们也会抛弃枯死的枝杈，生出新的枝叶。

四、语言的结构

语言的结构要素有语音、词汇、语法、语义等，它们之间存在着层级关系。底层和上层分别为非符号层和符号层。非符号层是一套音位，由它们组成音节，从而为语言符号准备声音材料；上层的符号层是语言符号和符号序列，它们又分为不同的等级。第一级是语素，从底层到上层，语素是一个转折点，因为意义在这一级里首先与声音结合在一起，构成音节，为词的构成准备了材料。第二级是词，词由语素构成，有的词是由单个语素构成的，有的词是语素与语素组合后构成的。这样又把语言符号的数目扩大了好几倍。在具体语言里，词的数目多则几十万个，少则几万个。词是造句的材料，它为组词成句准备了材料。第三级是句子，句子由词构成，是交际的最基本单位。句子是根据表达的需要临时组织的，其数目是无限的。句子这一级是语言单位由封闭性到开放性的转折点，是语言的生成部分。

（一）语音

语音是在大脑神经支配下由发音器官发出的负载一定意义并能为人们所理解的声音。语音是语言的物质形式，词汇和语法都要通过语音来表现。语音是语言的基础，学习语言和分析语言都要从语音开始。

作为一种物质形式，语音跟自然界的其他声音一样，具有各种物理性质。语音是由人类的发音器官发出来的，因此具有生理属性。同时，说话人发音和听话人听音又是一种心理活动，因此语音又具有心理属性。语音代表一定的意义，是由同一语言社团的成员共同约定的，因此，语音又是一种社会现象，具有社会属性。从声学意义来看，语音有四个可用物理量来说明的要素。

1. 音高

音高指声波每秒钟振动频率的高低。声波振动频率高，听觉上就感到声音高，振动频率低，听起来声音就低。计算频率的单位是赫兹（Hz），代表“次/秒”。人耳可以感知的频率在 20～20000 赫兹，低于 20 赫兹的声波是次声，不能引起听觉，高于 20000 赫兹的声波是超声，只能引起痛觉。声波的频率与发音体自身的性状有关，男子的声带长而厚，说话声音低；女子的声带薄而短，说话声音高。同一个人通过控制自己声带的松紧，可以发出高低不同的语音。音高在语音中的作用是构成各种声调和语调。

2. 音强

音强指声音的强弱。它决定于声波振幅的大小。振幅大，声音就强；振幅小，声音就弱。计算语言强度的单位是分贝（dB）。人耳能忍受的最大声音强度为130分贝。振幅的大小跟发音体受到的外力大小有关，语音的强弱跟发音时用力的程度有关。发音时用力越大，呼出的气流越多，声音就越强。音强在语音中的作用是构成重音和轻音。

3. 音长

音长指声波振动持续时间的长短。声波振动持续的时间长，声音就长；持续的时间短，声音就短。计算语音时长通常以毫秒（ms）为单位，1‰秒就是 1 毫秒。语音的长短跟发音的速度快慢有关，汉语普通话的正常语速是每秒钟3～5个音节。英语的语速要快一些。音长在许多语言和汉语方言中具有区别意义的作用，如英语和汉语广东话就有短元音的区别。

4. 音质

音质指声音的性质、特色，它是语音最重要的属性。语音由发音器官（主要是声带和声腔）的协调活动而产生，发音活动中，发音体和共鸣器的任何一点变化都会引起语音的声学性质（如共振峰频率、声源特性、能量集中区频率位置以及频率分布范围等）的改变，从而改变音质。一般来说，音质的变化决定于三方面：一是发音体的不同，二是发音方法的不同，三是共鸣器形状的不同。其中每一方面的差别都会造成不同的音质。

音长、音高和音强的特征合称为非音质形式，又叫音律形式。它们各自变化的绝对数值对于语音学并不很重要，重要的是它们各自变化的相对关系。例如男子发出的高调在绝对数值上常常比女子发出的低调还要低，可是我们并不会把男子的高调听成是低调。语音中的音高、音强跟音长之间是相互关联的。一般升调都比降调要长。实验证明，除了音强的变化之外，音长的变化对于轻重音的区别起了重要作用。英语重音是音长增加，汉语的轻音是音长减少。此外，音高的变化对于重音也有重要影响。非音质特征是依附于音质特征来表现的。人们每次发音除了具有特定的音质之外，也都具有一定的音高、音强和音长。没有高低轻重长短的赤裸裸的音质是不存在的。

语音的生理基础就是人类发音器官的构造及其运动。人类的发音器官可以分为三部分：肺、支气管和气管，影响发音的器官有喉头、声带、口腔、咽腔和鼻腔等。

语音的心理属性指语音与人类心理活动的关系。人的听觉器官和大脑听觉中枢神经对声波的感知是语音心理属性的重要方面。听觉中枢在进行语音识别时，对听觉器官传送过来的声波进行一定的过滤与筛选，只选择并提取与识别语音有关的特征，而放弃其他信息，这是一个十分复杂的心理过程。

语音的社会性质是指它能传达具有一定意义的声音，作为语言的物质表达形式，语音是一种社会现象。在交际过程中语音怎样与意义结合成词语、句子，会发生哪些变化等，这些都是由社会因素决定的。社会性是语音区别于其他声音的本质属性，语音的社会属性表现在许多方面。

（二）词汇

以词汇为研究对象的词汇学，分为普通词汇学和个别词汇学。前者研究一切语言的词汇所共同具有的规律；后者则研究某一具体语言的词汇，如汉语词汇学、英语词汇学等。

词汇是语言中词的总汇，它是语言的建筑材料。词汇不等于语言，但没有词汇就没有语言。词汇越多，语言就越丰富。汉语、英语等语言都有丰富的词汇。《汉语大词典》收有 37 万多条词汇（不包括专业术语），《牛津英语词典》中收有 40 万条左右（包括古英语、现代英语的词和成语）的词汇。

词有其语音特征、语义特征和结构特征。语音特征一般表现为有一定的语音结构，就是说词一般都有完整、固定的语音结构形式。这种语音结构包括一定的音节或音节的组合，一定的重音和声调、音节间不能停顿，多数词仅仅在其末尾容许停顿，前后音节间的音素往往会发生同化、异化或其他音变等。比如“人民”一词，由两个音节构成，在说这个词时“人”和“民”之间不能有停顿，同时有同化现象。词义特征是指每个词都表示一定的意义，或表示一种事物、现象。词的结构特征是指词在结构上是不可分割的整体。词是由语素构成的，有的是由一个语素构成的，有的是由多个语素构成的，不管是由几个语素构成的词，在结构上都已经紧紧地凝结在一起，形成一个整体，例如，“领袖”这个词绝不是“领子”和“袖子”两个语素义的简单相加。

词汇中除了词之外，还有由词构成的“语”，如成语、惯用语、歇后语等。它们的性质和作用相当于词，一般称作固定短语。词由语素构成，固定短语由词构成。

词汇内部还可以分为基本词汇和一般词汇，每种语言的基本词汇和一般词汇都有各自的特点和特殊的内部规律。在结构方式上，每种语言都有自己的构词法系统，所有这些就形成了一种语言的词汇系统。

词汇还具有民族性，每个民族语言都有每个民族语言的词汇系统，于是也就形成了词汇的民族性特点。什么样的意义与什么样的语音结合起来构成一个词，在不同语言的词汇中是各不相同的。

（三）语法

语法就是语言的结构规则，即词语的组合规则。哪些词语能相互组合，哪些词语不能组合；哪些词语能以这种方式组合，哪些词语能以那种方式组合；词语在组合时，形式是否要发生变化，又要怎样变化，都有一定的规则，这些规则就是语法。

1. 语法的特性

（1）规约性

语法的规约性指语法对人们的言语交际活动有制约性。语法规则制约着人们的言语交际活动，人们说话写文章都必须遵守语法规则，否则就会妨碍交际或受到指责。语法的规约性的另一个含义，是指语法规则的社会约定性。自然语言的语法规则既不是天然的，也不是由个别人或少数人制订的，而是由说这种语言的全体社会成员共同约定的，是人们在长期的言语交际活动中自然形成并共同遵守的一种社会惯例。

（2）抽象性

语法是不能直接感知的抽象存在物，它潜在于具体的言语活动和言语作品中。说话人和听话人的语法知识，或者语法学者对语法的描述，都是从具体的话语中抽象概括出来的。任何一条语法规则都概括了大量具体话语的共同特征，而舍弃了其间的差异。

（3）生成性

语言的生成性主要体现为语法的生成性。语法规则不仅是对已存在的话语的概括，而且还指导人们生成无限多的从未听说过的新话语，这就是语法的生成性。根据少量的语法规则，就可生成无限多的话语。同样，根据一定的语法规则，我们也可理解无限多的从未听说过的话语。语法的生成主要通过类推和递归来实现。类推就是指可以用同类词语替换；递归就是指同样的结构规则可以反复运用。例如，名词前面可以加多个定语，就是反复运用定语的规则，并列成分可以多项并列，这也是反复运用并列结构的规则。正因为这种类推性和递归性，才使得语法规则具有生成性。

2. 语法意义

语法意义是用语法形式表示的，反映词语的组合方式和组合功能、表述功能等的高度抽象的意义。例如，主谓关系、动宾关系等都是反映组合方式的，名词、动词等是反映词语的组合功能的，陈述、疑问等是反映词语的表述功能的。

语法意义必然是由某种语法形式（包括显性形式和隐性形式）表示的，如果没有相应的语法形式，语法意义就不能成立。有些语言中名词有阴性、阳性等语法范畴，或现在时、过去时等时态范畴。有些语言中没有这种语法范畴，就是因为有些语言用不同的语法形式表示阴性、阳性或现在时、过去时等意义，而有些语言只用不同的语汇形式表示这类意义。只有前者的意义是语法意义。

语法意义大致可以分为结构意义、功能意义、范畴意义和情态意义四类。

1）结构意义反映词语之间的结构关系，如主谓关系、动宾关系、偏正关系等。名词的“格变化”也是反映词语的结构关系的。结构意义可以有不同的层次，如偏正结构还可以分为定心结构和状心结构两小类，那么定心关系、状心关系就是偏正关系的下层结构意义。

2）功能意义是反映词语的组合功能的，如名词、动词、形容词、名词性短语、动词性短语等，都是反映词语的组合功能等。组合功能包括充当某种结构成分的功能，如充当主语、谓语，能带宾语等，也包括与某类词语组合的功能，如能加冠词、能加副词等。功能意义也有不同层次，因为一些较大功能类型还可分出较小功能类型，如动词还可分及物动词和不及物动词等。那么及物动词、不及物动词的功能意义，就是动词功能意义的下层功能意义。

3）范畴意义反映语法类别与所指事物现象的关系，是从词语的语汇意义中进一步抽象出来的意义。如说名词是表示事物的，动词是表示行为动作的，等等，就是这种范畴意义。又如一些语法范畴如数、性、人称、时体等意义，也是一种范畴意义。

4）情态意义反映语法形式与说话人的情感及表述意图的关系。句子的各种语气及语式、语态范畴，都属于这种情态意义。陈述、疑问、感叹、祈使等语气，以及直陈式、虚拟式、愿望式等，都与说话人的感情态度和表述意图相关。主动语态、被动语态也与说话人要强调什么的表述意图相关。

（四）语义

语义就是语言的意义，是语言形式所表达的内容。语义是客观事物和现象在人们头脑中的反映，即人们对客观事物和现象的认识，这种认识用语言形式表现出来，就是语义。语义研究可划分为训诂学时期、传统语义学时期和现代语义学时期三个阶段。

1. 语义系统和语义单位

语义与语音、语法可作如下比较：语音是物质方面；语义是精神方面。语音、语法是封闭系统，相对稳定；语义是开放系统，常常变化。在语言中，语义层的单位最繁多，单位之间关系最复杂；语音、语法与客观世界没有直接联系，而语义与极为复杂的客观世界联系密切。

语言成为人类最重要的交际工具，就是因为它能表达意义，语音、语法、语义三者缺一不可。语音、语法都是为语义服务的。语音的作用是承载语义、区别语义，使语义有所依托并能被人感知、识别（当然，语音也承载、区别语法，使语法有所依托）。至于语法将语素组成词、短语和句子，则是为了组织语义、表达语义，使人理解语言的内容。而语义不是为语音、语法服务的，它构成言语作品的内容。运用语言进行交际，其实就是运用语言交流语义。当然，这是附着在语音上、被语法组织起来的语义，是体现了说话人的思想的语义。

2. 语义类型

语义有广义和狭义之分，广义的语义包括下述三种意义。

基本语义：传统语义学讲的词的理性意义就是这种语义，人们心目中的句子意义（感叹句的情况特殊些）、言语作品的意义一般也是基本语义。基本语义是人们对自然界、社会、人的精神世界中的现象、情况、变化的理性认识的成果在语言（或言语）中的反映。但用理性意义这样的名称不恰当，因为有的附加语义也是理性意义。

附加语义：长期以来，传统语义学对词的一部分附加语义进行了研究，人们称之为意义色彩，分感情色彩、形象色彩、风格色彩等，以上都是感性意义。其实附加语义是人对事物的理性认识或感性认识的成果。有相当数量的词含有附加语义，情况相当复杂，不限于上面说的几种，而且除了词以外，有的句子也有附加成分。这种语义附在某些基本语义上，所以叫附加语义。词和固定词组的基本语义以及一部分词的附加语义是传统语义学的研究对象，我们将其称作狭义的语义。

语法意义：如果把语义理解为语言和言语所有的内容部分或意义方面，那么语法意义无疑也属于语义的范畴。语法意义是靠语法手段表现的意义，内容很复杂，例如有的反映客观现实（如语法范畴中的数、时、体），有的反映说话人的主观意向和态度（如语式、情态），有的反映词语的组合关系（如句子成分、语序）。因此，基本语义与语法意义的界线并不总是十分清楚的，譬如现实中的数量和时间固然可以由基本语义表现，但在有形态变化的语言里也可以由语法意义表现。不过语法意义的主要作用在于反映词语的组合关系。所以从主要方面或基本方面来讲，语法意义反映的是人们对语义单位组合起来形成的结构及其变化的认识，是语言、言语中的结构意义；而基本语义和附加语义是语言、言语对外界事物（现象）的反映。基本语义、附加语义同语法意义相比，彼此的性质是不同的。

3. 语义性质

语义具有多方面的性质，而且各种性质相互关联，往往形成某种对立统一的关系。

（1）语义的客观性和主观性

语义的客观性是指语义作为人们对客观事物的认识，最终来源于客观事物。表示实有事物现象的词语，如树、猫、小、胖、喝、笑等，所指皆为客观事物。语义的主观性指的是表示虚构事物的词语，如天堂、地狱等；还有表示抽象观念的词语，如民主、幸福、恨、美等。从语言交际的角度来看，语义也具有客观性和主观性。人们对词语意义的理解，不能随心所欲，而要受制于语言社会的惯例，这种惯例是通过人们的言语交际活动和言语作品表现的，而这些言语交际活动和言语作品是具体可感的客观存在物，这是语义客观性的表现。可是人们从客观存在的言语活动和言语作品中抽象出词语的意义时，又不可避免地会打上主观的烙印。不同的人对同一词语的理解，往往会有所不同，这是语义主观性的表现。

（2）语义的概括性和具体性

语义的概括性指词语的意义概括了它所指的各个具体对象的共同特征。例如，人、水、跑、哭、胖、短等，它们概括了所指对象不同时期、各个方面的共同特征。语义的具体性是指在具体的话语中，语义有特定的对象。人们在理解和运用词语时，往往也要经历从具体到概括，又从概括到具体的转化过程。人们最初理解一个词语的语义时，一般是先理解具体话语中该词语的具体意义，然后从大量的具体意义中抽象出概括意义，并储存在头脑中。说话人在运用词语表达思想时，又要将头脑中的概括意义转化为具体意义。听话人在理解具体话语中的语义时，也要将具体话语中的具体意义与头脑中储存的概括意义进行互参，然后将具体意义纳入相应的概括意义中，或者建立新的语义记忆单位，并在头脑中储存起来。

（3）语义的稳固性和变异性

语义要有一定的稳固性，也要有一定的变异性。为了保证交际顺利进行，语义必须具有一定的稳固性。如果语义任意改变，必然会妨碍交际。因此，个人在使用词语时不能随意改变其意义。但是另一方面，语义又必然具有一定的变异性。因为语义反映人们对客观事物的认识，而客观事物总是在不断地变化，人们的认识也在不断地变化。为了适应交际的需要,语义必然要随着客观事物的变化和人的认识的变化而发生相应的变化。旧的事物、现象的消失，新的事物、现象的产生，人的思想认识的改变，都会造成语义的变化。对于新事物、新概念，自然可以创造新词来表示，但这并非唯一的或最好的办法。新词不断增加，会加重人们记忆的负担。为了解决这个矛盾，可以用旧的形式表示新的意义，这就造成了语义的改变。由于词语的新义一般与原有意义有某种联系，因此比创造新词容易理解和记忆。此外，人们为了提高交际效果，往往会运用比喻、借代等修辞手法，有意临时改变词语的意义。有些修辞用法表达效果很好，大家经常使用，就会使这种临时的修辞意义逐步固定下来，成为固定的语汇意义，这也造成了语义的改变。

例如，“包袱”本指包东西的布和用布包起来的包，后来人们常用来比喻生活负担或精神负担，并逐步固定为语汇意义了。又如“朋友”最初用来指恋爱对象，只是一种临时采用的委婉说法，后来大家经常采用这种说法，就逐步固定为语汇意义了。语义的历史变化一般都经历了由临时意义到固定意义逐步演化的过程。由于这种临时的语义变化遵循一定的语用规律，并且有特定的语境帮助，因此不仅不会妨碍交际，反而会提高交际效果。这种临时的语义变化如果经常为人们所采用，就会逐步固定下来形成语义的历史变化。

五、语言的功能

语言的功能可以从各种不同的角度去看，这里主要从语言的交际、思维、文化和社会几个方面来认识其功能。

（一）交际功能

交际是人类社会联结的纽带，社会中的人们是互相联系、互相依存的，人与人之间需要交流思想、传递信息、表达感情、沟通关系。社会能够生存和发展的基本条件之一就是，需要各种交际工具来使社会成员相互沟通、彼此协调，否则人类的社会联系无法维持。

交际活动有各种形式，像文字、手势、身姿、电码、数学符号、各种标志等都可以用来交际，它们在一些特定的场合具有特殊的符号意义，它们属于非语言交际，与语言交际相比，它们只是居于从属性和辅助性的。语言交际是指以语言、文字为交际工具的交际活动。人们通过语言交际，可以有效地交流思想感情，达到相互了解的目的，从而促进和调整一切范围、一切领域的共同社会实践活动。

交际是语言最基本的职能，语言的其他社会功能都是从交际功能中发展出来的。一个社会靠统一的语言把自己的成员联系在一起，作为最重要的交际工具，语言是为同一语言社会中的全体成员服务的。社会分为不同的阶级、阶层、行业和其他各种集团。语言对这个社会中各阶级、阶层和各行业、集团的所有成员都是一视同仁的。它既不是哪一个人的专用品，也不专为哪一个阶级服务，它为这个社会的全体成员提供均等的运用机会，而运用与否和怎么样运用则完全取决于个人的主观因素。由于个人的文化教养和所处的社会地位不同等因素，个人在运用语言的过程中表现出有别于他人的特点。在一个社会里无论是上层的贵族，还是下层的平民，都应遵守社会的语言习惯，谁都不能垄断。就此意义上来说，语言具有全民性，它可以沟通一切的社会成员。

（二）思维功能

语言与思维两者密不可分，没有脱离思维的语言，也没有脱离语言的思维，语言是思维存在的物质形式。思维的三种形式——概念、判断和推理，必须用词和句子把它们表达出来，离开语言材料的词、句子，任何思维活动都不能进行。思想是思维活动后形成的成果，这种成果要想得到社会认可，也必须借助语言表达出来。马克思在《德意志意识形态》中说过：“语言是思想的直接现实。”我们的先辈借助语言把他们在认识世界、改造世界中的思维成果记载下来传给我们。我们在认识世界的思维活动过程中，也会借助语言记载下我们的思维成果传给后代。总之有了语言，个人知识才能成为集体的财产，前代人的知识才能成为宝贵的遗产而传给后代，人类社会才能不断进步。

语言与思维相互依存。思维不能脱离语言，思维离开语言，就没有了物质基础；语言也离不开思维，语言离开思维，语言的交流也就失去了内容。两者互为存在的条件。

（三）文化功能

文化功能指的是语言对文化具有保存、传递和传播的作用。文化是人类社会发展进程中所创造的物质财富和精神财富的总和，它本身也是一个不断演进的过程。文化具有连续性和继承性，而这主要是靠语言为载体来实现的。语言本身也是文化的创造物，它是人类文化中最辉煌的成就之一。人类以往的全部历史，以及人类对生活、对自然的认识都以语言为载体得以传递和传播。在人类社会由野蛮时代进入文明时代的漫长过渡阶段，中外历史上有许多通过一代代人口头传诵的神话人物，他们大约都与某种文明创造或英雄业绩有关。有了文字以后，神话时代就一去不复返了，人类进入文明时代。语言跨越遥远的时空，将文明代代相传。

语言的发展反映了人类文化的成就。作为文化过程创造物的精神或物质的新形态，都促使语言寻找新的词语去标记，这就使语言的词汇日益丰富。从电脑、网络、克隆、机器人等无限多的新概念的不断涌现和广泛传播中，人们可以体会到语言的文化功能。语言在文化中，文化也在语言中。语言促生着人类的文化过程。

（四）社会功能

语言是社会的交际工具，与社会有着密切的关系，是一种重要的社会现象。同时，它又具有不同于其他社会现象的一些特点，是一种特殊的社会现象。语言对于社会的维持和发展来说是至关重要的。社会的运作必须具有完善的信息传递系统，才能组织协调行动，维持正常运行。无论是经济生产还是政治治理、国家安全、军事外交、法律制度，都离不开语言。社会越发展、经济越发达、文化越丰富、生活越多样化，语言作为社会交往的媒介所起的作用就越重要。随着计算机语言的发展，社会运行的效率大大提高。从社会关系来看，人与人之间、组织与组织之间、集团与集团之间、民族与国家之间等，存在着错综复杂的关系。矛盾、对立、冲突、战争，可由语言的恰当运用得以化解，可使敌对双方化敌为友，可使人们在共同利益的基础上达成共识，形成合作共赢的共同体。当今时代，交流与对话成为小至个体间关系，大至国际争端得以协调解决的最重要的和最有效的途径。语言之社会功能由此可见。

第三节　语言学的发展历史及流派

一、传统语言学

传统语言学是指 19 世纪历史比较语言学出现之前的语言学，它又被称作“语文学”

（Philology），它是为解读和阐释古文献而对语言进行的研究。古印度、古希腊和罗马、中国具有悠久的历史文化传统，是语言学的三大发源地。

古印度于三千年前已开始了语言研究，主要是为了学习和传授用古梵语写成的宗教圣典。古印度的学者以观察为基础，采用经验的方法研究语言现象，在语义、语音和语法等方面有卓越的成就。

古希腊的语言研究是与哲学密切联系在一起的，柏拉图、亚里士多德、斯多葛学派等都对语言有专门的研究和阐释。语言的形式与意义、语言与自然、语言与思维、语言形式与逻辑形式之间的关系等问题是探讨的主要内容。柏拉图认为词的形式和意义之间有一种本质的必然联系，而亚里士多德则认为词的形式和意义之间的联系是约定俗成的、有规则的。斯多葛学派把词扩充到四类：名词、动词、连词、冠词，认为语言的声音和其代表的事物之间有着天然的联系，应努力探寻语言的原始形式。公元前100年，狄奥尼西奥斯写出了西方第一部系统的希腊语语法书《语法术》。罗马人继承了希腊人的研究传统，完善了传统语法的体系。瓦罗的《拉丁语语法》记载了词形变化的类比和构词的变化规则。公元4世纪，多纳塔斯的《语法学》和公元6世纪普里西安的《语法学》在其后的上千年时间里，成为拉丁语语法体系的典范。

古代中国的语言研究，突出的代表是荀子和墨子。荀子在《正名》中深刻地阐述了语言的社会性质，指出了语言的形式和内容之间的约定俗成关系、语言与思维的关系、语言的稳固性和发展性等。墨子也讨论了语言与思维的关系。中国的传统语言学是为解释经典和古代文献服务的，又叫小学，包括训诂学、音韵学和文字学。训诂学方面，秦汉时编出了我国最早的解释词义的专著《尔雅》。西汉扬雄的《方言》汇集了西汉及西汉以前不同地区的同义词语，并注明了通行范围。东汉刘熙的《释名》则是我国第一部通过语音形式解释语义、寻求词源的著作。音韵学方面，汉代末年，随着佛教的传入，在梵语拼音的影响下产生了反切。后来为了适应文学发展的需要，逐渐出现了不少韵书。文字学方面，东汉许慎编出了我国第一部系统比较完备的字典——《说文解字》。书中“就部以说音义”，将字形、字音、字义的研究统一起来，首创性地把“六书”作为分析汉字结构的原则，并以部首为纲对汉字进行归类。

总的来看，古代语言研究都局限于本族语言之内，主要是对前人留下的文献资料进行考证、诠释和评注，目的是帮助人们读懂这些文献。人们还没有从语言的角度而研究语言，语言学的研究从属于其他学科。

二、历史比较语言学

16～18世纪，由于国际贸易的发展，西方国家的一些学者对外部世界的视野大大开阔了，懂得的语言和了解到的语言也大大增多了。17世纪和18世纪不少人对各种不同语言的词语产生兴趣，纷纷搜集和编纂多语种的对照词表。这时候有人发现欧洲和亚洲的有些语言之间有很多明显的相似之处，就开始加以比较研究，随后越来越多的人对欧洲和中亚、南亚的一些语言进行比较研究。最初的研究可以说直觉和猜想多于科学成分。后来语言学吸取了近代生理学和声学研究的成果，建立了科学语音学，运用科学语音学的理论和方法逐步发现这些语言相互之间有严格的语音对应规律，而每一种语言本身自古至今的语音演变也有严格的语音演变规律,从而证明这些语言来源于相同的原始母语。

从 18 世纪末到 19 世纪初，经过众多学者多年的努力，历史比较语言学作为一门新兴的学科建立起来，并且得到社会的承认，一些大学开始增设历史比较语言学讲席，聘请专家担任主讲教授。正因为历史比较语言学是最早在大学里得到承认的，所以不少撰写语言学史的人就说语言学是从 19 世纪起才正式建立起来的。丹麦的拉斯克，以及德国的葆朴、格林和俄国的沃托可夫一般被认为是历史比较语言学的奠基人。到 19 世纪中叶，语言学家谱出了一个包括 8 个民族 100 多种语言的大语系，称为“印欧语系”。这一称谓是因为它包括东起印度西迄欧洲西海诸岛的大部分语言。人们从此认识到，西欧和印度在语言上同属一宗。这是人类文化史上的一大发现，这是历史比较法在语言研究中取得的第一项具有时代意义的伟大成绩。

历史比较语言学认为，凡是有共同历史来源的语言，在基本词汇和语法结构方面总是保存着一些共同的地方，并通过语音对应规律表现出来。历史比较语言学的任务是确定亲属语言或方言中有共同来源的成分，重建它们在某一共同历史阶段上的原始形式，以说明亲属语言或方言的历史发展规律。受达尔文进化论的影响，语言学家开始注意语言之间的相同之处，他们发现通过语言结构的比较，可以像生物学家建立有机体分类那样，建立一个各种语言的谱系分类。历史比较语言学由于有了自己明确的研究对象——语言，有了自己独特的研究方法——历史比较法，从而使语言学摆脱了附属于其他学科的地位，成为一门独立的学科。

三、现代语言学

现代语言学一般指 20 世纪以来以瑞士语言学家索绪尔为代表的语言理论体系和其他各种新出现的语言学流派，占主流地位的有结构主义语言学、转换生成语言学和系统功能语言学、认知语言学。

（一）结构主义语言学

结构主义语言学是用结构分析的方法来描写和研究语言的语言学流派。它把语言看作一个音义结合的符号系统。结构主义语言学认为，语言学研究的对象是音素和意义的关系，而不是音素和意义本身。索绪尔是结构主义语言学的鼻祖。他对语言和言语做了区分：前者是社会的，后者是个人的。他提出了共时语言学和历时语言学、内部语言学和外部语言学的概念；对语言“能指”和“所指”的意义进行了阐释。“能指”是可以为人们的感官所感知，并表达一定内容的形式；“所指”是指能表达的内容。语言符号的能指是语音，所指是语义。结构语言学发展出五个学派：三个古典结构语言学派、伦敦学派（又称功能结构语言学派）和莫斯科学派（又称控制结构语言学派）。后两个分别从功能和控制的角度发展了古典结构语言学。

美国结构主义学派又称美国描写语言学，是 20 世纪 20 年代美国人类学者和语言学者在调查美洲印第安语的基础上逐步形成的语言学流派，是结构语言学中发展最完善、最重要的一个学派。先驱者是博厄斯和萨丕尔，分别著有《美洲印第安语言手册》和《语言论：言语研究导论》，二人都强调要尊重美洲本地人民的语言事实，主张记录口语以作为研究素材，然后对他们的结构做客观的共时的描写。

这个学派最重要的核心人物是布龙菲尔德（L. Bloomfield，1887—1949 年），1924 年他和博厄斯、萨丕尔等一起创立了“美国语言学会”。1933 年布龙菲尔德的《语言论》作为该学派的奠基性著作出版，在这部著作中布龙菲尔德认为语言可看成一系列代替实际的刺激和反应的行为，语言学家的任务就是去收集语言材料，然后对它们加以描写、分析和归类。他强调语言学是一门经验科学，在语言的分析中应着眼于客观上可以观察、实证的语言材料，主张依靠形式特征来描写语言结构，反对用非语言学的标准（特别是心理因素）来分析语言，在共时描写中完全排除了历史因素。这些论点影响巨大，为美国描写语言学勾勒了基本原则。这些原则后来又由他的学生和追随者如布洛克、哈里斯、霍凯特加以具体化和进一步修正。从 20 世纪 30 年代至 50 年代初，描写语言学在美国语言学界盛极一时，被人称作“布龙菲尔德时期”。

这一学派对汉语研究的影响也很大，赵元任的《中国话的文法》（吕叔湘的译本叫作《汉语口语语法》，1979 年）即是应用这一方法来描写汉语的。

美国结构主义和欧洲结构主义都强调语言结构的系统性，但又各有自己的特点。布拉格学派注重对语言结构的功能进行研究；哥本哈根学派注重语言结构间的关系；美国结构主义则注重语言结构形式的描写。

结构主义语言学自产生以来，不仅影响到语言学研究的各个领域和各个流派，还影响到其他人文社会科学的发展，其严密的分析方法已渗透到人类学、哲学、心理学和文艺批评等其他领域。这样，结构主义就由一种语言学理论演变成一股几乎对人文社会科学各个学科都产生影响的思潮，因而引起学术界的广泛关注。[①]

伦敦学派是当今语言学界的一个重要学派。20 世纪 40～60 年代，弗斯是英国语言学界的中心人物，以他为首的英国语言学派被称为“伦敦学派”。在伦敦学派语境理论的创立与发展中，马林诺夫斯基[②]、弗斯、韩礼德起了至关重要的作用。

伦敦学派语境理论在语境研究和应用上有以下几个主要成就：①把纷繁复杂的语境用“两分法”加以区分。马林诺夫斯基的“情景语境”和“文化语境”，使语境研究做到具体与一般相结合；弗斯的“语言内语境”和“语言外语境”使语境研究兼顾语言内因素和语言外因素。②把具体的语境因素加以概括。弗斯把“情景语境”概括为参与者的有关特征、相关事物、言语活动产生的影响三个方面；韩礼德则概括为话语范围、话语基调、话语方式的三个方面，使语境研究更加类型化，也使语境的运用更具操作性。③把语境因素与语言使用结合起来考察，认为两者之间存在互相影响和互相制约的关系。

伦敦学派以实际应用中的语言为研究对象，并依此提出的语境理论无疑为语义的研究提供了一条新的途径。从马林诺夫斯基提出“语境”概念到弗斯语境理论的建构再到韩礼德对语境理论的完善，语境理论把非语言因素引入语言研究领域。特别是马林诺夫

① 杨信川编著：《语言学导论》，桂林：广西师范大学出版社 2006 年版，第 317-321 页。

② 因译法不同，本书正文中采用“马林诺夫斯基”，脚注中以原书译法为准。

斯基和弗斯提出"语义存在于语境"的观点，重视非语言因素即情境对语义形成的影响，为语义的研究开拓了新的视野。

伦敦学派的语境理论不仅推动了语言学的发展，而且在其他的领域中如语言学习、翻译、"人工对话"等方面也得到了运用。[①]

（二）转换生成语言学

转换生成语法的创建人是美国语言学家乔姆斯基。他认为语言是由语法生成的，语言能力基于人类心灵中由语言经验塑就的一种潜在结构，存在于人脑中的语法可在少量的语言素材的诱发下创造出数量无限的句子。他还提出了表层结构和深层结构的概念，前者指说话时发出的具体声音，代表句子及其构成要素间的语法关系；后者是句子成分间内在的意义关联。他认为转换生成的基础来自世界各种语言所共有的特性。语言先是在深层结构上产生，通过转换才在表层结构上体现出来。

（三）系统功能语言学

系统功能语言学，也叫功能主义语言学，它是在英国伦敦学派的理论基础上发展起来的一个学术流派，又被称为"新弗斯学派"。英国语言学家韩礼德继承了弗斯的"情境语境"观点和"系统"范畴，创立了系统语法理论体系。他认为语言是一个可供选择的、用于表达意义的系统。语言的内部结构分为三个层次：语义层、语汇—语法层和音系层。语义层包括语言所有的潜在意义、交际手段和话语构造等信息。语汇—语法层即使用的语汇和语汇的排列问题。音系层主要描写语音结构，如语音模式、重音响度、语调模式等。该体系强调语言的社会功能，认为语言的结构形式是由语言的社会功能决定的，在研究语言时强调情景和语境等外部因素。

（四）认知语言学

认知语言学属于功能主义语言学的范畴，也被称为解释语言学。认知语言学不满足于对语言结构的描写，试图对语言现象进行解释。认知语言学认为，语言是认知的一部分，受人们认识世界的方法和规律制约，要很好地描写语言，必须解释语言现象，研究语言反映出的人的认知规律。认知语言学以语义为中心，研究语言的相似性，探讨语言的形式和语义之间的内在联系。认知语言学认为，人类具有相同的身体构造和感觉器官，面对相同的物质世界，具备相同的感知、认知能力，因而能够获得相似的概念结构。

第四节　当代语言学的发展趋势

语言研究在不同的历史时期有不同的价值取向。传统语言学侧重于语言要素的研究，相应地形成了语音（音韵）学、文字学、词汇（训诂）学、语法（句法）学等。现代语言学侧重于语言符号关系的探索，相应地形成了语形学、语义学和语用学等。

---

① 刘润清编著：《西方语言学流派》，北京：外语教学与研究出版社 1995 年版，第 287 页。

在当代，语言研究如果从研究方法的取向上看，实际存在四种主要研究走势：描写的、分析的、形式的和技术的研究。描写的研究侧重于对语言事实进行客观刻画，主要任务在于说明某种语言现象“是什么”。分析的研究侧重于对语言现象进行哲学解释，目的是在于揭示“为什么”。形式的研究侧重于对语言结构进行形式演算，宗旨在于论证语言形式转换与推导的可行性。技术的研究重点在于将语言规律转化为可以让机器读懂并进行操作的人工智能规则。一般说来，描写总结的理论①往往基于经验与文化，因而具有广泛的可接受性。这常常要诉诸哲学思考。然而，经验描述、哲学解释往往局限于定性分析，难免存在着不严密的一面，于是便出现了对语言的形式化研究，即撇开具体内容对语言形式进行数学的、逻辑的论证。经验描写—哲学思辨—形式证明，无疑是使用语言理论走向精确的必然。语言的技术研究是检验语言理论的试金石。①

比较而言，我国的语言研究比较注重事实描写，在理论解释方面重视不够。在分析的（哲学的）、形式的（逻辑的）甚至技术的（计算的）研究方面，相对滞后。大多数的学者遵循了吕叔湘先生的教诲：“强调广收事例，归纳条理；反对摭拾新奇，游谈无根”②，对汉语的结构面貌有了相当的了解，在充分占有材料的基础上描写刻画，取得了巨大的成就。国内学者大多走功能主义道路，因为这条道路比较直观、比较贴近人们的语感，而形式主义的道路需要公理化方法等技术背景，掌握起来殊非易事。在应用研究方面，国内的学者比较积极，不少学者参与到面向中文信息处理的语言研究活动中。现在越来越多的学者已经不满足于单纯地描写汉语，而是尝试从认知功能或形式的角度对语言现象作出解释。一般来说在汉语语言学研究方面受到欧美语言学训练的学者就比较重视理论解释，尽管他们有的信奉形式主义、有的信奉功能主义。

当代中国语言学发展新动向也是值得关注的。进入 21 世纪以来，中国社会发生了巨大的变化。生活中也出现了许多语言问题，如汉字的简繁使用之争、字母词、英语热、方言保护、地方命名更名、双语教育、濒危语言、网络语言、网络热点词、汉字书写危机、外来词的译名等。当代语言研究值得关注的问题很多：如何更好地开发和保护语言资源的问题，网络世界语言生活问题，科学保护各民族语言文字问题，双言双语生活及其政策问题，国家外语能力提升问题，提高全社会语言意识问题，等等。这些语言的重大现实问题需要从大的国家发展战略出发，语言政策制定也要根据社会的现实问题作出相应的调整和革新。综观现当代中国语言学的各分支和各领域的研究，我们可以了解到中国语言学的创新性理论并不多。中国语言学的发展在对国外语言学理论吸收、引进的同时，各个学派的语言学家在自己学术领域的研究，还有待进一步提升，争取达到世界语言学的前沿。

展望未来的语言研究，对语言事实的描写和分析仍是语言学最基础的工作，对语言普遍现象的理论解释将是语言学的基本主题，并且各种新的理论解释方案必将推动人们发现新的更具理论价值的语言现象，从而提出相应的更完善的理论模型。在理论解释方面，形式主义和功能主义将继续分庭抗争，从不同的角度提出解释语言事实的理论体系

① 周建设：《语言研究的哲学视野》，《首都师范大学学报（社会科学版）》2002 年第 2 期。

② 转引自袁毓林：《语言学研究的现状和发展趋势》，《汉语学习》2001 年第 3 期。

和分析程序。从应用价值方面来看，随着计算机网络文化的普及，语言学将为网上语言信息的自动处理（包括自动检索信息、抽取自动文摘、机器翻译等）提供更有用的语言知识模型，从而更好地为信息时代和知识经济时代服务，在21世纪的经济建设的主战场上大显身手。从语言学与其他学科的关系上看，语言学将更加广泛地运用和借鉴数理逻辑、计算机科学、心理学、神经科学等的研究成果和方法，同时不断地从成果和方法两个方面回馈这些相关学科，从而在认知科学的大旗下彰显语言学作为一门介于人文科学和自然科学之间的交叉学科的学术地位。[①]总之，中国的语言研究长期以来缺乏理性的思维和理论体系建构，语言研究与哲学脱节，科学方法、认识方法都有待提升。最近，许多学者对加强语言的理论建设与学科沟通发表了重要意见，也对计算语言研究的紧迫性提出了呼吁。

① 转引自袁毓林：《语言学研究的现状和发展趋势》，《汉语学习》2001年第3期。

第八章 文 化 学

文化与人类相伴而生，人创造了文化，文化也创造了人。人类文化源远流长，但作为一门研究人类文化的科学，文化学却只有一百多年的历史。这是一个充满开放性和巨大张力的研究领域。

第一节 文化学概说

文化学以文化为研究对象，是一门探讨文化的本质、文化的形态发生及其发展规律的科学。文化学的诞生与文化的形态发生是两回事，而文化学研究首先要做的是对文化概念进行阐释。

一、文化是什么

“文化”是一个蕴含高度复杂性的词语，它在不同的语境中具有不同的含义。历史悠久的语词都有极深的渊源，在它们身上积聚了辽阔世界遥远时代的沉积物，随着人类进化和社会的发展，它们负载着越来越多难以解读的复杂信息，以致人们在众说纷纭的解释中无所适从。“文化”就是这样的概念。历史有多么悠久，文化就有多么深厚；世界上有多少人类种群，就会有多少种文化；有多少种文化，就有多少种关于文化的定义。

中国传统的文化观在《易经·贲卦·彖传》中有所表述：“观乎天文，以察时变；观乎人文，以化成天下。”何为“文”？在《易经》中多处使用的“文”，概指天地之道，如“见龙在田，天下文明”[①]，“文明以止”[②]，此处的“文明”不是一个词，而是两个字，意为天地之道的彰显。“文”与天地并生，是天地系统的根本性质。天有形象，地有章法，自然的结构与秩序就体现于那些在时间和空间上反复出现的模式。圣人观象于天，观法于地，效法天地之变化，化成人的世界，先哲谓之“观天文以极变，察人文以成化”[③]。“以文化人” 亦即此意，用今天的话来说就是依循自然的根本法则促成人类社会的进化。人类社会生生不息，大化流行，盖因“化”的过程以“文”为价值导向，从而符合自然的根本法则。这种人与自然和谐一致的观念具有永恒的意义，是终极的价值追求。

英文“culture”来自拉丁语“colere”（种植、培养），原意是开垦土地以收获农作物、树木和水果。“colere”同时还衍生出了另一个词“cultus”（崇拜），意指对于神

---

①《易经·文言》。

②《易经·贲卦·彖传》。

③《文心雕龙·原道》。

的景仰和膜拜，这种同源关系使后来 culture 一词在“精神”意义上的延伸有了解释的根据。文艺复兴运动为西班牙语“文化”一词的转义提供了契机。1420 年《牛津词典》中第一次通过隐喻引申了“文化”一词，但当时其含义是含糊不清的。大约至 16 世纪，“文化”的真正转义——对才智、举止的培养与锻炼，才引进到语言中来，开始摆脱“种植”等本义。

根据《美国百科全书》的解释，“文化”这一概念作为专门术语，于 19 世纪中叶出现在人类学家的著述中。[①]而同源的词 cultivé，用来表述受过教育的、有教养的、熟悉文明生活中各种文雅习惯的人。“文化”（culture）和“有教养的”（cultivé）在使用上有很大差别，后者一直未被作为术语使用。人类学家认为，所有民族即使不是被视为有教养的民族，也都拥有文化。有教养的人，即从前的文人墨客或满腹经纶者，一直是指接受过所谓高等知识教育的人，他们是在智力上不同于多数同胞的佼佼者。当然，这是属于文化活动的结果，并不等于文化本身。

从表述农耕及对自然界生物的驯化培育引申为对人的品德和能力的培养，culture 这个词语符号所包含的信息不断增值，负载了更多的意义，从而能在更多的方面使用。而一个符号能在更多的场合使用，也表明其获得的生命力。在表面看来极为不同的事物之间存在意义的关联，这是思想家们的创造，这种认识影响了诸多教育家。“文化”一词的转义和引申使不同文化背景的人产生共识。中国的教育家叶圣陶也说：教育像农业，而绝对不像工业。[②]文化与教育之间的意义关联，使人们总是把“有文化的人”“受过教育的人”“有教养的人”等概念联系起来。虽然文化与教育在词源上有着千丝万缕的联系，但文化不等于传授知识，也不等于教育。

西方将引申来的“culture”一词作为不加限定词的独立概念使用，最早见于德国法学家兼外交家塞缪尔·普芬道夫的著作，在他看来，文化生活和精神生活基本上是同义词。人类群体最重要的表现和成就就是创造语言，语言是一个群体存在基础的一致性的象征，同时作为交流手段，又是群体生活的必要条件。各个民族以各种语言形式表达同一种思想、同一个理念。由于文化的作用人们才得以扩大他们的权利范围；确定所有权问题，决定物品价格，处理各种权力形式所包含的附属关系，等等。文化是人的活动所创造的东西及有赖于人和社会生活而存在的东西的总和。[③]

之后的学者对“文化”的认识和阐释就逐渐复杂起来。根据美国人类学家 A. L. 克鲁伯和 K. 克鲁克洪的统计，1871～1951 的八十年间，严格的文化定义就有 164 个之多。之后的法国社会心理学家 A. 莫尔新的统计资料表明，20 世纪 70 年代以前世界文献中的文化定义已达 250 多个。[④]这本身就是值得深思的文化现象。每种观点都有自己的根据和理论背景，见仁见智，各有偏重。罗素在评价以往哲学家时指出：一个人的见解与理论只要是值得研究的，那么就可以假定这个人具有某些智慧；但是同时，大概也并没有任何人在任何一个题目上达到过完全的最后的真理。当一个有智慧的人表现出来一种在

① 转引自[法]维克多·埃尔：《文化概念》，康新文、晓文译，上海：上海人民出版社 1988 年版，第 4 页。

② 杜草甬、商金林编：《叶圣陶教育文集》，郑州：河南教育出版社 1989 年版，第 363 页。

③ [法]维克多·埃尔：《文化概念》，康新文、晓文译，上海：上海人民出版社 1988 年版，第 17-27 页。

④ 刘进田：《文化哲学导论》，北京：法律出版社 1999 年版，第 36-37 页。

我们看来显然是荒谬的观点的时候，我们不应该努力去证明这种观点多少总是真的，而是应该努力去理解它何以竟会看起来似乎是真的。这种运用历史的与心理的想象力的方法，可以立刻开阔我们的思想领域；而同时又能帮助我们认识到，我们自己所为之而欢欣鼓舞的许多偏见，对于心灵气质不同的另一个时代，将会显得是何等之愚蠢。[①]

在关于文化的所有定义中，英国文化人类学的奠基人爱德华·泰勒（Edward Tylor）的说法影响最广。在《原始文化》（1871年）一书中他提出："文化，就其在民族志中的广义而言，是个复合的整体，它包含知识、信仰、艺术、道德、法律、习俗和个人作为社会成员所必需的其他能力及习惯。"[②]其实，这个外延性定义自身并不周全和完善，它只是列举了作为文化过程之结果的精神性的存在和对人的塑造，像器物这样的物质形态的文化，还有很多我们称之为"物典"的那些代表以往时期文化最高成就的文物，显然也都是具有文化意义的物化形态，然而却不在泰勒视界之中。马克思话语中的"人化的自然"，比泰勒的文化定义含义更深，它不仅是指经由人手改造过的自然，还包括作为文化过程之产物的人类身体，譬如"聆听音乐的耳朵""欣赏形式美的眼睛"等。另外，文化概念也不仅仅指结果，还指过程本身。对文化的理解和阐释，不仅要说明文化包含了什么，还应当回答"文化是什么"的问题。

关于文化的理解与阐释有各种不同的视角和立场，国外有影响的学者对文化的理解，虽然不能圆满完善地表达文化的全部意义，但无疑对于文化理解具有重要的参考价值，我们在后面一节作较为详细的介绍。这里我们仅从几个方面谈谈对文化的理解。

其一，与自然和谐一致，是人类文化的终极价值追求。人的本质力量的对象化即"人化自然"，与"自然本质的人化"，是同一过程的两个方面。人类文化所创造的精神和物质形态，与自然根本法则保持一致才能存在并被传承，违反自然根本法则就必然被自然所毁灭。人在使自己的本质得以实现的过程中，必须遵从自然规律，反过来，也只有依自然之"文"而化成的"人"的世界，才会为自然所存留，从而才会有文明的延续。人的世界里一切方面的有序化成，都在本质上体现了与自然法则的一致性。譬如，人们学习科学与知识的目的在于认识自然的复杂性，把握真实世界的脉络；政治上的公平与正义要以人为本，而以人为本的原理自有其原则为依据；艺术的真谛是和谐，大美美于野，"大乐与天地同和"，违反了自然法则的艺术是不具有生命力的；人们对经济的开发和利用要考虑可持续发展理念，对增长极限的觉悟是正确处理人与自然关系的出发点；宗教使人们相信：善待地球上一切生灵并放弃穷奢极欲的物质追求是最高目的所要求的；习俗则是将"与四时合其序"的生活及行为方式化民成俗。人类文化领域中的一切方面都表明，始终是那些与自然保持联系的创造物存活了下来。符合自然法则的事物，自然能够因"存"而"在"，它能够从无到有、由小到大、由简单到复杂、由低级到高级化生出丰富多彩的世界。反之，违反自然根本法则，脱离了自然，其最终结果就是被自然所毁灭。

其二，文化是一个过程，就是说，一切文化都在生成之中。"文化"就其"化"的本义来说，就是发展变化。这是一个发生学意义的理解。就文化的主体来说，它创造了

① [英]罗素：《西方哲学史》（上卷），何兆武、李约瑟译，北京：商务印书馆1997年版，第67页。

② [英]泰勒：《原始文化》，蔡江浓编译，杭州：浙江人民出版社1988年版，第1页。（蔡译本称"人种学"）

文化，文化也在创造着主体自身。不仅人的文化心理及后天习得的知识和技能，还有诸如“有音乐感的耳朵”和“能感受形式美的眼睛”，以及我们自身很多具有社会功能的器官，甚至包括那些我们以往认为得自遗传的肢体的功能，也都是文化塑造的。并且，这些业已形成的具有相对稳定形态的东西，也在与外部世界的关系中变化着，并且也在创造着新的形态。在这个过程中，文化发挥着一种选择作用，它使那些符合生命根本法则的形态得到保存并得以发展。人创造了精神和物质财富，同时也被精神和物质形态的创造物所改变。这正是马克思话语中的“对象化”所揭示的道理。对技术的依赖导致人的形体及机能的萎缩和改变是反面例证，它导致与文化的方向不一致的反向过程，本质上具有反文化的特征。文化的现实包含着以往所有的创造，也指向未来的发展。所有现存的文化形态都是由以往的文化传承来的，这是一个连续的、没有断点的过程。没有天上掉下来的文化，而已有的也会以不断地变化获得适应性生存。稳定的形态是相对的，变化是绝对的。

其三，文化的创造物包括作为“类”的存在物的人自身，都具有符号意义。它们负载着文化的价值追求，昭示着人的世界与自然的各种关系。符号化的文化创造物又参与到文化过程本身，影响着文化前进的方向。如泰勒等所提到的“知识、信仰、艺术、道德、法律、习俗和个人作为社会成员所必需的其他能力及习惯”等，都属于文化过程的创造物，它们都是文化过程在某个阶段形成的相对稳定的形态，并不是自“人之初”就有的。它们被先前的文化过程所创造，又以符号化的功能影响未来的过程。从符号意义来认识文化，要从显性和隐性两种层面来透视。显性的文化见于可用语言表述和阐释的一切形态，而隐性的文化则需要从隐秩序来看。非语言的、情景性的习惯及生活方式等背后，都有文化系统运作的隐秩序。在此意义上，符号的意义也需要拓宽，不仅是那些有形的、可识的形式，行为方式及诸如此类活动着和变化着的模式，只要具有相对稳定性，都可视为表征文化的符号。

其四，文化过程形成了从个体直到人类社会整体的多种不同层次的结构与秩序。在每一种层次上，相互作用的各种要素间，如果关系和谐即可由小到大、由弱到强自发形成更大的结构与秩序，如果关系不和谐则分裂、对立或解体。文化是一个巨大的复杂适应系统，系统内部各种要素之间相互作用，在外部联系上，主要体现在文化与自然环境和社会的政治、经济之间的相互作用和彼此适应的关系上。自然界和人类社会一些难以理解的现象，如无形的手所操纵的人类社会的经济秩序、飞鸟顺应邻居的行为将自己聚集成群、生物体经常相互适应而得以共同进化，还有人类种群自发形成的文化模式等，都可用复杂适应系统的运行机制来解释。“在所有这些情形中，一组组单个的动因在寻求相互适应与自我延续中或这样、或那样地超越了自己，从而获得了生命、思想、目的这些作为单个的动因永远不可能具有的集成的特征。更进一步的是，这些复杂的、具有自我组织性的系统是可以自我调整的。……最后一点，每一个这样自我组织的、自我调整的复杂系统都具有某种动力。”[①]文化过程能自发地形成结构与秩序，在此意义上，

① [美]米歇尔·沃尔德罗普：《复杂：诞生于秩序与混沌边缘的科学》，陈玲译，北京：生活·读书·新知三联书店1997年版，第3-6页。

文化也可说是一个生态自组织系统。

其五，文化系统的生命特征还体现在很多方面，如“文化基因”“文化生境”“复制”“更新”等。生命机制是解释文化传承、文化传播与文化变迁的核心概念。文化有连续性、特定时空环境中的整体性和适应性，这都是生命力的体现。人文化成可以用生命和生态自组织原理来阐释。

综上所述，我们把文化看作人类社会按照与自然和谐一致的方式由简单到复杂、由低级到高级的演进过程。这个过程不断化生出在精神、物质、制度、习惯等方面具有相对稳定形态的结构与秩序，它们被赋予符号意义并获得生命的功能，在不断变化的时空环境中，以自我复制和自我更新的方式发展。①

二、文化学的研究对象和内容

广义的文化具有包罗万象的含义，涉及人类活动的一切领域，都可视为文化。第一章在谈到“两种文化”时也曾提到，人类知识被分为科学与人文两大领域，而这两类都是文化。就此意义来说，作为研究人类文化现象的文化学，是一门综合性很强的学科，不同于自然科学和一般的社会科学，也不同于其他人文学科。自然科学以特定的或具体的自然现象及其形成、发展和演变规律作为研究对象，而文化学的研究对象不是自然物而是“人化的自然”，尽管自然科学研究属于“科学文化”，但这是就人类认识世界和改造世界这一意义来说的。文化学并不直接研究自然物和自然现象。其他人文社会科学一般都有自己具体的研究对象，如语言学、艺术学、经济学、社会学、教育学等，都有专门的和具体研究对象及内容，但文化学研究则涉及一切学科中的文化现象，譬如教育文化、艺术文化、社会文化、经济文化等。哲学也涉及一切领域，但与文化不同的是，哲学研究的是思维的规律，是世界观和方法论，它为各门科学提供认识论基础。文化学研究则重在对文化现象的理解和解释，并不提供一般的、普遍适应的原理和方法。

以往传统的文化学的研究对象，常常聚焦于非西方国家的原始部落和偏远的少数民族，或注重考古发现。自20世纪50年代之后开始发生转向，西方和现代社会文化现象也纳入了文化学研究范围。正如C. 恩伯和M. 恩伯所说：“传统的人类学集中研究非西方文化，而把研究西方文明或与之类似的复杂社会以及由文字记载的历史任务，交给了其他学科来承担。然而近几年来这种学科之间的一般分工的界限消失了。现在，不仅在非西方世界遥远的山村中，而且在工业世界的城市里，都发现了人类学家的踪迹。”②

现代文化学研究的基本内容一般有如下几个方面。

1. 文化基本理论的研究

文化基本理论研究所包含的内容有：①文化的本质、结构、功能等；②文化与人类社会、文化与自然的关系问题；③文化的符号意义；④文化的传递、传播和流变；⑤文

---

① 倪胜利：《教育文化论纲》，重庆：重庆出版社2011年版，第37-38页。

② [美]C.恩伯、M.恩伯：《文化的变异》，杜杉杉译，沈阳：辽宁人民出版社1988年版，第2页。

化流派及其标志性著作和观点；⑥文化研究的方法论体系等。

2. 多元文化形态研究

文化从整体来看是一个庞大而复杂的系统，整体与局部、系统内部与系统外部之间存在着多种联系。不同文化系统发育的历史、文化特征、文化心理、价值观念等方面存在极大差异，文化交流、冲突与融合等方面存在错综复杂的关系。主流文化、亚文化、俗文化、子文化、反文化的相互关联等是这个领域的研究内容。这是一个共时性的研究。

3. 文化史研究

文化具有继承性和连续性，共时性和历时性的交互作用是不同文化形态发生和发展的动力机制。因此文化史的研究在文化学中具有重要的地位和作用。这个方面的研究主要涉及世界文化史、各国文化史、民族文化史，还把文化发展与哲学思想史、学术史、科技史、风俗史、教育史等联系起来。

4. 交叉学科领域的研究

文化现象与诸多学科领域的研究具有内在的关联性，不同学科交叉形成许多新的学科，如文化哲学、文化社会学、文化地理学、文化生态学、教育文化学等。

三、文化学的研究方法

文化学的研究方法可从三个层面来看：从哲学层面来看，有认识与解释的方法；从一般方法来看，有逻辑与历史的方法；从学科层面的具体方法来看，人文社会科学研究的一些主要方法如调查法、比较法、文献法、结构分析法、整体方法、心理方法、考证法、分析法等都是可以运用的有效方法。这里略举几种方法。

1. 比较法

比较作为一种重要的方法，已经在各个研究领域发挥了重要作用，如比较文学、比较教育学、比较语言学、比较美学、比较法学、比较经济学等。文化学中的比较法，是将不同国家、地区或民族的文化，在不同层次和不同方面进行比较研究，通过分析、概括和分类等过程，达到对不同文化体系的深刻理解和把握。文化学中的不同学派，如功能学派、结构学派、传播学派等都在不同程度地使用比较法。比较法一般采用两种形式：一种为历史比较法，这是对同一民族文化同一时期或不同时期的文化现象进行比较研究的方法，主要目的是研究文化特质的分布和文化史的重建，因此，历史比较法更侧重于从历史发展的角度，看一个群体文化在整个人类文化历史阶段的类型、特点和运动规律，看不同群体文化在整个人类文化历史发展中的特定位置。而文化研究也已经表明，文化现象之间的关系绝不仅仅是一种传统的继承关系，还存在渊源关系、同类关系、相同关系和敌友关系等。正是在这种认识的基础上，历史比较法着重于一个民族内的历史文化研究。不过在后来的研究过程中，历史比较法也已经把范围扩大到了不同民族或区域甚至两大洲之间。另一种为类型比较法，即对文化进行横向的比较研究，从不同群体文化的总体或某种因素、层面的横向比较中，区别不同文化的特点和类型，进而研究不同文化发展的一般的和特殊的规律。类型比较法所选取的进行比较的范围或层次依具体情景而定，既可大也可小，既可以是不同村落群体之间、不同氏族部落群体之间的比较研究，又可以是不同民族群体之间或不同国家群体之间的比较研究，甚至是不同文明体系之间的比较研究。

总之，比较有横向的比较也有纵向的比较，有相同性的比较也有差异性的比较。由于其涉及两个以上的文化系统或形态，因此必须注意逻辑标准的统一，并在材料的选择和运用上建立规范。另外，还要综合运用多种方法进行辅助研究，以求结论的科学性。

2. 文献法

文献法在文化学研究中也是一种常用的方法。文化学研究所需要的大量资料除从实际中得来，还需从各种文献中获得。文化具有连续性和继承性，涉及史料的部分也只能从文献中得到。别人已有的研究成果也是以文献的方式呈现的，及时和全面了解已有研究是创新的基础。

所谓文献法即通过各种文献搜集资料并进行研究的方法，这些文献可以是书籍、报刊、手稿等纸质文本，也可以是音像资料和其他电子文本。这种方法在运用过程中有一些环节。首先要查找和搜集与研究相关的各种文献，如书籍、报刊、原始记载、手稿、访谈记录、口述史、音像资料等。其次在对全部资料有了全面了解的基础上，精选出重点文献资料。最后是对重点文献资料进行深入细致的研究。摘要记录，分析整理，并对其进行综述。

文献法因为是对已有研究的资料搜集，所以到哪里寻找与研究相关的资源本身也是一个方法问题。信息和数码技术的出现使文献法的资源环境大大扩大，不仅可以从纸质文本获得资料，还可以通过网络获取更多的文献资料。

3. 结构分析法

结构主义之父列维-斯特劳斯（Levi-Strauss）在研究社会文化现象时，区分了两种结构：表层结构指现象世界的外部联系，通过感觉和观察可以知道；深层结构指现象世界的内部联系，受无意识作用支配，不是经验可以感知的。他认为在文化多样性的外表下面，隐藏着一种一致性，它可以归结为一种心智的作用，是人的大脑活动中有规律的东西，它不断地出现在各种社会的观念形态（ideology）之中，它是一个具有普遍性的东西，是一种人类社会的不变特征。这个特征就指人的“意指”活动，他说：“如果如我们所相信的那样，精神的无意识活动就是给内容规定一些形式，如果这些形式对所有人的精神，不论是古代人和现代人，野蛮人和文明人，都基本上是相同的——就像对于言语里表现出来的象征功能所作的研究结果如此辉煌地表明的那样——，那就应该，而且也有充分条件，在每一种制度和习俗的下面去找到这种无意识的结构，来得到对其他制度和习俗能够有效的解释原理。”[①]列维-斯特劳斯通过神话学的研究，还发现了人类思维的一个重要特点，那就是表面上看起来两种要素的对立实际上有一个三元结构。

结构主义的局限性在于，将经典科学范式用于具有极大不确定性的人类社会现象，

① [法]列维-斯特劳斯：《结构人类学》，第 28 页，转引自[瑞士]皮亚杰：《结构主义》，倪连生、王琳译，北京：商务印书馆 1984 年版，第 77 页。

未必能够真正达到客观真实，但对结构的分析依然是必要的。从积极的意义上看，结构主义提供了探索文化过程的结构与秩序的有参考价值的方法论基础。在运用结构分析方法时，要将其与整体性思维结合起来运用。

4. 整体方法

整体方法似乎不是一种具体方法，而是一种认识和解释的方法。这种方法要求在对某个特定的文化系统作全方位的考察的基础上，弄清系统要素间的各种联结纽带和动态的联结方式。它不是从要素个体的行为方式来解释整体，而是从过程与联系中把握整体。每一特定的文化系统自身都存在着各种相互关联的要素，这些要素之间，它们与外部环境之间都存在着复杂的相互作用。以往对文化进行研究遵循的是分析的思路，分析文化的结构和要素是必要的，但不是唯一的，更重要的是这些要素是通过什么样的联结方式构成了特定文化系统这个整体的。因此，整体方法所要做的是对文化过程进行动态的、过程性的描述。

总的来说，人类文化的复杂性决定了文化学研究方法的多样性，人文社会科学研究的许多方法在这里也可以派上不同的用场。

第二节　文化学的历史发展

一、文化学的产生

文化学的形成和发展与西方人类学的研究密不可分。文化形态的发生与文化系统的发展与演进，总是与特定人类群体的生存状态密切关联，特定人类群体在特定时空中特定的生产、生活方式，决定了其文化形态所呈现的样式。或可这样说，人类学的研究总是交织着特定群体的文化形态研究，而作为独立的研究领域，人类学显然先于文化学，文化研究在早期是人类学研究的一个方面。

19 世纪下半叶在欧洲出现了文化人类学，其研究的一个重要方面是人类文化的演进与体质的关系问题。1901 年，美国把专门研究文化的人类学称为“文化人类学”，文化人类学进一步从人类学中分化出来。文化人类学的中心任务是解释人类群体文化行为的异同，描述不同文化的特征和稳定、变化、发展的不同过程。早期主要研究原始民族的习俗和生活，对欧洲以外的许多民族做实地的调查与研究。20 世纪 30 年代以后，开始研究当代欧洲和美洲社会的文化现象，并试图解决人类生存和发展过程中的三大重要关系：第一，人与自然的关系；第二，人与人的关系；第三，人与自身心理的关系。

文化人类学是人类学进一步发展演化的产物，文化学则是文化人类学进一步发展演化的产物。德国学者列维·皮格亨（Larergen Peguienhn）于 1838 年提出了“文化科学”的概念，主张进行文化研究，建立专门的学科，此后，文化学便伴生于人类学或文化人类学。

二、文化学的发展

20 世纪中叶以前，很少有学者对文化学的理论体系进行系统研究，一些学者认为文化学与人类学本质上是一致的。真正现代意义上的文化学兴起于20世纪50年代。最早从事现代文化理论体系研究的，首推美国学者A. 克鲁伯（A. Kroeber，1876—1960年）。他认为文化是一种架构，包括外显的和内隐的行为模式，文化的核心是价值观念，因此他相信有必要建立一门独立的学科——文化学来研究人类的这种独特的文化现象。克鲁伯后来还认为，一切文化都是由其原型文化所决定的，人类的创造性行为无不受给定文化系统的制约，这就是他提出的“文化决定论”。在此基础上，美国另一位著名的新进化学派代表人物莱斯利·怀特（Leslie White，1900—1975年）进一步发展和完善了文化学的许多基本理论和研究方法，他把文化看作一种特殊的、客观存在的社会现象，并将之视为一个完整的体系，这一体系包括工艺、社会和意识形态三个分体系。怀特还倡导研究文化的普遍进化，即探索人类社会为满足其多种功能而产生多种行为规范的进化过程。而从文化学建设来说更为重要的是，怀特从科学发展史和科学方法论角度，提出并论证了关于创立一门文化科学的整体构想，从而为现代文化学的兴起和成熟，提供了理论条件，因此，被人誉为“文化学之父”。

怀特之后，美国学术界一直未中断对文化学的建设与研究，而20世纪70年代之后，苏联学者对文化学研究投入了极大热情，使文化学成了一门世界性显学。

西方关于文化理论和方法的研究，陆续出现过许多流派，其中主要有进化学派、播化学派、历史学派、社会学派、心理学派、功能学派、结构功能学派、精神分析学派、符号学派、语言学派、结构主义学说、阐释学派，还有民族语义学、新进化论、文化唯物论、文化生态学、心理人类学等。各派都有自己独特的视角和独立的观点，有激烈的争论，也有相互交叉、呼应与合流。

总的来看，科学意义的文化学理论的建立为时尚短，还有待更为深入和系统的研究。

三、中国文化学研究

20世纪初受西方学术思想的影响，我国出现了对文化学的专门研究。李大钊、张申府提出过“文化学”的概念，20世纪30～40年代有一些专著出版，孙本文著有《社会学上之文化论》；黄文山的著作有《文化学论文集》《文化学及其在科学体系中的位置》《文化学体系》等；阎焕文著有《文化学》；陈序经自1939年始在西南联合大学开文化学课，并陆续出版《文化学概观》《西洋文化观》《美国文化观》《东方文化观》《中国文化观》《中国西化观》《东西文化观》《南北文化观》等。其后有一大批学者进入文化学和文化哲学的研究领域。20世纪50年代中国台湾和中国香港分别出版了钱穆的《文化学大义》和余英时的《文明论衡》。这些著作除对西方文化理论做全面介绍外，还提出了作者自己的理论和观点。①

国内关于文化人类学的研究，中华人民共和国成立之后几乎停止了30多年。进入20世纪80年代之后随着改革开放的历史潮流，人们开始对文化进行深刻的反思，关注文化、研究文化成为一种热潮。文化学的研究开始有了新的发展，一批重要的学术专著相继出版，为这门新兴学科的建设奠定了良好的基础。

① 郭齐勇：《文化学概论》，武汉：湖北人民出版社1990年版，第28页。

中国近现代以来的学者对文化现象及文化概念的阐释，受日本及西方的影响，已经与中国古代的“文”“化”观有了较大不同。

20 世纪初，梁漱溟曾对东西方的文化与哲学思想进行过深入的比较研究。他提出文化是“人类生活的样法”，他关注的核心问题是人类生活方式，而生活则可包容很多的东西。[①]

梁启超认为：文化者，人类心能所开释出来之有价值的共业也。[②]他使用的“文化”一词包容性极大，他在《中国文化史目录》中列出：朝代、种族、政治、法律、教育、交通、国际关系、饮食、服饰、宅居、考工、农事等都属于文化。

蔡元培提出：文化是人生发展的状况，列举衣食住行、医疗卫生、政治、经济、道德、教育、科学等方面。[③]

冯友兰把文化看作人类活动的总和体，物质文明和精神文明都属于文化，还有历史、艺术、哲学、科学等。他指出所谓“文化”“民族性”，都是空的、抽象的字眼，不能离开具体的东西而独立。中国文化，就是中国之历史、艺术、哲学……之总和体；除此之外，并没有别的东西，可以单叫作中国文化。[④]

概括来说，近现代以来中西学者观点趋于一致，而文化概念的原生语境逐渐淡出视界。中国近代以来经历着巨大的变革，用美国著名汉学家费正清的话来说，这是一场“最广义的文化冲突”，是扩张的、进行国际贸易和战争的西方文明同坚持农业经济和官僚政治的中国文明之间的文化对抗。[⑤]冲突表现在两个方面，一是中西文化之间的冲突，二是中国传统文化和现代文化之间的冲突。20 世纪 20 年代初，梁启超曾对此前半个世纪中国文化发展状况做了一个概括，他将中国近代文化史分为三个时期：第一个时期先是从器物上感觉不足，于是有了船政学堂和制造局等；第二个时期是从制度上感觉不足，所以有了“变法维新”；第三个时期是从文化上感觉不足，这就到了一个新文化的时期了。[⑥]由此可知，中国学者对文化概念的阐释之所以会与西方思想有所汇合，这是文化冲突与碰撞的一种结果。当今全球化浪潮遍及一切领域，日益密切的碰撞与交流使文化全球化成为必然的趋势。文化阐释上的共通性和趋同性体现了时代特点。

第三节　西方文化理论

西方文化理论的形成与发展，与人类学和社会学研究密不可分。文化形态的发生与文化系统的发展与演进，总是与特定人类群体的生存状态密切关联，特定人类群体在特定时空中特定的生产、生活方式，决定了其文化形态所呈现的样式。社会、文化、人类

---

① 梁漱溟：《东西文化及其哲学》，北京：商务印书馆 1929 年版，第 53 页。
② 梁启超：《什么是文化？》，《学灯》1922 年 12 月 9 日。
③ 蔡元培：《何谓文化》，载《蔡元培美学文选》，北京：北京大学出版社 1963 年版，第 113 页。
④ 冯友兰：《论“比较中西”》，载《三松堂学术文集》，北京：北京大学出版社 1984 年版，第 43 页。
⑤ 费正清编：《剑桥中国晚清史》上卷，北京：中国社会科学出版社 1985 年版，第 251、252 页。
⑥ 庞朴：《稂莠集——中国文化与哲学论集》，上海：上海人民出版社 1988 年版，第 4 页。

这三种不同视角的研究，紧密地交织在一切，以至于各种学派也都在三个领域相通。西方文化理论很丰富，不同研究背景的学者从不同的视角阐释文化，为我们的文化理解提供了极有参考价值的理论与方法。

一、进化学派

19世纪后期在欧洲盛行的进化学派，探讨由殖民主义扩张而引发的不同民族的生活方式变化及其发展问题。早期进化学派从进化论的角度探讨人类文化，关注的焦点：一是野蛮民族与文明民族的不同文化现象（主要是婚姻家庭、宗教巫术和古代法律等）；二是民族的同一性和一贯性，他们认为，就体质的进化和文化的演进来说，人类从自然状态到文明状态，经历了若干相同的历史阶段，社会发展和文化发展遵循一致的规律；三是根据进化的尺度来整理和解释非西方民族的民族志资料。学术界普遍认为早期进化学派的缺陷在于三个方面：一是过于注重文化发展的单一性、直线性，忽视各民族历史文化发展的差异性、多样性，现代文化学家把古典进化论称作"单线进化论"；二是以西欧文化为参照系数，主张欧洲中心论，认为西欧文化是进化的顶点，忽略文化的复杂性，忽略历史发展的不平衡性和特殊性；三是注重从个人的心理本质推导社会制度和文化现象的发展规律，忽视文化要素的传播及其功用，忽视文化要素与文化整体之间的紧密关系。

后期新进化学派主要代表人物有美国著名人类学家、密歇根大学教授怀特，文化人类学家朱利安·斯图尔德（Julian Steward）和马歇尔·萨林斯（Marshall Sahlins）等，他们的学说在文化研究领域都有重要影响。怀特在中国影响最大的一部书是《文化的科学——人类与文明研究》（1949年）。他把文化理解为人类所创造的符号的综合，全部文化或文明都依赖于符号，没有符号就没有文化。他指出："一切人类行为皆由使用符号而构成，或依赖于它。人类行为是符号行为；符号行为是属人的行为。符号就是人性之全体。"[①]关于文化动力的论述是他的理论中的一个重要方面。他将文化看作一个组织化的整体系统，包括三个子系统：技术系统、社会系统和思想意识系统。技术系统由物质、工具、技能等要素共同组成。这个系统与自然联结，满足基本的生存需要。社会系统由组织、制度、伦理、关系等要素构成，以规范人的行为。思想意识系统则由语言及其他符号形式所表达的观念、信念、知识等组成。在这三个系统中，技术系统是基本的、原初的系统，是文化系统整体的决定力量。他将量化的手段用于文化研究，力图使其成为一门"科学"。怀特把文化的进化看作一个普遍的过程，是人类利用和控制能量的历史。文化过程就是人类借助文化手段控制自然力的历程。人类文化是不断进步、发展的，世界各种不同的文化系统都大体经历着由低级阶段到高级阶段，由简单、肤浅到丰富、复杂的发展历程，有着相似性、普遍性和共同性。

斯图尔德则是将生态学的观点引入文化研究，重视自然环境对民族文化形态的影响。他认为族群所居住的生态环境，与人的体质、人的气质、言行举止、服装、社会组织形式、民俗、民族文化心理、宗教和婚姻制度等都有密切的关系。他所创立的文化生

① [美]L. A. 怀特：《文化的科学——人类与文明研究》，沈原等译，济南：山东人民出版社1988年版，第15-22页。

态学，主要研究人类因利用环境而形成的社会组织和文化价值的特色。文化生态学注意两种适应，一是文化体制与总体环境的适应；二是各项文化制度之间的相互适应。文化生态学思想可以用来探讨不同地区文化的平行发展，以及具体的、特定的民族文化的特点。他主张“多线进化”，扬弃了文化相对主义和单线进化论。他把研究生物有机体与环境关系的生物学引入人类学研究，强调文化与环境之间的适应关系，以“文化变异”和“文化生态”等概念来解释文化系统运作的机制。[①]文化生态学的方法也有局限性，往往在共同的生态环境中生活的不同社会集团有着重大的文化差异，单纯用环境、经济技术的原因不足以完满地解释这些差异，这就需要借助于其他的方法。

二、历史学派

被誉为美国人类学之父的弗朗兹·博厄斯最重要的思想是历史特殊论和文化相对论。人类、文化、历史，这三个无法分割的概念是贯穿于人类学研究的主线。历史特殊论主张每一个文化系统都有自己独特的历史。他在《原始艺术》一书中提出：“任何一个民族的文化只能理解为历史的产物，其特性决定于各民族的社会环境和地理环境。”[②]每一种生活方式都是过去许多历史因素作用下的产物，认识和阐释文化的特质或元素，不能忽视其在某一独特的文化结构中所处的地位，以及它与所属文化的价值系统之间的关系。即使在一个文化系统内部，每一文化主体所处的具体环境和生存现实都有自己的独特性，这些因素决定着人们的情感、态度及价值判断。从宏观来看，人类世界的演进不是“单一性进化模式”主导下的历史，因此并不存在人类文化发展的普遍法则。每一个文化系统都有自身存在的合理性和独特的价值和功能，因此都是值得尊重的。他认为：“只有在每种文化自身的基础上深入每种文化，深入每个民族的思想，并把在人类各个部分发现的文化价值列入我们总的客观研究的范围，客观的、严格科学的研究才有可能。”[③]在博厄斯看来，文明世界的经济运动大致相似，而文化则不同。文明世界的演进，需要依附于建立在个体化和特殊历史之上的文化，它的价值在于能使人类从不同文化形式的互动中得到促进发展的有利因素。相反，追求文化需求和水平一致性则不利于发展。由此可见，他强调每个民族历史文化特殊性的根本目的在于，指出不同文化之间的交流与互动是促进发展的动力。他指出：“人类的历史证明，一个社会集团，其文化的进步往往取决于它是否有机会吸取邻近社会集团的经验。一个社会集团所有的种种发现可以传给其他社会集团；彼此之间的交流愈多样化，相互学习的机会也就愈多。大体上，文化最原始的部落也就是那些长期与世隔绝的部落，因而，他们不能从邻近部落所取得的文化成就中获得好处。”[④]文化发展的动力被认为来自两个方面，一方面是各种文化形式之间的相互关系，以及文化和自然环境之间的相互关系；另一方面是个人和社会之间的相互关系。后者是社会文化系统内部的，前者为外部的

① 夏建中：《文化人类学理论学派：文化研究的历史》，北京：中国人民大学出版社 1997 年版，第 227-229 页。

② [美]弗朗兹·博厄斯：《原始艺术》，金辉译，上海：上海文艺出版社 1989 年版，第 8 页。

③ [美]弗朗兹·博厄斯：《人类学与现代生活》，刘莎、谭晓勤、张卓宏译，北京：华夏出版社 1999 年版，第 131 页。

④ 转引自[美]斯塔夫里阿诺斯：《全球通史——1500 年以前的世界》，吴象婴、梁赤民译，上海：上海社会科学院出版社 1992 年版，第 57 页。

影响。他将这样一些作用视为涵化变迁。博厄斯的理论对当时美国学界盛行的“普世价值”“欧洲中心”“白人种族优越论”提出了挑战。20世纪以来，其理论得到广泛认同，在学界产生了很大影响。

美国人类学家阿尔弗雷德·克鲁伯（Alfred Kroeber）提出了三个重要概念：“超有机体”“文化形貌”“激起传播”（stimulus diffusion）。“超有机体”论强调社会是一种独立于个体之外的一种特殊存在物（entity），具有超越于个人的生物和心理过程的性质。“文化形貌”表述的是一个由各种错综复杂的文化特质所构成，但又能明显区别于其他独特面貌和风格的整体。克鲁伯将文化形貌分为三层：第一层最简单，外显的和或多或少客观的行为模式，表现在服装款式、工作方式等风俗及人工产品中；第二层为社会、政治和经济组织及宗教、语言等体系背后的复杂模式；第三层为弥漫于大多数或所有文化领域的某些结构性质，也体现出某些文化显著的个体特色。“激起传播”是一种独特的传播机制，“它发生在这样一种情境中，那里一种体系或模式的传播没有遇到抵制，但是要传入体系的具体内容则存在着困难。在这种情况下，文化体系或综合体的观念被接受了，但接受文化仍须自己发展起一种新的内容。所有这种多少有点特别的过程可以被称为‘观念传播’或‘激起传播’”[①]。

美国人类学家克拉克·威斯勒（Clark Wissler）提出的“文化丛”概念，也称“文化特质丛”。1906年他第一次提出关于北美文化区的重要设想，后于1914年发表了第一幅北半球文化区地图。他和克鲁伯都认为每一个地区最重要的文化都兴起在该地区的中心，尔后势必向其边缘扩散。所有类型的文化都以同样的速度扩散着，并且文化特质或文化丛都被文化的地理分布范围所决定。[②]一个部落的文化由许多基本的要素或单位所构成，它们被看作文化特质，如耕作的农具、捕猎的工具、手工艺品等。单独的要素本身不能说明什么问题，它必须与另外的文化特质结合在一起，组成一个文化丛才能显示其意义。这个概念所表示的不是一个简单的事物，而是一组事物。譬如以稻作为主的文化丛、以小麦为主的文化丛，以及与水、高山、草原生活密切相关的文化丛等。文化丛之上还有文化型。同一文化丛或同一文化型会分布于一定空间，这个空间地域称作文化带。而文化区则指更为广大的空间。他的年代区域论是说，一般情况下，分布越广泛的文化要素，其传播的年代越古老。也就是说，文化具有时间观念，从古至今一代代传下来；与此同时，文化又是从一个中心传播开来的，好似一块石头在水中激起的涟漪，不断向四周散去。研究文化，时间和空间两个维度缺一不可，时空是交织在一起的：时代愈久远，散播的距离就愈远。

三、社会学派

法国文化人类学研究的代表人物有戴维·迪尔凯姆、列维-布留尔（Lévy-Bruhl）、马塞尔·莫斯（Marcel Mauss）、罗伯特·赫尔兹（Robert Hertz）等。由于现代人类学的基础被认为是迪尔凯姆的法国社会学派在19世纪90年代初建立的，[③]所以这个阵营

① 傅铿：《文化：人类的镜子——西方文化理论导引》，上海：上海人民出版社1990年版，第161-181页。

② [美]哈罗德·德赖弗：《民族学》，赵立航译，《民族译丛》1983年第2期。

③ [美]F. 伊根：《民族学与社会人类学的一百年》，张雪慧译，《世界民族》1981年第2期。

也被视为社会学派。

迪尔凯姆是极有影响力的法国社会学家和文化人类学家，他强调社会作为一个整体，虽然是个体的组合，但能超越个体而拥有独特的性质从而构成一个实体。它不受个体的影响反而支配和影响个体。他反对依据个人或心理因素来解释社会的做法，在其《社会学研究方法论》一书中指出："社会是一个由各个群体或者说各个分子组成的整体，它一旦形成以后就与人们想象的那种不生育的现象不同，不仅仅是社会中各分子之间发生了联系，更主要的是社会将各分子溶化，产生出一种新的性质……因此，要考察社会现象的原因，或者社会现象的产生，不能在那些组成集体的各个分子中去寻找，而必须对这个已经组成的集合体进行研究。"①他提出的"集体意识"或后来在其《自杀论》中使用的"集体观念"，用来指一个社会中的语言、道德、信仰、习俗、传统意识，甚至包括神话等。关于宗教，他认为"宗教不只是神和神灵的思想，所以不能专门定义为只与神和神灵有关"。宗教就是"一整套与神圣的事物有关的信仰和活动，也就是说，神圣事物是与世俗事物有别的并且是禁忌的——这样的信仰和活动把一个遵守单一伦理的社团统一起来——这一社团的所有成员都坚持并参与这样的信仰和活动"。他把宗教看作一种集体的事情，认为宗教与巫术的区别就在于巫术主要是一种个人的事，而宗教与崇拜思想或道德一直是不可分割的；关于图腾，他认为那是一种"比它最初显示的那样更复杂得多的宗教"②。图腾崇拜不是对动植物崇拜的一种形式，而是信仰和仪式的完整复合，它包含通过仪式表现出的对自然的态度，还包含一种宇宙论，表达了人类和自然组成一个精神整体的思想。③

列维-布留尔把人类社会分为原始社会与文明社会，侧重研究原始思维。与西方"地中海文明"的思维模式迥然不同的非欧洲民族的思维模式，被他称为"原始思维"，它不依照逻辑思维规律，其对象可能是自己本身，同时又是某种别的东西。它有四个基本特征：其一为"集体表象"特征，指的是与原始社会的经济结构、组织结构相适应的思维方式、风俗习惯、巫术礼仪、神话信仰、语言等的综合体的充分社会化。由此而产生的对集体的每个成员所具有的巨大约束力是"集体表象"的显著特点。这些表象在该集体中是世代相传的；它们在集体中的每个成员身上留下深刻的烙印，同时根据不同情况，引起该集体中每个成员对有关课题产生尊敬、恐惧、崇拜等感情。它们的存在不取决于每个人；它们所表现的特征不可能以悠久个体本身的途径来得到理解。如语言，虽然只存在于说这种语言的个人的意识中，然而却是以集体表象的总和为基础的无可怀疑的社会现实；它先于个体，且比个体存在更久。④其二为"神秘性"特征。他指出，原始人周围的实在本身对他们来说是神秘的。原始人集体表象中的每个存在物、每种自然现象都与我们的感觉不同。我们在那些事物上所看到的都是原始人所不予注意的或者视为无关紧要的。然而在那些事物上原始人却见到了我们意想不到的东西。对属于图腾社会的原始人来说，任何动物、任何植物，甚至像太阳、月亮那样的客体，都构成图腾的一部

① [法]迪尔凯姆：《社会学研究方法论》，胡伟译，北京：华夏出版社 1988 年版，第 82-83 页。
② 夏建中：《文化人类学理论学派：文化研究的历史》，北京：中国人民大学出版社 1997 年版，第 99-102 页。
③ [英]布赖恩·莫里斯：《宗教人类学》，周国黎译，北京：今日中国出版社 1992 年版，第 155-160 页。
④ [法]列维-布留尔：《原始思维》，丁由译，北京：商务印书馆 1981 年版，第 5 页。

分，都有它们自己的等级秩序。因此，每一个人都有自己的等级和亚等级，每一个人都有他特殊的亲族，他对自己的图腾、等级和亚等级的组成者拥有权力；他对它们有义务，他与其他图腾之间有一定的神秘关系等。其三为“原逻辑”特征。原逻辑在思维本质上是综合的思维，在这里，表象的关联通常都与表象本身一起呈现出来，是不分析的和不可分析的。它们永远与前知觉、前表象、前关系紧密联系着，也可以说是与前判断紧密联系着。其四为“互渗律”特征，这是指“原始思维”所特有的支配这些表象的关联和前关联的原则，它体现为作为集体表象一部分的人和物之间的“互渗”，也就是说，这种现象既是它自身，又被解释为其他任何东西。“互渗律”具体表现为知觉与情感互渗、主观与客观互渗、原因和结果互渗、空间和时间互渗等。这是“纯粹实证科学以及其他哲学学说都不能指望达到的东西：他们通过直觉、相互渗透、主体与客体的互通，完全的互渗与包含，简而言之，通过普罗提诺（Plotinus）描写成神魂颠倒的那种东西来保证着与上帝的本质的直接而密切的联系……即使在我们这样的一些民族中，对互渗的需要仍然无疑比对认识的渴望和对符合理性要求的希望更迫切更强烈……与理性要求相符合的实际的知识永远是不完全的知识。它经常求助于一个拖得更远的认识过程，并使人觉得，似乎灵魂是在追求一种比简单的知识更为深刻的东西，它将使这种东西更圆满和更完善”[①]。“原始思维”理论的某些具体结论后来引起不少争议，把西欧文化视为中心，把地中海文明作为文明社会的代表，把亚、非、拉有色人种地区视为野蛮之地，这些观点有其消极性的一面，但总的来说，他的学说还是产生了深远的影响。

四、功能学派

20 世纪 20 年代功能学派出现于英国的文化人类学研究领域，代表人物有英国的社会人类学家拉德克利夫-布朗（Radcliffe - Brown）和布罗尼斯拉夫·马林诺夫斯基（Bronislaw Malinowski）。功能学派的理论源头与法国社会学派有联系，在社会学中，功能概念往往被理解为一个系统里各个部分之间的内在联系或关系及其相互作用。所以功能学派原先是作为社会学的一种基本分析方法出现的，注重社会调查，采用参与观察法。

布朗的理论与方法可以概括为：①主张用自然科学的方法来进行人类学研究；②强调共时性研究；③建立结构功能主义理论；④坚持社会进化论。他强调，进化不一定意味着进步，它只是结构与功能的发展和社会关系的复杂化；进步则是指知识积累、技术改进、发明创造以及道德的发展。在布朗看来，社会结构的研究是文化人类学的基础，社会结构与社会组织是两个非常重要的概念。结构通常指构成要素的配置，“一个分子的结构就是它内部相互联系的原子的组合排列。人体结构首先是各种组织与各种器官的组合，而最终又是活的细胞、死的细胞和间质液体的组合。在社会结构中，被认为是社会生活行动者的单个的人即个人是最终组合，社会结构就是由相互联系的个人的配置而组成”[②]。居民组合成民族，个人组合为家族或家庭，而家庭的结构由父母、孩子及其他人之间的关系所组成。寻找社会生活的结构特点，首先要寻找各种现存的社会群体，

① [法]列维-布留尔：《原始思维》，丁由译，北京：商务印书馆 1981 年版，第 451 页。

② [英] A. R. 拉德克利夫-布朗：《社会人类学方法》，夏建中译，济南：山东人民出版社 1988 年版，第 140-141 页。

然后考察这些群体的内部结构。二元结构中个人的配置很重要，如主人与仆人那样的配置关系。“归根到底，一个社会结构，既会在群体之间的相互关系中（当一个民族与另一个民族爆发战争的时候）表现出来，也会在个人之间的相互关系中表现出来。结构是关于人的配置，而组织则是关于活动的配置……社会组织是两个或更多个人的活动的配置，这些人已适应了承担统一的联合活动。”[①]文化如果脱离了社会的结构则无法被了解，只有视为社会体系的特征才能加以理解。值得一提的是，布朗在研究对立统一的结构时，提到对立统一思想是赫拉克利特与毕达哥拉斯的信徒从东方继承过来的。“至少在古代中国的阴阳哲学中，包含了这种思想最完整的详尽阐述。概括起来就是一句话，即‘一阴一阳谓之道’。一阴一阳创造了一种和谐。阴指阴性的要素，阳指阳性的要素。‘道’在这里的意思，最好应译成‘一个和谐的整体’……在中国古代的哲学中，给予了这种对立统一的思想以最广泛的外延，包括人类社会在内的整个宇宙都可以被解释成为对立统一基础上的‘和谐’。有历史资料证明，这种哲学史在许多世纪以前的黄河流域，即‘中原’发展起来的。”他还试图用这种结构来解释中国古代中原地区社会组织的婚姻状况，甚至将这种结构原则用于定义澳大利亚的半偶族社会结构。[②]正因为布朗强调社会结构的研究，所以后来的现代结构主义者以他的理论为开端。有评论者认为他的观点有其局限性，他对社会结构的分析缺乏动态的视角，并且忽略了生产关系体系对社会结构的意义。

马林诺夫斯基是 20 世纪上半叶功能主义文化学的带头人之一，他倡导文化功能主义，认为要具体、精确和彻底地界定文化，需要采用功能和制度两类分析方法。因为“文化是由部分自治（autonomous）和部分协调（coordinated）的制度构成的整合体”[③]。自治可以理解为构成文化系统的个体要素之间相互独立，而协调则是相互关系。整合依据一系列原则，像“血缘共同体”就是通过生育来实现整合的，空间上相邻的组织通过合作来整合，活动通过专门分工整合，而政治组织则是通过权力的运用来实现整合。每个文化的完整性和自足性都归因于一个事实，即满足基本的、实用的及整合化的全部需求。在他看来，经济和生产活动确定无疑地决定人类生活的全部表现，但这些活动也依赖知识和“全方位文化要素所决定的生活水平，以及法律制度和政治权力”，这就是他所说的“制度”的功能。并且，分配和消费这些经济活动，也依赖于文化特性。他反对的只是那种认为一个系统中的经济组织制度是文化的最终决定因素的“极端马克思主义立场”[③]。马林诺夫斯基从功能和制度对文化的分析，还体现在对巫术和宗教的看法上。关于巫术，他认为有两个重要的功能，对个人而言，巫术可以增加自信，发展道德习惯，促成人格的调整和完善，具有功能和经验的真实性；对社会而言，具有增值的力量和引领社会生活秩序的功能。并且，因其常和权力话语联结，故而具有稳定社区的文化功能。关于宗教，他认为各个文化都需要它，是“出于人类文化的绵续，而这种文化绵续的涵义是：人类努力及人类关系必须打破鬼门关而继续存在。在它的伦理方面，宗教使人类的生活和行为神圣化，于是变为最强有力的一种生活控制。在它的信条方面，宗教与人

① [英] A. R. 拉德克利夫-布朗：《社会人类学方法》，夏建中译，济南：山东人民出版社 1988 年版，第 140-141 页。
② [英] A. R. 拉德克利夫-布朗：《社会人类学方法》，夏建中译，济南：山东人民出版社 1988 年版，第 104-105 页。
③ [英]B. 马林诺斯基：《科学的文化理论》，黄建波等译，北京：中央民族大学出版社 1999 年版，第 56、62 页。

以强大的团结力，使人能支配命运，并克服人生的苦恼……文化对于宗教的需求虽然是演生的和间接的，但宗教最后却是深深地生根于人类的基本需要，以及这些需要在文化中得到满足的方法之上”[①]。一种文化可以分析成制度，而制度则可以定义为“在共同的任务中团结起来，并受到特定环境制约的一个集团的人：他们运用某些专门机构，遵从一套法规”。只有通过研究制度，科学工作者才能了解文化内部社会组织的具体状况。制度是文化的结构单位[②]。在他看来，巫术、宗教同理性知识一起，构成了文化的基础：“知识、巫术和宗教是人类文化最高的、最主要的派生强制力……巫术以及处于较高层次的宗教，是每一人类文化中不可缺少的道德力量。当巫术和宗教在消除个人内心冲突、组织社会的需要中成长起来之时，它们就成了促进精神和社会完成统一的主要因素。它们处理那些影响着社会一切成员的问题。它们导致了那些全体的福利所赖以存在的行动。宗教以及处于较低层次上的巫术成了文化的真正基础。”[③]关于文化的功能，马林诺夫斯基还提到了积累人类知识和经验、文明延续、形塑个体身心、凝聚社会成员、组织个体进入社会秩序、创造新文化等。[④]

五、心理学派

心理学派包括两支，一支是19世纪与20世纪之交西格蒙德·弗洛伊德和卡尔·荣格的精神分析学说；另一支是20世纪30～40年代受弗洛伊德主义影响的美国族体心理学派（又称文化与人格学派），代表人物有卡尔迪纳（A. Kardine）、拉尔夫·林顿（Ralph Linton）、爱德华·萨丕尔（Edward Sapir）、鲁思·本尼迪克特[⑤]（Ruth Benedict）、玛格丽特·米德（Margaret Meat）等。

弗洛伊德的理论中对文化研究产生影响的，首先是潜意识理论。他把人类的心理现象分为“意识”和“潜意识”（无意识）。前者为人们清醒意识到或被人们回忆起来的心理活动；后者指不能被人们直接意识到的心理活动，它隐藏在意识后面。人类社会创造出来的非常丰富的神话、民谣、童话、礼仪等是这些无意识活动被投射的结果。其次是性欲心理学理论，他用性欲冲动的本能（力比多）来解释人的一切行为。弗洛伊德在《图腾与禁忌》一书中，对外婚制习俗、一定亲属的“回避”、各种禁忌、巫术、万物有灵和图腾崇拜等，做了心理分析的说明。[⑥]这些研究为文化的阐释开辟了新的视角。根据德国生物进化论者海克尔的“基本生物发生率”，任何有机体形式在其个体发展（个体发育）中均以缩微的形式重复类的进化（系统发育）的基本周期。个体的心理成熟过程被看作人类精神文化发展的重演，只不过在时间上被浓缩了而已。弗洛伊德根据这一

① [英]马林诺夫斯基：《文化论》，费孝通等译，北京：中国民间文艺出版社1987年版，第56-79页。

② [美]卡尔迪纳、普里勃：《他们研究了人：十大文化人类学家》，孙恺祥译，北京：生活·读书·新知三联书店1991年版，第258-259页。

③ [美]卡尔迪纳、普里勃：《他们研究了人：十大文化人类学家》，孙恺祥译，北京：生活·读书·新知三联书店1991年版，第264-265页。

④ [英]马林诺夫斯基：《文化论》，费孝通等译，北京：中国民间文艺出版社1987年版，第90-91页。

⑤ 因译法不同，本书正文中采用“鲁思·本尼迪克特”，脚注中以原书译法为准。

⑥ [奥]弗洛伊德：《图腾与禁忌》，文良文化译，北京：中央编译出版社2005年版。

理论，认为在每个文明人身上都有野蛮人的影子，也就是文明初期相当于个人的童年期，而每个人的童年期都在不同程度地大致重复着人类的发展。在弗洛伊德看来，一个人在儿童期应当走完从石器时代到现代文明这样一条艰难的发展道路，人类精神发展的各个阶段可以与个体的力比多发展阶段相提并论。据此，他认为文化史上的巫术时期相当于“幼儿自恋时期”，宗教时期相当于儿童依恋父母时期，科学时期相当于个人适应现实生活之后的成熟期。试图按照图腾崇拜的“幼稚期的足迹”来“猜测它的最初的涵义”①。

瑞士苏黎世精神病学家、心理学家荣格与弗洛伊德有所不同，他否定性欲的特殊重要意义和以性为核心的精神分析学架构。他根据对原始人和现代人的常态和非常态现象的研究，提出了“集体无意识”和“原型”的概念。他认为，如同个体之外有社会一样，个人心理之外有集体心理，即集体无意识。集体无意识的内容又叫“原型”，是尚未经过有意识地加工的心理内容。他之所以用“集体”一词，是因为这部分无意识不是个别的而是普遍的。它与个性心理相反，具备了所有地方和所有个人皆有的大体相似的内容和行为方式，是超个性的共同心理基础。集体无意识是精神的一部分，它不是个人经验或习得的东西。“集体无意识的内容基本上是由原型构成。原型概念是集体无意识概念的一个不可或缺的关联物，它表示似乎无时不在、无处不在的种种确定形式在精神中的存在。”荣格认为他提出的原型概念，与不同的学说以不同的命名所指称的是同一个东西，神话称为“主题”，列维-布留尔称为“集体的表象”，莫斯定义为“想象的范畴”，阿道夫·巴斯蒂安（Adolf Bastian）称其为“初级思想”或者“原始思想”②。荣格的研究为文化与人类共同的审美心理的阐释提供了依据。

本尼迪克特是文化心理学派（又称“民族心理学派”或“文化与人格学派”）的代表。她认为文化由具有基本结构的“模式”所组成，民族的文化可以内含一个“模式”，抑或是由多个模式构成的综合有机的整体。新文化形态不是来自复制，而是由整合所带来的。不同类型的文化有着各不相同的整合形式，她把文化的内在精神称为“文化构型”，即“文化形貌”。“文化构型”具有不同寻常的持久性。“文化构型”与“文化模式”的内涵十分接近。她这样来谈文化：“一种文化就像是一个人，是思想和行为的一个或多或少贯一的模式。每一种文化中都会形成一种并不必然是其他社会形态都有的独特的意图。在顺从这些意图时，每一个部族都越来越加深了其经验。”③本尼迪克特的经典之作《菊与刀——日本文化的类型》，利用“作为一个文化人类学家所能利用的一切技巧来说明日本人是怎样一个民族”。“菊”是日本皇室家徽，“刀”是武士精神象征。用“菊”与“刀”的并列组合，象征日本人文化性格：“极其好斗而又非常温和；黩武而又爱美；倨傲自尊而又彬彬有礼；顽梗不化而又柔弱善变；驯服而又不愿受人摆布；忠贞而又易于叛变；勇敢而又懦怯；保守而又十分欢迎新的生活方式。他们十分介意别人对自己的行为的观感，当别人对其劣迹毫无所知时，又会被罪恶所征服。他们的军队受到彻底的训练，却又具有反抗性。”④这种二元对立的描述基本上都是“善”与“恶”

① 夏建中：《文化人类学理论学派：文化研究的历史》，北京：中国人民大学出版社 1997 年版，第 167-168 页。

② [瑞士]卡尔·古斯塔夫·荣格：《原型与集体无意识》，徐德林译，北京：国际文化出版公司 2011 年版，第 36-37 页。

③ [美]露丝·本尼迪克特：《文化模式》，王炜等译，北京：生活·读书·新知三联书店 1988 年版，第 48 页。

④ [美]鲁思·本尼迪克特：《菊与刀——日本文化的类型》，吕万和、熊达云、王智新译，北京：商务印书馆 1990 年版，第 2 页。

在不同方面的展现，看上去对立的双重性能融于一身，其实并不奇怪，“君子”与“小人”并存，“善”与“恶”共在，是人性中的普遍存在，没有矛盾就没有世界，大到宇宙，小到内心世界，无不充满矛盾。应该说，她发现的文化模式，体现了一个民族内在精神和心理的二元结构，具有一定的思想深度和文化深度，其影响力至今久盛不衰。

玛格丽特·米德认为，文化对个人气质或人格的影响先是从婴儿开始的，“文化总是煞费苦心、千方百计地在错综复杂的条件下，使一个新生儿按既定的文化形象（cultural image）成长”[①]。她最有影响力的思想体现在“一项有关代沟问题的研究”中，从文化传递的方式出发，她把文化分为三种类型：前喻文化（楷模文化），是指晚辈主要向长辈学习；并喻文化（并存文化），是指晚辈和长辈的学习都发生在同辈人之间；后喻文化（预示文化），则是指长辈反过来向晚辈学习[②]。这三种文化模式是米德创设其代沟思想的理论基石。代际矛盾和冲突，实际上是一种文化冲突。后喻文化所涉及的“青年文化”尤值得关注。当今时代一些新的因素导致整个世界的年轻一代对传统的反叛。首先是世界性社区的出现，通信传播手段和交通工具使全球任何一个角落的人都能立即知道世界上所发生的一切，当然，特别是那些善于接受新思想的年轻一代。其次是文化传承的跳跃性和间断性。许多突如其来的变化一瞬间在同一个时代发生，具有不同文化传统的人们，同时跨入了目前的时代。那些“时间上的移民”都是旧文化的承载者，他们经历着从已有文化到新技术文化的“跳跃”，必然会出现文化传承的“间断”；最后，年长一代与年轻一代，在面临突飞猛进的科学技术发展时，呈现出极大的差异，年长的人难以适应新变化，年轻人则热情追逐新生事物，最终在世界范围内形成代沟。她相信将有一种全新的文化出现，这就是她说的“后喻文化”，它代表着未来，“在前喻文化中，人们通过白发苍苍的长辈所具有的个人尊严和历史连续感来体现过去和未来。但是，今天人们却希望那些尚在母腹中不安地躁动着的孩子（尽管人们对他的性别、相貌和能力还一无所知）能够成为未来生活的象征……关于这个尚未降世儿童的情况，我们的了解还微乎其微”[③]。这本身也是个隐喻，那个即将到来的新文化，就是一个躁动于母腹的婴儿，需要想象力和创新精神去孕育。

六、结构主义

瑞士语言学家费尔迪南·索绪尔首创的结构主义，开创了以精密科学方法研究人文现象的先河。列维-斯特劳斯先在文化人类学的研究中倡导结构主义方法，他认为文化研究最为重要的是从文化系统中找出人类思维所固有的基本结构，试图通过对各个文化系统的结构关系加以分析，探索和发现能够解释社会文化现象的“深层结构”，它被认为是人类先天固有的“心灵活动的原则”，是“无意识的”，是整个文化现象的真实基础。

结构主义所觅求的是一种普遍的秩序结构，按照经典科学范式要求，那些随着时空的演变而发生变化的因素，如种族、地理、历史重大事件、政治、社会制度等带来混乱

① [美]玛格丽特·米德：《三个原始部落的性别与气质》，宋践等译，杭州：浙江人民出版社 1988 年版，第 268 页。
② [美]玛格丽特·米德：《文化与承诺》，周晓虹、周怡译，石家庄：河北人民出版社 1987 年版，第 27 页。
③ [美]玛格丽特·米德：《文化与承诺》，周晓虹、周怡译，石家庄：河北人民出版社 1987 年版，第 93 页。

与不确定性的因素必须在研究中排除，它只研究那些能够成为科学对象的现象。被称为“结构主义之父”的列维-斯特劳斯在《忧郁的热带》一书中有段描述可以体现其对“结构”的感触：当你忽然发现在一个隐蔽的缝隙的两边，居然并生出两种不同种属的绿色植物，靠得非常之近，而每一种都选择了最适合自己的土壤；或者是，同时在岩石上面发现两个菊石的遗痕，看到它们微妙不对称的回纹，这些回纹以它们自己的方式证明两个化石之间存在着长达几万年的时间距离，在这种时候，时间与空间合而为一：此刻仍然存活着的多样性与不同的年代相重叠，并且加以保存延续。[①]列维-斯特劳斯在两枚菊石遗痕中看到的，是跨越了遥远时空的普遍存在，这就是他的“结构”思想所要追寻的目标。对于巫术，他并不将之视为技术和科学演进中的某个时期或阶段，是“犹犹豫豫地摸索着的科学”，如果那样的话，就会失去理解巫术思想的一切可能。他认为“巫术在某种意义上本身是完整的，而且它那种非物质的完整性和连贯性与它后面的那个物质创造的完整性和连贯性完全一样。不应当把巫术思想看作是一种尚未充分实现的整体的开端、雏形、略图、部分；它组成了一个联结完善的系统，而且就这一点而言它独立于另外那个构成科学的系统。把二者混为一谈，并把前者说成是后者的一种隐喻式表现的，只是那种纯粹形式上的类比。因而我们最好不要把巫术和科学对立起来，而应把它们看作获取知识的两种平行的方式，它们在理论的和实用的结果上完全不同。然而科学与巫术需要同一种智力操作，与其说二者在性质上不同，不如说它们只是适用于不同种类的现象。”[②]他认为被称作“原始人”的思维中最易被忽略的，是那种思维中包含着的与近代科学相类似的智力运用和丰富观察。这与列维-布留尔提出的原始思维与现代思维不同的观点有着根本的区别。他还提到，那种认为未开化的人的思维只是受机体需要或经济需要支配的看法，是错误的估计，这也反驳了马林诺夫斯基的观点。[③]在研究社会文化现象时，他区分了两种结构：表层结构指现象世界的外部联系，通过感觉和观察可以知道；深层结构指现象世界的内部联系，受无意识作用支配，不是经验可以感知的。他认为在文化多样性的外表下面，隐藏着一种一致性，它可以归结为一种心智的作用，是人的大脑活动中有规律的东西，它不断地出现在各种社会的观念形态之中，它是一个具有普遍性的东西，是一种人类社会不变的特征。这个特征就是人的“意指”活动，他说：如果如我们所相信的那样，精神的无意识活动就是给内容规定一些形式，如果这些形式对所有人的精神，无论是古代人和现代人，还是野蛮人和文明人，都基本上是相同的——就像对于言语里表现出来的象征功能所作的研究结果如此辉煌地表明的那样，那就应该，而且也有充分条件，在每一种制度和习俗的下面去找到这种无意识的结构，来得到对其他制度和习俗有效的解释原理。

七、传播学派

传播学派于 19 世纪与 20 世纪之交在欧洲出现，与进化论学派相对。传播学派认为，世界上的任何一种文化现象只能在某一特定地点一次产生，然后从这一起源中心向外传

① [法]列维-斯特劳斯：《忧郁的热带》，王志明译，北京：生活 · 读书 · 新知三联书店 2000 年版，第 57 页。
② [法]列维-斯特劳斯：《野性的思维》，赵建兵译，北京：京华出版社 2000 年版，第 26 页。
③ [法]列维-斯特劳斯：《野性的思维》，赵建兵译，北京：京华出版社 2000 年版，第 13 页。

播，而不是被再造；新文化的产生是几种文化综合体交融传播的结果。这种观点最早由德国人文地理学家弗里德里希·拉策尔（Friendrich Ratzel）提出，后由德国莱奥·弗罗贝纽斯（Leo Frobenius）、弗利茨·格雷布内尔（Fritz Graebner）、奥地利威廉·施密特（Wilhelm Schmidt）等陆续发展起来。

拉策尔提出的“生存空间”（lebensraum）概念，强调地理环境对于人类文化的决定作用，认为各民族文化的不同是地理环境不同所致。他认为联系可以消除地区差异；文化源头只有一个，民族迁徙使文化面貌发生重大的变化；文化传播是人类迁移的结果，每一个民族都受到相邻民族的影响。对于两个或两个以上古代文物的形式之间的一切细微相似之处，他提出的解释是：“它们起源于同一地方，随后就向我们今天获得它们的许多地方扩散，尽管这些地方可能相隔很远。”[①]拉策尔的弟子弗罗贝纽斯提出了“文化圈”（Kulurkres，英译为 Culture Circles）概念，这是一个空间范围，其中分布着一些彼此相互关联的文化丛或文化群。他认为文化与有机生命体一样有生长、衰老和死亡，要经历童年、青年、成年等不同发展阶段。人与其说是文化的创造者，不如说是文化的产物或客体，是文化的体现者；德国文化人类学家、文化圈理论的创始人之一格雷布内尔提出了“文化层”的概念，对“文化圈”作了系统的理论与方法论述。他认为一定数量的文化因素构成一个“文化圈”，文化向四周分布，文化圈可积累多层，形成“文化层”。人类学的任务是弄清文化层的层序。要核实文化的基本要素，并进行量化分析。他重视对文化亲缘关系的研究，提出了鉴别“文化亲缘关系”的两条标准：一为“形式标准”，即对象的形式相同；二为“数量标准”，即多种文化特征相似。他主张采用系统方法，分析形式、分析量，然后确定不同地区的文化传播；奥地利文化传播学派代表威廉·施密特将人类社会的发展分为四个阶段，原始、初期、二期、三期文化圈。而每一阶段中又包含几个文化圈。在施密特的理论中，问题的意义在于确定“文化”的发展水平及其历史年代。无论弗罗贝纽斯，还是格雷布内尔，其文化圈理论和方法，目的皆在于确定各种文化要素属于什么文化圈，确定各个文化圈在某个地区出现的时间顺序，并不比较其发展水平。而在施密特的理论中，文化圈的顺序反映的则是世界历史发展的各个阶段，从狩猎、采集到园艺种植、畜牧，再到农业文明，是一幅完整的进化图式。[②]

西方文化学研究流派甚多，依照不同的标准还可划分出许多学派，如符号学派、相对主义学派、工具学派、象征学派、存在主义学派等。一般来说，只要是已经成熟的理论体系，都会在社会学、人类学、文化学的领域中有自己独特的观点和看法，形成派别色彩。每种学说都有合理之处，但也都有一定的局限性。例如，结构主义试图发现跨越遥远时空的结构与秩序，其努力值得肯定，这也是人类思维试图把握世界的本质需要。然而，也应看到，人文领域研究对象的复杂性和不确定性，使这种努力终成泡影。结构主义并没有最终达到他们所预期的目标——建立起一种类似数学的学科。人类社会现象的研究不同于自然科学研究，后者可以在控制条件下进行，而前者的实验室是社会，社会系统充满着各种非线性因素的随机作用，实验往往不可能重复进行，还原论和决定论

① [美]哈罗德·德赖弗：《民族学》，赵立航译，《民族译丛》1983 年第 2 期。

② 夏建中：《文化人类学理论学派：文化研究的历史》，北京：中国人民大学出版社 1997 年版，第 55-62 页。

的经典科学范式难以奏效。因为难以建立普适性的模式，结构主义就难免遭到质疑和诟病。事实上，各个学派的研究，也都会遇到一个复杂性和不确定性的问题，简单化的思维方式、线性的逻辑思考，都有可能导致极端和片面的结论。

人类文化是一个无限复杂的巨大系统，文化本质的全面展开具有多维度、多向度和无限多样化特点，其复杂性远远超出了人类认识所能够达到的极限。文化过程的功能与作用也是多方面的，不可能全部估计到。因而与之相关的问题——导致某种功能发挥的结构性因素是什么，我们也是无法全部知道的。但总的说来，文化研究的各个学派都做出了有价值的努力。一些核心概念，如"文化相对论""文化生态学""文化丛""文化带""文化圈""集体无意识""原始思维""深层结构"等，都从不同的角度涉及文化系统的本质特征，对全面认识和阐释文化变迁具有重要的参考价值。这些概念也可以从它们原有的语境中摘除出来，扬弃对我们自身文化系统不适用的意义，重新构建本土化的文化理论。

第四节　当代中国文化学发展趋势

文化学研究的发展趋势与社会发展同步，时代精神呼唤着文化，学科交叉与整合强化着文化意识，文化研究走向服务于社会发展，文化传承与发展提出时代命题。所有这些方面都能够体现中国当代文化发展的大趋势。

一、文化研究大潮兴起

20 世纪 80 年代中期以来，文化研究遍及全国，影响海外。文、史、哲、经、法、管、政等诸多领域的学者都参与到文化研究中，甚至研究自然科学的学者也加入到文化研究的热潮之中。有关资料显示，全国高校设立的文化研究机构有数百个，几乎每所大学都有，有的重点大学甚至有好几个。北京大学有中国传统文化研究中心、中国文化与哲学研究所、文化产业研究所、比较文化研究所等，清华大学有思想文化研究所、中国文化研究中心，中国人民大学有东方文化研究所、中国文化与哲学研究所等，中山大学有文化研究所、宗教文化研究所、中国传统文化研究中心等，武汉大学有中国文化研究院、中国传统文化研究中心等。诸如此类的研究院所，可谓雨后春笋，方兴未艾。参与文化研究的专家学者涉及学科非常广泛，人物、学派、思潮、地域、民族、传统、现代、中外比较诸多方面，都有学者进行研究。以文化学、文化哲学、文化经济学、文化社会学、文化价值学、文化产业学、文化策划学等命名的新的学术生长点已经产生，并已产生相当丰硕的研究成果。

中国目前的经济建设取得了令世人瞩目的辉煌成就，在物质文明高速发展的同时，精神文明建设也成为时代的呼唤。一个批判继承历史传统而又充分体现社会主义时代精神、立足本土而又面向世界的新型文化价值体系建构正呼之欲出。从世界范围来看，长远发展靠的是文化软实力。文化软实力的竞争成为一条决定国家命运的隐蔽战线。文化研究大潮迭起，也是当代国际形势。经济的全球化必然进一步带动文化的全球化，因为经济是基础，社会的生产领域是最活跃的领域，继之而来的是上层建筑的适应性变化。

属于上层建筑的文化研究是当代经济社会发展的现实诉求，也是文化自身发展的必然趋势。中国倡导的“一带一路”建设，正在催生一种新的文化。它植根于中国本土文化土壤，历经数千年孕育滋养和血与火的洗礼，汲取了外来文化的精华，凝聚了时代精神，开始以新的姿态重返世界舞台。可以预测，我国文化学研究将会异军突起，在与各个学科领域的研究碰撞交流后会产生集成性突变效应。

二、学科趋于交叉与整合

“文化”是一个蕴含了高度复杂性的词语，它在不同的语境中具有不同的含义。同时它又是最活跃和最具有生命力的词汇，当今人类生活的每一个方面，都能以文化作为核心概念和主题词。“文化”一词可以和代表行业、门类、学科、生活领域等方面的词语结合而派生出它的亚种：政治文化、商业文化、消费文化等。这就不难理解，文化系统何以能够不断地进一步分化，“文化”概念何以能够同各种学科发生交叉联系而形成新的学科。

许多学科都涉及文化研究，突出的有人类学、社会学、文学、艺术学、传播学、经济学、政治学、管理学、民族学、民俗学、考古学、文献学、历史学、哲学等。文化研究成了探讨普遍社会问题的一种富有实践意义的交叉性、跨学科、总体性的研究方式。

以生命文化学为例，以往对人类生命的研究主要是在生物学领域进行，属于自然科学，而今新兴起的生命文化学，在综合汲取自然科学研究成果的基础上，将人类生命的社会性、精神性内涵与生物性整合到一起，对人类生命进行整体性研究。它以现实的、个人的生命为研究对象，将生物基因、文化基因的作用，以及血缘、亲缘、地缘、族缘、情缘、学缘、业缘、心缘、灵缘等人生在世的各种关系统统纳入研究视野。人的生命绝不是抽象的、孤立的、空泛的“个体生命”，仅有生物学意义上的解剖与分析，是远远不能解释人的存在的。不说别的，仅从“文化塑造的身体”（见第六章第二节关于艺术功能的阐述）这个意义上，当今人类有机生命体的发育成长，也在很大程度上受文化的影响。生命文化学研究的理论与方法，包括基因原理、历史唯物主义与辩证唯物主义、现象学方法、哲学解释学、形态发生学等。

从交叉学科的表述形式来看，大致有以下三类。

第一类是“文化”一词前置的学科，如文化管理学、文化符号学、文化生态学、文化决策学、文化哲学、文化传播学、文化人才学、文化情报学、文化社会学、文化创造学、文化比较学、文化经济学、文化贸易学等。

第二类是“文化”一词后置的学科，如企业文化学、经济文化学、人口文化学、城市文化学、社区文化学、建筑文化学、医学文化学、军事文化学、民族文化学、宗教文化学等。

第三类为多学科交叉的文化学分支学科，如文化管理心理学、文化符号解释学、文化生态历史学、文化决策比较学等。

几类不同的表述方式可以反映学科之间结合的方式，有些是从文化学中进一步分化出来的，有些是研究范围的限定，有些是研究内容的规定，有些是表示方法与对象的，有些表示交叉，有些表示整合，不可一概而论，具体情况要作具体分析。

三、推进文化事业

文化学关注社会民生，主要体现为推动文化事业发展。何谓“事业”，《易经 · 系辞上传》有言：“举而措之天下之民谓之事业。”文化研究不再仅仅是关在书斋里与世无关的学问，走近大众，发挥推动社会发展的功能，这是当今文化学研究的一个十分突出的特征。文化对于社会发展的动力作用是通过影响人的道德精神、价值观念、思维方式、知识能力得以实现的。从事经济生活、政治治理、社会实践所必需的价值引导、精神力量、智力条件等所有主体性要素，都是由文化事业建构起来的。文化事业包括很多方面，教育、文艺、传媒以及发挥公共文化服务功能的诸多场馆，如文化馆、博物馆、体育馆、图书馆、科技馆及社区文化活动中心等，都是文化事业的组成部分。文化事业不以经济利益为目标，是一种公益性事业。各种文化机构和文化形式都以不同的方式为提高民众精神文化素质，满足人们精神文化需求而发挥着应有的功能。在人类发展的各个重大历史关头，文化都发挥了精神引领的作用。

文化学比以往任何时期都更关注社会、紧密联系社会，并在社会生活中发挥巨大的作用。人类社会的演进本身就是一个文化过程，公共事业向着什么方向推进和如何推进，大众文化应当崇尚什么样的价值观，以何种方式实现？诸如此类问题在当代生活中凸显其重要地位，这使公共事业文化学和大众文化学应运而生。

公共事业是直接关系社会公众的事业。实施公共事业管理的主体是一些行政部门（如文化局、民政局）和一些社会组织（如行业协会、红十字会）。管理的依据是各项法规和制度。管理的途径：一是行政制度；二是法律制度。管理的对象是社会公共产品、公共事务、公共秩序。目的是对社会公众负责，提高公众的生活质量，保护公共利益。特点是公共性、层次性，一般是非营利性行为，如街心花园、红绿灯之类的事务都归于公共事业管理。公共事业管理的内容，如教育、行政、社会保障、土地资源、体育、卫生、人事、市政、民政（人口户口、福利院、收容院），其中包括一部分文化管理。同时，公共事业管理本身就是文化。公共事业管理与文化管理在目标、权力、范围、评价体系等方面是有所区别的，在理论基础、特征方面也有所不同。文化管理的目标要具体一些，权力有限，并有特定的评价标准，其理论基础离不开文化。文化管理的内容有出版与发行、节日活动、文化遗产、文化景观、学术团体及活动等，其中有些不属于公共事业。不过，大多数文化事业就是公共事业。有些部门既是公共部门，又是文化部门，如图书馆、博物馆等。

大众文化与群众文化、通俗文化既有联系，也有区别。群众文化是文化学专门研究的一个领域。西方的法兰克福学派曾经针对因文化工业而出现的群众文化提出过批评，认为群众文化是平庸的、雷同的文化，淹没了文化的个性，于是把群众文化作为贬义词。我国学者把群众文化作为一个中性词，把群众文化界定为人们职业外自我参与、自我娱乐和自我开发的一种社会性文化。[①]我们这里所说的大众文化也是一个中性词，是相对于精英文化的概念而言的。所谓大众文化，就是大多数社会成员的文化样式。精英文化

① 郑永富主编：《群众文化管理学》，杭州：浙江人民出版社 1994 年版，第 1 页。

往往是一小部分人的文化，是学院派的文化，是精深的文化。而大众文化是广大人民群众喜闻乐见的文化，不过，大众文化也包含精英创造的文化。大众文化涉及人们社会生活的各个领域，内容极其广泛，诸如民间流行的歌曲、唱戏、小品、通俗小说、民间故事，无不属于大众文化。

大众文化有局限性，它没有经过特别的提炼，表现得比较随意、简单、粗俗。大众文化学的任务就是要通过了解与研究大众文化，从而利用大众文化进行先进文化教育，提升大众文化，创新大众文化，使大众文化健康地发展。早期的文化学是精英们的学术，而今是一个大众化和多元化的时代，文化学研究关注大众文化是时代发展的需要。

文化是以文化人，依靠的是潜移默化的力量，最重要的途径和最有力的工具是文艺。人的内心世界的建构，不能依靠物质的力量，也不是依靠说教就能解决问题的。民众喜闻乐见的各种艺术形式是最好的文化载体。文化事业的发展趋势是为社会提供正向能，以丰富多彩的文艺形式为人们提供健康向上的精神食粮，丰富人们的内心世界，提升人们的道德水平，为人的全面发展营造良好的社会文化环境。

四、发展文化产业

文化与经济结合的主要途径是文化产业。文化学的研究不再是纯学术性的，经济发展也被纳入文化研究的视野，这是当今时代的文化特色。发展经济是当代社会的要务，文化学与产业的结合也是必然趋势。自 20 世纪 90 年代广播电视、文化艺术被列入第三产业以来，推动文化产业的发展日益成为国家整体发展规划的重要组成部分。文化产业的作用是在市场经济条件下繁荣大众文化、满足人们精神文化需求。

世界范围内的文化产业是随着工业文明的发展而兴起的。文化产业、文化工业、大众文化这些概念之间有着内在的联系。法兰克福学派对“文化工业”持猛烈的批判态度。在他们看来，工具理性在物质生活领域中的对象化体现是生产力的不断增长，在精神生活方面则是造就了文化工业。在前资本主义时代，文化不过是少数阶层的特权，属于贵族和精英。随着经济的发展，走向大众的文化借助科学技术手段得以广泛普及。文艺创作由于技术的运用而变成自动化作业，大规模复制和批量化生产相同的东西以获取经济的利益。然而，法兰克福学派的瓦尔特·本雅明（Walter Benjamin）却对文化工业持肯定态度，他认为复制技术使艺术得到普及并大众化，“艺术品从少数人垄断和欣赏中解放出来，为大多数人所共享，给文化带来了新的发展空间”①。关于文化工业的研究和争论持续了几十年，后来变成对大众文化的理论批判。一些深刻的思想和观点至今仍具有现实意义。当代社会随着大众传媒的普及并向社会生活各个方面的渗透，文化的差异逐渐弱化甚至消失，如何对待文化产业，依然将是持久争论的话题。从当代中国的现实来看，旨在营利的文化工业使文化艺术作品的个性、生命性和创造性丧失殆尽。为了迎合消费者的口味和兴趣，其还通过各种大众传媒大肆兜售庸俗、低俗的文化产品以满足人们的低级趣味，从而形成物化的、虚假的文化。毫无疑问，对于此种现象的泛滥问题，也是需要反思和批判的。但文化产业存在的客观性、合理性和现实性是显而易见的，正

① [德]W. 本雅明：《机械复制时代的艺术作品》，王才勇译，杭州：浙江摄影出版社 1993 年版，第 17 页。

确引导文化产业对促进社会发展的积极意义也是不容忽视的。“文化工业论”的批判话语为文化产业的健康发展提供了思想资源。

国外很早就有对文化经济学的研究。1981 年，美国经济学家布林克曼在《文化经济学》一节中，他把文化经济学作为经济发展的理论。1982 年，德国的马廷发表《文化领域经济学的现实问题》，提出创立文化经济学的必要性，叙述了这门学科应当研究的内容。近年来国内也出现了一大批文化经济学专著，有力地推动了学科建设。文化经济学是研究文化与经济关系的一门学问，主要包括文化生产、流通、消费的经济现象及其发展规律。文化经济学研究的视野：一是文化领域的经济问题。文化部门在国民经济中的地位、文化部门的经济效益、文化的发展与规划、文化与经济的互动关系及其在社会中的地位等。大的文化领域有资讯传媒（如影视、新闻出版、展览、名胜遗址）、体育（如球类、武术、田径）、民俗（如庙会、节俗），这些文化活动或领域都有经济支出和收入。二是经济领域的文化问题。如经济规律在文化领域的反映。又如企业中人的精神理念、人的道德与法制观念、人的审美意识、人的情操，以及企业的整体文化形象、企业开展的文化活动。企业文化学可归于这一类。

文化与经济的结合有多种途径和方式，有的是将企业文化视为发展的战略，也有将文化自身办成产业的，影视、图书、旅游、体育、休闲娱乐等都可以办成产业。从广义来讲，经济同科学、技术、政治一样，是人类文化过程的一部分，而作为产业的文化，也是经济的一部分。企业文化学的发展突出地体现了文化产业在经济发展中的地位和作用。

企业文化学要研究的是企业文化。企业是从事生产流通或服务性活动的独立核算经济单位。任何一个企业都有文化，文化的状况直接影响了企业的兴衰。特别是在文化地位日益提高的时代，企业文化越来越受到关注。因此，文化学家注意研究企业的文化，而企业家也需要在企业中构建良好的企业文化，逐渐构建起企业文化学。企业在市场竞争中如何立于不败之地？除了靠科学技术和经济运作之外，还需要文化。如果能够强化企业文化，利用文化营建企业，往往可以收到较好的效果。例如，传统道德渊源于中华民族五千年的文明，又植根于现实社会的实践中，它在激烈的市场竞争中可以作为一种动力、凝聚力支持企业。诸如忠、信、礼、智、俭等道德范畴都可以灵活运用，被赋予新的含义，由理论转换为物质力量。企业如果以爱国为前提，就会赢得社会的好评。企业如果以诚信为本，就可能长期拥有市场。企业如果讲究优良的礼仪，就可能保持较好的精神面貌。企业如果不革新企业管理制度，就难以应对激烈的市场竞争。企业文化研究的内容包括企业哲学、企业精神、企业管理、企业心理、企业员工素质、企业的价值观念、企业的行为方式、企业的文化环境、企业文化比较等。一门实用的企业文化学正在中国兴起，它将有力地促进企业在市场经济中的拓展。

文化事业与文化产业虽然有着本质的区别，但是两者之间存在着这样的关联：事业是价值引导，产业是现实途径。文化事业需要借助文化产业得以实现，文化产业须在文化的价值引导下运作，并以文化的丰富内涵作为再生产的资源。文化事业是主体，主体自身也是目的，而文化产业是实现主体价值的手段、载体和途径。目的与工具的分离与异化是一切领域中最常见的颓败趋势，在文化产业中尤为突出。以营利为根本目的的文化产业，容易使文化扭曲，发生技术性退变，终至彻底摧毁文化的生命力。如何将文化事业与文化产业内在地统一起来，是当前文化学研究中的一个现实命题。

五、弘扬传统文化

文化复兴是当代中国现代化建设中一股强劲的潮流。发展力说到底是文化力。民族的发展力深深地蕴含于民族文化之中。文化是凝聚之力，融汇民族精神、心理、情感、道德及价值观；文化是和合之力，以生生之德促进理解与合作，使人与人、人与自然和谐共生；文化是无形之力，具有潜移默化、不为而成之功；文化是绵延之力，生生不息，代代相传；文化是生产之力，直接生产并再生产着思想、知识、智慧，是人类社会得以前进和发展的巨大精神母体。文化之根越强大，由之孕育的人类也越强大；文化之根越深远，它的未来也越长久；文化之根越丰富，就越具有再生产的力量。概言之，文化之中具有无穷的正向能。当代文化研究主流意识开始向传统文化回归，对本土文化的自信是人们的共识。

“回归”不等于“复旧”，不是返回到原点或起始点，而是站在时代精神的高度观照起始点，是在起点与归宿之间建立互动的关联性。历史是连续的，文化生命是有根的，回归其根，方能不离其道。老子说“执古之道，以御今之有”①，儒家经典中多有“稽古”“重华”“缉熙”“袭迹”“继往”等词语，表达的是遵循先哲开辟的文明道路前行的文脉和道统。即使在“孝”道中，也不仅含有上下的秩序，还有前后相继的秩序。所谓“历史感”和“历史意义”，指的就是文化的连续性。中华文明绵延数千年，展现出比世界上任何其他文明都更为突出的可持续发展品性。历史上中华民族经历过各种灾难，遭受过各种打击和碰撞，但从未使文明的连续性中断，反而每经历一次打击就愈加强大，哪怕是经历了像新文化运动那样历史上从未有过的颠覆性的文化碰撞，西方话语几乎独霸整个20世纪的文化话语权。今天我们看到，弘扬传统文化、构建中国话语体系、向着文化之根回归，再次成为时代的最强音，这正体现了中华文化的博大精深。中国文化走向世界，已经成为一种历史必然。

当今世界在关注中国经济发展的同时，也在关注中国文化。越来越多的人在学习汉语，了解中国文化；很多厌倦了发达国家奢华生活的西方人，对中国人的活法产生了浓厚的兴趣。在很多发达国家里，中国人被看待和对待的眼光和态度正在发生微妙的变化。追究我们不再被轻视和蔑视的根源，不仅仅是因为我们有经济能力了，更为重要的是中国文化在起作用。在西方人眼中，中国人这么快就赶上来，那就是文化的根本性力量所起的作用。人们明显地感觉和意识到，一个文化复兴的时代已经来临。只是，近现代以来，在知识与教育的领域中，我们对话语权的意识还没有达到足够强烈的程度，也没有充分的精神准备和知识准备，现在是需要在这些方面作出实质性努力的时候了，大力弘扬传统文化，重新建立全民族的文化自信，成为与经济发展同等重要的任务。

越来越多的人已经认识到，一个民族赖以生存和发展的根本动力来自它的文化，文化是民族的血脉，也是人们共同的精神家园。因此，对传统文化的自觉与自信，成为整

①《道德经》。

个社会的风气，从家庭到学校，从生活到交往，都重新开始了传统文化的全面渗透。人们对文化学的研究，将会顺应时代的潮流，将“以文化人”作为研究的根本宗旨，在回归文化之根的基础上，加强对外文化交流，以自信和积极的精神投入全球性的文化对话和文化整合中，以开放的姿态和博大的胸怀，容纳和吸收当代世界文化的精华，为实现全球共同利益奉献中华文化的智慧。

第九章　社　会　学

社会学（Sociology）从词源上来看，是由拉丁文societas（社会）或socius（社会中的个人）和logos（词、学说、学问）两种意义组成，其含义包括微观层级的社会行动或人际互动和宏观层级的社会系统或结构。近现代以来，关于社会的学问发展成为一门研究社会的科学，即社会学。

第一节　社会学概说

对社会学的认识从最基本的概念开始，然后是对其性质与功能、知识体系、与其他学科的关联性的认识。

一、社会的概念

“社会”一词的汉语词源有极深的古文化意蕴。“社”由“示”和“土”组成。“示”的象形之意是古代初民拜祭天神的石桌，会意为土地神。《说文解字》：“社，地主也。”《春秋传》：“共工之子句龙为社神。”《论衡·顺鼓》：“社，土也。”《国语·鲁语上》：“故祀以为社。”《白虎通·社稷》：“不谓之‘土’何？封土为社，故变名谓之‘社’，利于众土也。”“社”在古代也用来指土地神和祭祀土地神的地方、日子及祭礼，如“春社”“秋社”“社日”“社稷”。“社”是土神，“稷”是谷神，古代君主都祭社稷，后用以借指国家。后来的“社”与“会”两词连用，能表达“许多人为了一个共同的目的聚集在一个地方从事某种活动”之意。

英语society和法语société都出自拉丁语socius，意指伙伴。在罗马语中sicietas意指相对自然人格的自由契约关系。这些词语在词源上是有联系的。而德语中与之相似的词语gesellschaft原指同一房间里的伙伴，后来发展为用来表示人与人结合的关系。“社会”这个词是日本明治年间作为英语society的译名出现的。我国留日学者在转译社会学等著作中，也用了“社会”一词。

在西方社会学中，许多社会学者曾对“社会”这一概念作过解释，提出了众多关于社会的定义，其中影响最大的是社会学初创时期实证主义代表奥古斯特·孔德和赫伯特·斯宾塞的说法。

法国实证主义社会学家孔德受生物学影响，反对将个人视为基本的社会单位，“真正的社会单位是家庭——如有必要，还可分解为构成家庭基础的夫妇”[①]。因为个人是

① [美]刘易斯·A. 科瑟：《社会学思想名家》，石人译，北京：中国社会科学出版社1990年版，第10页。

从家庭被注入社会的，家庭为个人提供了统治、服从与合作的经验；同时，在家庭中，个人的利己主义倾向才有可能被抑制，父母与子女间的关系将过去和未来联系在一起。社会是通过语言、分工和宗教而结为一体的。宗教为人们的行动提供了共同遵守的原则，促进人们的情感联系，是社会秩序的强大黏合剂。“社会学”一词被认为最早是由他提出的。

英国社会学家斯宾塞用自然科学的方法来界定社会及其属性，在其《社会学原理》一书中提出“社会是个有机体”的观点。他依据生物学，将社会比拟为单个的生命有机体，把社会的发展看作生物由简单向复杂的进化。社会是一个实际的存在物，具有生物有机体所具有的特性。例如，聚集生长；随着体积增大，其结构也复杂化；伴随结构的分化，其功能也不断分化；变化的各部分是相互依赖的；如果一个大的灾难夺去了整体的生命，那么不会立即夺去其他组成部分的生命，反之，如果没有灾难发生的话，集体生命将有可能长于其组成部分的生命。他意识到生物体与社会两者之间也是有差异的：社会没有一个确定的外部形式；社会是一个分散的整体，其组成部分的合作需要符号体系来沟通；社会个体成员不是固定在空间的任何一点上的，具有流动性；在生物有机体中，组成机体的众多分子是为整体而存在的，但社会机体只是增进个体目标的工具和手段。因此社会是一个“超有机体”。社会的主要器官有六大制度：家庭制度、礼仪制度、政治制度、教会制度、职业制度和工业制度。由此构成了它的三大功能系统：生产系统、分配系统和调节系统，对应的社会阶级是工人阶级、商人阶级和工业资产阶级。[①]

根据马克思的学说，我们主要从两个方面来理解社会的本质：第一，社会是人们相互交往的产物；第二，社会的基础和本质是生产关系。马克思主义把生产关系作为社会本质和基础，不仅为人们认识社会的本质以及划分不同社会形态提供了基本依据，还为社会学研究社会的演变和进化过程，揭示社会变迁的规律奠定了科学的基础。根据马克思主义关于社会本质的思想，我们可以简要地对社会作如下定义：社会是以物质生产活动为基础而相互联系的文化共同体。

二、社会学的性质

关于社会学的概念，有许多不同的认识，学者提出了各种不同的定义。我国 20 世纪 30 年代的社会学家介绍西方社会学家理论时，谈到基于研究对象的不同而提出的不同看法，诸如社会现象、社会组织、人类文化、社会进步、社会关系、社会互动、社会现象之间的关系、社会行为等，都成为学者解释社会学的不同的根据。其实这在今天看来再简单不过，这些都是社会学要研究的东西。由此我们可以认识到，一个学科的形成，在研究对象方面，一开始总是从一些个别的事物和现象开始，最后汇聚成一个具有很大的包容性的研究领域。社会学领域中的所有事物都与“社会”这个核心概念有关。我们还可以举出几十种甚至上百种关于社会学的定义，那不过是具有特殊倾向性的不同看法而已。

关于社会学的界定，最为抽象和概括的定义是：社会学是研究社会的科学。在这个

① 文军主编：《西方社会学理论：经典传统与当代转向》，上海：上海人民出版社 2006 年版，第 7 页。

定义中，“科学”包括原理和方法，而要研究的“社会”，则包括诸如现象、问题、关系、结构、发展、规律、文化等方面。这是对社会学性质的根本解释。社会学还有很多其他方面的属性，可从以下方面来认识。

（一）科学性与价值性

社会学的创始人所理想的社会学是一门研究社会的真正的科学。但是社会学是不是一门科学以及在何种意义上表现出是一门科学，社会学家是有不同的理解的。孔德认为社会学就是一门“社会的自然科学”，因此社会学的科学性就是像自然科学那样的科学性和精确性。如果我们愿意承认社会学是一门科学，并且认为其科学性就在于精确性及可验证性，那么社会学就必须在社会研究中从经验事实出发，一切理论、命题和概念都需经受经验事实的检验，而在这一过程中必须把社会事实与价值评判区别开来；与此相反，另一些社会学家则极力主张社会学不是“社会的自然科学”，不能完全采用自然科学的实验法，也不能完全适用统计法，不能以数量的精密分析为社会学的标准。

对社会学科学性的认定进而延伸出社会学的价值性问题。如果社会学的科学性就在于其精确性和可验证性，那么社会学也应该如自然科学一样是一门纯粹客观的、价值中立的科学；如果社会学的科学性并非如此，那么也意味着社会学不可能完全像自然科学那样只发现、描述和分析客观事实，只说明“是什么”而不说“应该是什么”。

总之，社会学家在其研究活动中应该是一个纯粹客观的研究者还是一个积极的干预者，这是一个有颇多争议的问题。孔德曾以区分社会学的“理论目标”和“应用目标”来解答这个问题。所谓理论目标就是用“纯粹理论的态度”或“严格科学及客观的态度”进行社会研究，这时的社会学是“价值中立”的，社会学者是纯研究者。所谓应用目标就是在进行客观的研究之后积极提出变革主张，参与和指导社会实践，而这时的社会学是“价值关联”的，社会学者并非纯研究者。

（二）整体性和综合性

社会学是把社会作为一个整体来进行研究分析的，这一点与其他社会科学不同。一个社会是由各个部分有机联系所构成的统一体，每个部分既要受到与之相联系的其他部分的作用、影响和制约，同时又受到由各个部分所构成的统一体的影响和制约。但是其他社会科学如政治学、经济学、伦理学等是从社会生活的某一侧面入手研究社会的。例如，政治学以人类政治活动和政治生活为研究对象，经济学以人类经济活动和经济生活为研究对象，等等，虽然在研究过程中会有相互涉及与渗透，但各自的研究领域是相对明确的。与此相比，社会学更注重把握社会生活领域的全面。当然这里的全面并非提倡社会学去涉及政治学、经济学的研究领域，而是指社会学需要从一个社会政治、经济、文化等多层次全面地去把握。为此，社会学应从社会制度、社会结构、社会文化等视角入手进行研究，发现由各个部分构成的整体与各部分之间的相互影响和制约关系。

社会学同时又是一门综合研究社会的学科。社会学的综合性一方面体现在作为社会学研究对象的人类社会活动本身的复杂性，它既涉及作为行动主体的人的主观方面（意识、情感、动机等），又涉及行动者所处的客观环境（自然、历史、文化等），使社会学研究必须具有集主观—客观、静态—动态、微观—宏观考察于一身的多维综合的特点；另一方面，社会学在进行研究时总是涉及广泛的范围，兼有多种学科的特点。如上所说，社会学不同于其他单科性社会科学，它的研究必须涉及社会生活的各个领域、各个方面、各个层次，所以相对于其他各门社会科学的研究领域和知识内容而言，社会学研究具有综合性。例如，它在研究社会发展时，就要联系多种有关的社会因素甚至于自然因素来加以考察分析，即不仅要考虑物质资料生产本身的发展及科学技术成果的应用，而且还要考虑人的社会活动的性质和内容、人的文化素质的高低、民族的文化传统，以及自然资源和生态环境等所起的作用。所以，在社会学研究中，跨学科领域的研究，即结合不同学科的研究成果作综合的考察是会经常出现的。

（三）变动性和现实性

社会学是把研究对象放在运动和变化中进行研究的。社会学认为，整个社会及其各个方面都不是静止不动的，而是运动、变化、发展的。因此，社会学必须从这种变化的客观情况出发去考察社会的运动，并从中揭示出变化的规律。

社会学在进行研究时，以现实社会为其着眼点，对现实社会中存在的实际内容进行研究分析。从研究内容上看，社会学研究的课题往往是人们感到迫切需要解决的一些问题，也就是说实践性很强的课题。比如青年待业问题、青少年犯罪问题、人口问题、生态问题等。从研究程序来讲，社会学研究的资料是直接来源于社会生活的，无论是理论研究或是具体社会问题研究都必须到社会实践中去收集第一手资料，从资料的分析中引出结论，提出新的见解，或者验证已有的理论。[①]

根据上述对社会学研究对象和研究特点的认识，社会学又可以做这样的理解：社会学是从变动着的现实社会整体出发，通过人们的社会关系和社会行为来研究社会的结构、功能、发展规律的一门综合性的社会科学。

三、社会学的功能

在西方社会学发展史上，不同的社会学学派和学者对社会学的社会作用有着不同的见解，在长期的探讨过程中，“干预说”和“价值中立说”成为两种具有代表性的对立观点。

“干预说”主张社会学的社会作用主要表现为积极“干预”社会生活与社会过程，与社会改造和社会斗争相结合。这种观点早在孔德创立社会学时就已鲜明地表现出来了。孔德创立的社会学，一开始就和他的社会思想和社会改良的主张直接相结合，其目的就在于利用他的社会学学说改良资本主义社会。为此，他甚至把他的学说宣布为一种新的“科学的”宗教，企图通过它来收拢信徒去实现他的主张。孔德的观点被斯宾塞接受，并在迪尔凯姆等那里得到继承和发展。

“干预说”在后来的社会学发展中，逐渐演变为“社会医学”和“社会工程学”观点。持这种观点的人，把社会学当作诊断和医治社会弊病、帮助解决社会问题的学问，

---

① 刘献君、谢圣明编著：《社会学》，北京：科学技术文献出版社 1987 年版。

把社会学看成是对社会生活进行规划、设计的科学，而社会学家便成了“社会医生”“社会工程师”。

与“干预说”观点相对立的是“价值中立说”。持这种观点的人认为，社会学是一种客观地解释和说明社会现象和过程的“纯科学”，它只管说明和解释这些现象和过程本身“是什么”，而不管社会“应该如何”的问题。社会学应像自然科学那样不对自己认识的对象进行价值评价，更不应卷入社会改造活动中去。而要做到“纯科学”地说明社会现象，社会学家就必须杜绝把自己的社会价值观念带入社会学。否则，社会学就不能成为“纯科学”。这种观点最先只是表现于德国的费迪南德·腾尼斯和韦伯等对社会学研究方法的论述，后来则被一些人扩大到整个社会学研究与人们的利益关系上去了。

社会学的功能和作用问题在一定程度上亦即社会学的学科价值问题。我们认为，社会学是一门社会效用极强的实用性学科，它必然是同一定社会目的和运用相联系的。而从事社会学研究的社会学工作者，本身就是社会中的一员，处在一定的社会关系之中，因此就会不可避免地将他们自己所处的社会关系决定的社会目的、意图和价值观念带入社会学的研究中，这一点决定了所谓不偏不倚“纯科学”的社会学，所谓摆脱一切利益、价值的社会学，是不存在的。以马克思主义为指导的社会学，并不掩饰自己的意识形态立场。它公开申明自己站在广大劳动人民一边，为反对一切剥削制度和实现社会主义、共产主义社会的目标服务。马克思主义的社会学家绝不做社会生活的旁观者或观察员，必须坚决反对任何“价值中立”主义。因此主张社会科学研究的目的不仅是认识社会，还要改造社会。社会学的基本作用和功能由此可以归结为两大类。

第一，认识功能。社会学可以给人们提供关于社会的知识。尤其是它为人们正确认识社会和对社会现象从事经验研究提供各种社会学的方法和技术。与其他社会科学相比，社会学的特点就在于它认识社会的独特方法。简而言之，我们学习社会学就是理解两个问题——社会学是怎样认识社会的？社会学认识社会的什么？前者即社会学的方法，后者即社会学的研究对象或研究视角。社会学以其独特的经验研究方法和技术发现社会事实，以其独有的理论视角解释社会事实，又以其独特的分析手段揭示社会发展的未来。有社会学者将其归结为社会学的三大功能：描述功能、解释功能和预测功能。所谓描述功能即指社会学用科学的方法，客观而忠实地记录、搜集和整理关于社会现象及其过程的信息，为人们认识社会提供可靠的经验资料，这一点是其他学科所不具备和无法代替的。所谓解释功能是指社会学借助其特有的视角及相应的概念范畴来揭示社会现象背后的本质，将感性认识上升到理性高度，将社会事实予以深入的理性分析。如果说描述功能是告诉人们“是什么”“怎么样”，解释功能则是告诉人们“为什么”。所谓预测功能是前两种功能的进一步应用，它是在对社会现象及其规律加以分析揭示的基础上对未来社会发展特性、态势的一种判断性说明，是基于科学认识基础上的一种预测，这在社会科学中是具有突出特色的。总之，社会学的认识功能就是告诉人们社会和社会过程是什么、为什么、将要怎样变化，使人们的社会行动更加自觉。

第二，实践功能。社会学可以直接为各种社会实践服务。20世纪以来，社会学的应用领域及实践价值日益突出，表现为以下几方面：首先，为各个国家和地区制订社会经济发展计划提供可靠的数据资料和信息；其次，通过各种社会现象或社会问题的实际研究，为各种社会决策或政策制定提供必要的决策依据乃至科学咨询；最后，在对社会生活实行科学的管理中提供各方面的实际知识与建议，并对社会成员的社会行为进行引导和控制，以及在对各种社会问题和社会工作的实际解决上发挥其他学科所无法替代的作用。例如，帮助人们正确认识自己在社会中所处的地位、承担的义务、责任和应采取的态度，树立正确的社会理想、情操和生活方式等。

四、社会学的知识体系

社会学的知识体系即社会学的学科框架，它是对社会学总体范围和内容的概括。对社会学研究对象的不同看法，形成了社会学知识体系的多种不同的概括方式。

孔德在《实证哲学教程》中，首先将社会学区分为静态社会学（研究社会秩序）和动态社会学（研究社会进步）。美国社会学家莱斯特 · 沃德将社会学分为纯理社会学和应用社会学，前者的研究课题为探讨社会生活的一般原理与规律，后者是对现实社会各种实际问题的研究，是把理论社会学的基本原理运用于社会实际。索罗金把社会学分为普通社会学和特殊社会学，前者研究社会现象的共同性与共同关系，后者研究社会现象间的特殊性和特殊关系即分科社会学。此外还有些社会学家把社会学分为宏观社会学和微观社会学，前者侧重研究社会整体结构功能，后者侧重研究个人、小群体及行动。

近年来，我国的社会学工作者对社会学的知识体系划分也提出了自己的看法。一种是认为社会学研究体系可分为三个层次，第一个层次是研究社会整体结构的基础理论；第二个层次是研究社会分体结构的分支社会学；第三个层次是对具体的社会现象和社会问题的研究。现在比较一致的看法是把社会学的知识体系分为三个层次，即一般社会学、部门社会学和社会学方法。

一般社会学即社会学基本理论。在我国，一般社会学是在马克思主义指导下建立起来的，它是关于社会整体及各部分之间联系的基本理论。一般社会学理论的构架原则，应当以社会与人的关系的理论为逻辑起点，以社会关系和社会行为的理论为基本线索，以社会结构、功能和变迁的理论为主要内容。

部门社会学是用一般社会学的基本理论和社会学研究方法，考察某一类具体的社会现象和社会问题。部门社会学能体现社会学的实际效用，是社会学的价值之所在。部门社会学的研究内容是极为广泛的，可以说有多少种社会现象，就有多少种部门社会学。目前部门社会学已达 100 种以上，而且还在不断增加。我国有的学者将其划分为以下六类。

1）概括自然、社会、思维的一切现象或认识的社会学，如知识社会学、文化社会学、科学社会学等；

2）以自然现象同社会的关系为研究对象的社会学，如环境社会学（或生态社会学）、地理社会学、生物社会学等；

3）关于某个局部社会现象的社会学，如政治社会学、经济社会学、教育社会学、法律社会学、都市社会学、乡村社会学、劳动社会学等；

4）关于艺术、技术与社会整体关系的社会学，如艺术社会学、技术社会学、工艺社会学等；

5）属于中间或边缘学科性质的社会学，如地理社会学、体育社会学、心理社会学、医学社会学、老年社会学、妇女社会学、青年社会学、儿童社会学等；

6）属于社会问题的社会学研究，如青少年犯罪问题、人口问题、就业问题等。

部门社会学在不同的国家有不同的内容。例如，美国是一个移民国家，它就有移民社会学研究；由于经济危机带来失业等社会问题，就有对失业者社会问题的社会学研究；社会骚乱时常发生，就有对集体行为（复合行为）的社会学研究，如此等等。总之，只要社会生活提出需要，就可以开展一门具体社会学研究。

关于社会学方法，详见本章第二节“社会学的研究方法”。

五、社会学与其他学科的关系

就社会学和其他学科的关系来说，把社会学定义为研究社会良性运行和协调发展的综合性具体社会科学，既有利于明确它与哲学科学——历史唯物主义的区别和联系，又有利于划清它与其他单科性的和综合性的社会科学及与科学社会主义的界线。只有划清这些界线，社会学才有独立存在的理论根据，否则也很难称得上一门真正的科学或学科。

（一）社会学与哲学的关系

社会学与哲学有着特殊与一般的关系，这可从几个方面来看：第一，从对象上看，历史唯物论研究社会发展的一般规律，社会学则研究社会良性运行和协调发展的条件和机制的特殊规律。第二，从学科层次上看，历史唯物论是对包括社会学在内的各门社会科学知识的概括和总结；社会学则没有这么高的概括程度。社会学在历史唯物论的指导下，从社会良性运行和协调发展的特殊角度对其他社会科学进行概括和总结。第三，从作用上看，历史唯物论是考察整个社会的具有普遍意义的世界观和方法论，哲学的角度就是世界现、方法论的角度；与此不同，社会学则着眼于社会良性运行和协调发展的特殊观点研究社会，社会学的角度就是社会良性运行的协调发展的角度。

（二）社会学与单科性社会科学的关系

社会学和政治学、经济学、教育学、心理学、法学等具体社会科学的关系，是综合性的科学与单科性科学的关系。社会学所研究的社会良性运行和协调发展的条件和机制，涉及社会整体、整体与它的各个组成部分以及各个部分、各个层次之间的关系，用系统论的术语来说，涉及整个社会系统、系统与各子系统以及各子系统、各个层次之间的关系。单科性具体社会科学所研究的对象，则比较单纯，只涉及各有关子系统内部的规律，不具有社会学那样的综合性。但二者又有联系，社会学既是哲学和单科性社会科学之间的中介，又和其他社会科学一起成为哲学与社会现实之间的中介。

（三）社会学与其他综合性社会科学的关系

社会学与其他综合性社会科学如历史学、管理学的关系，是特殊与特殊的关系。历史学和社会学的区别在于：第一，历史学面向过去，社会学则面向现在和将来。第二，历史学研究各个社会的发生、发展、衰落、灭亡的规律，尽管也研究社会的横断面，但研究横断面是为了纵向地说明社会，因此历史学主要是一种纵向科学；社会学研究社会良性运行和协调发展的条件和机制，尽管也研究社会的纵剖面，但研究纵剖面是为了横向地说明现实社会，因此社会学主要是一种横向科学。国外有的学者把社会学和历史学看成社会科学的两个拳头，不无道理。

与社会学最接近的是管理学。有的学者甚至认为社会学就是社会管理学。应当承认，这二者是容易混淆的，但是它们仍然是有区别的。这就是管理学侧重从管理的主体——管理者、领导人——方面来研究问题。因为管理学主要研究各级主管人员如何“设计和维护一种环境，使身处其间的人们能在集体内一道工作，以求有效地完成集体的目标”①。社会学当然也要研究人，但社会学研究人、人与社会、人与人的关系等主要是为了客观地说明社会良性运行和协调发展的不以个人意志为转移的条件和机制。所以管理学与社会学研究的侧重点是不同的。

第二节　社会学的研究方法

社会学的研究方法是社会学特点和学科价值的重要体现，其方法不但对本学科具有重要意义，而且对人文社会科学的许多研究领域都有借鉴的价值，其地位十分突出。关于人文社会科学的研究的一般方法前面已经做过介绍，社会学在运用一般方法的同时，也因其研究对象和内容的特点而采取一些具体的、有针对性的研究方法。

一、社会调查

社会调查是社会学研究中最基本的方法。所谓社会调查就是对某地理区域或行政区域的社会现象，用科学的手段和方法收集资料，进行科学分析、探索因果关系、提出改进方案的方法。社会调查的历史可以追溯到古老的年代。传说公元前 21 世纪，大禹治水划九州时，就做过人口调查。秦汉以后，历代常有民数调查。国外，早在两千多年以前，罗马、希腊、埃及等古代文明国家为了课税征兵作过人口和财产的调查。在全国范围内进行人口普查，仅可追溯到 18 世纪末至 19 世纪初。一些先进的国家设置统计局，是在 19 世纪中叶。对统计调查的发展有过贡献的政治算术学派和德国国家状况记述学派，虽然都是在 17 世纪后半期发展起来的，但发展为现代统计学，则是进入 19 世纪以后的事。与人口普查分流并进的社会调查，真正进行客观系统搜集的，开始于著名的英国社会事业家霍华德。他于 1777 年写成的《英格兰和威尔斯监狱状况》，是直接找犯人谈话，掌握事实，因而产生了权威性，推动了上议院，使之通过了监狱改革法案。他所采用的社会调查方法可以称为访谈法。继他之后，另一位社会调查的先驱者是《欧洲工人》（1855 年）

① [美]哈罗德·孔茨、西里尔·奥唐奈：《管理学》，中国人民大学工业经济系外国工业管理教研室译校，贵阳：贵州人民出版社 1982 年版，第 7 页。

的作者——法国的勒普累，他于1835年开始了欧洲工人生活的研究，用了二十多年时间调查欧洲各大城市数千名工人的家庭账簿，对工人生活作了大量的研究，出版了六大本关于欧洲工人生活的报告。他所采用的方法是问卷法。英国的查理·布思也是社会调查的先驱。他生在英国工业革命时代，看到工业革命对于英国社会的影响，使他触目惊心的是贫苦工人的生活。因此，他从1886年开始，经过十八年的调查，写成《伦敦居民的生活与劳动》（1889—1903年），全书分十七卷，详细地论述了工人生活贫困的社会性。他所采用的方法，除了访谈法、问卷法外，还使用了各种技术如统计表、图表等，为社区调查开辟了道路。在欧洲社会调查史上，人们称霍华德、勒普累、布思为三大先驱者。

我国的社会调查正如费孝通教授所说，真正科学地了解中国社会，是在共产党领导下进行的社会调查开始的。党的十一届六中全会通过的《关于建国以来党的若干历史问题的决议》指出："毛泽东同志从来反对离开中国社会和中国革命的实际去研究马克思主义。早在1930年，他就提出反对本本主义，强调调查研究是一切工作的第一步，没有调查就没有发言权。"他的有关著作有《湖南农民运动考察报告》《关于农村调查》《寻乌调查》《兴国调查》《才溪乡调查》《长冈乡调查》。同时，中国的社会学学者也作过不少社会调查。社会调查的先驱李景汉先生最早对北京人力车夫状况进行过调查，发表了《北京无产阶级的调查》。陶孟和先生调查北京居民的生活费，著有《北京生活费之分析》一书（英文版）。1936年，张世文教授发表了《定县农村工业调查》一书。著名的社会学家费孝通教授，以其毕生的精力从事社会调查。1935年冬天，费孝通教授和王周惠女士在花篮瑶进行调查。1936年，费孝通教授到江苏省吴江县（今吴江市七都镇）的开弦弓村调查，写成了《江村经济》。他还和张子毅教授作了禄田农村的调查、易村手工业调查、玉村调查，把三个调查合在一起，定名为《乡土中国》。前者是微型的社区调查，后者则属社区分析的比较研究。现在，我国社会调查之风方兴未艾。

二、个案研究

个案研究法是社会学常用的研究方法。它是在医学对于个别病例的研究方法的启发下发展起来的社会学方法之一。"个案研究"一词，来自医学和心理学的研究。原意指通过对一个病例的解剖，进而达到对一般病理的了解和把握。社会学进行个案研究，指的是把调查研究对象看作一个整体，给予详细描绘与分析，从而获得能反映某一单位的全部现象或一般过程及其各种各样的内部联系与文化背景的第一手资料。这里所说的"单位"可能是一个人、一个家庭、一个社会群体、一个社会机构、一个社区、一个民族或一个社会。使用个案研究方法的目的是要从生动具体的个案分析中发现同类事物的一般规律，同时以生动具体的事例补充一般的社会调查，使之得出的结论更富有真实感。个案法可以深入对象，全面解剖，对研究的真实情况加以描述；在对资料结果进行推论中，有更多更详细的过程分析，因此会更有说服力；调查的时间较为灵活，对一些特殊情况可以随时处理。但是，由于个案研究牵涉对整个实际状况的详细描述，要想设计出一种正式的观察和记录方法是很不容易的。非正式的方法又很容易造成主观片面等问题，使研究者只能发现他所希望的材料。这种调查还容易在分析中出现以偏概全、没有代表性的问题。另外，这种方法对研究人员的知识水平及全面程度要求较高。就像谢安田在《企业研究方法》一书中所阐述的一样：如果要想使个案研究得到好的结果，必须要有判断及选择适用的案例的能力，以及了解其含义和正确解释其结果的能力。如果以最正确和良好的方式处理，则个案研究可能是所有研究中最好的；但是如果处置不当，则此类方法要比快速地收集大量的资料方式进行的研究所获得的结论更不可靠。

三、观察法

观察法是人类学研究的基本方法，也是社会学研究中一种收集资料的方法。这种方法是指调查研究者凭借直接地感知、接触研究对象，并直接记录与被研究者有关的和从研究目的来看有用的事实材料。观察作为一种科学的认识方法和途径，在社会调查研究中早已运用。当我们选择与自己的研究目的相吻合的观察方法之后，就应该懂得观察的下列实施过程。

第一是制订观察计划。为保证观察过程的圆满完成，在观察前必须制订严格的观察计划。在制订观察计划时，必须回答观察什么、如何观察、在何时何地观察等一系列问题，最好能形成一个提纲。制订观察提纲时，研究人员应对于构成被观察的情形和符合研究目的的各种事实和现象建立一个分类系统。同时制订相应的概念范畴来解释各种现象，这些概念范畴要规定得符合逻辑，并能形成指标体系。不能与其他范畴相交叉。在制订观察提纲时，对观察的范畴应设计得详细一些。观察范畴的数量取决于研究的题目，取决于整个问题的深度。一般来说，范畴的数量不应过多。过多会把观察的事物分成很小的单位，因而难以进行正常的观察。当然，范畴的数量也不能太少，太少会漏掉一些必须调查的内容。制订观察提纲时，还必须对被观察集体的活动条件和情形的特征进行必要的说明。

第二是培训观察人员。观察法对实施观察的人提出了严格的要求。它不仅要求观察人员具有一丝不苟的认真态度，还要求观察人员掌握具体的观察技术和技巧。观察人员通过培训，要明确观察的目的和意义，了解观察的全部过程，熟悉个人的职责范围。通过培训，提高观察人员对观察对象和情形的感知能力，学会在复杂的现象中捕捉最重要的、最需要的内容。

第三是具体观察。具体观察指的是观察活动的正式实施。为了达到研究的目的，观察者应与观察对象在运动过程中形成一种和谐的关系。观察者通过适当的观察渠道进入观察地点，熟悉观察环境。观察者在与观察对象双方运动的开始，难免会出现紧张的心理，这需要观察者花一定的时间促进平衡。在相互交往正常以后，观察者就要进行记录。记录观察结果应该在观察地点和被观察事件完成时进行。这种记录既可控制观察者，又可控制观察对象在外界情形影响下可能产生的误差。

四、问卷与访谈

问卷法是指研究者将所要收集的材料，以问题的形式写出，并编成问卷用邮寄或由某些人分发给调查对象填写再由调查者收取的方式收集资料的方法。问卷的形式可以根据不同的角度分为多种，一般是以出题的方式将问卷分为两种：开放式问卷和封闭式问卷。开放式问卷就是要求回答者自由发表自己的意见，只是有详细回答和简略回答的区别。封闭式问卷也叫固定问卷，就是事先把有关答案都准备好了，答者只要从中选择一项或几项他认为适当的答案即可。具体又可分为以下几种：一为是否式；二为选择式；三为排列式；四为填入式。不管什么类型的问题，问卷的设置都有四个基本要素，即题目、说明信、问卷的具体内容、统计性资料（即登记表）收回方法。题目是调查的主题，因此要求准确；说明信是对调查方式的说明。当然，问卷的设计关键在具体内容部分，每一个问题的问法、语气、布局都足以影响调查的正确与否。

访谈法也是社会学收集社会情报资料的重要方法之一。社会学研究方法的访谈法指的是访问者与被访问者面对面地接触，通过有目的的谈话，以获取研究资料的方法。运用访谈法收集资料是通过访问员与被调查对象进行面对面交谈的方式实现的，因此具有直接性的特点；访谈法还可以根据情况变化，随时由访问员进行调整，因此具有适应性强的特点；访谈法回答率高且具有效率高的特点；访问员可将访问环境标准化，因此具有可控性特点；访问员可以对各种问题提问，因此还具有完整性的特点。访谈法的缺点是费用高、时间长、访问常带偏见、无机会推敲记录等。

第三节 西方社会学理论经典

西方社会学理论十分丰富，社会学家通常从社会学理论发展的实际历史过程出发，按照其发展的内在逻辑进程，把迄今为止的西方社会学理论划分为五个阶段。第一阶段：从社会学诞生的 19 世纪 30 年代到 70 年代末，这是社会学的奠基阶段，其代表人物是孔德和斯宾塞；第二阶段：从 19 世纪 80 年代到 20 世纪 20 年代，这是社会学的形成阶段，代表人物是韦伯和涂尔干；第三阶段：从 20 世纪 30 年代到 60 年代中期，代表人物是帕森斯（T. Parsons），是社会学理论发展史上著名的“帕森斯时代”；第四阶段：从 20 世纪 60 年代中期到 70 年代末，是各理论流派“群雄割据”的时代，也是著名的“反帕森斯时代”；第五个阶段：从 20 世纪 80 年代至今，是社会学理论多元综合的新时代。[①]

按照社会学研究的理论范式，西方社会学可分为三种截然不同的传统：实证主义研究范式、人文主义研究范式和批判主义研究范式。

一、实证主义社会学理论

社会学自诞生起便与实证主义结下了不解之缘。在社会学中，实证主义泛指主张用自然科学的概念与方法建立一门“人的科学”或“社会的自然科学”的取向，[②]其基本思想源于 17 世纪以来西欧哲学中一直存在的经验主义传统，欧洲 18 世纪的启蒙运动以及近代自然科学尤其是经典物理学的巨大成功与实证主义思潮的兴起有密切联系，可以

① 文军主编：《西方社会学理论：经典传统与当代转向》，上海：上海人民出版社 2006 年版，第 34-35 页。

② 于海：《西方社会思想史》，上海：复旦大学出版社 1993 年版，第 186-187 页。

说近代自然科学的巨大成就促使 19 世纪的许多思想家致力于将自然科学的成功经验引入社会研究领域。经过孔德、斯宾塞、涂尔干、帕森斯等一代代社会学家的不懈努力，确立和完善了社会学研究的实证主义传统，并被奉为社会学的主流。当然实证主义社会学在将近两个世纪的发展历程中不断受到其他学派的责难和冲击，尤其是 20 世纪 60 年代以来尤为激烈和尖锐。但也正因如此，实证主义社会学才得到了调整和发展，如出现了后实证主义等。总之，从某种意义上可以说，社会学史也是实证主义传统的沉浮史。

实证主义社会学的发展史大体可以分为两个阶段：古典实证主义（又称早期实证主义）与新实证主义（新实证主义又经历了现代与后现代两个时期）。第一阶段从 19 世纪 30 年代开始，它同孔德、斯宾塞、涂尔干及其大批追随者的名字连在一起，而至 20 世纪初，即在机械论观念与进化论观念发生危机的时期结束。实证主义发展的第二阶段约从 20 世纪 30 年代开始一直持续至今。在这一阶段，社会学的研究重心从欧洲转向美国，尤其是 1937 年帕森斯的成名作《社会行动的结构》一书的出版，开创了美国社会学理论研究的现代阶段，也在某种意义上标志着以实证主义为特征的美国社会学理论开始成为整个西方社会学理论的主流范式。实证主义社会学也由此一直占据着西方社会学的主流地位。①

根据孔德的理论，大致可对实证主义社会学归纳出以下主要特点。

1. 本体论上的自然主义取向

即追求社会事实原来的自然状态而不要过分人为地干预。实证主义坚持统一的科学观，人为社会是在自然之中的，社会现象与自然现象之间并没有本质的差异，它们都是一种“物”，故而遵从同样的科学法则。因此也可以仿效自然科学将社会学建设成一门类似自然科学的精密学科，即用自然科学的方法论来研究社会现象。这种研究范式包含两方面内容：一是从自然科学中借用概念、方法和运算方程等；二是从自然科学中借鉴理论的验证原则。把社会或社会生活看作是自然的一部分，认为它受自然法则的支配，这是实证主义产生的一种自然主义氛围。

2. 认识论上的经验主义取向

即重视经验和感性资料在社会认识中的重要作用，坚持认为社会研究的逻辑方法是假设演绎法，科学假说的陈述必须由经验事实来检验，理论仅当它得到经验证据的完备支持时才是可接受的。这些证据可以是个人的，也可以是群体的或他人的，借鉴他人的经验，才能获取现有的知识。因此，实证主义社会学主张研究结果必须由经验所证实，其研究的任务就在于把握感觉经验中的所有，并以尽可能简单的方式来描述它们。因为实证主义者只承认感官体验为人类知识的源泉，断言社会知识的可靠性、真理性取决于观察和实验，故而得出结论，科学只关心“真”的问题，作为社会学家，应该放弃对被研究对象与所获得的结果的本质作任何判断，也就是要保持“价值中立”。

3. 方法论上的整体主义取向

即强调只有研究社会整体才能理解社会整体的部分（社会唯名论）。因此，主张在

① 文军主编：《西方社会学理论：经典传统与当代转向》，上海：上海人民出版社 2006 年版，第 60 页。

研究某个特定问题时不能孤立地研究这个问题，而是要将问题放到整个社会之中加以认识与理解。这种方法论取向从孔德开始就产生了，后来斯宾塞引进了进化论，涂尔干又进一步完善了这种思想。例如，社会学在解释家庭、阶级、城市等出现的问题时，总是试图把它们放到社会这个大背景中加以解释。

总之，实证主义社会学传统摒弃形而上学的思维方式，以实证的原则赋予了社会学不同于哲学的特征，使社会学摆脱了思辨哲学的羁绊，从而成为一门独立的学科。同时其倡导的实证原则与尊重客观事实的科学态度在形成社会学专业气质及其制度化方面起到了不容低估的积极作用，也在很大程度上促进了社会学在科学界威信的提高。社会学从研究设计、搜集材料、分析材料到验证假设，都大量借鉴了自然科学的方法和理论，并由此发展出了不少社会学特有的方法。如用于搜集材料的观察法、问卷法、实验法、量表测量等；用于分析材料的统计方法（因果分析、回归分析、卡方检验等）、计算机模拟等。此外，实证主义社会学在整个社会学发展史中还起到了一个"参照标准"的作用，众多其他的社会学流派大都是为弥补实证主义之不足或批判理论上的谬误而发展起来的。

然而，作为社会学主流形态的实证主义研究范式排除一切主体性和意义、价值问题，这不仅造成了人性的危机，还造成了科学自身的危机。

二、人文主义社会学理论

在西方古典社会学理论中，人文主义与实证主义是并驾齐驱的，它与 19 世纪后期德国理想主义哲学产生的反实证主义思想有关联。人文主义社会学旨在挖掘富有创造性和启发意义并使思维变得愈发敏感的思想和观念，刺激人们不断地反思和探索，更加深刻地理解社会生活并积极地参与其中，因而它非常关注某些特定事件或过程所拥有的独特价值与意义，关注社会行动者的动机与意图，倾向于使用相对灵活的、主观色彩很浓的研究方法。正是因为人文主义社会学思想的存在，才使古典社会学理论呈现出多样性的特点，也不至于让社会学理论一味地沿着实证主义的路线走到极端。

人文主义思想传统可追溯至文艺复兴时期，那场巨大的历史文化变革使人本思想在欧洲土地上生根开花。在欧洲 15～16 世纪的社会思想家看来，"人文主义"的含义，一是指人文科学，即区别于神学而同人类利益有关的学问，如对社会现象进行研究的哲学、经济学、政治学、历史学以及对文化艺术进行研究的文艺学、语言学等；二是专指欧洲文艺复兴时期同维护封建统治的宗教神学体系对立的资产阶级人性论和人道主义。而这里所说的现代社会学中的人文主义传统，与文艺复兴时期的近代西方人文主义思潮既有思想上的联系，又有意义上的区别。其区别在于，现代西方社会学中的人文主义，是在对实证主义的批判过程中兴起的，其主要目标与研究路径本质上是"反实证主义"的，它更强调人的非理性因素的本体论地位和认识论作用。共同点在于：宣扬以人为本的人本观念，提倡对人性的关心；差异之处在于：文艺复兴时期的人文主义精神实质是反封建和反教会，人文主义社会学反对的则是实证主义社会学的认识论（决定论）和方法论。19 世纪末，来自德国的历史主义和人文主义思潮，反对实证主义关于自然界与社会历史之间存在着基本一致的世界统一观，批判将自然科学研究方法运用于社会文化研究的方法论原则，从而为社会学研究提供了新的思路、方法和研究方案，开启了人文主义社会学或理解社会学的新方向。他们认为，社会历史事件只有个别性、特殊性，不具有规律性和一般性。因此，“自然需要说明，人则必须理解”[①]，人和社会不能用自然科学的方法来研究，而只能以人文学科的主观方法（即直觉领悟和投入理解法）对具体的个人和事件进行解释和说明。尤其是马克斯·韦伯在前人的基础上，把人文主义思想体系运用到社会学学科之中并加以综合，开创了真正意义上的人文主义社会学传统。他指出：“社会学是一门致力于解释性地理解社会行动并通过理解对社会行动的过程和影响做出因果说明的科学。”[②]其后更多的人文主义社会学家对其进行了继承和修正，从而使人文主义社会学传统在20世纪中后期得以完善和发扬光大。人文主义在欧洲社会的兴起，特别是韦伯的理解社会学思想,对于改变实证主义方法在社会学研究中一统天下的局面，起到了重要的促进作用，它直接阻滞了社会学自然科学化的倾向，为社会学沿着适合自身的模式继续发展提供了必要条件，也为人文主义社会学的发展奠定了基础，社会学理论的发展由此而迈向了新的阶段。

由此可见，社会学人文主义传统，或者说人文主义社会学，是针对实证主义传统和研究范式而兴起的，其基本观点是认为人类社会具有独一无二的性质，其研究对象根本不同于自然科学的研究对象。人文主义社会学理论研究更多是借鉴哲学和人文学科的方法，特别是解释学、现象学、语言学、文化人类学和认知理论的方法。很少强调构成结构性整体的因素或部分，而更强调人的活动与社会学家通常关注的社会结构的关系，突出对行动意义的研究或对人类行为的解释，这是人文主义社会学理论的中心点。

两者之间的明显差别存在于很多方面：人文主义社会学的思想和学术来源主要是人文学科，而实证主义社会学则多半有借鉴自然科学理论的倾向；前者研究对象是社会行动（指对象化的行动），而后者则把社会事实作为其研究对象；前者研究角度从微观层面出发，后者则多半从宏观层面出发作整体性研究；前者研究目的是对社会因果性的“解读”，后者则是对经验现象的说明；前者具体研究方法包括观察、访谈及其他非结构性询问方式，后者则倾向于运用问卷、量表等统计度量工具；前者研究过程要求从价值维度去发现和理解社会学，后者则主张保持价值中立；前者学术取向是充分考虑人的主体性和创造性，后者则把社会看作无个性的结构功能体，等等。

《中国大百科全书·社会学卷》认为，人文主义社会学作为一种反实证主义的社会学，其在方法论上所标出来的特征主要有以下几方面。

1）强调自然科学与社会科学的区别，反对把自然科学方法运用于社会科学。认为自然科学是探寻自然界的一般规律,而社会科学则是说明社会中的个别具体事物的联系，它具有不可重复性，也没有一般规律。

2）反对社会唯实论，主张社会唯名论。认为社会由个人组成，社会活动由个人行动所决定，个人行动由个人动机、行动规范和价值关系决定。主张社会科学首先要研究

① 张小山：《实证主义社会学面临挑战》，《社会学研究》1991年第5期。

② [德]马克斯·韦伯：《经济与社会》（上卷），林荣远译，北京：商务印书馆1997年版，第40页。

个人行为动机与社会规范，反对实证主义社会学把社会生活看成一些无个性的社会事实或社会结构的相互作用。

3）认为社会学的研究方法应该着重于分析社会整体的因素，找出它的成分，说明整体与成分的关系。在分析各社会有机体时强调作分类研究，说明其个别的功能，反对实证主义把社会学研究归结为只对各种社会现象作整体说明。

4）认为社会科学的主要方法是以描述性的历史方法说明社会现象，反对在社会科学中运用自然科学的概括性规律方法。

5）认为考察主体的认识能力是主要的认识方法，而实证主义的所谓客观事实是由主体的认识能力产生的，社会科学知识是主观的和相对的。①

当然，人文主义社会学与实证主义社会学的差别与对立远不止上述方面，两者之间的矛盾与斗争是有积极意义的，它在实质上推动了社会学的发展。人文主义传统对西方现代社会学理论产生的重大影响，体现在符号互动论、现象学、角色理论、行为主义理论等对人文主义传统的继承和发展。同实证主义一样，人文主义传统在一定范围内也成为有效地指导社会研究的理论范式，推动社会学研究产生了有价值、有意义的研究成果。可以说，人文主义社会学理论的意义正在于通过揭示实证主义社会学的谬误、缺失和局限，一方面促使实证主义社会学理论自身进行不断地调整、修改以日臻精确和完善；另一方面又激发各种有价值、有创造性的新理论的产生，以从根本上弥补实证主义社会学的不足，丰富社会学的理论和方法，深化人们对社会生活的理解。

三、批判主义社会学理论

在 20 世纪中叶以前的西方社会学理论的相关论述中，一般很少有人会提及社会学的批判主义传统，对马克思在古典社会学理论中的地位也多半闭口不谈。这不仅有意识形态方面的原因，更主要的是对社会学知识的功能和作用还认识不够。随着社会学理论的发展，以及西方社会现实的快速变化，批判主义社会学理论发展到当代已不再局限于社会学的研究领域，而是横跨多个学科的综合理论，并使得作为一种特殊的思维规范与学科建设的社会学理论逐步让位于社会理论。批判主义社会学理论有广义与狭义之分：狭义的批判主义是专指法兰克福学派的社会学理论或社会学理论；广义的批判主义则包括除此之外的后现代主义、女权主义、多元文化主义、文化研究等当代具有批判取向的多种社会学理论或社会理论。

哲学的批判早已有之，但批判思想与正统社会学理论发生联系是相当晚近的事。有学者认为，批判理论与主流社会学理论的真正对话始于哈贝马斯（J. Habermas）。1964年，哈贝马斯在海德堡召开的纪念韦伯 100 周年诞辰的讨论会上，应邀与美国结构功能主义大师帕森斯就“理解”“价值中立”“价值关联”等韦伯式的社会学命题进行辩论。几年以后，哈贝马斯又在其《社会科学的逻辑》（1970 年）一书中对包括社会学在内的现代社会科学的主要思潮进行了广泛的检讨，其中所涉及的社会学家和社会学理论包括韦伯的理解社会学、舒茨的现象学、社会学，加芬克尔（H. H. Garfinkel）的常人方法学

①《中国大百科全书·社会学卷》，北京：中国大百科全书出版社 1991 年版，第 56-57 页。

及结构功能主义理论。这种对话在相当程度上促进了主流社会学对社会批判理论的接纳。[①]现代社会批判理论的法兰克福学派创建者之一霍克海默（M. Horkheimer）曾发表过一篇具有开创性的论文《传统理论与批判理论》，认为传统理论把理论当作一种对社会实在的描述、预测，乃至于控制，理论家是一个客观超然的旁观者，欲对社会生活获致一种客观的了解；而批判主义理论则是把社会理论当作一种批判，当作介入干预社会生活的一种力量，旨在改变社会，使其朝某个方向改变，所以理论及理论家都不可能是价值中立的，理论家同时也是一位介入社会生活的行动者。在德国思想史中"批判"有两种意义：一种是康德意义上的批判，即强调反省知识的先验条件；另一种是黑格尔意义上的批判，即强调反省社会和历史中的人为束缚。[②]在社会学理论中，批判理论主要是被置于同所有的实证主义社会学，尤其是同形形色色的功能学说，以及所有那些宣称自己是客观的和中立的社会学理论体系相对立的位置上。这里强调对社会现实的批判和否定，并且明确地以把人从压迫性的社会现实中解放出来为理论宗旨。这种理论范式在社会学中首先是由卡尔·马克思开创的，其发展阶段是从古典时期的马克思主义，经过现代社会学阶段的法兰克福学派和结构主义马克思主义，一直到当代的沟通理论、后结构主义以及后现代主义与女性主义理论。

批判主义的主要假设是认定事物的本质在于对现实的否定之中。因此批判主义社会学的理论家们着眼于分析现存社会的矛盾，否定现存世界的合理性。而否定的切入点，在马克思那里是对经济制度的批判，力图揭露资本主义经济制度对公众的压迫和剥削，以及在这种条件下人的劳动的异化和政治、社会的异化。到了现代和后现代时期，这种批判的视角被扩展至整个社会，如文化、语言、技术、意识形态、合理化过程等。这种综合性的、全面的批判在法兰克福学派那里表现得最为明显。总的来说，批判主义社会学理论具有如下几个方面的特征。

其一，批判主义社会学理论高举批判的旗帜，把批判视为社会学理论的宗旨，认为社会学理论的主要任务就是否定，而否定的主要手段就是批判。批判的对象除了文化、世界观、意识形态外，就是现存的社会制度。它们与现代资本主义社会采取了势不两立的态度。[③]不仅如此，在批判的同时，也在不同的方面试图寻找"解放"的出路，批判主义社会学家认为社会学研究的目的就是帮助被压迫群体达到意识觉醒，最后通过集体行动来达到改变社会的目的。

其二，批判主义社会学理论放弃了为社会学学科合法化的努力，其不仅不看重学科的合法性，相反，它认为学科化的思维已经由于今天知识的跨学科化而落后了。不过批判主义的社会学理论家同样相信他们的分析是严格而客观的，他们拒绝带上"玫瑰色的镜头"并通过这个镜头非现实地看待世界。他们认为知识的目的是提高人们的意识水平并因此有助于社会的变迁；而实证主义的社会学家认为，知识的目的是对于社会法则进行系统阐释。

① 周晓虹：《西方社会学历史与体系》（第一卷），上海：上海人民出版社 2002 年版，第 446-447 页。

② 黄瑞祺：《社会理论与社会世界》，北京：北京大学出版社 2005 年版，第 74 页。

③ 于海：《西方社会思想史》，上海：复旦大学出版社 1993 年版，第 461 页。

其三，反对实证主义，认为知识不只是对于“外在”于那里的“世界”的被动反映，而是科学家与理论家的一种积极的建构。哲学科学家与理论家必然对他们所研究的对象做出假设，因此并不是价值中立的。批判主义的社会理论家反对实证主义关于科学应该描述社会的所谓“自然法则”的观点，他们相信社会是以历史性（对于变化的敏感性）为特征的。实证主义只能“证实”业已存在的事物，而无法“证实”未来或理想。总体来说，批判主义社会学者在本体论上通常采取的是客观主义的立场，在认识论上采取的是主观主义的立场，他们一方面承认“真实”是客观存在的，另一方面又认为所谓的“真实”只能被历史地认识。

其四，提倡把社会学与哲学、心理学等各门学科结合起来，对社会做综合性研究。他们打破学术分工，用交叉学科的方法探讨重大的社会问题和政治问题，尤其在当代社会学阶段，它已经不仅仅局限于社会学的研究领域，而是由社会学理论逐渐转变为社会理论，通过研究传统社会学不曾涉足或不予重视的方面——文学与艺术、流行文化、性别行为等来认识社会。在这些方面的跨学科交流，使研究更加具有综合性和开放性。

其五，采取把日常生活与更大的社会结构相联系的方法来分析社会现象与社会行为，十分注重理论与实践的统一。批判主义社会学理论认为，传统理论把理论与实践、主体与客体、价值与事实割裂开来，从而使理论研究成了脱离社会历史实践的独立王国。[①]因此，他们主张具体的否定（而非全盘否定），不仅要把理论与实践统一起来，还要倡导人们为自己的解放负责，并且告诫他们，不要以遥远的“未来”“解放”的名义压迫别人，压迫现在的日常生活。因此，批判主义社会学主张研究者应该通过对话来帮助参与研究者从错误的意识形态中解放出来，进而寻求改变真实社会世界的可能。

总之，批判主义社会学是在对现实社会的批判和否定、在与主流社会学范式的论战中发展起来的，作为社会学理论传统之一是有其独立存在的根据的。它提供了一种不同于实证主义和人文主义的认识视角，同时又吸收了两者的一些观点，从这个意义上说，批判主义将实证主义与人文主义进行了某种程度的融合，其所倡导的多学科的交叉分析方法，无疑有利于社会学的发展。如果说孔德创立社会学使人们获得了一种研究社会的新视角，那么由马克思肇始的批判主义社会学则给人们以更高的观察视野。批判主义社会学始终坚持批判的和否定的理论取向和行动取向，它不仅批判不合理的社会现存，还批判了西方社会学理论的某些传统，如理论的形式化、抽象化和所谓的“价值中立”的观点。这种反思性对其他社会学理论自身的建构和对待社会现实的态度都产生了非常深刻的影响，使他们始终注意和自己对立面的综合，始终关注社会及社会生活中那些还“不完美”的方面。

上述三种传统的并存代表了研究社会的三种不同的范式，即实证主义研究范式、人文主义研究范式和批判主义研究范式。而且，从整个社会学理论研究的发展历程来看，其发展轨迹就像一条正弦曲线，是实证主义、人文主义、批判主义三种范式的社会学理论研究交替出现，轮流占据上风的历史的、逻辑的发展过程。社会学理论的三大传统交

① 林聚任、刘玉安主编：《社会科学研究方法》，济南：山东人民出版社 2004 年版，第 39 页。

替兴起，不仅引领了社会学理论的三条线索，还标志着社会学发展的不同阶段。人文主义兴起于19世纪末20世纪初，在此之前，自孔德开创社会学之初，实证主义就长期主导着社会学，形成了一股强势的、有系统的主流，被认为是社会学发展的第一阶段。第二阶段是以一场人文主义与实证主义的方法论之争为开端的，到20世纪中期，批判主义也开始加入与实证主义的论争之中。这一时期，在方法论上形成了实证主义与非实证主义两大完全不同的研究阵营。二十世纪七八十年代以后，社会学理论进入第三个发展阶段，各种不同范式的理论传统之间经过一段时间的争议与反思之后开始更加注重对不同理论传统的吸收，但三大理论传统之间的交织状态并没有因此得到根本性的改变。

四、马克思主义社会学理论

马克思主义经典中包含了丰富的社会学思想，其中关于社会结构、社会变迁、异化、意识形态、社会阶级、社会解放等的社会分析，至今仍是社会学理论中重要的论域。马克思社会学思想是欧洲空想社会主义、德国古典哲学、英国古典政治经济学以及人类思想文化史上一切优秀遗产合乎规律的发展结果。①作为批判主义社会学传统的开创者，马克思主义社会学思想所产生的深远历史影响是其他社会学理论无法比拟的。马克思曾说，哲学家只是以不同的方式解释世界，而真正的问题在于改造世界。②能够推动世界发生实质性改变的理论，才是真正有普世价值和意义的理论。正是马克思留下的巨大而丰富的精神文化遗产，使人类社会发生了巨大的变化。鉴于马克思主义对中国社会发展的重大的现实意义和深远的历史意义，有必要作专门的了解。

几乎在孔德提出社会学最初构想的同时，马克思在《1844年经济学哲学手稿》中已经形成了新的唯物史观的萌芽。后来马克思进一步创立和完善了他的唯物史观理论，形成了马克思主义的社会学理论。尽管马克思并没说过自己是社会学家，但是在他的著作中有非常丰富的社会学思想，以至于无论在东方还是西方学术领域，人们仍然要把他尊为有史以来最伟大的社会学家之一。在社会科学尚未形成详细的分工的年代，马克思就开始了社会学的研究工作，他的阶级社会的矛盾运动学说，是迄今为止最有见地的社会学理论之一。马克思主义社会学理论的基本主张主要有以下几个方面。

1. 关于社会的基本看法

马克思对社会的基本看法有两点：一是社会的本质是在一定的生产力发展基础上结成的一定的交往关系："各个人借以进行生产的社会关系，即社会生产关系，是随着物质生产资料、生产力的变化和发展而变化和改变的。生产关系总合起来就构成为所谓社会关系，构成为所谓社会，并且构成为一个处于一定历史发展阶段上的社会，具有独有的特征的社会。"③二是社会具有自在性、经济性和特殊性。自在性是指在一定历史阶段，社会仍处于任意、自发的状态中。经济性是指社会的主要职能，经济活动、经济关系和经济规律构成了社会的主要特性。特殊性是指由于在现有生产力条件下，各个不同

① 高平主编：《马克思主义社会学史》，北京：中共中央党校出版社1997年版，第5页。
② 《马克思恩格斯选集》（第1卷），北京：人民出版社1995年版，第61页。
③ 《马克思恩格斯选集》（第1卷），北京：人民出版社1995年版，第363页。

的甚至对立的利益集团都是根据自己的利益要求来从事社会活动的，社会的普遍利益还不能由社会本身自觉地加以维护。在马克思看来，社会一方面是人同自然界的本质的统一，另一方面它又是人与人之间交互作用的产物。而劳动既体现人与自然的关系，又体现了人与社会的关系，劳动在改变自然的同时，也改变了人类自己。因此，劳动是全部社会发展的动力。对“社会”的科学认识，既不在于整体，又不在于个人，而在于人与人的关系。

2. 社会发展观

社会发展观是马克思主义社会学思想的重要内容。马克思的社会发展观始终贯穿着两条主线：一是强调生产力是社会发展的基本内容，认为生产力是变革的最根本、最革命的因素，一切社会发展最终都要体现在生产力的发展上；二是突出社会发展的主体价值，认为人的全面发展是社会发展的主题和核心。马克思强调，社会发展是人类不断趋向自由而全面发展的历史过程。在马克思看来，社会是一个特殊的关系形态，它的生存和更替是一种不以人的意志为转移的、必然的、合乎规律的客观发展过程。因此，马克思把人类社会的发展总结为原始社会、奴隶社会、封建社会、资本主义社会和社会主义社会等社会形态的变迁过程。在一种社会形态向另一种高级社会形态过渡时，具体表现为每一社会形态内以社会的经济结构为基础的各社会结构间的矛盾运动。生产力与生产关系、经济基础与上层建筑构成了社会的基本矛盾，也是社会发展的动力源泉。

3. 关于国家和社会关系的理论

在马克思生活的年代，现代意义上的经济（市场经济）、政治（现代国家）与社会（市民社会）正处于形成时期。马克思用“政治国家”和“市民社会”来表征“国家”和“社会”这一对主要范畴。他一方面认为它们反映着社会生产关系的总和即经济基础和上层建筑的关系，提出了“经济基础决定上层建筑”的论断；另一方面认为它们本身就代表着近代资产阶级社会和国家，认为只有在资本主义的条件下，国家和社会才从浑然一体的状态中发生了分化。这表明了资本主义发达的经济关系和政治关系比先前的一切社会关系更贴近于国家与社会的一般关系。此外，马克思还提出国家和社会二元化问题。马克思认为，国家和社会的统一是一个漫长的过程，在这个历史过程中，无产阶级和历史上其他阶级一样，将不得不利用国家的力量来促使国家自行消亡。

4. 市民社会理论

马克思关于市民社会的论述可以从以下两方面理解：一是把市民社会相当于或等同于资产阶级社会。马克思一方面充分肯定这个“自由竞争”的社会对一直被束缚于封建主义关系中的个体及其生产力的解放作用，另一方面又指出这个资产阶级社会是以剥削和压迫的存在为前提，以阶级的存在为前提的历史现象。在马克思看来，市民社会是私人活动领域的抽象，它与公共领域的抽象——政治社会相对应，它主要指私人“物质交往”关系及其组织和制度。二是把市民社会看作工业化初期社会经济关系和社会经济基础：“在过去一切历史阶段上受生产力所制约、同时也制约生产力的交往形式，就是市民社会。”“市民社会包括各个个人在生产力发展的一定阶段上的一切物质交往”，“这一名称始终标志着直接从生产和交往中发展起来的社会组织，这种社会组织在一切时代都构成国家的基础以及人和其他的观念的上层建筑的基础。”[①]马克思对市民社会理论的重要贡献，一是系统地论述了市民社会的发展规律；二是揭示了市民社会与国家的真实关系；三是在政治经济学中找到了理解市民社会的钥匙；四是提出了消灭市民社会的途径。[②]

5. 异化理论

异化理论是马克思批判主义社会学思想的重要内容，这一理论给了后世的批判主义以极大的启发。在马克思的视野中，所谓“人类的异化”首先是“劳动的异化”，也就是在资本主义条件下，劳动对工人来说成了外在的东西，也就是说，不属于他的本质的东西。劳动的异化的性质明显地表现在，只要肉体的强制或其他强制一停止，人们就会像逃避鼠疫那样逃避劳动。这种异化的劳动本身又生产出了与劳动产品的异化关系，以及基于这种劳动的人的社会关系上的异化——人同人的异化。人同自己的劳动产品、自己的生命活动、自己的类本质相异化的直接结果就是人同人的异化。人的异化，一般地说，是指人对自身的任何关系，只有通过人对其他人的关系才能得到实现和表现。

6. 阶级理论

马克思认为，在社会有机体中与社会的经济结构密切关联的是社会的阶级结构，它由在社会的经济结构中占有一定地位和身份的人群所组成。阶级的产生是与生产力发展的一定阶段相联系的，它以剩余产品的出现为前提，同时，它也与生产资料的私有制相联系。在《共产党宣言》中，马克思明确指出，资本主义社会使阶级的对立简单化。随着大工业生产的发展，造就出两大对立阶级——资产阶级和无产阶级。但阶级是一个社会历史现象，它不是从来就有的，也不会永恒存在下去，它会随着私有制的铲除和生产力的高速发展而消亡。无论阶级是如何产生、发展和消亡的，它们归根到底都要由生产力的发展水平来决定。阶级消亡意味着人类最终将能够消灭社会不平等，而阶级斗争和社会革命，是私有制条件下社会结构变迁和社会发展的直接动力。在阶级社会里，尽管人们的社会关系多种多样，但最基本的、最具决定性的社会关系是人们的阶级关系。

7. 有关中间阶层的思想

马克思的“中间阶层”概念是他从理论上说明资本主义发展的一个重要的经济范畴和阶级范畴，也是他的“晚期模式”的核心内容。马克思是研究“中间阶层”的先驱，可以说，自 20 世纪以来，所有关于研究资本主义社会结构演化和“中间阶层”的著作，几乎都是与马克思的“晚期模式”进行对话，即西方学者的相关分析都接近马克思的“晚期模式”，或者是在这一基础上进一步发展。在马克思的资本主义社会“中间阶层”理论中，隐含着市场经济的形成和发展成为中间阶层的土壤和条件的思想。中间阶层产生的经济基础存在和扩大于资本主义商品经济发展之中，或者说，是资本主义社会商品经济即市场经济的不断发展,使得产生中间阶层的那些源泉或经济职能得以在社会中形成。对于马克思的这些思想，如果将其中的社会化商品经济或市场经济发展与其社会形式即

① 《马克思恩格斯全集》（第 3 卷），北京：人民出版社 1960 年版，第 40-41 页。

② 俞可平：《马克思的市民社会理论及其历史地位》，《中国社会科学》1993 年第 4 期。

资本主义制度区分开，我们就可以从中引出这样一个具有一般指导意义的原理，即市场经济的社会形成和发展构成了中间阶层产生的土壤和条件。[①]

8. 关于社会学的研究方法

在研究方法上，马克思的社会学理论具有两大特点：一是强调研究过程的经验性与实践性。由于马克思把社会现象作为客观的外在事物加以研究，因此他非常重视以客观的历史事实与社会事实来说明普遍的社会规律。二是把社会作为一个整体来加以研究，侧重分析社会结构及各个子系统之间的相互关系，以便对社会发展变化的原因作出解释。这种解释的最终目的在于对现存社会秩序进行批判和改造。在对社会展开具体分析和研究方面，马克思则主要是运用矛盾分析方法和科学抽象方法来进行的。

马克思社会学思想的方法论特色，其一是辩证唯物主义和历史唯物主义的运用，兼具哲学方法论和具体研究方法论两层含义；其二是整体主义的研究视角，以宽广的视野把社会当作一个综合体来对待，从经济、政治、社会、历史等多角度展开具体、深入的研究；其三是实证精神与人文价值的结合，既要使研究建立在科学性基础上，又致力于“使现存世界革命化，实际地反对并改变现存的事物”[②]；其四是实践诉求与批判理性的有机结合。“社会生活在本质上是实践的。”[③]实践即是有目的地改造世界的行动，其前提是发现现实社会的矛盾及解决矛盾的科学路径，这是一般认为马克思主义社会学具有批判现实主义指向的根源。总之，从批判社会学的角度来看，马克思的社会批判理论在方法论上不同于其他非理论、非专门化的批判活动——这些批判往往具有自发性、随意性，马克思的社会批判理论具有系统性和结构性的特点，而这些特点又是建立在实践性、科学性和真理性的方法论基础之上的。正是这些特点构筑了马克思社会批判理论的基础，使马克思的社会批判理论独具特色。[④]

第四节　中国社会学研究及未来发展趋势

一、社会学在中国的传播与发展

社会学在中国的传播和发展大致可以划分为传入、本土化的最初努力、中断和恢复重建等四个时期。

1. 传入时期（1891～1930 年）

社会学基本上属于西学，19 世纪末 20 世纪初传入中国。社会学传入中国的渠道主要有两条。一是从西方直接传入。1897 年严复翻译了斯宾塞的《社会学研究》的部分篇章在《国闻报》上发表，1903 年全书被译出并由上海文明译书局出版，名为《群学肄言》。

① 王永年：《马克思的“中间阶层”理论及其在我国社会主义市场经济条件下的意义》，《当代经济研究》2004 年第 10 期。
② 《马克思恩格斯选集》（第 1 卷），北京：人民出版社 1995 年版，第 75 页。
③ 《马克思恩格斯选集》（第 1 卷），北京：人民出版社 1995 年版，第 248 页。
④ 文军主编：《西方社会学理论：经典传统与当代转向》，上海：上海人民出版社 2006 年版，第 59-115 页。

后来的学者们认为这是社会学传入中国的开始，严复是引入西方社会学的第一人。另一条路线是从日本传入。日本明治维新向西方学习获得了成功，所以 19 世纪末我国有一批进步青年和知识分子东赴日本求学，其中资产阶级民主革命家章太炎于戊戌变法失败后逃亡到日本，接触到大批社会学著作。他于 1902 年翻译了日本学者岸本能武太的《社会学》一书，这是整本引进外国社会学的首部著作。

20 世纪初社会学课程在高等学校中出现。1906 年京师法政学堂的“章程” 中列有社会学课。1910 年我国最早的新型大学——京师大学堂的课程表中也有社会学课程的记载。20 世纪 20 年代以后，中国大学中的社会学系获得较快发展，截至 1930 年，中国有 11 所大学设置社会学系。在高等院校中，燕京大学的社会学师资队伍比较整齐，1927 年该校社会学系已有教授 15 名，其中有外国教授 4 名。该系曾创办学术刊物《社会学界》，成为国内社会学研究的重要学术园地。在社会学的引进和学科化过程中，孙本文做了大量工作。在 20 世纪 20 年代，他撰写了大量社会学著作，介绍、阐述社会学的知识。20 世纪 30 年代孙本文又联系中国实际试图建立自己的理论体系，他的《社会学原理》是 1949 年以前中国社会学界最重要的教科书和学术著作。总之，到 20 世纪 30 年代，社会学开始在中国站住了脚跟。

2. 本土化的最初努力（1931～1951 年）

中国的社会学本土化就是社会学中国化。20 世纪 30 年代，各高等学校社会学专业和课程设置日趋完备，北京大学、燕京大学、清华大学等几十所高等学府都开设了社会学课程或建立了社会学系，建立了学术团体，出版了学术刊物。在这段时期，社会学学者逐渐把重心转向了社会调查研究，注重对中国问题的研究， 大量研究中国社会问题的社会学著作问世，例如陈达的《人口问题》、柯象峰的《中国贫穷问题》、李景汉的《中国农村问题》、孙本文的《现代中国社会问题》等。另外，吴泽霖等的《民族学论文集》、费孝通的《禄村农田》、张之毅的《易村手工业》、言心哲的《社会调查大纲》，都是关于中国社会调查方面的论著。随着中国社会学的发展，涌现了一批优秀的社会学者，像孙本文、杨开道、陈达、吴文藻、费孝通、潘光旦、吴景超、林耀华等一批优秀的社会学家，出现了像费孝通的《江村经济》《乡土中国》等代表性作品，在世界社会学舞台上，出现了一个中国学派。这些可以说是社会学本土化的最初尝试。

3. 中断时期（1952～1978 年）

中华人民共和国成立后，社会科学和文化教育事业处于改造的复杂环境中。1951～1953 年，政府学习当时苏联的办学模式和学科设置，对高等教育及其体制进行改革。在院系调整中，20 个高等院校中的社会学系先后被取消，社会学研究机构也大多被解散。尽管社会学领域的一些问题仍然在其他学科名义下继续研究，但整个学科不存在了，大批社会学家无法继续从事学术研究，社会学研究被迫中断近 30 年，给中国社会学造成了无法挽回的巨大损失。

4. 恢复重建时期（1979 年至今）

1978 年底我国开始教育体制改革。1979 年 3 月 30 日， 邓小平在其《坚持四项基本原则》的著名讲话中指出社会学“需要赶快补课”，正式开启了重建社会学的进程。在此之后，费孝通等社会学家努力推进社会学的学科建设，培养社会学的教学和研究人才。1980 年成立了中国社会科学院社会学研究所。1980～1982 年，上海大学、北京大学、中山大学、南开大学等高等院校率先建立社会学系。此后，社会学在高等院校系统和省（自治区、直辖市）的社会科学院系统得到了较快发展。至今，全国高等院校建立社会学系（专业）数十个，与此密切相关的社会工作系（专业）一百多个，大多数省市自治区建立了社会学研究所。

费孝通教授指出，中国社会学要立足于中国社会实践，从科学地调查中国入手，在中国的泥土里生长出反映中国社会实际、具有中国特点的、为我国社会主义建设服务的社会学。社会学恢复以来，通过长期的研究积累，产生了一批重要的研究成果，在改革开放中的意义不断为社会所认识，在国家发展和社会进步过程中扮演着越来越重要的角色。社会学也因此不断深入人心，成为中国社会科学家族中的重要一员。①

二、当代中国社会学热点问题

当前，社会学研究的热点问题主要集中在以下几个领域：社会变迁与社会分层研究、“中国经验”及“本土化”、社会组织与社会政策研究。

1. 社会变迁与社会分层研究

一般社会学的理论从古典学者那里开始，一直在研究有限的几个基本问题：社会秩序是如何维持的？内部的和外部的变迁是如何实现的？社会成员如何为其生存和人类再生产获取资源？社会变迁理论就试图研究并确定社会的内部与外部变迁，社会变迁的实体、动力、规律、单元、层面，社会变迁的初始动因、基本前提、一般形式、实际过程、具体途径等。社会变迁理论还试图研究、确定社会变迁的维度，如速度、深度、方向和可控制性，以及能够改变原有制度的外部和内部的变革力量，并解释它们之间的关联。学界对这一问题关注较多的是经济增长和社会发展、国家和区域发展、以人为本和全面、协调、可持续的发展、增长收益的分享、全球化与文化的多样性等。一些学者还从新的视角来研究社会变迁与现代化，如从社会分化与整合的角度、非常规行动视域、社会化小生产理论框架建构等研究分析了社会变迁及中国现代化问题。

社会阶层结构的中间部分即中间阶层是学者们广泛关注的问题。近年来，关于中间阶层的社会学研究几乎都是围绕中间阶层的理论界定、中国社会中间阶层的存在与发展及其构成特征等问题展开的。有学者以收入、职业和教育作为三个基本维度，对中国当前发展阶段的中产阶级规模以及中等收入者的规模进行了测算，并比较了“客观中产”和“认同中产”在社会态度一致性上的差异。但这个所谓的中产阶级，学界目前认为并不是一个具有统一的社会态度和行为取向的“阶级”。一些学者认为分层研究在对当前中国的现实进行解释时有其优势，也有其不足。

① 王雪梅等编著：《社会学概论》，北京：北京出版社 2005 年版，第 1-11 页。

2. “中国经验”及“本土化”

在学界，“中国经验”最初只是一些文化学者作为一个基本概念提出来的。真正把“中国经验”作为一个学术概念并上升到理论高度则是社会学者致力于社会学本土化的结果。本土性是学术发展的客观要求，是学术科学化的必由之路，也是一场世界性的运动。所谓本土性的价值取向，其实质就是要用社会学的理论和方法研究中国的社会现实和社会问题，通过这种研究，人们能科学地描述和解释中国的社会现实，解决中国现代化发展进程中的社会问题，预测中国社会发展的前景，并能检验、修改、补充社会学理论和方法，丰富国际社会学的知识体系。中国社会学者大都坚持认为，从西方导入的社会学要在中国生根、发展，必须要将中国社会文化特征和民族性容纳到社会学里，必须创立与中国国情和社会文化相吻合的社会学，必须以服务于中国社会及中国社会大众为根本目的。这种价值取向保证了从西方导入的社会学在服务于中国社会需要中获得持久的生命力。它通过对社会现实迫切问题的思考或解决，结合中国的社会实践，并围绕中国现代化的实际进程和实际需要向前推进。

3. 社会组织与社会政策研究

社会组织是相对于国家政权组织与市场经济组织而言的，是社会自我管理、自我服务和利益表达的组织化形式，也是现代公民社会发育成长的重要依托；对其进行恰当的社会定位既是一个政治问题，又是一个重要的学术问题。随着社会主义市场经济体制的建立和完善，中国诞生了各类非营利组织，社会组织理论和实务研究异常活跃。相关学者除了继续探讨社会组织的性质、作用等问题之外，还针对各类社会组织的定位和功能展开具体研究。学界普遍认为，社会组织的发展及其社会服务职能的发挥，是对国家社会管理的参与，在国家与公民之间传递社会政策、反映公民意见和需要上起着传导机制作用，有利于政府职能的转变和社会管理体制的创新。尤其值得一提的是农村各种专业协会，一直是社会组织研究的重要对象。

自20世纪90年代中期以来，在全球化背景下，社会政策的概念和应用发生了很大变化。在我国，经过多年的探索，社会政策摆脱了被动应付矛盾和问题的阶段，步入了在矛盾凸显的发展阶段而能引致和谐的佳境，制定了在矛盾凸显中引致和谐的中国特色的社会政策。目前中国的社会政策研究包括应用社会政策研究与社会政策理论研究两大领域。

应用社会政策研究是中国社会政策研究的最重要组成部分。近年来，应用社会政策研究关注面更为开阔，分析视角也渐趋多维化。传统的社会救助、社会福利和社会保险向着新农村建设与农村发展、教育、医疗、住房等多领域拓展；政策过程、公共财政、公共服务、公共管理与经济发展等都成为社会政策分析的重要视角。另外，就业、教育、卫生、住房等社会事业的改革目标和方向也是近两年学术界争论的焦点。其中，核心问题是这些领域是否应当市场化，应当如何理解近年来这些领域出现的种种弊端。目前学界还未形成相对一致的观点，但总体说来，中国社会事业改革的总体方向应当是改善民生，促进和谐，确保社会公平与分配正义。

社会政策理论研究聚焦于社会政策范式与社会政策性质解释两个方面。关于社会政策的范式，资产建设成为主要的思考方向。关于这一点学界总体说来有两种观点：一是应将社会政策看成一种社会投资行为,注重人力资本投资是发展型社会政策的理论精髓；二是中国需要借鉴国际上资产建设型社会政策理论，以公共援助促进人们尤其是农民及其组织和社区的形成并扩大其资产。关于社会政策性质的理论阐释，不同学者有不同的取向：或者从文化和阶层视角进行社会性探讨，或者从构建和谐社会出发进行功能性研究，等等。这些探讨丰富和拓宽了社会政策的理论思考和理论研究的方向。[①]

三、发展趋势

世界范围的社会学研究发展趋势主要体现在多元化、全球化和本土化几个方面。

1. 多元化

从社会学理论上看，虽然经典社会学理论仍对现代社会具有一定的解释力，但正如吉登斯分析的，社会学的未来发展，会认识到现代性比任何一种预设的观点都要复杂得多。多元化使当代社会学成为一个多种范式并存的科学。围绕着自然主义—主观主义、实证主义—反实证主义、宏观—微观、社会—个人、结构—过程、秩序—行动等问题，不同的理论观点、研究主题和方法出现了相互借鉴和融合的态势。人们对社会学的兴趣比以往更多样化了，从像“不平等”这样的老问题到“能源不足的社会影响”等新问题都得到了深入的研究。

2. 全球化

社会学研究的主要对象将被深刻反思。社会学家所研究的社会，都特指现代民族国家，侧重的是对不同社会内部构成的定义，社会学的研究视角和概念体系都是以此为基础建立起来的。但是，全球化已成为当今人类社会发展的一个基本趋势，这一过程不仅表现在全球经济一体化进程的加速方面，还表现在许多威胁全球人类生存的共同问题变得日益突出和严重化方面。人口、环境资源问题成为社会学关注的一个重要方面。这就要求社会学比以往更重视对全球化问题的研究。加强各国社会学研究组织之间的交往和联系，逐渐形成一个世界性的社会学网络。

3. 本土化

来自欧洲的传统社会学及其理论在世界其他国家被应用时，出现了不同社会、不同民族和不同历史传统背景下西方理论模式和范畴“解释不通”的问题，这一切需要社会学家结合本民族本社会的实际特征，对原有的社会学理论和方法加以检验、修正或重建，赋予新的内涵。各国社会学纷纷走上适合自己民族特点的发展道路，更加本土化。像中国、英国、日本等国家都形成了既世界化又富于民族特色的社会学流派。

从西方社会学理论的历史发展来看，有三点值得注意并可能对中国社会学的理论创新具有启示意义：第一，西方社会学理论一直没有全然背弃其理论传统与思想渊源，总是在传统的基础上有所继承、有所扬弃。第二，西方社会学理论的突破性进展是在两个

---

① 杨建华、姜方炳、尹鸽：《当前社会学研究的热点和前沿问题》，《光明日报》2009 年 2 月 10 日。

重要的历史时期完成的：以马克思、韦伯和涂尔干为核心的经典社会学理论兴起于资本主义的上升阶段，资本主义的兴起导致社会秩序的改变，有必要提出新的理论架构进行解释。以多元化发展、理论趋于整合为特点的当代西方社会学发展的土壤是西方社会进入后工业社会，对现代性的反思、社会的多元化与复杂化推动了社会学的理论创新。第三，社会学理论的切入点不断扩展，身体、时间与空间等以前没有被关注的维度都逐步进入社会学的理论视野，从而增加了社会学视角的立体感。

第十章 其他学科

人文社会科学是一个庞大的学科群，涉及人类社会的方方面面，领域广大，内容繁多。有的传统学科在当代发生了很大变化，如人类学已分化出许多专门的研究领域，如哲学人类学、教育人类学、影视人类学、语言人类学、艺术人类学等，难以作全面的了解。另外还有很多专业性很强的学科，这里限于篇幅也难以对之加以详述。因此只能对一些尚未涉及的重要学科，择其要点做简单介绍，以供进一步学习研讨做参考。

第一节 人 类 学

人类学是研究人类本身及其所创造的物质文化和精神文化的起源、形成、发展规律的科学，是从生物和文化的角度对人类进行全面研究的学科群。

一、人类学的产生与发展

生物性和文化性始终是人类学研究的核心问题。对人类理性灵魂及人体结构的探求欲望可以追溯到更为遥远的时代。同哲学源头的情况是一样的，人类学在起始点上，灵魂与肉体是不分的，生物性和文化性也是融为一体的。近现代以来的科学发展，使以人为对象的科学研究有了心理学和生理学的基础，自此也就有了体质人类学与文化人类学之分。当代的人类学则是在更高的层次上，再次将人的生物性与文化性整合到一起，如前面提到的关于“文化塑造的身体”的研究，在实质上是将人类身体的进化与文化的演进视为一个统一的过程。

在此前一百多年时间里，传统的人类学研究重点集中于人的文化性。爱德华·泰勒被称为“人类学之父”，第一部科学的人类学著作《原始文化》（1871 年）出自他之手，他提出人类学的核心概念是“文化”。弗朗茨·博厄斯则被誉为美国“文化人类学之父”，对活的部落文化，包括他们的语言、共同行为与历史进行研究，这些研究内容成为人类学研究的主题。美国弗蒙特大学于 1885 年开设了人类学的课程。20 世纪后美国哈佛大学开始设立人类学博士学位。传统人类学研究主要集中在两个方面：体质人类学和文化人类学。体质人类学也叫生物人类学，其研究主要内容一是人类的产生和进化问题，二是人类生物特征上的差异及原因，包括人体形态学、古人类学、人种学和人体测量学等相关学科。文化人类学研究特定的人类文化及一般意义上的人类文化的基本模式。考古人类学、语言人类学和民族学这三门与人类文化直接相关的科学则是文化人类学的三大组成部分。民族学在历史上曾是人类学的同义语。19 世纪中期以后，民族学将自己限制在“只对人类文化和作为社会动物的人类进行比较研究”的范围内。这样，民族学也就等同于我们现在理解的文化人类学了。

西方人类学已有超过 150 年的历史。一百多年来西方人类学走过了漫长而曲折的道路，这门学科曾被誉为“社会科学中思想最为解放的学科”。在西方人类学史中留下过印记的人类学家，撰述了浩如烟海的论著，提出了纷繁复杂的观点。一些著名的代表人物留下了不朽的经典名作。例如，摩尔根的名著《古代社会》（1877 年）副题为“人类从蒙昧时代经过野蛮时代到文明时代的发展过程的研究”，以其丰富的历史资料，为马克思主义的唯物史观提供了充分的论据，因而得到马克思和恩格斯的高度重视和评价。为此，马克思写了详细的摘要和批语。恩格斯的《家庭、私有制和国家的起源》是执行马克思的遗言，就摩尔根的研究成果而作的。他赞扬“摩尔根在他自己的研究领域内独立地重新发现了马克思的唯物主义历史观，并且还对现代社会提出了直接的共产主义的要求”[①]。更多的经典名著为人们打开了认识丰富的人类世界的大门，为人类的相互理解和文化交流融合提供了知识基础。如爱德华·泰勒的《原始文化》（1871 年），J. G. 弗雷泽的《金枝：巫术与宗教研究》（1890 年），布罗尼斯拉夫·马林诺夫斯基的《西太平洋上的航海者》（1922 年）、《文化论》（1938 年），弗朗茨·博厄斯的《人类学与现代生活》（1928 年），玛格丽特·米德的《萨摩亚人的成年》（1928 年），鲁思·本尼迪克特的《菊与刀——日本文化的类型》（1946 年），拉尔夫·林顿的《文化树》（1955 年），列维-斯特劳斯的《忧郁的热带》（1955 年）、《结构人类学》（1958 年）、《野性的思维》（1962 年），等等。

人类学在过去的一个世纪中扮演了使各国人民彼此认识的角色，因而发展较快。现在，在各大洲的主要大学中，都设有人类学的课程。在世界许多国家里，人类学的基本知识，如对世界各民族的知识、反对种族主义、文化相对性等观点，已在中小学的课本中普及。人类学在社会的广泛领域中所发挥的独特作用愈发受到人们的重视。从传统来说，人类学把自己定义为研究“原始”或“异域”社会的学科，包括研究西方社会的乡村社区或少数民族。自从马林诺夫斯基革命以来，这个学科的合法性一直建立在单一的基础之上，那就是在一个界线分明的田野地点运用长期参与观察的技术。今天人类学研究对象不再是特定的、原始的异文化，而是包含以研究者自身为出发点及所处文化的一切文化。

二、人类学方法

人类学研究除了要运用辩证唯物主义和历史唯物主义的认识论和方法论以及人文社会科学研究的一般方法之外，也有一些适应该领域研究的特有方法，主要有田野调查、跨文化研究（cross-cultural studies）、历史文献研究、考古、测量、影视技术等。最常用的有以下两种。

（一）田野调查

田野调查是现代人类学研究的一种最基本的方法和手段。具体说，田野调查就是调

① 《马克思恩格斯全集》（第 36 卷），北京：人民出版社 1974 年版，第 112 页。

查者参与到当地人的生活中，在一个被严格定义的空间和时间范围内，体验当地人的日常生活与思想境界，采用观察、访谈、参与等各种手段记录和搜集一手资料，以揭示和展现不同历史文化背景中的人们的生活面貌。从广义来说，所有实地参与的现场搜集原始资料的调查研究工作，都可以称为“田野调查”。语言学、考古学、生态学、地质学、文学、艺术学、建筑学等学科都会用到田野调查。人类学的田野研究方法源头可追溯至美国“文化历史学派”的创始人博厄斯。为了证实不同民族的文化都有其各自发生、发展、变化过程的理论，他用田野调查方法对北美印第安人文化逐个展开深入研究。在他之后田野调查的传统被一代又一代的人类学家继承下来，并加以发展完善。

（二）跨文化研究

跨文化研究也称“比较文化研究”或“泛文化研究”，指通过对不同文化的比较，揭示在不同社会条件下，人们的社会行为和心理特征及其发展规律的异同，从而为把握社会心理现象中的普遍性提供认识依据的一种方法和活动。跨文化研究是一种后起的行为与社会研究方法，它的缘起可追溯至人类学家泰勒，他在对居所和礼仪与其他社会特征进行比较时，第一次做了真正的跨文化比较。跨文化分析使用连续区域的和世界范围的两种样本。前者对存在语言学联系的社会进行区域性的可比较研究，重点探讨跨单一地区的传播过程，如北美印第安人的研究。后者对社会的研究通过利用世界范围的全面文化样本，寻求排除语言、历史上的联系，来表明它们彼此是独立的。这两种方法都是有效的。大多数跨文化研究依靠二手材料。

三、人类学研究发展趋势

人类学家想走出去描述那些未受到现代文明冲击的小部落群体，已成为遥远的过去。当今世界几乎没有这样的群体。实际上，一些经典民族志所描述的社会受西方影响的程度比人们想象的要深得多。当代人类学家仍然十分关心世界残存部落的迅速消亡问题，人权与文化生态保护是重要的动机。然而尽管对原始风俗和部落生活的研究一直是人类学研究的主流，但是现实的变化也驱使他们不断开拓新的研究领域。越来越多的人类学家把注意力转到现代化的研究。随着人类学的本土化运动，人类学研究也渗透到各个领域。

新的研究领域突出地体现着时代的特征，如都市人类学聚焦于都市区域的文化与社会过程。城市化进程是当代社会的一场巨大变革，涌入现代化城市的“新市民”，为原本复杂的城市人类带来新的变数。研究都市人类成为新的时代课题，它无疑将会成为人类学关注的焦点；乡村社会的人类学研究，也是充满着新时代特点的研究领域。无论是乡村人类向城市聚集，还是城镇的扩张将乡村吞噬，都会使千百年来古朴自然的传统生活方式解体。都市化对乡村的影响也将是人类学关注的焦点；应用人类学的研究将会全面展开。人类学被视为“革新者的科学”和“决策的科学”，应该用来改善人类的条件。在政治治理、经济社会发展、教育文化、社会服务等各个方面，人类学的研究将会为科学的决策提供理论基础。

人类学思想对现代社会生活的一切方面都带来了深刻的影响。在商业领域中，人类学顾问帮助经济管理机构了解不同文化背景的人群的各种需求；在政府机构中，应用人类学知识用以制定适应多元民族和多元文化的适宜政策，帮助少数民族和贫困人口发展经济、提高教育水平、控制人口增长；在旅游胜地，人类学研究为保护自然和人文生态提供知识基础。随着全球化进程，人类共同利益问题突显于时代背景之上，人类学研究也将为推动现实的社会变革发挥更大的作用。

第二节 经 济 学

一、经济学是什么

经济学是研究人类社会在各个发展阶段上的各种经济活动和各种相应的经济关系及其运行、发展规律的科学。人们对经济学的认识也是一个不断变化和发展的过程。经济学创始人、古典经济学派的代表人物亚当·斯密认为经济学研究国民财富的生产。新古典经济学派的集大成者阿尔弗雷德·马歇尔在其《经济学原理》（1890 年）一书中首次使用“经济学”概念，他认为“政治经济学或经济学是一门研究人类日常事物的科学，它研究个人和社会行为的一部分，即研究其中同取得和使用物质福利必需品关系最密切的那一部分”。20 世纪初，英国著名经济学家罗宾斯（L. Robbins，1898—1984 年）将经济学定义为：“经济学是一门科学，它把人类行为作为目的与可以有其他用途的稀缺资源之间的关系来研究。”这个定义强调了稀缺性和选择问题，对西方经济学有很大影响。[①]经济学所强调的就是在一定的社会约束条件下，追求利益的最大化或最优化。美国著名经济学家萨缪尔森（P. A. Samuelson，1915—2009 年）的定义是：经济学是研究人们和社会如何作出最终抉择，在使用或不使用货币的情况下，来使用可以有其他途径的稀缺的经济资源在现在或将来生产各种物品，并把物品分配给社会的各个成员或集团以供消费之用。它分析改进资源配置形式可能付出的代价和可能产生的收益。[②]

经济学思维的一个核心问题是资源的合理有效利用。经济学的存在价值就在于针对资源的有限性（即资源并不是取之不尽、用之不竭的）和人类需要的满足之关系的科学研究。虽然各国运行方式、生产方式、生活方式、经济体制与政策等各不相同，但面临的共同问题是资源稀缺问题。没有一个国家能够生产其国民所需的所有物品。物品缺乏是因为土地、劳动、资本以及其他生产资源的缺乏，这就需要在资源如何配置和利用方面作出科学的决策。每个人都面临着如何安排生存资源的问题，人需要对时间、金钱、物质的利用进行计算。现代人谁都知道一个简单道理：时间就是金钱。没有任何一个人有足够的时间去做自己想做的任何事情,也没有足够的钱去买所有自己想买的任何东西。小至个人，大至国家，都要在资源有限的情况下实现利益的最大化。无论是发达的工业化国家，还是发展中国家，或者是孤立的部落社会，都必须通过某种方式决定：生产什

① 转引自翁志勇主编：《新编经济学概论》，上海：上海大学出版社 2010 年版，第 2 页。
② 陈春根主编：《经济学原理》，杭州：浙江大学出版社 2010 年版，第 2 页。

么、如何生产、为谁生产？这就构成了现代经济学的三大基本问题。

二、经济学的研究对象和内容

经济学的研究对象和内容可从微观和宏观两个相互区别又相互联系并相辅相成的层面来认识。

（一）微观经济学

微观经济学（microeconomics），又称个体经济学、小经济学，主要以单个经济单位（单个生产者、单个消费者、单个市场经济活动）作为对象的经济学分支学科。研究的主要问题是：通过研究其相应的经济变量单项数值的决定，来分析单个生产者如何将有限资源分配在各种商品的生产上以取得最大利润；单个消费者如何将有限收入分配在各种商品消费上以获得最大满足；单个生产者的产量、成本、使用的生产要素数量和利润如何确定；生产要素供应者的收入如何决定；单个商品的效用、供给量、需求量和价格如何确定，等等。微观经济学体系主要包括：均衡价格理论、消费经济学、生产力经济学、厂商均衡理论和福利经济学等。

微观经济学的基本内容包括：均衡价格理论、消费者行为理论、生产者行为理论、成本理论、市场理论、分配理论、市场失灵与政府干预等。按微观经济学的理论，市场机制能使社会资源得到有效配置。但实际上，市场机制的作用并不是万能的，这就需要政府的干预，以弥补市场机制的不足。

（二）宏观经济学

宏观经济学（macroeconomics）与微观经济学相对，它以整个国民经济的总体行为为研究对象，通过研究经济中各种有关经济总量的决定及其变化，来说明社会的资源如何才能达到充分利用。概括起来说，宏观经济学是研究经济的总体行为、考察经济的总体趋势的学问，而经济的总体趋势是经济中数以百万计的单个经济个体的行为加总的结果，因此，宏观经济理论必须与构成经济的数以百万计的家庭和企业的微观基本行为相一致。宏观经济学研究经济的整体运行，主要是从总体上分析、研究、探索经济的运行方式、规律及其问题，因此也被称为“总量经济学”。一个国家的经济总量、总需求与总供给、国民收入总量及构成、货币与财政、人口与就业、要素与禀赋、经济周期与经济增长、经济预期与经济政策、国际贸易与国际经济等宏观经济现象是其研究的核心问题。

宏观经济学研究的基本内容包括：国民收入决定理论、失业与通货膨胀理论、经济周期与经济增长理论、宏观经济政策、开放经济理论等。现代的经济都是开放型的经济。开放经济理论要分析一个国家国民收入的决定与变动怎样影响别的国家，以及怎样受到别的国家的影响，等等。

（三）微观经济学与宏观经济学的关系

由前述内容可知，微观经济学与宏观经济学在理论基础、研究对象和内容、研究假设、研究方法、要解决的问题等方面都存在着极大差异，但两者并不是各自独立、毫不相干的系统。它们之间也相互联系并存在着共同点：第一，微观经济学和宏观经济学互为补充，前者在假定资源已实现充分利用的前提下分析如何达到最优配置的问题，而后者则是在资源已实现最优配置的前提下分析如何达到充分利用；第二，微观经济学是宏观经济学的基础，整体经济是单个经济单位的总和，总量分析是建立在个量分析的基础上的；第三，微观经济学与宏观经济学都需要进行实证分析；第四，微观经济学与宏观经济学都把社会经济制度作为既定的基础前提条件，分析在这一既定制度下如何实现资源最优配置和充分利用的问题，即只分析具体经济问题，而不涉及经济制度的分析；第五，两者共同构成了西方经济学的整体。

微观经济学与宏观经济学不是两种经济学，而是经济学体系中的两个部分。作为一个经济社会，不仅有资源配置问题，还有资源利用问题，只有把这两方面的问题都解决了，才能解决整个社会的经济问题。

三、经济学的研究方法

经济学的研究方法可从方法论和具体方法的三个不同层次来认识。

（一）实证分析法与规范分析法

实证分析法是通过对经济现实和客观现象的分析，回答“是什么”的问题，其目的在于理解经济是如何运行的。它要求一个理论或假说涉及的有关变量之间的因果关系不仅要能够反映或解释已经观察到的事实，而且要能够对有关现象将来出现的情况作出正确的预测，也就是要能够经受未来实践的检验。因此，实证分析法具有客观性，即实证命题有正确和错误之分，其检验标准是客观事实，与客观事实相符者为真，反之为谬误。

规范分析方法以一定的价值判断为出发点，提出行为的标准，并探讨如何才能符合这些标准。它所力求说明的是经济活动“应该是什么”的问题，或者说，它回答这样的问题：为什么要作出此选择而不作另外的选择。规范分析的命题涉及一种行为、一种方案、一种政策或一种选择对人们福利的影响的评价问题，涉及是非善恶之分的问题，它与伦理学、道德学相似，具有根据某种原则规范人们行为的性质。由于人们的立场、观点、伦理和道德观念不同，对同一经济事物、同一经济政策、同一经济问题会产生迥然不同的意见和价值判断。对于应当做什么、不应当做什么的问题，不同的研究者可能会得出完全不同的结论。

在对经济现象进行研究时，上述两种分析方法不应当是对立和互不相容的，应当将两者统一起来，不仅要对经济过程本身进行客观的研究，还要作出价值的评判，偏执一端的做法难以得出真正科学的结论。

（二）个量分析与总量分析

个量分析与总量分析分别运用于微观经济学和宏观经济学。微观经济学以个体的经济活动为对象，因此必须要分析单个生产者在生产经营中获得的最大利润，单个的消费者如何得到最大满足。与此相应，在数量分析上，还必须研究单个商品的效用、供求量、价格等如何决定，单个企业的各种生产要素的投入量、产出量、成本、收益和利润如何决定，以及这些个量之间的相互关系。宏观经济学以总体经济活动为对象，必须反映社会经济活动的总体情况，分析影响就业与经济增长的总量因素及其相互关系。在数量分析上，它必须研究社会总供求、均衡的国民收入、总就业量、物价水平、经济增长率等如何决定，总消费、总储量、总投资、货币供求量、利息率、汇率等如何决定，以及诸要素之间的相互作用和依存关系。

（三）局部均衡分析与一般均衡分析

局部均衡是假定在其他条件不变的情况下来分析某一时间、某一市场的某种商品（或生产要素）的供给与需求达到均衡时的价格决定。一般均衡是在分析某种商品的价格决定时，在各种商品和生产要素的供给、需求、价格相互影响的条件下所有商品和生产要素的供给和需求同时达到均衡时商品的价格如何被决定。所以，一般均衡分析把整个经济体系视为一个整体，市场上所有商品的价格、供给和需求同时达到均衡状态下的价格决定。这就是说，一种商品的价格不仅取决于它本身的供给和需求状况，也受到其他商品的价格和供给状况的影响，因而一种商品的价格和供求均衡，只有在所有商品的价格和供求都达到均衡时才能决定。

四、经济学与其他学科的关系

经济学与其他学科的关系，突出体现在一些跨学科研究的分支学科发展方面，这些分支学科主要有政治经济学、文化经济学、教育经济学，以及随着社会的发展而延伸出来的混沌经济学。

1）政治经济学。政治经济学的研究对象是生产关系，生产关系包括生产资料所有制形式以及直接生产过程和分配、交换、消费各环节发生的社会生产关系。政治经济学研究生产关系，是从物质资料生产开始的。这是因为人们的社会生产关系是在物质资料的生产过程中形成的，并随着物质资料生产的发展而不断发展。

2）文化经济学。文化与经济存在十分密切的关系。人们通常把文化视为经济发展的软实力。文化经济学是研究文化领域的经济关系及其运动、变化、发展规律的科学，是文化和经济相互延伸交叉所形成的一个分支学科。研究的主要内容包括：发展各国文化所必需的国民经济手段；文化对社会经济的作用和影响；文化部门经济关系和管理制度的进一步完善；文化生产活动经济效益及其指标；文化和未来经济的发展等。

3）教育经济学。教育经济学是一门介于教育学和经济学之间的边缘学科，主要是运用经济学的原理和方法研究教育投资及其经济收益的一门学科。经济与教育的相互关系是：第一，经济发展是教育发展的基础；第二，教育对经济发展有促进作用；第三，教育发展必须与经济发展相适应。

4）混沌经济学。混沌经济学（chaotic economics），也称为非线性经济学（nonlinear economics），是20世纪80年代兴起的一门学科，是指应用非线性混沌理论解释现实经济现象，在经济建模中充分考虑经济活动的非线性相互作用，在模型的分析上充分利用非线性动力学的分叉、分形和混沌等理论与方法，分析经济系统的动态行为，以期产生新的经济概念、新的经济思想、新的经济分析方法，揭示新的经济规律的一门新兴交叉科学。

五、西方经济学发展及流派

经济学作为一门独立的科学，是在资本主义产生和发展的过程中形成的，其发展大致划分为五个阶段。第一阶段为启蒙阶段，该阶段从现代政治经济学的创始人威廉·配第（William Petty，1623—1687 年）起始，有重商主义、重农主义等理论研究。第二阶段为古典经济学，产生于 17 世纪中叶，主要代表人物是 18 世纪时期英国的亚当·斯密、大卫·李嘉图和马尔萨斯。第三阶段为新古典主义，渊源于 19 世纪 70 年代的所谓“边际革命”，代表人物为奥地利的门格尔、英国的杰文斯和法国的瓦尔拉斯，其基本观点和古典主义相同，主张自由放任的经济思想。第四阶段为凯恩斯主义，凯恩斯于 1936 年提出有效需求理论体系和通过国家干预经济以求减少失业，这被称为“凯恩斯革命”。第五阶段为新古典综合派，又被称为当代凯恩斯主义正统派或主流派，它的主要代表人物有保罗·萨缪尔逊、托宾、索洛等。新古典是指他们接受凯恩斯以前的新古典主义对于市场和一般均衡的分析，但同时综合凯恩斯主义。这种综合体现在：其一，将凯恩斯理论本身综合成宏观一般均衡理论，但理论本身却和新古典理论有相似之处；其二，将凯恩斯的宏观理论体系和新古典的微观理论体系相结合，注重寻找宏观经济理论的微观基础；其三，强调财政政策与货币政策的相互配合。

西方经济学主要有以下流派。

1. 新古典经济学

现代经济学家把从亚当·斯密、大卫·李嘉图直至 19 世纪中叶的 J. S. 穆勒的经济学说，包括这个时期的其他经济学说在内，统称为“古典经济学”。剑桥学派的创始人马歇尔综合了 19 世纪后期从自由竞争主义到垄断帝国主义各时期的各流派，以折中主义手法把供求论、生产费用论、边际效用论、边际生产力论等融合在一起，建立了一个以完全竞争为前提、以“均衡价格论”为核心的相当完整的经济学体系，故被称为“新古典学派”，其代表著作为马歇尔的《经济学原理》。

2. 凯恩斯主义

凯恩斯主义或称凯恩斯主义经济学（Keynesian economics）是根据凯恩斯《就业、利息和货币通论》（1936 年）一书的思想基础提出的经济理论。该书的出版在西方经济学界和政界引起巨大反响，被称为经济理论上的“凯恩斯革命”，并将其与马克思的《资本论》和亚当·斯密的《国富论》并列为欧洲资本主义世界三大经典经济学理论。该理论主张国家采用扩张性的经济政策，通过增加需求促进经济增长。第二次世界大战以后，这一趋势发展成为新古典主义综合学派。根据凯恩斯的经济理论，宏观的经济趋向会制约个人的特定行为。18 世纪晚期以来的“政治经济学”或者“经济学”建立在不断发展生产从而增加经济产出的基础上，而凯恩斯则认为对商品总需求的减少是经济衰退的主要原因。由此出发，他认为维持整体经济活动数据平衡的措施可以在宏观上平衡供给和需求。因此，凯恩斯的理论和其他建立在凯恩斯理论基础上的经济学理论被称为宏观经济学，以与注重研究个人行为的微观经济学相区别。由于新凯恩斯主义的出现，目前西方宏观经济学形成了新古典宏观经济学和新凯恩斯主义经济学对峙的格局。《就业、利息和货币通论》一书不但在历史上对西方经济学和资本主义国家的经济政策产生过巨大影响，而且它的理论和政策观点今天仍在发挥作用。

3. 新自由主义经济学

新自由主义也称新保守主义，是20世纪30年代后逐渐形成和发展起来的当代西方经济学说。这一学说以主张经济自由和反对国家干预为基本特征。虽然自由主义的经济思潮有着很长的理论渊源，但新自由主义主要是在反凯恩斯主义的过程中发展起来的。1929～1933年资本主义世界经济危机对古典自由主义经济学形成了巨大的冲击，古典自由主义经济学的统治地位被凯恩斯主义所取代。然而，仍有一些经济学家坚持自由主义经济的信条，同凯恩斯主义对抗，主张自由放任，反对国家干预主义。到了20世纪70年代，特别是1974～1975年的经济危机以后，资本主义国家普遍出现了失业与通货膨胀并存的“滞胀”局面，这导致凯恩斯主义处于重重矛盾的境地。凯恩斯主义已无力解决资本主义经济所面临的一系列新问题。在这样的背景下，新自由主义的经济思想获得了复兴。新自由主义经济学的理论主张是：①推崇市场机制，反对国家干预；②主张私有制，反对公有制；③宣扬经济自由，反对计划经济。

新自由主义包括的学派很多，主要有：伦敦学派、现代货币学派、理性预期学派、供给学派、弗莱堡学派、公共选择学派。在这些学派中，伦敦学派是最彻底的自由主义，这一学派的观点在很大程度上反映了新自由主义学说的基本思想。现代货币学派是新自由主义中影响最大的学派。上述各种学派之所以都能归入新自由主义的学说范围，是因为它们在一些基本思想方面具有共同点。

4. 非主流经济学

非主流经济学包括瑞典学派、加尔布雷斯新制度主义、激进经济政治学派。

1）瑞典学派因其代表人物活动于斯德哥尔摩大学而又被称为斯德哥尔摩学派，有时也被称为北欧学派。该学派主要针对本国资本主义经济发展中的问题阐述其理论观点和政策主张。第二次世界大战后，瑞典资本主义经济的发展具有一定的特殊性，常被称为所谓的“第三条道路”“福利国家的橱窗”，这与瑞典学派影响和参与国家政策的制定有着很大的关系，其基本经济理论有经济周期理论、“混合经济”理论和“福利国家”理论。

2）加尔布雷斯新制度主义是20世纪30年代中期首先在美国兴起的一个西方经济学流派，以约翰·加尔布雷斯（John Galbraith，1908—2006年）为领军人物，该学派在当代西方经济思潮中占有比较独特的地位。它对资本主义制度持比较激进的批判态度。与传统西方经济学及凯恩斯主义经济学之间存在着较大的分歧。因此，该学派也同激进政治经济学派一样，在西方经济学界被视为“异端”，其理论往往也被称为“邪说”。同时，从广义上讲，该学派也可以看作激进政治经济学的一个组成部分。其主要理论为加尔布雷斯“技术决定”理论、“后工业社会”论、生产决定论、“趋同论”和“新社会主义论”。

3）激进经济政治学派又称“新左派政治经济学派”，是 20 世纪 60 年代开始逐渐产生于西方国家的一个经济学派别，它以反对资产阶级正统经济理论和批评垄断资本主义制度为特征，在西方经济学中是被视为“极端”或“异端”的一种较为激进的经济学派别。其主要理论为社会经济环境决定论、社会经济阶级论、阶级斗争论、社会主义制度论。激进政治经济学家认为，在人类社会发展过程中，任何制度的转化和改变都是不可避免的，社会主义取代资本主义也是必然的。他们还把建立社会主义看成当今不发达国家走上振兴发展道路的必要社会经济条件。该学派推崇马克思主义，向往社会主义，批判主流经济学，积极探索激进政治经济学理论。

第三节　法　　学

法学，又称法律学或法律科学，是研究法律这一特定社会现象及其发展规律的科学。

一、法与法学

“法”与“法学”是两个不同的概念，从形态发生学来看，“法”远在研究法的“法学”之前就已经存在。了解法学，要从对“法”的认识开始。

（一）法的概念

汉字“法”的意义可追溯至史前时期有关神兽决狱的传说。相传舜任皋陶为司法官。皋陶正直无私，执法公正。他在处理案件时，若有疑难，就牵出一头神兽来辨别是非。该神兽名廌，又名獬豸。《异物志》说：“东北荒中，有兽名獬，独角，性忠，见人斗，则触不直者。”獬豸本性中直，见人争斗，就会用它独有的一只角抵触不正直的人，于是是非曲直立见分晓。法字在金文中写作“灋”，《说文解字》：“灋，刑也。平之如水，故从水；廌所以触不直者去之，从去。”喻示法像水一样公平公正，去除不平之物。廌就成为正义之神的图腾。这就是中国古代的神明裁判，即借助神明考验和考察当事人，以确定有罪无罪的原始审判方式。由此可知，远在文明初开之时，就有了判断罪与非罪的“法”。诉诸神明，意味着其神圣性。中国古代典籍中，法与刑通用，《盐铁论》：“法者，刑罚也，所以禁暴止奸也。”法又往往与律通用，“律之与法，文虽有殊，其义不也”（《唐律疏义》）。商鞅变法，改法为律。律后来引申为规则、有序，“范天下之不一而一”（段玉裁《说文解字注》），成为规范人行为的准则。总之，古汉语中法的含义为：象征公平、正直，代表一种规范、法则、秩序；法是公平断狱的标准和基础；法具有惩罚性，以刑罚为后盾。

西方话语中通常将法与法律区别使用。与之相关的两个词语：law 是一套规则体系，justice 则有公平、正义的内涵。可以这样认识：法指永恒的、普遍有效的正义原则和道德公理。在不同历史时期和不同类型社会中的人们，每个人心中都有一个判断公平与非公平、正义与非正义、自由与非自由的价值标准。当这一标准被绝大多数人所认可，并外在地表现为共同规范人们的社会行为时，法作为一个生活现象就产生了。而“法律”

是指国家权力机构制定和颁布的保护人们正当权利、惩治不正当行为的规则体系，它只是法的真实或虚假的一种表现形式。①

根据马克思主义的观点，法的本质有两点：法是统治阶级意志的集中体现；法的内容是由特定社会的物质生活条件决定的。法的基本特征有四个方面：一是调整人们行为或社会关系；二是体现国家意志；三是以国家强制力为最后保证手段；四是规定人们的权利义务。一般来说，法是国家的产物，是指统治者为了实现统治并管理国家的目的，经过一定立法程序所颁布的一切规范的总称。

（二）法学的性质与功能

法学是专门、系统、全面地研究法律这一特定社会现象及其发展规律的科学。也就是说法学不仅研究静态的法律规范，还研究动态的法律即法律的产生、本质、作用、形式、制定、实施和发展的一般规律，既要研究法律自身的内部结构，又要研究法律同经济、政治、文化、道德等社会现象的相互关系。因此，法学的研究范围是极其广阔的。

关于法学性质问题，学界有不同观点，有代表性的观点大致有四种。

1）法学是实证科学。该观点认为自然科学的理论和方法同样可以用来研究人类社会，而且认为只有这样才能获得精确可靠的知识，包括法学在内的一切学科都应当向自然科学看齐，建成像自然科学那样的实证科学。近代许多法学家采用机械物理学、生物进化论等自然科学的理论来解释法律现象。

2）法学是形式科学。这是基于经验科学和形式科学的分类法对法学所做的界定。经验科学包括自然科学、社会科学，以搜集、分析和处理具体的经验事实为主要内容；形式科学包括逻辑学、数学，以讨论普遍的形式演算为主要内容，它关注思维的、语言的纯形式方面，不涉及其内容或普遍价值取向。法学就是以形式科学为榜样的。

3）法学是人文科学。李凯尔特认为，人文科学以文化为研究对象，而“文化包括了宗教、法学、史学、哲学、政治、经济学等科学的一切对象”②。《不列颠百科全书》也将法学归入人文科学之列。在中国，虽然很少有人明确将法学归入人文科学之列，但近年来法学界有诸多学者按照人文科学的研究思路来进行法学研究。

4）法学是社会科学。中外学术界，尤其是中国学术界，通常都将法学划入社会科学的范畴。《牛津法律大辞典》《美国百科全书》都将法学归入社会科学之列。我国出版的各种法学辞典、法理学教材几乎不约而同地将法学归入社会科学。《中国大百科全书》对法学的解释是：“法学，又称法律学、法律科学，是研究法这一特定社会现象及其发展规律的科学，属于社会科学的一个学科。”③

由此可见，学者对法学的学科性质的理解是有差异的。事实上，不同维度、不同视角的认识，都有一定的道理。把法学视为一种存在于社会科学和人文科学之间的知识形态，未尝不是一种合理的说法。

---

① 韩志才、陈国华主编：《法学导论》，合肥：合肥工业大学出版社 2006 年版，第 1 页。

② [德]H. 李凯尔特：《文化科学与自然科学》，涂纪亮译，北京：商务印书馆 1986 年版，第 22 页。

③《中国大百科全书·法学卷》，北京：中国大百科全书出版社 1984 年版，第 1 页。

法学的功能有以下几点。

1）探索社会秩序化运作的法则。人类的集体生活需要秩序，不同的人类群体在长期的共同生活中发展出了不同的秩序范式，这些秩序范式的不同在于其中蕴含着不同的规则。法学的初级功能，就在于寻找不同的秩序范式下的社会规则。为了实现这个社会功能，不同时代的法学呈现出不同的样式。西方法学的历史可以解读为一部不断地寻找社会规则的历史，源远流长的中国传统法律学说，同样肩负着这样的社会功能。法学产生和发展的历史揭示出一个真理：有效的正式规则总是那些源于人类社会生活的规则，总是那些反映了社会秩序的规则；反过来说，那些源于人类社会生活的规则也有助于促进社会秩序更趋良善、更加合理。

2）促进社会共识。人是一种寻求意义的动物，人就生存于意义之网中。人类寻求意义，除了通过哲学、伦理学、历史学、语言学、艺术学等人文学科的途径，还需要制度规范的途径，在限制中才能显出自由，法学正担当着这样的功能。由法学构织的意义之网，促进社会共识和社会团结，增进人们的相互了解与和谐相处，有利于共同利益的实现。

3）树立社会正义。法学从起点到归宿，始终以"正义"为轴心。承担评判现实、树立社会正义的责任是它的终极功能。法学的担当是以探寻社会规则、维护社会秩序为鹄的，而这最终要落实于根据正义准则对现存的社会秩序进行评判，为符合正义准则的社会秩序进行辩护，对那些有违社会正义的社会现实予以批判，并提出矫正的方案。

二、法学研究对象、内容及方法

（一）法学研究对象及内容

法学的研究对象是法律现象，包括法律意识、法律文化及其各种表现形式，如法律的本质、法律的制定和实施、法律规范和法律思想等，其研究的具体内容则由各个分支学科来体现。这些分支学科共同构成一个完整的体系，大致有以下五方面。

1）理论法学，研究法的基本原理、概念、思想和规律，包括法理学、法哲学、实证法理论、立法学等；

2）法律史学，从历史角度研究法律思想和法律制度，包括中国法制史、外国法制史、中国法律思想史、外国法律思想史、法学史等；

3）国内部门法学，对一个国家的各个法律部门进行研究，包括宪法学、民法学、刑法学、经济法学等；

4）国际法学，研究调整国家之间相互关系的法律，包括国际公法学、国际私法学、国际贸易法学、国际经济法学等；

5）边缘与交叉学科，把法学和自然科学、社会科学结合起来进行研究，包括法医学、法律心理学、司法统计学等。

（二）法学与其他学科的关系

在现代社会中，法在调整人们行为方面的作用极为广泛。法学和包括自然科学在内的各门学科都有不同程度的关联性。

1. 法学与哲学的关系

任何阶级或学派的法学都以某种哲学作为其理论基础。当代中国的法学是以马克思主义的哲学，即辩证唯物主义和历史唯物主义作为自己的理论基础的。

2. 法学与社会学的关系

法律社会学既是法学的分支学科，又是社会学的分支学科，是介乎法学和社会学之间的边缘学科。作为法学分支的法律社会学和作为社会学分支的法律社会学，两者既有联系又有区别。例如，青少年犯罪、家庭、婚姻等问题是社会学和法学共同关注的问题，但双方的研究角度又有所不同。前者需要综合各种社会因素来研究这些问题，后者则着重研究这些问题的法律方面。

3. 法学与经济学的关系

法学与经济学之间的关系直接体现了历史唯物主义的一个原理，即作为上层建筑的法律，归根结底是由经济基础决定的，而法律又反作用于经济基础，推动或阻碍社会生产力的发展。法学和经济学都需要研究法与经济的关系。法学从研究法律制度、法律关系、法律行为的角度（例如研究合同制度、当事人双方权利义务关系、民事侵权行为等）出发来研究法与经济的关系，而经济学则从生产力、经济关系、经济规律和经济活动的角度出发来研究这种关系。

4. 法学与政治学的关系

在历史上，法学和政治学曾长期结合在一起。法和国家、政府、政党及政治家的活动等是密切联系的。法学要研究政治，政治学也要研究法学，而且两者都要研究国家，只不过研究的对象和重点不同而已。

5. 法学与伦理学的关系

在古代和中世纪，法律规范和道德规范、宗教规范有时很难分开。古代印度的《摩奴法典》和公元 7 世纪出现的《古兰经》就是这方面的典型。虽然在近现代，一般来说，法律规范与道德规范、法学与伦理学已明显分开，但法学与伦理学都极为关注法律与道德的关系这一极为重要和复杂的问题。

6. 法学与教育学的关系

法律通过禁止人的某些行为来达到调整人们行为的目的。教育则是通过说理等行为来改变人的思想观念和行为。二者都指向对人的思想行为的调整，不同之处在于法律具有强制性，而教育是柔性的。法学与教育学结合产生了教育法学这门边缘学科，专门研究教育中的法律现象。

（三）法学的研究方法

我国法学界对于日常使用的法学研究的方法认识差别很大。总的来看，主要方法有三种：阶级分析方法、价值分析方法和实证分析方法。

1）阶级分析方法。法学阶级分析方法的基本内容有三点：其一，法是一定阶级的，而不是某个人或某个小集团的；其二，法发展的直接动力是阶级斗争，而不是抽象的人性，也不是所谓的“民族精神”或“客观精神”；其三，法的阶级内容必须从经济基础上的阶级关系和阶级意志中去寻找，具有一定的客观必然性。

2）价值分析方法。其基本问题是“法律应当是怎样的”，注重对法律的价值（诸如正义、自由、平等、效率、秩序等）进行解释。

3）实证分析方法。由于所依据的哲学基础不同，又分为逻辑实证主义和经验实证主义两种方法。实证主义是以感觉经验为基础，以可以操作的逻辑形式来检验或推导出概念和命题。建立在逻辑实证主义基础上的法学研究方法论就是规范分析方法，注重对法律的概念、渊源、形式和效力进行解释。它一般很少甚至不考虑法律以外的因素对法律的影响，而仅限于法律规范本身的内容。这种法学研究主要运用逻辑和语义的方法，对法律规范进行分析和注释。经验实证主义的特点是以可以观察和描述的事实来概括或检验命题和概念，它的主要方法有社会调查、资料统计和定量分析、历史考察等。建立在经验实证主义基础上的是社会实证分析方法，其基本问题是“法律在实际上是怎样的”。它注重对法律进行社会和文化事实的现实主义的解释。目前一般认为法学研究中的实证分析方法主要有：社会调查的方法、历史调查的方法、比较的方法和语义分析方法。[①]

三、法学的历史发展

法学具有悠久的历史。我国早在先秦时期，就有“刑名法术之学”或“刑名之学”，至汉、唐又兴“律学”。在西方国家，“法学”一词源于拉丁文 Jurisprudentia，原意是法律的知识或法律的技术。一般认为，罗马《十二铜表法》颁布后法学开始形成。我国使用“法学”一词，是从 19 世纪末西方文化传入以后才开始的。[②]

（一）西方法学的产生和发展

在历史上的很长时期内，法学是同哲学、政治学、伦理学、神学等结合在一起的，到了近代才成为一门独立的学科。法学是与法律的发展密切联系的，当人类历史文明发展出现了较为完整的法律规范体系，特别是成文法出现之后，才有了研究法律的科学。恩格斯指出：“随着立法发展为复杂和广泛的整体，出现了新的社会分工的必要性：一个职业法学者阶层形成起来了，同时研究产生了法学。”[③]可见，法学产生的条件首先要有法律现象的材料积累；其次要有专门从事研究法律现象的法学家阶层。

罗马法是前资本主义社会调整商品生产和商品交换的第一部最完善的世界性的法律，是古代西方法律制度发展的顶峰，也是后来西方法律制度建设和发展的重要基础。

---

① 刘雪斌：《改革开放三十年的中国法学研究方法——回顾、反思与展望》，《长春理工大学学报(社会科学版)》2009 年第 3 期。

② 张云秀主编：《法学概论》，北京：北京大学出版社 2000 年版，第 1 页。

③《马克思恩格斯选集》（第 2 卷），北京：人民出版社 1995 年版，第 539 页。

与发达的法律制度相适应，罗马法学十分繁荣昌盛，在人类历史上首次出现了职业化的法学家集团、法律学校、法学派别。西塞罗是古罗马共和国末期著名的法学家。古罗马帝国时期有五大著名法学家：盖尤斯、保罗、乌尔比安、伯比尼安、莫德斯体努斯。罗马法学家所写的《法学阶梯》是一本迄今所知最早并且保存最完整的西方法学专门著作。中世纪时期，宗教成为西方文化的核心，基督教神学居统治地位，哲学、政治学、法学等成为神学的附庸，教义代替了法律，国家托庇于教会，法学处于衰落时期。不过，在基督教神学家、哲学家托马斯·阿奎那等的著述中仍包含着相当多的法律思想。公元11世纪，罗马法复兴，于是出现了法学教育、法学研究和法学流派。

文艺复兴以后，西方法学呈现蓬勃发展的趋势。17、18世纪，格劳秀斯、霍布斯、洛克、孟德斯鸠、卢梭、贝卡利亚等古典自然法学家以自然法、自然状态、社会契约、法治为旗帜，以自由、平等、人权、法治等社会价值观念为支柱，力求探索社会的治理、控制方式。古典自然法学派的许多法律思想，诸如社会契约论、天赋人权论、人民主权论、权力分立制衡论、法律平等论，对于推翻封建制度，进行资产阶级革命起到重大作用，并且成为1776年美国独立战争及《独立宣言》、1789年法国大革命及《人权与公民权宣言》的指导思想和理论基础，为近代的法治的确立和发展作出了巨大的贡献。

19世纪是西方法学发展的非常重要的时期。这时出现了以德国的康德和黑格尔为代表的哲理法学，以英国的边沁、奥斯汀为代表的实证分析法学，以德国的萨维尼和英国的梅因为代表的历史法学，等等。这些流派促进了法学的科学化进程。19世纪末20世纪初以来，西方又出现了以德国的马克斯·韦伯、奥地利的埃利希、法国的狄骥、美国的庞德等人为代表的社会学法学；以奥裔美籍的凯尔森、英国的哈特为代表的新分析法学；以美国的富勒、德沃金为代表的新自然法学；以美国的波斯纳为代表的法律经济学（法律的经济学分析），等等。总的来说，现当代西方法学呈现了派别林立、错综复杂的格局。[①]

（二）中国法学发展简史

中国法学起源于春秋战国时期。法家的法律思想对中国后来的思想家有深远影响。主要代表人物为商鞅、韩非等人。针对儒家提出的“德治”与“礼治”，法家提出“法治”的主张，将法视为一种权衡、规矩、尺度，提供一条判断是非的客观准则；法应随时代而变；法由国家制定；法应公开，应平等适用；应严格守法，法与赏罚不可分，等等。

汉代自汉武帝采纳董仲舒的主张“罢黜百家，独尊儒术”以后，儒家学说被奉为正统，其统治长达两千多年时间，法学发展缓慢。中国历史上第一部完整保存的法律文献，是唐代大臣长孙无忌等人于公元652年奉诏编写的《唐律疏议》一书，该书对《唐律》作了权威性的解释，与《唐律》具有同样的法律效力。《唐律》及《唐律疏议》集战国至隋各代法律之大成，又成为唐以后宋、元、明、清各代法律的典范。《唐律》对当时中国近邻国家日本、朝鲜、越南等国的法律也有重大影响。因而在国内外法学著作中，

① 吴汉东主编：《法学通论》（修订版），北京：北京大学出版社2007年版，第6页。

通常将以《唐律》为代表的中国封建法律以及其他国家仿照《唐律》而制定的法律，称为中华法系或中国法系。从三国魏明帝时起，设律博士职，专门传授法学。这一官制一直延续到宋，至元代才被废除。清末法学家沈家本在总结中国历史上法学的发展时曾认为，元明清时法学已日趋衰落。1740 年编成的《大清律例》是中国封建社会最后一部法律。

自 1840 年鸦片战争以后，西方法学开始传入中国。康有为的《大同书》、孙中山关于三民主义和五权宪法的思想、严复所翻译的许多西方名著，都包括了西方 18～19 世纪流行的法律思想，既有民主主义、自由主义，又有社会学、进化论方面的内容。1906 年京师大学堂设立了我国历史上第一个法律学堂，翻译了大量外国法律，推动了西方法学在中国的传播。

（三）马克思主义法学及其在中国的发展

马克思主义法学产生于 19 世纪 40 年代，它以历史唯物主义为理论基础，科学地阐释了法的本质、特点、功能、作用及其发生和发展规律，从而真正使法学成为一门科学。马克思、恩格斯在《德意志意识形态》《资本论》《反杜林论》《家庭、私有制和国家的起源》等著作中系统地阐明了自己的法律观点和理念，从而在法学领域引起了一场伟大的革命。列宁在马克思、恩格斯的思想基础上，进一步创造性地发展了马克思主义法学。

在中国革命和建设过程中，在民主与法制的建设过程中，毛泽东及其战友积极探索社会主义的发展问题，在新的历史条件下进一步发展和丰富了马克思主义法学。但是，中华人民共和国成立以后，法律建设和法学研究经历了比较复杂的曲折过程。在很长一段时间里，中国主要进行革命法制的建设工作，但因各种因素的影响，法制建设不尽如人意，法学研究基本上停顿。1978 年后，中国重新进行法制建设，逐渐形成了法治的理念，法学的研究也得以复兴和发展。

在依法治国、建设社会主义法治国家的过程中，邓小平提出了许多富有理论和实践双重意义的观点，诸如民主立国论、民主法制同步论、法律权威论、两手建国论、法制观念论、法制原则论，这对于当代中国的建设和发展，对于中国的法治化、制度化、民主化历史进程产生了巨大的影响。当代中国正处在深刻的社会转型过程之中，中国法治发展也正在经历着从传统型法制向现代型法治的历史变革过程。这场意义重大、影响深远的法治革命，必然有力推动着中国法治文明的成长，呼唤着 21 世纪中国马克思主义法学的创新发展。在新时期一系列治国理政的新理念中，全面依法治国，加快建设社会主义法治国家被置于十分重要的地位，中国法学研究也将进入一个新的发展时期。

四、中国法学的发展趋势

21 世纪的中国法学展现出如下发展趋势。

（一）法学格局走向多元并存

第一，法学主体（即从事法学的人）力量多元并存。多样化的教育背景，使法学人才的知识结构、思维方式、研究方法、视野域界表现出很大的差异性。这种差异是形成法学分化的重要因素。第二，法学教育、研究机构的大量崛起。国家实行市场经济，市场经济对法制的需求变为对法律人才的需求。法学、法律学科专业成为文科中的短线和热线。不光文科大学法律学科骤增，许多理工大学也纷纷增设法律专业。一些省市社科院，乃至中央部委，也纷纷新设法律研究机构。这种状况对法学的发展带来的一个直接变化是：法学的地方特色、部门特色突显。虽有全国统一的教学和研究指导性计划，但各地方、各部门也大都是根据自己的实际状况和需要，从事法学教学和研究工作。这就打破了过去那种大一统的法学格局，而具有区域性、部门性特点的法学遂取而代之。

（二）民商法学研究发展趋势良好

从总体上来看，民商法学作为法学体系中研究成果较多的领域，无论是从理论基础研究还是实务问题研究方面都呈现出良好的发展趋势，呈现出如下特征：①民商法学围绕民法典的编纂将迎来新的研究热潮；②侵权责任研究因侵权责任类型的增多呈现出多样化发展；③知识产权研究随着互联网技术的发展面临新挑战；④人格权法立法体系不断完善的同时面临新的问题；⑤商法学界关于民商关系及商事立法的独立性研究成为关注焦点；⑥实证研究方法将越来越被关注。法律实证研究方法从法律现象出发，通过对法律事实的分析、归纳，从而揭示法律事实之间的关联关系及形成机制。随着大数据时代带来的便利，近年来越来越多的研究者们尝试通过案例分析以及数据量化对比分析进行实证研究。

（三）重视财政法基础理论研究

财政法学是一门年轻的、开放的、尚处于成长上升期的新学科。目前，财政法可研究的领域尚有很多，需要进一步深入研究的领域也有不少。财政法学基础理论的研究，首先是法理学，就是进行“财政法的法理学研究”，将财政法的理论及研究条理化、体系化和规模化。一方面需要将法学上的一些共性问题，如价值、效力、功能等置于财政法的具体环境中深入研究，使其为财政法学基础理论的完善作出贡献；另一方面也需要着力从财政法自身出发，对财政法的起源、原因、性质、功能、价值，以及主体间的相互关系等展开法理分析，为其寻找法理渊源。财政法学基础理论研究还需要关注财政法在宪法上的含义和要求。除了增加理论深度的法理学和提升效力位阶的宪法学以外，财政法学还应该多借鉴国家学说、政治学、财政学、公共选择理论、社会学、历史学，以及新兴学科等相关学科的先进成果，以丰富自己的理论殿堂。

五、中国法学教育的发展趋势

1）职业化：理论界、实务界的共识就是向职业化方向发展。职业化这个趋势的基本形成，是法学理论界与法律实务界共同的期待。当然，这个大趋势并不排除保留或者说由其自己形成以学术为主并以思想创新为追求的学术型法学院的存在，也不排除以培养司法实务人才为主导目标的职业型法学院。

2）多元化：多元化是早已形成的一个趋势，现在仍处于发展过程中。多元化趋势要求法学教育要办出特色。法学教育越是普及，规模越是扩张，特色办学的价值就越是凸显出来，这不仅仅是法学教育自身发展的要求，也是各法学教育单位适应市场竞争所面临的挑战。

3）精英化：法学是一门高度专业化的学问，要使有限的法学教育资源获得最高效的产出，必须更新现有的观念。人们逐渐认识到，未来的法学教育应该向精英化方向发展。美国法学教育已显示出两大特色，一是高度的职业化，二是高度的精英化。精英教育也将成为中国今后法学教育的一个发展趋势。

4）正规化：中国法学教育以规模求发展的时代已经结束，其在制度上的表现就是走向正规化。在法学院校接受过系统法律思维训练的人，和没有接受过系统训练的人的区别，首先表现在对法律态度的不同上，对法律的信仰是在专业训练当中形成的。但是在非正规化的法学教育中,受教育者一开始就只是把法律当作未来谋职求生的一种手段，在其起步的法律意识中，法律是被当作工具来对待的。这样的法律从业人才既不会忠诚于法律，更不会对法律有献身精神和信仰。正规化将从起始点上消除这种弊端。

5）国际化：中国的改革开放为法学教育提供了发展机遇，也提出了挑战。开放的社会和健康的市场经济都需要法律不断发展。这个趋势在当今全球化的大背景下更显突出来。中国自加入世界贸易组织（World Trade Organization，WTO）开始，就已感觉到了国际法律谈判人才及跨国诉讼人才的短缺。目前中国参与世界的深度、广度都在加深和扩大，参与全球规则制订的机会和空间也在增多和增大，法学教育有责任培养国际型人才。法学教育的国际化是多方面的，不仅包括提高学生外语能力、优化其知识结构，还包括培养方式、培养目标等多个方面的变革。顺应国际化趋势，法学教育不仅要在涉及学生的培养上提出更高的要求，还需要在改善教育管理体制、师资知识结构、评价机制等方面作出积极的努力。

本书主要参考书目

[法]埃德加·莫兰：《复杂思想：自觉的科学》，陈一壮译，北京：北京大学出版社 2001 年版。
[美]埃里克·詹奇：《自组织的宇宙观》，曾国屏等译，北京：中国社会科学出版社 1992 年版。
[法]巴特：《符号学美学》，董学文、王葵译，沈阳：辽宁人民出版社 1987 年版。
白寿彝：《中国通史》，上海：上海人民出版社 1999 年版。
[意]贝奈戴托·克罗齐：《历史学的理论和实际》，傅任敢译，北京：商务印书馆 1982 年版。
陈春根：《经济学原理》，杭州：浙江大学出版社 2010 年版。
[德]恩斯特·卡西尔：《人论》，甘阳译，上海：上海译文出版社 1985 年版。
风笑天：《社会学研究方法》，北京：中国人民大学出版社 2009 年版。
冯友兰：《中国哲学史》，北京：商务印书馆 2011 年版。
郭齐勇：《文化学概论》，武汉：湖北人民出版社 1990 年版。
韩志才、陈国华：《法学导论》，合肥：合肥工业大学出版社 2006 年版。
[德]黑格尔：《美学》（第 1 卷），朱光潜译，北京：商务印书馆 1979 年版。
[德]黑格尔：《哲学史讲演录》，贺麟、王太庆译，北京：商务印书馆 1997 年版。
胡军：《哲学是什么》，北京：北京大学出版社 2002 年版。
黄琳华、夏滟洲：《艺术概论教程》，上海：上海音乐学院出版社 2005 年版。
黄宗贤：《从原理到形态：普通艺术学》，长沙：湖南美术出版社 2003 年版。
江天骥：《当代西方科学哲学》，北京：中国社会科学出版社 1984 年版。
[意]克罗齐：《美学原理》，朱光潜译，北京：人民文学出版社 1983 年版。
[美]勒内·韦勒克、[美]奥斯汀·沃伦：《文学理论》，刘象愚、邢培明、陈圣生等译，南京：江苏教育出版社 2005 年版。
李晓东：《哲学是这样走来的：你应该知道的哲学史上 50 个经典命题》，北京：京华出版社 2007 年版。
李泽厚：《美学四讲》，北京：生活·读书·新知三联书店 2008 年版。
刘放桐等：《新编现代西方哲学》，北京：人民出版社 2000 年版。
刘进田：《文化哲学导论》，北京：法律出版社 1999 年版。
[美]刘易斯·A. 科瑟：《社会学思想名家》，石人译，北京：中国社会科学出版社 1990 年版。
[法]卢梭：《社会契约论》，李平沤译，北京：商务印书馆 1980 年版。
[英]罗宾·乔治·科林伍德：《艺术原理》，王充元、陈华中译，北京：中国社会科学出版社 1985 年版。
[英]罗素：《西方哲学史》，何兆武、李约瑟译，北京：商务印书馆 1997 年版。
[英]B. 马林诺斯基：《科学的文化理论》，黄建波等译，北京：中央民族大学出版社 1999 年版。
[美]C. 赖特·米尔斯：《社会学的想象力》，陈强、张永强译，北京：生活·读书·新知三联书店 2001 年版。
庞卓恒：《史学概论》，北京：高等教育出版社 1995 年版。
齐思河：《齐思河史学概论讲义》，天津：天津古籍出版社 2007 年版。
[美]乔姆斯基：《乔姆斯基语言哲学文选》，徐烈炯、尹大贻、程雨民译，北京：商务印书馆 1992 年版。
[美]乔治·莱考夫、马克·约翰逊：《我们赖以生存的隐喻》，何文忠译，杭州：浙江大学出版社 2015 年版。
[美]乔治·瑞泽尔：《现代社会学理论》，北京：北京大学出版社 2004 年版。

[英]汤因比：《历史研究》，曹未风等译，上海：上海人民出版社 2010 年版。
陶银骠、邹铁军、朱铁生：《当代西方哲学思潮述评》，长春：吉林人民出版社 1987 年版。
童庆炳：《文学理论教程》，北京：高等教育出版社 2015 年版。
[美]托马斯·门罗：《走向科学的美学》，石天曙、滕守尧译，北京：中国文联出版社 1985 年版。
王华：《见证永恒：西方哲学经典命题拾零》，济南：山东大学出版社 2005 年版。
王铭铭：《人类学是什么》，北京：北京大学出版社 2016 年版。
王先霈、孙文宪：《文学理论导引》，北京：高等教育出版社 2005 年版。
王雪梅等：《社会学概论》，北京：北京出版社 2005 年版。
[德]韦尔海姆·狄尔泰：《人文科学导论》，赵稀方译，北京：华夏出版社 2004 年版。
[法]维克多·埃尔：《文化概念》，康新文、晓文译，上海：上海人民出版社 1988 年版。
文军：《西方社会学理论：经典传统与当代转向》，上海：上海人民出版社 2006 年版。
翁志勇：《新编经济学概论》，上海：上海大学出版社 2010 年版。
[美]华勒斯坦等：《开放社会科学》，北京：生活·读书·新知三联书店 1997 年版。
夏建中：《文化人类学理论流派：文化研究的历史》，北京：中国人民大学出版社 1997 年版。
萧国政：《现代语言学名著导读》，北京：北京大学出版社 2009 年版。
邢公畹：《语言学概论》，北京：语文出版社 1992 年版。
徐浩、侯建新：《当代西方史学流派》，北京：中国人民大学出版社 1996 年版。
[英]亚当·斯密：《国富论》，陈虹译，北京：中国文联出版社 2016 年版。
杨春时、俞兆平、黄鸣奋：《文学概论》，北京：人民文学出版社 2002 年版。
杨信川：《语言学导论》，桂林：广西师范大学出版社 2006 年版。
姚太中、程汉大：《史学概论》，北京：东方出版社 1991 年版。
[比]伊利亚·普里高津：《确定性的终结——时间、混沌与新自然法则》，湛敏译，上海：上海科技教育出版社 1998 年版。
[美]伊曼纽尔·沃勒斯坦：《知识的不确定性》，王昺等译，济南：山东大学出版社 2006 年版。
于海：《西方社会思想史》，上海：复旦大学出版社 1993 年版。
张云秀：《法学概论》，北京：北京大学出版社 2000 年版。
朱光潜：《西方美学史》，北京：人民文学出版社 2002 年版。
庄孔韶：《人类学经典导读》，北京：中国人民大学出版社 2008 年版。
[法]孟德斯鸠：《论法的精神》，许明龙译，北京：商务印书馆 2011 年版。
[美]米歇尔·沃尔德罗普：《复杂：诞生于秩序与混沌边缘的科学》，陈玲译，北京：生活·读书·新知三联书店 1997 年版。
[英]B. 马林诺斯基：《科学的文化理论》，黄建波等译，北京：中央民族大学出版社 1999 年版。
[美]C. 赖特·米尔斯：《社会学的想象力》，陈强、张永强译，北京：生活·读书·新知三联书店 2001 年版。
[英]C.P.斯诺：《两种文化》，纪树立译，北京：生活·读书·新知三联书店 1994 年版。
[英]W.C.丹皮尔：《科学史及其与哲学和宗教的关系》，李珩译，桂林：广西师范大学出版社 2009 年版。